煙畫東堂小品

第二册

〔清〕繆荃孫 編

中國書店

蚁畫東堂小品

第二冊

中國書店

第二册

目録

國史貳臣傳表……一
保舉經學名單……五五
南宋江陰軍乾明院羅漢尊號碑……七九
王貽上與林吉人手札……一五九
王貽上與汪於鼎手札……一七一
題嵩洛訪碑圖……一八七
復初齋王漁洋詩評……一九九
星伯先生小集（輯本）……二二九
瞿木夫文集……三一五

國史貳臣傳表

乾隆四十一年十二月初三日奉
上諭昨閱江蘇所進應燬書籍內有朱東觀選輯明末諸臣奏疏一卷及蔡士順所輯同時尚論錄數卷其中如劉宗周黃道周等指言明季秕政語多可采因命軍機大臣將疏中有犯本朝字句酌改數字存其原書而當時具疏諸臣內如王永吉龔鼎孳吳偉業張縉彥房可壯葉初春等在明已登仕版又復身事本朝其人既不足齒其言不當復存自應概從刪削蓋崇獎忠貞卽所以風厲臣節也因思我朝開剏之初明末諸臣望風歸附如洪承疇以經略喪師俘禽投順祖大壽以錦將

懼禍帶城來投及定鼎時若馮銓王鐸宋權謝陞金之俊党崇雅等在明俱曾躋顯秩入本朝仍忝爲閣臣至若天戈所指解甲乞降如左夢庚田雄等不可勝數蓋開捌大一統之規模自不得不加之錄用以靖人心而明順逆今事後平情而論若而人者皆以勝國臣僚乃遭際時艱不能爲其主臨危授命輒復畏死倖生靦顏降附豈得復謂之完人卽或稍有片長足錄其瑕疵自不能掩若既降復叛之李建泰金聲桓及降附後潛肆詆毀之錢謙益輩尤反側僉邪更不足比於人類矣此輩在明史既不容闌入若於我朝國史因其略有事蹟列名敘傳竟與開國時范文程承平時李光地等之純一無疵者毫無辨別亦非所以昭袞貶之公若以其身

事兩朝概爲削而不書則其過蹟轉得藉以掩蓋又豈
所以示傳信乎朕思此等大節有虧之人不能念其建
有勳績諒於生前亦不能因其尚有後人原於死後今
爲準情酌理自應於國史內另立貳臣傳一門將諸臣
仕明及仕本朝各事蹟據事直書使不能纖微隱飾卽
所謂雖孝子慈孫百世不能改者而其子若孫之生長
本朝者原在世臣之列受恩無替也此實朕大中至正
之心爲萬世臣子植綱常卽以是示彰癉昨歲已加謚
勝國死事諸臣其幽光既爲闡發而斧鉞之誅不宜偏
廢此貳臣傳之不可不核定於此時以補前世史傳所
未及也著國史館總裁查考姓名事實逐一類推編立
成傳陸續進呈候朕裁定並將此通諭中外知之欽此

乾隆四十三年十二月二十四日奉

上諭我國家開刱之初明季諸臣望風歸附者多雖皆臣事興朝究有虧於大節自不當與范文程諸人畧無區別因命國史館以明臣之降順者另立貳臣傳據實直書用彰公是茲念諸人立朝事蹟既不相同而品之賢否邪正亦判然各異豈可不爲之分辨淄澠如洪承疇在明代身膺閫寄李永芳曾乘障守邊一旦力屈俘降歷躋顯要律以有死無貳之義固不能爲之諱然其後洪承疇宣力東南頻樹勞伐李永芳亦屢立戰功勳績並爲昭著雖不克終於勝國實能效忠於本朝昔戰國豫讓初事范中行後事智伯卒伸國士之報後之人無不諒其心而稱其義則於洪承疇等又何深譏焉至

如錢謙益行素不端及明祚既移率先歸命乃敢於詩文陰行詆毀是爲進退無據非復人類又如龔鼎孳曾降闖賊受其僞職旋更投順本朝竝爲清流所不齒而其再仕以後惟務靦顏持祿毫無事績足稱若與洪承疇等同列貳臣傳不示等差又何以昭彰癉著交國史館總裁於應入貳臣傳諸人詳加考覈分爲甲乙二編俾優者瑕瑜不掩劣者斧鉞凜然於以傳信簡編而待天下後世之公論庶有合於春秋之義焉然朕所以爲此言者非獨爲臣子勵名教而植綱常實欲爲君者當念苞桑而保宗祐蓋此諸人未嘗無有用之才誠使明之守成者能慎持神器而弗失則若而人皆足任心膂股肱祖業於是延人才卽於是萃故有善守之主必無

二姓之臣可不儆懼乎竝將此通諭中外知之欽此

乾隆五十四年六月初六日奉

上諭朕閲國史館所進貳臣傳乙編內薛所藴張忻二人俱曾順從流賊後始歸降本朝嚴自明則旣經投誠後於尚之信謀叛輒復從逆嗣又與尚之信同降此等從賊反覆之人俱於立傳之例大爲不協夫人臣策名委質忠於所事旣遇宗社陂移自應抗節捐軀方無媿在三之義是以明末殉難諸臣朕嘉其忠烈特爲賜謚雖其中有曾經抗我顏行者亦令一併褒謚蓋以各爲其主在本朝則爲梗化而在勝國不失爲効忠未忍令其湮沒弗彰爰爲之錫謚表揚以發幽光而昭激勸至在前明業經身登仕版繼復臣事本朝者伊等能知

天命攸歸率先投順且間有功績可紀不可擯而不錄
第因其大節究屬有虧因特命第其優劣另立貳臣傳
分爲甲乙二編於忠厚之中仍寓激揚之道所以垂教
於萬世者甚大此內卽有歸順之後又去而從唐桂福
潞各王者雖其人反側無定然唐桂各王究爲明之宗
支尚可託辭於繫懷故主卽列入乙編不至有乖史例
若辥所藴張忻嚴自明諸人或先經從賊復降本朝或
已經歸順又叛從吳耿尚三逆進退無據惟知嗜利偷
生罔顧大義不足齒於人類此外如馮銓龔鼎孶金之
俊等其行蹟亦與辥所藴等相仿皆靦顏無恥爲清論
所不容而錢謙益之流旣經臣事本朝復敢肆行誹謗
其居心行事尤不可問非李永芳洪承疇諸人歸順後

曾著勞績者可比若爲之立傳其何以勵臣節而示來
茲國史爲天下大公是非筆削法戒凜然豈可稍容假
借所有貳臣傳甲乙編內如馮銓龔鼎孳薛所蘊錢謙
益等著該館總裁詳細查明概行奏聞撤去不得立傳
若以伊等行爲醜穢一經刪削其姓名轉不傳於後得
倖免將來之訾議不妨僅爲立表排列姓名摘敘事蹟
竝將此旨冠於表首俾天下萬世共知似此行同狗彘
之徒既不得炳丹青之列仍不能逃斧鉞之誅於彰癉
更爲有益該總裁等其悉心校覈以副朕扶植綱常折
衷公當之至意欽此

乾隆五十四年十二月初九日奉

上諭前因國史館所進貳臣傳乙編內有先順流賊仍

降本朝投誠後復行從逆者皆係反復小人不値爲之立傳是以降旨令將伊等列傳概行撤去祗爲立表排列姓名摘敘事蹟今思此等偷生嗜利之徒進退無據實爲清議所不容若僅於表內略摘事蹟敘述不詳使伊等醜穢之行不彰後世得以倖逃訾議轉不足以示懲戒但貳臣傳內原分甲乙二編如甲編內洪承疇李永芳諸人皆曾著績宣勞本朝有功可紀卽列入乙編者歸順本朝之後並未嘗別生反側若吳三桂耿精忠李建泰姜瓖王輔臣薛所蘊張忻等或先經從賊復降本朝或已經歸順復行叛逆此等行同狗彘靦顏無恥之人並不得謂之貳臣若亦一同編列轉乖史例著國史館總裁卽行詳悉查明特立逆臣傳另爲一編庶使

叛逆之徒不得與諸臣竝登汗簡而生平穢蹟亦難逃
斧鉞之誅方爲公當至如馮銓龔鼎孳等罔顧名節身
事兩朝降附之後又無功績可紀從前歿而錫謚葢因
本朝定鼎之初
世祖章皇帝尚在沖齡未嘗親政睿親王等綜理事務
皆在草昧權宜之際或欲藉此收拾人心不暇核實祓
彼時爲史者所欺耳今久而論定使伊等倖竊易名之
典實不足昭彰癉之公所有貳臣傳內似馮銓等之曾
給美謚者亦著國史館查明概行追奪以示朕維植綱
常慎重名教至意欽此
乾隆五十六年三月二十日奉
上諭朕恭閲

世祖章皇帝實錄內有直隸總督張元錫被麻勒吉呵辱自刎之事因取國史館所纂張元錫列傳詳加披閱內載張元錫於任直隸總督時値孫可望降附學士麻勒吉齎

敕往迎至順德府元錫出迓麻勒吉責其失儀加以呵辱元錫歸引佩刀自刺以家人救未絕經巡撫董天機

奏聞

命學士折庫納往究並令赴京質對元錫具陳麻勒吉苛索凌辱情狀下九卿科道議將麻勒吉革職旋經降級留任數月後元錫復自縊身死等語朕閱此情節當時開國之初滿漢臣工不無意存歧視此案自係袒護滿洲故於麻勒吉議從末減試思張元錫接見麻勒吉

時若非任意需索肆行呵斥種種受辱難堪何至以總
督大員遽爾輕身自刎迨赴京對鞫復未將伊屈抑之
處爲之申理致張元錫含冤莫雪仍復自縊麻勒吉妄
作威福情罪甚大設在此時朕必當寘之重典決不稍
爲寬貸至張元錫服官本朝並無劣蹟雖係明季庶吉
士未經授職與曾任前明清要靦顔改節者不同非但
不應列入貳臣乙編幷不應編列貳臣傳內乃國史館
臣不加詳審輒與馮銓龔鼎孳諸人一例編輯該總裁
亦不免存偏袒附和之見著飭行該館從前所辦諸人
列傳有身事本朝而在勝國時僅登科第未列仕版者
均著查明改正毋庸概列貳臣以昭信史朕彰善癉惡
一秉大公於偷生貪祿行同犬彘之流卽身後亦不能

俾邀寛假而核其事蹟實與貳臣有間者則必明示區别使薰蕕不致混淆如張元錫等地下有知固當銜感於泉壤而天下萬世知朕於滿漢諸臣一視同仁褒貶悉歸至當益可曉然於激勸之大義也欽此

臣等謹按史家類傳之名儒林循吏游俠貨殖椒由司馬黨錮獨行逸民方術昉自蔚宗厥後沿名隸事標目實繁顧四千餘年二十二家之史從未有以貳臣類傳者是以王祥賈充佐命典午范雲沈約翊運蕭梁德彝士及諂隋而首唐書守信永德顯周而冠宋史葢由得天下也不以正斯因以取天下者遂不能正所爲史法不明而八極未立也皇矣我

朝肇興東土仗大義以定中原旦鉞鐸車

天家羣彥一時攀鱗附翼皆櫛沐舊人初無藉降臣俘卒相爲戮力而
天戈所指簞壺恐後慰新附之烏瞻免舊民之魚爛草昧之始庸示招懷逮今百五十年蹟尙可徵論經久定我
皇上綱紀五常規矩羣類注小朝之建號錄殉節以易名旣存南渡之君臣復嚴北面之閑檢
特命於
國史列傳諸臣曾仕明朝來降後復膺官爵者刱立爲貳臣傳詳稽實事別樹專門雖已往而莫贖其愆雖有功而不沒其始以正斧鉞植倫常大爲之坊炯昭臣鑒自斥遷洛者曰頑民美祼京者曰殷士雖詩書所紀新

故之際未能如
聖人有作之大公至正也猶目
法示彰癉
意存忠厚以仕明時內而翰詹科道外而道府參游防
清班而膺疆事者爲斷雖義無所逃均有媿疾風勁草
之概而位有差等更爲區沙蟲猨鶴之分又復原始要
終鐵錚傭佼
釐爲甲乙二編臚相事功細評軒輊而於蒙面而欲以
紙上欺人屈膝而中向草間偷活者尤加嚴焉於是交
爲兩等部各三門其入
本朝而能殁王事者列甲之上死固所欠死非所難匪
特東隅桑榆之晚蓋抑亦眾人國士之異酬也若顯有

勳績者列甲之中負心勝國宣力
興朝既策功而誓山河弗循義而經溝瀆也至著有勞
效者列甲之下大節雖虧一官能效固所遭三生之不
幸亦特矜一善之從長也以彼含垢忍辱持祿養交不
能於國既亡爲板蕩之純又不能於邦有道免貧賤之
恥其略無事蹟者列乙之上又或已姦臣節復棄官箴
餐周粟而忘毛土之恩蹈商刑而昧風愆之戒其後經
獲罪者列乙之中最可貶者牽羊銜璧所向稱臣黃犢
赤眉一夫首難豈惟有二但知雀鼠之偷不識在三本
合鷹鸇之逐曾經從賊及初爲賊黨者列乙之下殿焉
凡此皆仰稟
睿裁進退咸宜權衡悉當小人曰死特從曲禮之變文

細行受名毋玷周公之謚法
義伸去草
訓固苞桑視歐陽之唐五臣傳徒隘春秋之三叛人名
未彰斯誠萬世爲經千古不易者也臣等敬錄節次所
奉
諭旨仿諸史傳之例冠諸編首恭考
實錄紅本編纂次第上呈
指示譔爲貳臣表一貳臣傳六

國史貳臣傳表

甲編上　明臣投誠本朝後遇難殉節者

甲編中　明臣投誠本朝後著有勳績者

甲編下　明臣投誠本朝後略有勞效者

乙編上　明臣投誠本朝後無功績可紀者

乙編中　明臣投誠本朝後曾經獲罪者

乙編下　明臣從賊後投誠本朝及賊黨降明後投誠本朝者

劉良臣　遼東人明遊擊本朝天聰五年投誠隸漢軍鑲黃

李永芳　遼東人明遊擊本朝天命三年投誠累官總兵以

祝世昌　遼陽人明遊擊本朝天命六年投誠隸漢軍鑲紅

孫得功　遼東人明遊擊本朝天命七年投誠仍原官授三

夏成德　廣寧人明副將本朝崇德七年投誠隸漢軍正白

梁清標　直隸正定人明庶吉

旗以軍功授三等輕車都尉世職累官甘肅總兵逆回米喇印作亂被執遇害入祀昭忠祠

孫定遼

遼陽人明

軍功授三等子爵隸漢軍正藍旗

孟喬芳

直隸永平人明副將本朝天聰四年投誠累官陝西總督以軍功

旗累官山西巡撫謚僖靖

鮑承先

山西應州人明副將本朝天命七年投誠授二等輕車都尉職累官大學士

等男爵子孫隸漢軍正白旗

馬光遠

順天大興人明參將本朝天聰四年投誠隸漢軍鑲黃旗授一等子爵累官

旗授三等子爵累官山東沂州總兵

馮銓

順天涿州人明大學士被劾論徒贖爲民本朝順治元年投誠仍

士降於流賊李自成本朝順治元年投誠官至大學士

党崇雅

陝西寶雞人明戶部侍郎降於流賊李自成

副將本朝天聰五年投誠隸漢軍鑲紅旗以軍功授騎都尉世職累官湖廣提督勦叛賊王光恩遇害世職晉爲三等輕車

授三等男爵諡忠毅

張存仁遼陽人明副將本朝天聰五年投誠隸漢軍鑲藍旗以軍功授一等子爵累官直

隸漢軍正紅旗

王世選陝西榆林人明參將本朝天聰四年投誠隸漢軍正紅旗累官都統授二等子爵

都統諡誠順

沈志祥遼東人明副將本朝崇德二年投誠封續順公隸漢軍正白旗

官大學士八年以曾被劾私受叛賊姜瓖賄致仕十年復起用尋乞休諡文敏遵旨追削

李若琳山東新城

本朝順治元年投誠官至大學士

衛周祚山西曲沃人明郎中降於流賊李自成本朝順治元年投誠官至大學士

都尉入祀昭忠祠

孔有德 遼東人明參將本朝天聰七年投誠封恭順王隸漢軍正紅旗改定南王守桂林

隸山東河南總督謚忠勤

劉武元 錦州人明遊擊本朝天聰五年投誠累官南贛巡撫授一等輕車都尉

祖大壽 遼陽人明總兵本朝崇德七年投誠仍原官隸漢軍正黃旗

祖澤潤 大壽長子明副將

謝陞 山東德州人明大學士本朝順治元年投誠復官大學士謚清義

金之俊

人明檢討本朝順治元年投誠累官禮部尚書以朋比馮銓革職

謝啓光 山東章丘人明福王兵部侍郎本朝順治元

謚文清

戴明說 直隸滄州人明都給事中降於流賊李自成授僞防禦使

年投誠仍

禦李定國死之謚武壯立專祠祀之

王鼇永

山東淄川人明戶部侍郎本朝順治元年投誠以侍郎銜招

兼一雲騎尉謚明靖世職晉爲二等男

祖可法

遼東人祖大壽養子明副將本朝天聰五年投誠累官湖廣總

本朝天聰五年投誠累官都統授一等子爵

祖澤洪

大壽從子明副將本朝天聰五年投誠隸漢軍正黃旗授一等

江南吳江人明兵部侍郎本朝順治元年投誠仍原官累官大學士謚文通

胡世安

四川井研人明少詹

年投誠累官工部尚書以有玷官幟革職特詔起用被劾致仕謚僖敏

孫之獬

山東淄川人明侍講以黨附魏

原官累遷戶部尚書降補太常寺少卿遷太僕寺卿被劾革職

劉餘祐

順天宛平人明兵部侍郎降於流賊李自

撫山東河南至青州罵賊遇害贈戶部尚書授其子騎都尉職隸漢軍鑲藍旗今世襲恩騎尉罔替

王正志

兵授三等子爵謚順僖

尚可喜

遼東人明副將本朝天聰七年投誠封智順王隸漢軍鑲藍旗改平南

子爵累官吏部侍郎改學士以病解任

鄧長春

遼陽人明副將本朝天聰五年投誠累官戶部侍郎授一等

事本朝順治元年投誠累官大學士

田維嘉

直隸饒陽人明尚書本朝順治元年投誠仍原官

忠賢削籍歸本朝順治元年投誠授禮部侍郎招撫江西以無功革職歸里會土賊作亂遇害

李魯生

成本朝順治元年投誠官至戶部尚書以受賄革職擬杖徒

龔鼎孳

江南合肥人明給事中降於流

直隸靜海人明戶部侍郎本朝順治元年投誠累官延綏巡撫參將王永强叛遇害贈右都御史

徐一范

王鎮廣東以子之信叛應吳三桂自縊死謚敬

洪承疇 福建南安人明薊遼總督本朝崇德六年於松山

男爵

耿仲明 遼東人明參將本朝天聰七年投誠封懷順王隸漢軍正黃旗改靖南王鎮廣東以縱屬匿

沈惟炳 湖廣孝感人明吏部侍郎本朝順治元年投誠仍原官

房可壯 山東益都人明副都

山東霑化人明給事中被劾謫徙本朝順治元年投誠授順天府丞遷府尹以年老罷歸尋以府尹任內濫送貢生革職

賊李自成授僞直指使巡視北城本朝順治元年投誠仍原官歷官刑部兵部禮部尚書以病休致謚端毅遵旨追削

江南高淳人明郎中本朝順治元年投誠官大同兵備道姜瓖叛罵賊遇害贈光祿寺少卿入祀昭忠祠

徐勇

被禽遂投誠隸漢軍鑲黃旗累官大學士以招撫經略功授三等輕車都尉諡文襄

劉芳名

甘肅寧夏人明總兵

逃人自縊死

全節

廣寧人明參將本朝天聰七年投誠累官廣西左江鎮總兵授三等子爵

御史本朝順治元年投誠仍原官諡安恪

劉漢儒

順天大興人明四川巡撫本朝順治元年投誠累

吳惟華

順天人明恭順侯本朝順治元年投誠累官漕運總督以貪婪革職又兩擬流免罪入旗

劉昌

河南祥符人明給事中降於流賊李自成授偽諫議大夫本朝順治元年投誠官至工部尚

遼東人明總兵本朝順治二年投誠累官湖南總兵以軍功授一等輕車都尉兼一雲騎尉守辰州欒白文選死之闔門遇

本朝順治元年投誠累官四川提督授二等輕車都尉職謚忠肅

李國英 遼東人明總兵本朝順治二年投誠隸

吳汝玠 遼陽人明游擊本朝崇德七年投誠隸漢軍鑲紅旗累官副都統授二等輕車都尉職

官副都御史

黃圖安 山東堂邑人明易州道本朝順治元年投誠累官寧夏巡撫

士國寶 山西大同人明總兵本朝順治元年投誠累官江寧巡撫以贓款被劾畏罪自縊死

魯國男

書謚勤僖

孫承澤 順天大興人明都給事中降於流賊李自成授偽防禦使本朝順治元年投誠仍

害諡忠節世職晉爲一等男子孫入籍武昌今世襲恩騎尉罔替

郝效忠 遼東人明副總兵本朝順治二

漢軍正紅旗累官四川總督諡勤襄以軍功授二等男爵入祀本朝賢良祠

張勇 陝西咸寧人明副將本朝順治二

宋權 河南商丘人明順天巡撫本朝順治元年投誠累官大學士諡文康

王宏祚 雲南永昌

高光斗 山東嘉祥人明鳳陽總督本朝順治元年投誠累官偏沅巡撫

王永吉 江南高郵

順天人明副將本朝順治元年投誠累官正定總兵以貪縱革職

陳之遴 浙江海寧人明中允本朝順治二

原官累遷吏部侍郎以黨附陳名夏部議勒休

熊文舉 江西新建人明吏部郎中降於流賊李自成授僞吏

年投誠隸漢軍正白旗官湖南右路總兵以軍功授三等輕車都尉職勦賊遇害贈都督同知入祀昭忠祠

年投誠累官甘肅提督以軍功封一等侯謚襄壯入祀賢良祠今世襲侯爵罔替

人明郎中本朝順治元年投誠累官兵部尚書謚端簡

李化熙 山東長山人明三邊總督本朝順治元年投誠累

人明薊遼總督本朝順治二年投誠累官大學士謚文通

王鐸 河南孟津人明福王大學士

年投誠四年授侍讀學士累遷大學士被劾革職論從遼陽又以賄交內監吳良輔擬斬改流

劉正宗 山東章丘

政府從事本朝順治元年投誠官至吏部侍郎

薛所蘊 河南孟縣人明司業降於流賊李自成授僞司業

馬得功

遼東人明總兵本朝順治二年投誠隸漢軍鑲黃旗以軍功授一等子爵累官福建提督勦海賊鄭成

官刑部尚書

任濬

山東益都人明兵部侍郎本朝順治元年投誠累官刑部尚書

本朝順治二年投誠累官禮部尚書謚文安

左夢庚

山東臨清人明福王時平賊將軍本朝順治二

人明編修本朝順治二年投誠仍原官累遷大學士以陰險欺罔被劾鞫實擬斬免死入旗

周亮工

河南祥符

本朝順治元年投誠累官至禮部侍郎

李元鼎

江西吉水人明光祿寺少卿降於流賊李自成授僞光祿寺卿

功陣歿贈一等侯謚襄武

曹溶 浙江秀水人明御史本朝順治元年投誠累官戶部侍郎

衛周允 山西曲沃人明御史

年投誠隸漢軍正黃旗官都統授一等子爵謚莊敏

許定國 河間太康人明福王總兵本朝順治二

人明御史本朝順治二年投誠累官戶部侍郎被劾革職起補山東海防道復被劾論絞援赦免

錢謙益

本朝順治元年投誠官至兵部侍郎

傅景星 河南登封人明御史降於流賊李自成授僞兵政府侍郎

本朝順治元年投誠累官兵部侍郎以議罪失實降三級調用

李鑑

四川安縣入明宣化巡撫本朝順治元

年投誠隸漢軍鑲白旗授一等子爵

趙之龍

安徽虹縣入明忻城伯本朝順治二年投誠隸漢軍鑲黃

江南常熟入明禮部侍郎獲罪革職論杖

本朝順治二年投誠授祕書院學士乞假回籍鳳陽巡撫陳之龍奏擒江陰入黃旗

本朝順治元年投誠官至工部侍郎

葉初春

江西湖口入明工部侍郎降於流賊李自成授僞工政府侍郎

年投誠累官宣大總督

祖澤溥

澤潤弟明左都督本朝順治元年投誠授一等侍衛官至福建總督

旗授三等男爵

梁雲構

河南蘭陽人明僉都御史本朝順治二年投誠官至戶部侍郎謚康僖擬削

於通州授獲僞浙直總督印及悖逆詩詞謙益曾留毓祺宿其家且許助貲招兵下總督馬國柱逮訊訴辯得釋歸乾隆三十

本朝順治元年投誠仍原官

張若麒

山東膠州人明兵部郎中降於流賊李自成授僞防禦使職本朝順治元

胡茂禎 陝西榆林人明總兵本朝順治元年投誠累官湖廣提督

高第 陝西榆林人入籍河

劉良佐 山西大同人明總兵本朝順治二年投誠隸漢軍鑲黃旗官至直隸總督

劉應賓 山東沂水

四年以所著初學集有學集荒誕背謬命毀其書

魏琯 山東壽光人明御史本朝順治二年投誠官大理寺卿

止五月投誠授順天府丞累遷通政使以病勒休

唐通 陝西涇陽人明總兵降於流賊李自成本朝順治元

南商丘明
總兵
本朝順治元
年投誠累
官開歸總
兵以軍功
授二等輕
車都尉職

孔希貴

開原人明
總兵

人明吏部
郎中
本朝順治二
年投誠累
官安廬池
太巡撫

苗胙土

山西澤州
侍郎
人明鄖陽
撫治
本朝順治二

降通政司
參議以前
讞獄寬縱
革職論流

潘士良

山東濟寧
人明刑部
侍郎
本朝順治二
年投誠累
官鄖陽撫

年投誠隸
漢軍正黃
旗授一等
子爵康熙
五十一年
特旨停其世
襲

董學禮

陝西廣武
人明副將
降於流賊

本朝順治元年投誠累官薊州總兵

張煊

山西介休人明御史本朝順治元年投誠仍原官以劾陳名夏爲

年投誠授南贛巡撫

張鳳翔

山東堂邑人明兵部侍郎唐王時授總督本朝順治三年投誠官至工部尚書

治以鄖陽失守革職

李猶龍

陝西洵陽人明太僕少卿本朝順治二年投誠官安慶巡撫以赴賊營會飲革職

李自成授僞總兵本朝順治元年投誠隸漢軍正黃旗授一等子爵官至湖廣總督

駱養性

湖廣嘉魚人明錦衣

譚泰所陷論死九年特贈太常卿

徐起元

江南合肥人明僉都御史本朝順治二年投誠累官左都御史謚僖靖

吳偉業

江南太倉人明庶子福王時官少詹事本朝順治十一年投誠授祕書院侍講官至祭酒

王之綱

順天宛平人明總兵本朝順治二年投誠累官福建雲霄總兵以結交內監革職擬斬改流

衞都指揮使洊遷左都督降於流賊李自成本朝順治元年投誠仍原官總督天津以擅迎明福王所遺使臣革職仍留

十

賈漢復

山西曲沃人明副將本朝順治二年投誠隸漢軍正藍旗累官陝西巡撫

張天祿

陝西榆林

任珍

河南宜陽人明副將本朝順治二年投誠隸漢軍正黃旗累官興安總兵以擅殺妻妾行賄論斬改流

左都督銜後補授浙江都司

陳之龍

江西宜春人明三邊監軍道降於流賊李自成授僞寧夏節度使

入明總兵六
本朝順治二年投誠隸漢軍正黃旗累官江南提督授三等子爵以匿報失械革職世爵降爲三等輕車都尉

本朝順治元年投誠授鳳陽巡撫以番案牒混革職

柳寅東

四川梓潼入明御史降於流賊李自成授僞直指使

十二

張天福

天祿弟明

總兵

本朝順治二

年投誠授

一等男爵

累官陝西

延鄜總兵

改任都統

馬寧

本朝順治元

年投誠官

至順天巡

撫以擅給

牌劄革職

方大猷

浙江烏程

人明井陘

道降於流

賊李自成

本朝順治元

甘肅寧夏
人明參將
本朝順治二
年投誠累
官山東提
督

常進功

遼東寧遠
人明副將
本朝順治二
年投誠給

年投誠授
監軍道尋
遷山東巡
撫降補密
雲兵備道
調江南管
河道以科
斂婪取被
劾論絞死
於獄

陳名夏

副將劄隸漢軍正黃旗官至浙江提督

盧光祖

遼東人明總兵本朝順治二年投誠隸漢軍鑲藍旗累官四

江南溧陽人明修撰兼都給事中降於流賊李自成授偽弘文館修撰兼諫議大夫本朝順治二年投誠仍原官累遷至大學士

川總兵以軍功授一等輕車都尉

高進庫

陝西宜川人明副將本朝順治二年投誠授江寧副將官至廣東

以被劾擬斬改絞

高爾儼

直隸靜海人明編修降於流賊李自成本朝順治二年投誠仍原官累遷至大學士

高雷總兵

霍達

陝西武功人明蘇松巡撫本朝順治四年投誠授御史累官工部尚書

吳六奇

謚文端

張忻

山東掖縣人明刑部尚書降於流賊李自成本朝順治二年投誠授兵部侍郎巡撫天津

廣東豐順人明桂王總兵本朝順治七年投誠累官潮州總兵謚順恪

卍

陳世凱

湖北恩施人明桂王總兵

以土寇作亂喪師掩飾降二級調用

張端

忻之子明庶吉士亦降於流賊李自成本朝順治二年投誠授

本朝順治十六年投誠累官浙江提督謚襄敏

田雄

直隸宣化人明總兵本朝順治二年投誠累官浙江提

檢討官至大學士謚文安

白廣恩

陝西人明末爲盜後受撫官薊州總兵降於流賊李自成僞封桃源伯

督以軍功
封二等侯
謚毅勇

本朝順治二
年投誠隸
漢軍鑲黃
旗授騎都
尉職

南一魁

陝西膚施
人明副將
降於流賊
李自成授
僞參將

本朝順治二年投誠隸漢軍鑲紅旗官至總兵

張縉彥

河南新鄉人明兵部尚書降於流賊李自成復上疏

明福王朱由崧得授總督河北山西河南軍務印本朝順治三年投誠十年授山東右布政使官至工部侍郎降補江南徽寧

道

孫可望

陝西延長人明末從流賊張獻忠爲盜降於明桂王朱由榔封秦王

本朝順治十四年投誠

封義王隸漢軍正白旗康熙十一年降爲慕義公後復降爲一等輕車都尉謚恪順乾隆三十六年奉
旨停襲世職

白文選

陝西吳堡人明末從流賊張獻忠爲盜後降於明桂王朱由榔封鞏昌王本朝順治十八年投誠隸漢軍正

白旗授承

恩公

保舉經學名單

大學士張廷玉保

鍾晼

順天進士現任國子

監助教

人品端謹留心經學

通曉三禮

陳祖范

江南舉人會試中式

品行端方淹通經史

劉大櫆

江南副榜
爲人淳飭潛心經學
大　學　士史貽直　保
協辦大學士刑部尚書阿克敦　保
王文清
河南進士原任宗人
府主事
留心經學爲人純樸
方天游
浙江人直隸副榜
學問淹博爲人狷介
大　學　士張允隨保

張鳳孫
江南副榜
爲人醇謹學問淹通
留心經術
協辦大學士吏部尚書梁詩正保
吳廷㑹
浙江舉人原任同知
降調充三禮館纂修
議敘一等
老成敦樸淹通三禮
張熷
浙江舉人

潛心經學人品醇謹

戶部尚書蔣溥保

王延年

浙江舉人現任國子

監學正

老成敦樸沈潛經史

顧鎮

江南舉人

人品端方潛心經學

禮部尚書王安國保

陳祖范

經學淹通品行純正

刑部尚書汪由敦保
吳鼎
江南舉人
熟精易理三禮人孝
友謹飭
盛衡
江南舉人
淹貫三禮人老成敦
樸
趙繼序
江南舉人
潛心經學人純樸端

三

謹

工部尚書劉統勳保

方天游

品行端潔博覽經籍

王延年

老成謹飭潛心經史

工部尚書趙宏恩保

李鍇

正黃旗漢軍七品頂

帶

通曉經史行止樸實

永 甯

內務府監生
通達經史行已樸實
吏部左侍郎介 福保
錢 載
浙江副榜
素行醇樸究心經史
吏部左侍郎德 齡保
范 咸
浙江進士原任御史
爲人端謹有守潛心
經術文藝
周大樞

浙江廩監
究心經籍尤嫻易學
爲人安靜樸實
吏部左侍郎歸宣光保
陳祖范
人品端方潛心經學
顧鎮
爲人謹飭留心經學
吏部右侍郎雅爾哈善保
吳華孫
江南進士原任翰林
院編修

爲人端謹居官廉直
博通經史尤長於詩
書
程廷祚
江南廩生
涵養清淳學問淹貫
尤能研深易理
戶部左侍郎稽璜保
吳鼎
素行純樸潛心易經
錢載
爲人醇謹殫心經籍

戸部右侍郎總督倉場彭樹葵保
方天游
爲人樸直潛心經學
禮部左侍郎秦蕙田保
吳鼎
潛心經學人品端樸
兵部右侍郎觀保保
李鍇
人品端方淹通經史
鍾晼
兵部右侍郎蔣炳保
謹厚老成潛心經學

儲師軾
江南廩監
爲人純樸端謹潛心
經學
刑部左侍郎錢陳羣保
梁錫璵
山西舉人
爲人端謹研深易學
張仁浹
浙江舉人
品誼樸實究心經籍
邊連寶

直隸拔貢
爲人謹飭沉潛經學
刑部右侍郎梅瑴成保
王文清
爲人質直勤謹潛心
經學
工部左侍郎何國宗保
王之銳
直隸拔貢現任國子
監助教
敦本篤行學有根柢
蔡寅斗

江南舉人現任國子
監學錄
爲人醇謹學問淹通
工部右侍郎劉綸保
周天度
浙江拔貢
沈潛經籍爲人樸誠
都察院左副都御史陳悳華保
魯曾煜
浙江進士翰林院庶
吉士
終養在籍二十餘年

居家孝友潛心經學
自注周易爲人誠謹
不務浮華
都察院左副都御史棊一棟保
劉斯組
江西舉人原任廣西
西甯縣知縣
爲人端謹經學淹通
大理寺卿鄒一桂保
顧棟高
江南進士
老成謹厚淹貫經籍

大理寺少卿王會汾保

方天游

爲人耿介淹通經史

博習藝文

張燴

素性端謹潛心經學

通政司參議薄海保

吳大受

浙江進士翰林院檢

討考語遺失

戈濤

直隸舉人

留心經籍學品兼優

直隸總督方觀承保

李　樾

直隸廩生

潛心經學於易書詩

三經研窮有年爲人

循謹樸實品重鄉閭

張　欽

江南舉人

文品兼優考其經學

於易詩研究尤深

兩江總督黄廷桂保

惠棟

江南生員

潛修好古閉戶窮經

精研考訂推重淹雅

爲人方正謹守廉隅

陝西總督尹繼善保

劉鳴鶴

江南廩生

人極敦厚謹飭潛心

經學精通易禮會薦

鴻博

惠棟

學有淵源博通經史
人亦樸實老成
兩廣總督碩色保
劉紹攽
陝西拔貢原任四川
成都縣知縣
學問優長究心經史
確有根柢爲人老成
端方
大學士管河道總督高斌保
是鏡
江南布衣

究心經籍篤志勵行

不求聞達

吳　鼎

研求經學品行端謹

盛　照

江南監生

沈酣經史老成敦樸

河道總　督顧　琮保

是　鏡

爲人樸實專心經學

漕運總　督瑚　寶保

周振采

十

江南拔貢
篤志窮經持躬純樸
協辦河道總督張師載保
開天度
沈潛經籍爲人樸誠
安徽巡撫衛哲治保
劉始興
江南舉人現任霍邱
教諭
志行不苟優於經學
篤好講求現有著作
刊傳

徐文靖
江南舉人
立品端方淹貫經史
浙江巡撫永貴保
周毓崙
江南拔貢
品行端方明於經史
江西巡撫阿思哈保
龔元玠
江西廩生
潛心經學人亦老成
張錦傳

江西舉人

爲人質直通曉經義

陝西巡撫陳宏謀保

陳法

貴州進士原任大名

道

潛心經學而於周易

尤能切爲講求爲人

志行端方才識通達

孫景烈

陝西進士翰林院檢

討

孝友端方學問兼優
研窮經史講求實學
湖北巡　撫唐綏祖保
卍夏力恕
湖廣進士翰林院編
修
品行端方淹貫經史
學有根柢
沈樹德
浙江舉人考語遺失
湖南巡　撫開　泰保
趙繼序

潛心經術學問淹貫

持躬謹飭

福建巡撫潘思榘保

陳祖范

人品端方老成謹厚

潛心經術學有本原

貴州巡撫愛必達保

張鳳孫

潛心經術尤善於詩

爲人醇謹樸厚

恭題先大夫手錄乾明院羅漢尊號記

先大夫玄期公之生也先贈君字培公實夢明水懷忠大爲如晦玉泉道素三高僧投宿遂以如晦命爲小字長而奇慧里有聖童之目年十二曾王父刺史公以侍養歸攜過舍旁竹林廟廟祝乞大士殿柱聯刺史公方吮墨而先大父遽走別室私作擘窠大書云如來已現光明藏羽客偏持清靜經刺史公驚喜輒用題柱自是益棲心禪學祖父知而禁之不止也未幾刺史公與先贈公相繼捐館外侮踵至家岌岌且不保遂抑志工舉子業弱冠舉浙闈皈依蓮池大師以明水爲別號自是且習爲禪誦游戲書畫茲有絕詣性嗜古圖書彝鼎羅列景玄堂中而精廬古寺殘碑斷碣無不搜集尤性之

所躭云五上春官報罷至己未感異夢更名某乃第郎玉泉師故名也一日散步燕市遇木里蒲眞如菴僧售一蠹幀諦視之乃南宋江陰軍乾明院羅漢尊號碑也住世十八尊者石橋五百尊者名號咸備有紹興閒葉內翰清臣贊曰覺雄示入滅尊者俱受記現彼聲聞身護玆濁惡世他方自感通此地眞靈祕一路指橋西誰明導師意先大夫亟購歸補綴手書一過藏之笥中今二十五年矣客有見而問曰先公既篤信大雄氏此幀奚勿宣傳之予曰先大夫生平不知人閒世有剞劂事也初出三冠童子軍超次授饟一戰而中副車再戰而魁賢書既而綴南宮高第未嘗刻一試牘下筆詞賦妙麗頃刻數千言而倦無留稿從未有詩古文辭之刻總

以性近嵇嬾冥悟在心不繫區區楮墨閒也予且購求良工以先大夫手書者壽之金石廣置名山使覽者得盡識尊者名號生歡喜心而先大夫夙因或亦不致泯沒客姑俟之因備識其顛末如此時崇禎癸未孟夏高承埏敬識於寶堧官舍

南宋江陰軍乾明院羅漢尊號碑

賜進士出身奉政大夫工部屯田清吏司郎中嘉興高道素（原名斗光）手錄

賜同進士出身晉階奉直大夫協正庶尹工部虞衡司主事高承埏較

貢監候補徵仕郎高佑釲重訂

住世十八尊者

佛說寶雲經稱跋陀羅等十六賢士卽此十六尊者十六羅漢見納納達嚕喇傳及法住記西域十六應眞外別有降龍伏虎二尊者 張僧繇盧楞仙所畫亦止十六 百丈叢林清規依法住記 東坡贊禪月所畫十八大阿羅漢名號位次相同

第一賓度羅跋囉墮闍尊者

今定為畢那楂拉拔哈喇錣雜尊者　位第十二

第二迦諾迦伐蹉尊者

今定為嘎納嘎拔哈剌錣雜尊者　位第八　居迦溼彌羅國

第三迦諾迦跋黎墮闍尊者

今定為拔嘎沽拉尊者　位第九　法住記黎作釐

第四蘇頻陀尊者

今定為嘎沙鴉巴尊者　石橋第三百六十七

第五諾矩羅尊者

今定為納納莕密莕喇尊者　卽降龍伏虎二尊者

第六跋陀羅尊者

今定爲拔哈達喇尊者　諸經皆稱跋陀婆羅婆一作波大智度論颰陀婆羅菩薩秦言善守且稱颰陀婆羅居士菩薩　石橋第四百九十六拔度羅

第七迦理迦尊者

今定爲嘎禮嘎尊者　位第四

第八伐闍羅弗多尊者

今定爲拔雜哩逋達喇尊者　位第五　法住記多下有羅字

第九戒博迦尊者

今定爲鍋巴嘎尊者　位第十五　法住記戒作戍

第十半託迦尊者

今定爲巴納塔嘎尊者　位第十三

第十一羅怙羅尊者

今定爲喇乎拉尊者　西域記羅怙羅舊曰羅睺羅又曰羅云皆訛略也　位第十　法住記首羅字作囉諸經皆同西域記作羅

第十二那迦犀那尊者

今定爲納阿噶塞納尊者　位第十四

第十三因揭陀尊者

今定爲阿迦阿機達尊者　位第一

第十四伐那婆斯尊者

今定爲拔納拔西尊者　位第三

第十五阿氏多尊者

今定爲阿資苔尊者　位第二　石橋第三百二十九

第十六注荼半託迦尊者
今定爲租查巴納塔嘎尊者　位第十一　石橋第
四百九十八注荼迦
第十七慶友尊者
今定爲阿必達尊者　位第十六　法注記難提密
多羅唐言慶友執師子國勝軍王都人　石橋第一
百九十三
第十八賓頭盧尊者
今定爲嘎納嘎巴薩尊者　位第七　請賓頭盧經
云賓頭盧者字也頗羅墮誓者姓也覺阿育王經
石橋五百尊者
名號重者七尊　利婆多　二百十九　二百

七十一　二百七十五　無邊身　二百七　四
百二十二　持善法　二百四十一　三百八
無勝　一百二十三　一百五十七　無量
光　二百五十五　三百九十九　無垢藏
三百十七　三百七十二　無盡慈　三百八
十七　四百二十七　常州天寧寺石本依是
本

第一阿若憍陳如尊者

首楞嚴經亦稱憍陳那亦稱阿若多憍那陳姓也阿若多佛所命名亦名俱憐佛之舅氏　涅槃經後分自我得道度阿若憍陳如　五比丘之一　二十五圓通之一　增壹阿含經稱阿若俱隣　大智度論

又稱拘陳氏若

第二阿泥樓尊者

涅槃經後分稱阿泥樓豆諸經同　智度論稱阿泥盧豆爲甘露飯王次子亦卽阿那律也　佛本行經亦稱阿泥盧豆爲甘露飯王長子　又稱泥婁馳

第三有賢無垢尊者

第四須跋陀羅尊者

西域記云蘇跋陀羅唐言善賢舊曰須跋陀羅譌也諸經亦稱須跋陀　涅槃經後分最後涅槃度須跋陀羅增壹阿含經世尊告阿難曰我前後弟子之中所謂須跋是也　大智度論年百二十歲得五神通

第五迦留陀夷尊者

非時教化致喪其命見十誦律　出三藏記集載有
羅漢迦留陀夷經一卷
第六聞聲得果尊者
癸辛雜志別集又臞軒清舉到省道經建陽謁夢蓋
竹廟夢至王者居有五百人列坐而虛其四臞軒未
至有呼者曰官人位在此王旣坐舉首見席端乃一
僧王負氣怒甚左右曰此陳憍如尊者遂寤及廷唱
大魁乃吳潛也
第七旃檀藏王尊者
第八施幢無垢尊者
第九憍梵般提尊者
諸經般或作波或作婆首楞嚴經又作驕梵鉢提阿

育王經作伽梵波提佛入涅槃已大迦葉遣使在天上尺利沙樹園中請來結集毗尼法藏已不滅度見智度論　二十五圓通之九

第十因陀得惠尊者

第十一迦那行那尊者

第十二婆蘇槃豆尊者

西域記云伐蘇畔度菩薩唐言世親舊曰婆藪槃豆譯曰天親訛謬建駝邏國人也　諸經皆稱婆藪槃豆婆藪槃豆傳婆羅門種姓嬌尸迦三子同名其二子但稱婆□婆藪槃豆長子卽阿僧伽第三子别名比鄰持跋婆皆證阿羅漢果

第十三法界四樂尊者

第十四優樓頻螺尊者

首楞嚴經樓作盧又作樓　諸經具云優樓頻螺迦葉亦云優留毗迦葉亦云優毗迦葉姓迦葉波摩竭提國人　四分律稱鞞羅迦葉

第十五佛陀密多尊者

第十六那提迦葉尊者

第九祖提迦國人姓毘舍羅　西域記云捺地迦葉波舊曰那提迦葉訛也洎諸迦葉例無波字略也

增壹阿含經稱江迦葉比丘　迦葉弟見涅槃經

案此迦葉爲優樓頻螺迦葉見因果經　佛本行經稱那提螺髻迦葉

第十七那延羅目尊者

淨慈寺志作那羅延目依清規本

第十八佛陀難提尊者

第八祖迦摩羅國人姓瞿曇

第十九末由底迦尊者

清規本末由作末由石本亦作末由諸經皆稱末由地　西域記云末由底迦舊曰末田地譌也　二祖旁出弟子雪山五百仙人之導首也見付法藏經稱摩由提有往罽賓國降伏毒龍事

第二十難陀多化尊者

第二十一優波毱多尊者

集韻鞠或从毛　石本毱作鞠諸經皆作毬　仁王經阿育王經又作優波笈多　大智度論又稱憂波

毱亦稱優波崛　第四祖亦名優波崛多吒利國人
姓首陀三祖弟子見阿育王經摩偷羅國人　西域
記云烏波毱多唐言延護秣菟羅國城東五六里巖
間有石室尊者延護說法化導夫妻俱證羅漢果者
又於信度國演法開導所至之處皆旌遺跡

第二十二僧迦耶舍尊者

淨慈寺志耶作那依清規本　第十八祖亦云迦耶
舍多摩提國人姓鬱頭藍

第二十三教說常住尊者

第二十四商那和修尊者

西域記稱商諾迦縛婆舊曰商那和修譌也　第三
祖亦名舍那婆斯摩突羅國人姓毘舍多見仁王經

斯作私阿育王經同　二祖阿難弟子

第二十五達磨波羅尊者

西域記云唐言護法神負遠遁因卽出家稱爲菩薩

達羅毘荼國人大臣之子

第二十六伽那伽葉尊者

淨慈寺志耶作那依清規本　諸經皆云伽耶迦葉

小弟見涅槃經　案此迦葉爲優樓頻羅迦葉見因

果經　增壹阿含經稱象迦葉比丘　佛本行集經

稱伽耶螺髻迦葉

第二十七定果德業尊者

淨慈寺志德作得依清規本

第二十八莊嚴無憂尊者

石本𤔡作優
第二十九憶持因緣尊者
淨慈寺志持作恃依清規本
第三十迦那提婆尊者
第十五祖南天竺人姓毘羅舍
第三十一破邪神通尊者
第三十二堅持三字尊者
第三十三阿㝹樓馱尊者
淨慈寺志馱作院訛　清規本馱作陀　諸經俱作
馱　卽阿那律之世父斛飯王次子亦稱阿那律陀
西域記云阿泥律陀舊曰阿那律者訛也　二十五
圓通之七　淨名疏云或稱阿泥盧豆或阿㝹樓馱

如楚夏不同耳舊譬喻經阿那律巳得阿羅漢有美顏容似於女人

第三十四鳩摩羅多尊者

大論云鳩摩羅伽中阿含經具云鳩摩羅迦葉　第十九祖大月氏國婆羅門之子

第三十五毒龍皈依尊者

第三十六同聲稽首尊者

第三十七毘羅胘子尊者

淨慈寺志胘作胝依清規本　石本亦作胝　諸經皆作胝　維摩詰經具云刪闍夜毘羅胝子　佛本行經稱刪闍耶　智度論稱訕闍耶舍利弗大目連之師毗羅胝母號刪闍夜是名

第三十八伐蘇密多尊者

普賢行欲品稱伐蘇蜜多女人善財童子五十三參

善知識之二十五　華嚴經稱婆須蜜多　大智度

論稱婆須蜜菩薩

第三十九闍提首那尊者

第四十僧法耶舍尊者

淨慈寺志法作伽依清規本

第四十一悲蜜世閒尊者

淨慈寺志悲蜜作慈愍依清規本

第四十二獻花提記尊者

第四十三眼光定力尊者

第四十四伽耶舍那尊者

第四十五莎底苾蒭尊者
第四十六波闍提婆尊者
淨慈寺志波作婆依清規本
第四十七解空無垢尊者
淨慈寺志垢作坼依清規本
第四十八伏陁密多尊者
第四十九富那夜舍尊者
亦云富那舍　第十一祖舍作奢華氏國人姓瞿曇
氏
第五十伽耶天眼尊者
第五十一不著世間尊者
第五十二解空第一尊者

第五十三羅度無盡尊者
第五十四金剛破魔尊者
第五十五願護世間尊者
第五十六無憂禪定尊者
第五十七無作惠善尊者
第五十八十劫惠善尊者
石本惠作慧
第五十九旃檀德香尊者
淨慈寺志德作得依清規本
第六十金山覺意尊者
第六十一無業宿盡尊者
淨慈寺志宿盡作索淨依清規本

第六十二摩訶刹利尊者
淨慈寺志訶作阿清規本訶作呵
第六十三無量本行尊者
第六十四一念解空尊者
第六十五觀身無常尊者
第六十六千劫悲願尊者
第六十七瞿羅那含尊者
淨慈寺志含作舍依清規本
第六十八解空定空尊者
第六十九成就因緣尊者
第七十堅通精進尊者
第七十一薩陀波崙尊者

第七十二乾陁訶利尊者
第七十三解空自在尊者
第七十四摩訶注那尊者
第七十五見人飛騰尊者
第七十六不空不有尊者
第七十七周利槃特尊者
諸經皆稱朱利槃特亦稱周利槃特迦　善見律盤陀者此言路邊生二兒並路邊生故字爲般陀兄先家得羅漢弟亦證果稱周羅般陀　翻譯名義周陀或云周利此云路邊生莎伽　二十五圓通之八陀或爲般陀伽此云小路邊生又翻經道以其弟生經於路邊故名經道　按佛本行經二子爲兄弟椤

嚴經以爲一人　增壹阿含經朱利般特更名除垢
般特又云聲聞中第一比丘變化身形能大能小無
有如朱利槃特比丘之比
第七十八瞿沙比丘尊者
第七十九師子比丘尊者
第二十四祖中印度人姓婆羅門
第八十修行不著尊者
第八十一畢陵伽蹉尊者
諸經具云畢陵伽婆蹉　二十五圓通之十
第八十二摩利不動尊者
第八十三三昧甘露尊者
第八十四解空無名尊者

第八十五佛難提尊者

第八十六金剛精進尊者

第八十七方便法藏尊者

第八十八觀行月輪尊者

淨慈寺志月輪作輪月依清規本

第八十九阿那邠提尊者

增壹阿含經舍衛國長者名阿那邠邸邸亦作邸又作祁

第九十拂塵三昧尊者

第九十一摩訶俱絺尊者

諸經具云摩訶具絺羅俱一作拘　舍利弗之舅號長瓜梵志摩伽陀國人

第九十二辟支轉智尊者
第九十三山頂龍眾尊者
第九十四羅網思惟尊者
第九十五劫賓覆藏尊者
第九十六神通億具尊者
淨慈寺志具作旦依清規本
第九十七具壽俱提尊者
第九十八法王菩提尊者
第九十九法藏永劫尊者
第一百善注尊者
淨慈寺志注作往依清規本　新刻佛經壽世本作
注善

第一百一除憂尊者
第一百二大忍尊者
第一百三無憂自在尊者
淨慈寺志憂作邊依清規本
第一百四妙懼尊者
第一百五嚴土尊者
維摩詰經稱嚴土菩薩
第一百六金髻尊者
維摩詰經稱金髻菩薩
第一百七雷德尊者
按維摩詰經稱電德菩薩　普賢經願品稱電德比
丘

第一百八雷音尊者

維摩詰經稱雷音菩薩　華嚴經同　又七佛經護

僧伽藍神七名雷音

第一百九香象尊者

維摩詰經稱香象菩薩　華嚴經同

第一百十馬頭尊者

第一百十一明首尊者

第一百十二金首尊者

第一百十三敬首尊者

第一百十四衆首尊者

第一百十五辨德尊者

第一百十六羼提尊者

淨慈寺志屬作羼依清規本　石本亦作羼　大智度論如羼提比丘爲迦梨王截其手足耳鼻心堅不動又稱羼提仙人　昔者菩薩爲梵志名羼提和見無度極集

第一百十七悟達尊者

第一百十八法鐙尊者

第一百十九離垢尊者

華嚴經稱離垢佛又稱離垢童子

第一百二十境盼尊者

第一百二十一馬勝尊者

即頞鞞　西域記云阿涅槃侍唐言馬勝　五比丘

之一

第一百二十二天尊者
淨慈寺志作天王依清規本　石本亦作天王放光般若經同　法華經提婆達多號曰天王如來得阿羅漢果　維摩詰經稱天王菩薩　按增壹阿含經弟子品中有天比丘
第一百二十三無勝尊者
與一百五十七重　維摩詰經稱無勝菩薩　興起行經稱無勝羅漢
第一百二十四自淨尊者
淨慈寺志自作月依清規本　與一百九十七重
第一百二十五不動尊者
華嚴經稱不動佛又稱不動優婆夷善財童子五十

三參善知識之十九

第一百二十六休息尊者

第一百二十七調達尊者

興起行經又稱陀婆達兜又稱提婆達兜十調律調達出家緣記引之大智度論亦稱提婆達亦稱跋提沙諸經亦稱提婆達多智度論云生入地獄　雜寶藏經提婆達多心常懷惡欲害世尊諸經多云然佛之世父白飯王長子見十二游經中本起經作次子長一丈五尺四寸　佛說太子保魂經云調達與我世世有怨佛說一切施王所行擅波羅密經調達是我善知識亦為善師調達卻後阿僧祇劫當得作佛號字提和羅耶　增壹阿含經最後受身成辟支佛

名曰南無
第一百二十八普光尊者
第一百二十九智積尊者
沈友儒淨慈寺重修羅漢殿記第一百二十九與一百三十九俱書帝綱再積簿記第一百二十九書智積然志稱智積鬘面梵相則一百三十九實似之而一百二十九位之誤書審矣爲更置焉 案記中引梁時及唐雲巖寺智積菩薩靈異二事 法華經大通智勝佛未出家時有十六子其第一子名曰智積又稱智積菩薩菩薩處胎經亦稱智積菩薩
第一百三十寶幢尊者
華嚴經稱寶幢菩薩寶靈經同 觀彌勒上生兜率

經天宮五大神第一曰寶幢
第一百三十一善惠尊者
石本惠作慧
第一百三十二善眼尊者
維摩詰經稱善眼菩薩華嚴經同又稱善眼童子又稱善眼佛又有守護菩薩法堂羅刹鬼王名曰善眼又稱善眼優婆夷
第一百三十三勇寶尊者
淨慈寺志勇寶作寶湧依清規本　維摩詰經稱寶勇菩薩
第一百三十四寶見尊者
維摩詰經稱寶見菩薩

第一百三十五惠積尊者

維摩詰經稱慧積菩薩　石本惠作慧

第一百三十六惠持尊者

淨慈寺志惠作慧依清規本　石本亦作慧

第一百三十七寶勝尊者

維摩詰經稱寶勝菩薩華嚴經同又稱寶勝佛

第一百三十八道仙尊者

第一百三十九帝網尊者

維摩詰經稱帝網菩薩

第一百四十明網尊者

維摩詰經稱明網菩薩決定毘尼經又稱網明菩薩

第一百四十一寶光尊者

大莊嚴法門經稱寶光佛

第一百四十二善調尊者

大乘方便經稱善調佛

第一百四十三奮迅尊者

第一百四十四修道尊者

第一百四十五大相尊者

第一百四十六善住尊者

淨慈寺志善住作尊往依清規本　華嚴經稱善住

比丘善財童子五十三參善知識之第三普賢行願

品作妙住

第一百四十七持世尊者

維摩詰經稱持世菩薩華嚴經同

第一百四十八光英尊者
淨慈寺志英作音依清規本　幻士仁賢經稱光英菩薩
第一百四十九權教尊者
第一百五十善思尊者
華嚴經稱善思菩薩
第一百五十一法眼尊者
第一百五十二梵勝尊者
第一百五十三光曜尊者
第一百五十四直意尊者
第一百五十五摩帝尊者
楞伽經稱摩帝菩薩

第一百五十六惠寬尊者
淨慈寺志惠作慧依清規本　石本亦作慧
第一百五十七無勝尊者
與一百二十三重
第一百五十八曇摩尊者
第一百五十九歡喜尊者
華嚴經稱歡喜佛
第一百六十游戲尊者
第一百六十一道世尊者
第一百六十二明照尊者
第一百六十三普等尊者
第一百六十四惠作尊者

淨慈寺志惠作慧依清規本　石本亦作慧

第一百六十五助歡尊者

第一百六十六難勝尊者

第一百六十七善德尊者

淨慈寺志善作菩訛　維摩詰經稱長者子善德

摩訶般若經稱善仂佛

第一百六十八寶涯尊者

第一百六十九觀身尊者

第一百七十花王尊者

淨慈寺志花作華依清規本

第一百七十一德首尊者

華嚴經稱德首菩薩

第一百七十二憙見尊者

維摩詰經稱憙見菩薩　華嚴經𩡧光明大城中有

王名憙見善慧

第一百七十三善宿尊者

維摩詰經稱善宿菩薩　法華經有八王子常修梵

行皆爲法師二名善宿

第一百七十四善意尊者

維摩詰經稱善意菩薩　華嚴經稱善意佛

第一百七十五愛光尊者

第一百七十六花光尊者

淨慈寺志花作華依清規本

第一百七十七善見尊者

華嚴經稱善見比丘善財童子五十三參善知識之第十一　晉譯本見作現普賢行願品作妙見　付法藏因緣經罽賓國人四祖爲說法要得羅漢果菩薩處胎經法鼓世界佛名善見　西域記云蘇奇底唐言善現舊曰須扶提或曰須菩提譯曰善吉皆訛也

第一百七十八善根尊者

第一百七十九德頂尊者

第一百八十妙臂尊者

維摩詰經稱妙臂菩薩

第一百八十一龍猛尊者

西域記云那伽閼剌樹那菩薩唐言龍猛舊曰龍樹訛　第十四祖亦名龍勝南天竺國人

第一百八十二弗沙尊者

維摩詰經稱弗沙菩薩　華嚴經稱弗沙菩薩　佛本行經次值三億佛同名弗沙

第一百八十三德光尊者

華嚴經稱德光菩薩又稱德光童女　大莊嚴法門經稱德光菩薩

第一百八十四散結尊者

第一百八十五淨正尊者

第一百八十六善觀尊者

第一百八十七大力尊者

第一百八十八電光尊者

華嚴經有國王名曰電光

第一百八十九寶仗尊者

淨慈寺志仗作伏依清規本　維摩詰經稱寶仗菩薩

第一百九十善星尊者

涅槃經稱善星比丘生身陷入阿鼻地獄　出三藏記集載有善星比丘經

第一百九十一羅旬尊者

第一百九十二慈地尊者

第一百九十三慶友尊者

第一百九十四世友尊者

西域記云伐蘇密呾羅唐言世友舊曰和須密多譌也

第一百九十五滿宿尊者
第一百九十六闡陀尊者
僧祇律稱闡陀比丘　佛本行集經檀那達多婆羅
門第五子名曰闡陀
第一百九十七月淨尊者
華嚴經稱月淨主夜神
第一百九十八大天尊者
華嚴經稱大天神善財童子五十三參善知識之二
十九　晉譯本不稱神但云彼有一天名曰大天
第一百九十九淨藏尊者
法華經有王名妙莊嚴其王夫人名曰淨德有二子
一名淨藏二名淨眼今藥皇菩薩藥上菩薩是亦見

觀藥王藥上菩薩經

第二百淨眼尊者

華嚴經稱淨眼菩薩

第二百一波羅密尊者

第二百二俱那含尊者

第二百三三昧聲尊者

第二百四菩薩聲尊者

第二百五吉祥咒尊者

第二百六鉢多羅尊者

第二百七無邊身尊者

與四百二十二重

第二百八賢劫首尊者

第二百九金剛味尊者

第二百十乘味尊者

第二百十一婆私吒尊者

增壹阿含經稱婆私吒比丘中阿含經誦習經典中

梵志之七雜阿含經婆羅門母

第二百十二心平等尊者

第二百十三不可比尊者

第二百十四樂覆藏尊者

第二百十五火啖身尊者

第二百十六頗羅墮尊者

婆羅門十八姓頗羅墮居其一

第二百十七斷煩惱尊者

第二百十八薄俱羅尊者

俱一作拘又作矩什法藏因緣經九十一劫生人天中最後生婆羅門家年百六十未曾有病　增壹阿含經稱婆拘盧壽命極長中阿含經八十年　曾起欲想見　佛説福田經稱波拘盧

第二百十九利婆多尊者

與二百七十一五重

第二百二十護妙法尊者

第二百二十一最勝意尊者

第二百二十二須彌尊者

第二百二十三沒特伽尊者

西域記云沒特伽羅子舊曰目乾連譌略也大婆羅

門種
第二百二十四彌沙塞尊者
第二百二十五善圓滿尊者
第二百二十六波頭摩尊者
第二百二十七智慧鐙尊者
華嚴經稱智慧鐙佛
第二百二十八旃檀藏尊者
第二百二十九迦難留尊者
第二百三十香燄幢尊者
華嚴經稱香燄光幢菩薩
第二百三十一阿涇卑尊者
劉一清錢塘遺事其第四百四十二位阿隰毘尊者

獨設一龕用黃羅幃之偃蹇便腹覷人而笑婦人祈
嗣必詣此炷香　淨慈寺志卑作毘依清規本
第二百三十二摩尼寶尊者
第二百三十三福德首尊者
淨慈寺志無德字依清規本
第二百三十四利婆彌尊者
第二百三十五舍遮獨尊者
第二百三十六斷業尊者
第二百三十七歡憙智尊者
第二百三十八乾陀羅尊者
第二百三十九莎伽陀尊者
法華經具云周陀莎伽陀

第二百四十須彌望尊者
第二百四十一持善法尊者
與三百八重
第二百四十二提多迦尊者
第二百四十三水潮聲尊者
第二百四十四智慧海尊者
第二百四十五眾具德尊者
第二百四十六不思議尊者
第二百四十七彌遮仙尊者
第二百四十八尼馱伽尊者
第二百四十九首正念尊者
第二百五十淨菩提尊者

淨慈寺志菩作居依清規本
第二百五十一梵音天尊者
第二百五十二因地果尊者
第二百五十三覺性解尊者
第二百五十四精進山尊者
第二百五十五無量光尊者
與三百九十九重　華嚴經稱無量光佛入法界品
三十九之第十七重稱之
第二百五十六不動意尊者
第二百五十七修善業尊者
第二百五十八阿逸多尊者
見涅槃經

第二百五十九孫陀羅尊者

諸經亦云孫陀羅利亦云孫陀利亦云難陀之妻

一十五圓通之十四　孫陀羅難陀卽佛弟　普賢

經身長一丈五尺四寸

第二百六十聖峰惠尊者

石本惠作慧

第二百六十一曼殊行尊者

第二百六十二阿利多尊者

第二百六十三法輪山尊者

第二百六十四衆和合尊者

第二百六十五法無住尊者

第二百六十六天鼓聲尊者

第二百六十七如意輪尊者
第二百六十八首光欿尊者
第二百六十九無比校尊者
第二百七十多伽樓尊者
第二百七十一利婆多尊者
第二百七十二普賢行尊者
第二百七十三持三昧尊者
第二百七十四威德聲尊者
第二百七十五利婆多尊者
與二百十九二百七十一重　淨慈寺志作婆利無多字依清規本
第二百七十六名無盡尊者

第二百七十七阿那悉尊者
第二百七十八普勝山尊者
第二百七十九辨才王尊者
淨慈寺志王作主依清規本
第二百八十行化國尊者
第二百八十一聲龍種尊者
第二百八十二誓南山尊者
第二百八十三富伽耶尊者
第二百八十四行傳法尊者
第二百八十五香金手尊者
淨慈寺志手作首依清規本
第二百八十六摩拏羅尊者

第二百八十七光普現尊者
第二百八十八惠依王尊者
淨慈寺志王作疋依清規本
第二百八十九降魔軍尊者
第二百九十首燄光尊者
第二百九十一持大醫尊者
第二百九十二藏律行尊者
第二百九十三德自在尊者
第二百九十四服龍王尊者
第二百九十五闍夜多尊者
第二百九十六秦魔利尊者
第二百九十七義法勝尊者

第二百九十八施婆羅尊者
第二百九十九闍提魔尊者
第三百王住道尊者
第三百一無垢行尊者
第三百二可波羅尊者
第三百三聲皈依尊者
第三百四禪定果尊者
第三百五不退法尊者
第三百六僧伽耶尊者
第三百七達磨眞尊者
第三百八持善法尊者
與二百四十一重

第三百九受勝果尊者
第三百十心勝修尊者
第三百十一會法藏尊者
第三百十二常歡喜尊者
第三百十三威儀多尊者
第三百十四頭陀僧尊者
第三百十五議洗腸尊者
第三百十六德淨悟尊者
第三百十七無垢藏尊者
華嚴經稱無垢藏菩薩　與三百七十二重
第三百十八降伏魔尊者
第三百十九阿僧伽尊者

即無著菩薩天親菩薩之兄
第三百二十金富樂尊者
第三百二十一頓悟尊者
第三百二十二周陀婆尊者
第三百二十三住世間尊者
第三百二十四鐙導首尊者
淨慈寺志導作道依清規本
第三百二十五甘露法尊者
第三百二十六自在王尊者
維摩詰經稱自在王菩薩　菩薩胎處經同
第三百二十七須達那尊者
彌勒下生經長者名須達那今須達長者是涅槃經

第七佛時名須達至後彌勒佛出世時名須達多方證阿羅漢果　賢愚經亦云修達多或婆須達多西域記舊須達譌也正名蘇達多

第三百二十八超法雨尊者

第三百二十九德妙法尊者

第三百三十應眞尊者

第三百三十一堅固心尊者

第三百三十二聲響應尊者

第三百三十三應赴供尊者

第三百三十四塵劫空尊者

第三百三十五光明鐙尊者

第三百三十六執寶炬尊者

維摩詰經稱執寶炬菩薩
第三百三十七功德相尊者
第三百三十八忍生心尊者
石本生心作心生
第三百三十九阿氏多尊者
第三百四十白香象尊者
維摩詰經稱白香象菩薩
第三百四十一識自生尊者
淨慈寺志自作目依清規本
第三百四十二贊歎願尊者
第三百四十三定拂羅尊者
第三百四十四聲引衆尊者

第三百四十五離凈語尊者

清規本淨作諍

第三百四十六鳩舍尊尊者

第三百四十七鬱多羅尊者

出三藏記集婆須密集序云大婆羅門梵摩渝子名鬱多羅改字婆須密　增壹阿含經拘那含佛母字鬱多羅長阿含經二弟子二名鬱多羅彌勒下生經彌勒佛親族婆羅門子名須摩今鬱多羅是彌勒成佛經作鬱多羅善賢比丘尼子

第三百四十八福業除尊者

第三百四十九羅餘習尊者

第三百五十大藥尊尊者

龍　羌

第三百五十一勝解空尊者
第三百五十二修無德尊者
第三百五十三喜無著尊者
第三百五十四月蓋尊尊者
淨慈寺志月作寫依清規本
第三百五十五旃檀羅尊者
第三百五十六心定論尊者
第三百五十七庵羅滿尊者
第三百五十八頂生尊尊者
第三百五十九薩和壇尊者
第三百六十直福德尊者
淨慈寺志直作真依清規本

第三百六十一須那剎尊者
淨慈寺志剎作利依清規本
第三百六十二憙見尊尊者
第三百六十三韋藍王尊者
第三百六十四提婆長尊者
第三百六十五成大利尊者
第三百六十六法首尊者
華嚴經稱法首菩薩
第三百六十七蘇頻陀尊者
第三百六十八衆德首尊者
第三百六十九金剛藏尊者
第三百七十瞿伽梨尊者

第三百七十一日照明尊者
第三百七十二無垢藏尊者
與三百十七重
第三百七十三除疑綱尊者
第三百七十四無量明尊者
第三百七十五除衆憂尊者
第三百七十六無垢德尊者
佛說離垢施女經稱除衆憂冥菩薩
第三百七十七光明綱尊者
第三百七十八善修行尊者
綱疑網字之誤各本皆作網
第三百七十九坐清涼尊者

第三百八十無憂眼尊者
第三百八十一去蓋障尊者
第三百八十二自明尊尊者
第三百八十三和倫調尊者
第三百八十四淨除垢尊者
第三百八十五去諸業尊者
第三百八十六慈仁尊尊者
第三百八十七無盡慈尊者
第三百八十八颰陀怒尊者
第三百八十九那羅達尊者
第三百九十行願持尊者
第三百九十一天眼尊尊者

第三百九十二無盡智尊者
第三百九十三編具足尊者
石本編作偏
第三百九十四寶蓋尊尊者
第三百九十五神通化尊者
第三百九十六思善識尊者
第三百九十七喜信靜尊者
第三百九十八摩訶南尊者
西域記稱摩訶諵比丘
第三百九十九無量光尊者
與二百五十五重
第四百金光惠尊者

石本惠作慧　淨慈寺志光作剛依清規本　華嚴
經稱金剛慧菩薩又稱金剛慧佛
第四百一伏龍施尊者
淨慈寺志龍作虎依清規本
第四百二幻化空尊者
第四百三金剛明尊者
第四百四蓮花淨尊者
第四百五拘那意尊者
第四百六賢首尊者
第四百七利亘羅尊者
淨慈寺志亘作益是位第四百八依清規本
第四百八調定藏尊者

淨慈寺志是位第四百七依清規本

第四百九無垢稱尊者

西域記云毗摩羅詰唐言無垢稱舊曰淨名然淨則無垢名則是稱義雖取同名乃有異舊曰維摩詰譌略也　淨慈寺志第四百九作無量光尊者自無垢稱尊者第四百十位遷移一位至第五百一位欲事衆尊者依百丈叢林清規本

第四百十天音聲尊者

淨慈寺志天作大依清規本

第四百十一大威光尊者

華嚴經稱大威光佛

第四百十二自在主尊者

淨慈寺志主作王與三百廿六重依清規本　華嚴經稱自在主童子善財童子五十三參善知識之第十二　晉譯本作釋天主普賢行願品作根自在主

第四百十三明世界尊者

淨慈寺志界作果依清規本

第四百十四最上尊者

第四百十五金剛尊者

第四百十六鐲慢意尊者

第四百十七最無比尊者

第四百十八超絶倫尊者

第四百十九月菩提尊者

第四百二十持世盼尊者

第四百二十一定花至尊者
淨慈寺志花至作華智依清規本
第四百二十二無邊身尊者
與二百七重　淨慈寺志身作勝依清規本
第四百二十三最勝幢尊者
華嚴經稱最勝幢佛又稱最勝幢菩薩
第四百二十四棄惡法尊者
第四百二十五無礙行尊者
石本礙作碍　華嚴經稱無礙行菩薩
第四百二十六普莊嚴尊者
第四百二十七無盡慈尊者
與三百八十七重

第四百二十八常悲愍尊者

淨慈寺志愍作慜依清規本

第四百二十九大塵障尊者

第四百三十光燄明尊者

第四百三十一智眼明尊者

第四百三十二堅固行尊者

第四百三十三澍雲雨尊者

第四百三十四不動羅尊者

第四百三十五普光明尊者

第四百三十六心觀淨尊者

第四百三十七那羅德尊者

第四百三十八師子尊尊者

淨慈寺志是位第四百四十依清規本
第四百三十九法上尊尊者
第四百四十精進辯尊者
六度經稱精進辯比丘佛告阿難爾時精進辯者今我身是　淨慈寺志是位第四百三十九依清規本
第四百四十一樂說果尊者
第四百四十二觀無邊尊者
第四百四十三師子翻漗尊者
第四百四十四破邪見尊者
淨慈寺志是位第四百四十五依清規本
第四百四十五無憂德尊者
淨慈寺志是位第四百四十四依清規本

淨慈寺志德作得依清規本
第四百四十六行無邊尊者
第四百四十七惠金剛尊者
石本惠作慧
第四百四十八義成就尊者
第四百四十九善住義尊者
第四百五十信證尊尊者
第四百五十一行敬端尊者
第四百五十二德普洽尊者
第四百五十三師子作尊者
第四百五十四行忍慈尊者
第四百五十五無相空尊者

第四百五十六勇精進尊者
第四百五十七勝清淨尊者
第四百五十八有性空尊者
第四百五十九淨那羅尊者
第四百六十法自在尊者
華嚴經稱法自在佛
第四百六十一師子頰尊者
佛父淨飯王之父
第四百六十二大賢光尊者
第四百六十三摩訶羅尊者
第四百六十四音調敏尊者
第四百六十五師子臆尊者

維摩詰經稱師子意菩薩　華嚴經稱師子臆摩睺伽王　諸經多稱師子意菩薩

第四百六十六壞魔軍尊者

維摩詰經稱壞魔菩薩

第四百六十七分別身尊者

第四百六十八淨解脫尊者

第四百六十九質直行尊者

第四百七十智仁慈尊者

第四百七十一具足儀尊者

第四百七十二如意雜尊者

第四百七十三大熾妙尊者

淨慈寺志熾作識依清規本

第四百七十四劫賓那尊者
見法華諸經翻譯名義　舊名金毘羅
第四百七十五普啖光尊者
第四百七十六高遠行尊者
第四百七十七得佛智尊者
第四百七十八寂靜行尊者
第四百七十九悟眞常尊者
第四百八十破冤賊尊者
淨慈寺志冤作魔依清焈本
第四百八十一滅惡趣尊者
淨慈寺志惡作慈　案佛說離垢施女經有棄諸惡
趣菩薩

第四百八十二性海通尊者
第四百八十三法通尊者
淨慈寺志作妙法通依清規本
第四百八十四懋不息尊者
第四百八十五攝眾心尊者
第四百八十六導大眾尊者
第四百八十七常隱行尊者
第四百八十八菩薩慈尊者
第四百八十九拔眾苦尊者
第四百九十尋聲應尊者
第四百九十一數劫定尊者
淨慈寺志定作空依清規本

第四百九十二注法水尊者

第四百九十三得定通尊者

淨慈寺志定通作法空依清規本

第四百九十四惠廣增尊者

石本惠作慧

第四百九十五六根盡尊者

第四百九十六拔度羅尊者

淨慈寺志拔度作跋陀依清規本

第四百九十七思薩埵尊者

第四百九十八注茶迦尊者

第四百九十九鉢利羅尊者

第五百願事衆尊者

先祖夙具上根深於禪理所書羅漢尊號凡五百一十有八諸方耆宿或贊歎希有先公鐫之涇縣署中惜傳布未廣特再授梓俾得流通試一展卷稱誦便如尊者森列現前令人瞻仰而先祖往昔因緣暨先公繼述禪喜咸永永弗替矣爲之偈曰諸大阿羅漢一一垂名號五百不爲多十八亦非少各具精進心乃成無上道贊歎頂禮者咸得除煩惱

念祖居士高佑釲沐手敬書

浙江嘉興府楞嚴寺般若堂庚子年餘貲刻此五百十八羅漢尊號計字六千五百三十六　該銀口兩

順治十八年七月　日徑山比丘徹徵印開識

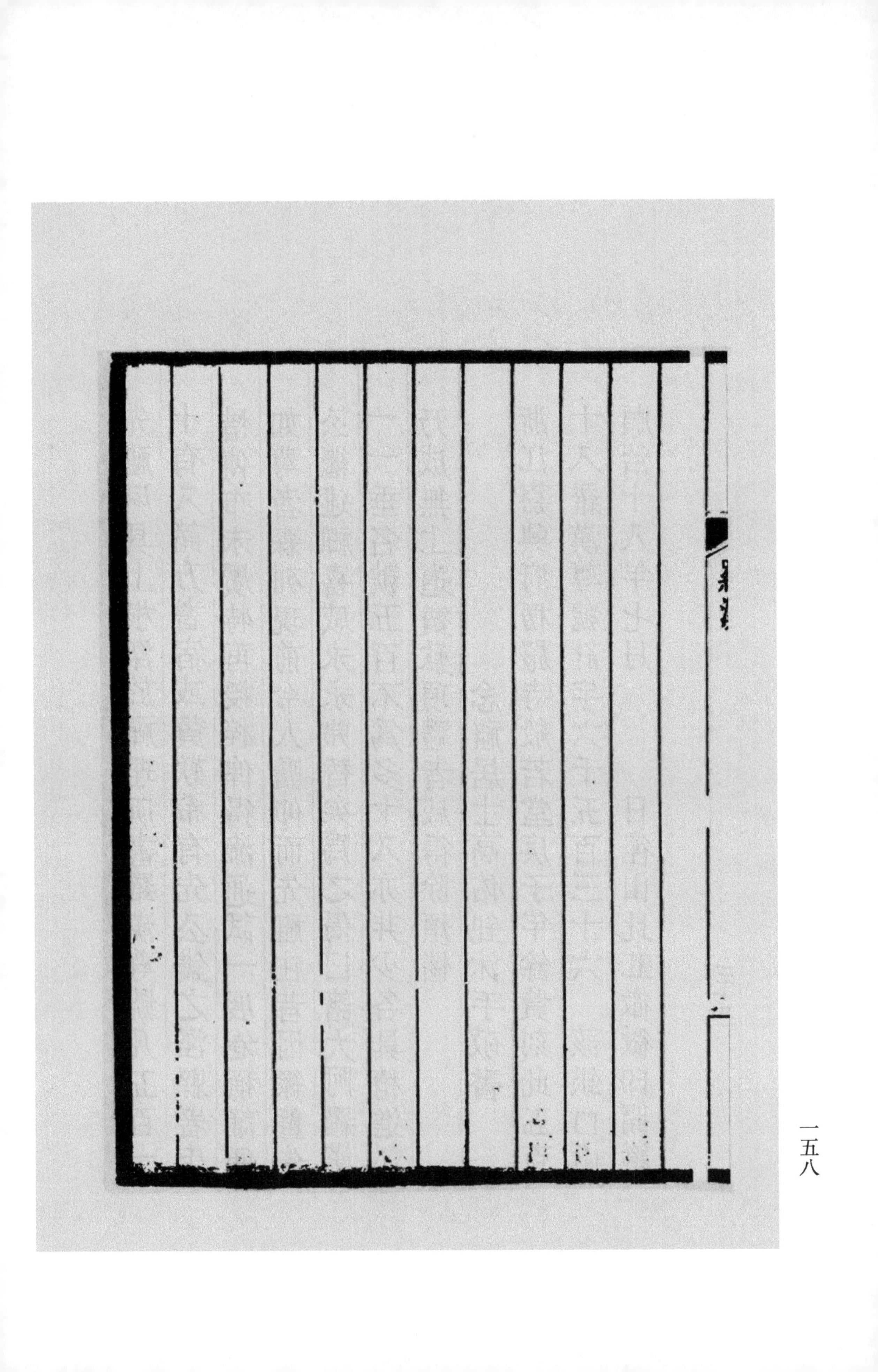

王貽上與林吉人手札

於一

連日齋宿署中未及相聞昨二詩極佳說餅之作尤妙
耳來札云不弃有一札未見何耶適爲尤悔庵大史題
夢游三山圖長句一首欲得法書爲重唯拂冗命筆明
日陪祀歸悤悤未一吉人年道兄　士禎頓首
許遇字不弃吾鄉侯官人有介先生子嘗受業於公
得其宗派公集中題畫竹詩所稱許侯磊落負奇氣
平生節目堅蒼筤者　莅林
自年兄讀禮廬居遠道修阻不能時申問慰惟屬不弃
便羽致念耳想比來興居平善足慰遠懷兹門人曹涓
符兄奉　詔入閩附候動止拙集不卜已竣幾卷幸先

託渭老攜來爲祝中丞頃欲助成曾面商否悤悤不盡
名另具
前日聞梅桐老副憲言陳琳老已至即訪之于僧舍未
遇爲悵晤致意大敘甚佳亦頗肖其爲人于中師事父
事二語恐太倨祈稍易之原稿并來紙俱暫送一二日
望發下吉人年道兄　士禮拜
與吉人別倏已八年此八年中離合亦難更僕言之近
稿承年兄復惠以法書頗出望外謝謝今以上卷止十
二葉太少益以近作及追改少時詩約可得十五六葉
仍求妙楷補入此合尖功德知不靳也易館新總憲寄
軒先生處否晤時爲不佞切致相思并道彈冠之喜悤
悤送周卜兄便郵致謝不盡仲冬望後二日名心肅

周卜大名成文昭爲先生校刊古夫于亭槀者
雅集詩甚潔淨無長語可存集中王赤抒七言有氣有
法非漫作者并附上雲起圖尙未來題句暫付來手且
屬赤抒題過再發下也精華錄末卷雍益集中詩其淨
居寺五首一首可删春城堆絕句一首可增入附商之
祈於月錄內改正諸容晤語吉人年道兄　士禛頓首
秋暑更酷當以晤言消之十三日果成行耶二篆章古
雅二卷題句調翰雙妙謝教之辱看雲圖久成二詩適
子文戶部見過郎煩在此書之午餘可送上昨雍益集
中淨居寺一首查選目中乃淨居寺謁宋文憲公祠絕
句非前五律也絕句仍須存之希留神點檢爲荷送
杜大宗伯二律亦欲附入卷內吉人年兄　士禛拜

先生不以書名凡題識多屬門人代之吉人香泉二
先生手寫爲多香泉名奕禧卽此札所云子文戶部
也　莅林

連日不知已有暇及筆墨否如曾寫得一二紙先惠一
觀內第一卷鼇勺亭觀海一篇沐日浴月四字未穩欲
改虎豹騎馬四字差與下文連屬幸爲留意又五律中有應
制六首似可刪去以此類尚夥未經錄入故耳　士禛
再拜

適勞文駕覩墨妙欣荷無似古體內欲添苦寒行遠遊漁陽城戍戌五言一篇唔時小極怱怱未暇言及輒此奉聞吉
人年兄　士禛拜

昨鼇勺亭一首擬改騎馬二字似不如木兒二字爲

我定之
適奉報小札欲刪淨居寺五言一首查目錄中乃淨居寺謁宋文憲公祠七絕非五言律也此絕仍當錄入春城堆一絕增入可也再聞　士禛頓首

宋顧二札奉上幸檢入行篋其當與俠君歸訂之語不能什一賴年兄口悉之耳日來會審戶部假監事冒暑往返尙未暇寫數行候不弃兄如竟不暇唯切切致念也雪谿詩思圖如題過希付來手尙欲送耦長處恐明日渠便治裝耳張山來寄到焦山鼎圖釋附去一冊甘泉瓦圖詠止寄一本過邗上可多索也吉人年道兄
士禛頓首

聞有束裝之期果然否拙集能在江南寫完竣工尤易

恐入闈後便成耽閣也　小刻客夏已呈教十一種今
板在敝門人崑山盛誠齋侍御家者有數種未請正附
書目于左方
蜀道驛程記　粵行三志　秦蜀驛程後記
皇華紀聞　國朝謚法考　隴蜀餘聞
王選唐詩十種　士禛頓首
禹鴻臚爲作放鷴禪寂二圖祈楷書題籤分隸標卷首
仍各題一詩
適冒暑歸自　暢春苑疲苶已極接手示續集四冊付
舍弟訖前集以管書人臥病不能尋覓卽將底本攜之
行笈可也精華錄成大序之外舊序尚須刻一二篇否
虞山錢宗伯與君代興之言暨贈詩勿以獨角麟儷彼

萬牛毛之句實爲千古知己一序一詩尤不可割但嫌其中議論乃訾李何于愚心有所未安如何如何倘圖奉祖畢其說杜宗伯候送駕始行附叩士禛拜復

放鷴圖取來送上希書大作卽擲下仍欲丐雪坪題句恐其初三日南行也禹鴻臚再作精華錄前戴笠小象極肖欲雪坪製一贊然後送典記耳暢春苑回疲甚悤悤未一吉人年道兄　士禛頓首

格紙一刀百四十葉奉上驗入之五言律詩有渡汶水一首起句云河流紛演漾爭繞汶陽田此詩仍欲存之錄中祈留神補入　士禛拜具

舟已雇妥否月內果成行耶容圖奉餞放鷴禪寂二圖想已題就專人上取唯付之合集一部四册奉上幸拂

冗卽查對元本校定十二日仍將元本發來久雨新霽
尙苦毒熱未退清風來故人[redacted]望之吉人年道兄
士禎頓首
昨再承枉駕方欲暢敘而他客適至悤悤遂別悵然無
似明辰果登舟耶頃送王石谷南歸一詩錄上可坿九
卷之末也錢牧齋見贈古詩題下添注賤名二小字并
聞　古詩一首贈王貽上士。
送王石谷南歸
君憶慧車子言歸烏目山帆隨五湖闊心與孤雲閒
潑墨營丹嶂開籠放白鷴遙知破山寺高臥偃松關
過禾中晤朱竹垞太史致意前門人魏禹平坤寄去
一字到否　士禎頓首

雪後枉過小齋尊酒論文亦不惡也啟吉人年道兄

士禎拜

適詩中押兩蒙字非也前鴻蒙當去旁點水不必用注

特此再啟　中有三神山當作海中三神山漢朝留當

作漢廷吉人年道兄　士禎拜

阮亭先生著述甚富晚年合其前後集擇尤粹精者

定爲四冊授先君書剞劂以傳名曰精華錄天下爭

寶重焉　放鴨禪寂二圖先君皆有題句今刻集中

又雪後詩思圖亦爲君作　林亭

右王文簡公手札二十一紙樸學齊林氏舊物也戊

辰秋日從市肆購得之重付裝潢喜而題後長樂梁

章鉅

觀此手札信知漁洋先生精華錄出自手定託名於其門人盛曹二君者又以知先生不欲人訾李何也善學者審鑒之嘉慶乙亥三月廿日八十三叟方綱

漁洋山人精華錄林吉人書觀山人與吉人各札凡詩目行款卷葉多少無不商略甚悉內如蠡勺亭詩沐日浴月四字初欲改虎豹騂馬既又改騂馬爲水兕此等字亦在撚髭求安之列豈所謂華嚴樓閣者固亦由寸積尺累而始成耶山人又嘗言我輩須爲他日詩文地位此語眞實无妄不得但以愛好目之

道光十五年閏六月望日陶澍

今春在都門獲見張力臣與亭林手札十餘番皆爲亭林刻音學五言往來商酌之語版式葉數無不周

悉此漁洋各札皆因吉人爲寫精華錄斟訂字句卷葉不嫌詞費合此二事可想見前人作事不苟良工必不示人以樸也漁洋於書律至精用意行筆瘦勁而有逸韻洗盡筭子氣竊謂竹垞且當避席況他人乎王辰在都於廠肆見漁洋詩手草五冊塗乙俱滿不惟字意疏宕其研詩之細亦具可見惟此冊不知後落誰手矣　道州何紹基

王貽上與汪于鼎手札 於二

曩者枉書屬作始信峰草堂詩尋脫藁未及奉寄而倏有秦蜀祭告之役遄返經年歷井捫參上霧下潦未嘗不仰羨黃山隱居之樂如在天際也近者蘄熊封自四明入都相與杯酒道故輒訊山中雲泉松石之妙及吾于鼎文治扶晨羣從卜築采隱之處又未嘗不搔首南望如或見之重枉瑤華幷廣陵見懷之作前塵昨夢棖觸於心松圓手書三集得之不翅拱璧鄂州臨川二書幷是瑰寶鄂州小集向有舊刻本若新安志則訪之三十年而未得者誠得鈔寄當共表章之庶幾廣陵散不絕於人閒亦希有快事也近世新安文士不佞最心折

者謝陛少連吳兆非態兩人謝之季漢書昔爲祭酒日欲上其書以代三國志不果非態五言則日所吟諷已登之拙選感舊集不知全集尚可覓寄不雍益小集南海集一冊并上附請教正又一冊煩致扶晨爲屬欲製好墨數笏文曰蠶尾山房可爲商量否十月六日期士禎頓首頓首

再奉手示并承寫鄂州新安志見寄雅誼古道不擬於今人中求之謝謝更讀近著黃山領要錄別出手眼別具丘壑一洗志家格套之陋愉快何如謝少連季漢一書與紫陽綱目相表裏不知其更有斂志二者史之屬此其筆削必有可觀明末海內布衣詩當以吳非態程孟陽爲稱首二公皆新安人而吳孫未覩全集以爲憾

事唯年兄均留意焉別論製鬣尾山房墨只以堅厚大
雅爲主不落種種纖巧卽佳也冗次悤悤報謝幷候非
一大集刻本祈寄數冊附及三月十八日士禛頓首
一歲兩奉教言如相從雲海之間長安塵土腸胃爲之
一洗承寄衖中茶烹啜之餘想見前人風味欲賦一詩
紀事未遑也不佞佐計七年了無裨益徒以硜硜之操
荷蒙　上知擢總臺憲報稱殊難于鼎變我何以教之
曩選五言七言詩刻於陽羨門人蔣京少景祁家篋中
存本甚少辱訊及今附上一部取正南渡時野史向亦
曾見數種未暇鈔寫此在金陵覓之似易易也秋審事
煩草草裁荅扶晨無恙爲我致聲九月望前一日士禛
頓首

去年六月得手書并惠寄製墨吳非熊遺藁記已作數行報謝矣適汪年兄使來云未有報書蓋是時正賦悼亡心如亂絲神志怳惚或未暇作不可知也今汪宅人南歸索一函爲符信因候起居附謝雅誼不佞客歲六月悼亡九月又有弱女之痛了無生趣十一月量移西曹之長兼理督捕案牘旁午幾於五官並用無復與風雅作緣不知年兄何以教之臨穎神往庚辰四月期服

士禎再拜

比以積勞臥疴荏苒遂踰旬日馳想始信峰頭何殊眞人天際耶伏枕把讀艮書以當七發黃山領要錄久欲附數行於卷尾愁冗因循未遑命筆又以此序成必刻集中故亦不敢草且承見諒代撰一篇頗不異人意中

語稍商數字即照刻可也俟春夏閒待漏稍暇或可再跋數語未不妨並存耳非熊孟陽二老詩日在几案閒不遑披閱可知況味之苦矣拙選二種教之荼墨之惠拜登爲謝貴鄉任仲嘉頗有詩名幸與扶晨共留神搜寄庚辰至前五十禎頓首頓首

去年請急本欲遂返初服不謂　温旨鄭重限假五月懸缺以待歸展先壟席未及暖而悤悤戒行以仲冬入都五岳之游正不知杖笠何日也奉手教深慰遠懷令弟來翰幷悉孝思究極無暇輒就擬稿刪其稍繁者另寫一通附上不卜有當否大致以簡潔爲尚耳何如何如前承惠寄吳非熊詩鈔本與松圓詩皆攜歸卒業竟未得略及入都以來又增赴　暢春苑啟奏一事四鼓

郎行且朝中集議最多了無餘力以及鉛黃徐當圖所以報命亦以完平生企慕二公夙志也二仲詩得之復如拱璧蓋二仲亦正以不沿襲太函自出手眼爲佳耳製墨朴重甚可寶惜扶晨近況何似爲致訊臨風遙企名另具

昨日數行奉報兼荅令弟公事旁午合作一函幸恕勞人草草也林居長夏嘯詠必多始信峰草堂筇杖頗能數至否向承商選新安二布衣詩（籤及封面照此可也）郎頃始卒業太抵吳詩刻意齊梁五言佳境時似何水部七言古音調未諧七言絶句乃時有佳致金陵東歸是其勝場耳程詩長於七言律絶長句殊未成章牧翁標稱未免過情吳詩選目凡二十紙先從洪崑霞兄郵筒寄上與

扶晨再一覆閱匡所不逮幸甚幸甚松圓日錄當續寄
刻式須極古雅校正讎對不厭再四乃無舛謬中有一
題十數首五七首而僅存三四首或一二首者題當作
若干首選幾首而删去其二其三等字否酌之至於得
某字皆删去惟共用某字間存之亦惟裁定宂次悤悤
未一閏六月十日士禛再拜

前有一札同吳詩選目從昆霞家郵寄上久達典籤程
詩頃始選竟輒此再寄反復二集吳五言刻意謝宣城
何水部得意處時時近之程七律學劉文房韓君平清
辭雋句神韻獨絕始亦擬空同而腕力苦孱七言絕時
入妙境夢得牧之義山務觀皆有之歌行初學少陵晚
學東坡然如桓元子之似劉越石無所不憾亦由力孱

故也大抵吳以五言擅場七言自闢草篇而外無多可采程以七言擅場而古體不如近體譬無烏獲之勇而欲舉萬斛之鼎力非顏高而欲挽六鈞之弓鮮不躓矣此孟陽長句學蘇杜之喻也不佞又竊疑二君皆新安產生又同時而集中都無一字相及此不可解也吳詩有金陵稿等目程詩又分春帆等目更煩碎可厭愚意不如一概削去祇分吳詩選程詩選各若干卷差爲大雅又二君詩閒删數句亦閒有訂定數字者希留神對閱又一題數首止選二三首一二首者更希留神恐有誤書耳今並明其一其二等字然必細載對乃無舛誤有須商攉處不妨垂示二札以何日到幷示之七月晦日名專具

從崑霞兩得手示具知僭選吳程二家詩目次第已達

典籤甚慰承下問各條昨日封印暫免五更待漏今日乃得暇至書舍一一注明奉復惟可否乞尊序深契滄浪妙悟之指可即付剞劂不佞亦當作一序嗣寄不必久候也祝祝格式稍闊大爲佳較勝篋衍集式邵子湘本亦雅略加變通可也舊刻敝鄉邊華泉先生詩徐布衣東癡詩各一本近朱翠庭兄爲刻古懽錄二部附請正其一部幸即轉致扶晨爲祝此札歲首如到二月間望惠嗣音嘉平廿二日士禛頓首

今秋作書時附有別箋一紙奉商偶失之遂另書一箋適偶簡出再附緘去不記二箋有詳略否幸互閱之冬至前拜手示知吳集選目已達記室程集選目尋即嗣上不知此札何時始到來教中尚未之及幸即示知

處有浮沈也仵切仵切兩公原集標目太爲繁瑣不如
悉去之各編爲四卷或五卷差爲大雅唯年道兄裁之
每南榜至都輒亟檢昆玉姓字而千佛明經尙靳一座
令人悵惘人旋附候近祉不盡欲言長至日士禛頓首
吳選止刻曹能始先生一序程選止刻錢牧齋先生一
序存知已也尊跋在篋中一時尋覓不得祈再錄一本
見寄又行

客歲定吳程二家詩竟有兩札從昆霞處致上久違鐵
記矣頃獲手示知　聖駕過邗江曾獻賦　行在所頗
被顧問今汪紫滄諸君已致身天祿于鼎尙寂寂耶前
寄示尊製二家詩序甚佳可先刻編首拙序俟夏日脫
稿卽圖寄上目下塵務糾紛未暇也不卜定在何地剞

刷曾否開雕若能早成之共一欣賞尤快崑老南歸悤悤附候宂次不盡扶晨致念又行士(禎)又頓首

刻成一二卷便祈傳示不必候完書也

前有數行奉候想久達籤記比來秋涼寒氣甚早遙念起居清吉張山來近有信至傳致垂注雅誼深感二布衣詩已刻幾卷幸先寄一觀向云欲刻之吳郡已有信與宋牧老問之矣序已脫稿大意亦不異前書中語希照入刻本點畫勿太纖細方免剝落如何崑老南歸悤悤附候幸早嗣音以慰跂望中秋日士(禎)頓首

敬空

崑霞南歸有數行奉候左右想久達籤記矣適奉手教蒲柳之年尚荷注存雅誼諄殷銘之五內大函全集惠

到深慰文士相輕自古而然此正無足爲輕重耳二布衣詩何以遲之又久未付剞劂近吳郡貴族諱立名者最喜刻書以是爲牧老所知不識年兄可與一商此書否若肯爲之甚易易也久則道旁築舍恐一番心力置之無用可惜也拙序亦付崑霞想併致到矣不盡名正具脊

使者以孟夏朔日發廣陵十一日即到敝里可謂神速矣捧讀手示如聞空谷之音欣荷無量新詩遠寄極慰生平但使者不遑久淹勢不能徧加丹鉛謹閱完五言古一卷先以附上餘俟從容卒業或由都門涵齋千波許馳寄可耳新安距敝鄉甚遠北道風塵加以饑饉之餘跋涉非易千里命駕之誼心佩可也二布衣詩牧老

留兩見寄止二部程刻視吳刻較工然尚有訛字幸不多耳便中祈語吳門覓便多寄數十部蠶尾墨圖式極精妙不必重刻謝謝研村遺詩窮旬日之力已評次訖今輒附上感舊集成且三十年未敢流通懼速怨謗俟合山木爲一選稍爲增減然後圖寄以副雅懷今玆未能也不佞近刻祇刻精華錄十卷敝門人盛侍御曹祭酒昔所編次而宋梅二中丞爲刻之吳中者譌舛最多今往一部并先集就正別有居易錄三十四卷友人攜往粤東未得消息蠶尾續集詩二卷雜文十餘卷又香祖筆記八卷牧老爲刻於吳門亦未寄到到時嗣上不佞近小築於茲山下水經魚子水所經山上有夫于古亭即於陵仲子隱處山光肆映清暉娛人山在長白山之東入畢黄山之

南里三于鼎能為賦古夫于亭長句見寄所傾企也再煩
名手作夫于草堂圖如蕭尺木者方妙耳楮盡神往乙
酉四月望日雨中士禛再拜
蒼孚修齡二令姪致意三傳稍刪潤附上記室又行
夫于草堂圖仍求黃山雪公為妙祈致鄙意又行
三年不見新安一字停雲落月耿耿於懷得文治書及
蠶尾新刻而後喜可知也惟不得于鼎札以為憾事此
集前徐章仲刻於崑山大名成周卜刻於京師至是凡
三刻矣刻頗精工所有譌誤略為標出為令改正悤悤
未及細較也新安二布衣詩篋中無副本希寄二十部
近撰宋洪容齋萬首唐人絕句止錄什之一差為精審
今以底本寄文治刻之邗上昆玉當各作一跋又有詩

話三卷扶晨子鼎佳句已頗載之友人亦刻於都下成
當奉正廣陵人回附候不一名肅己丑六月十日寄
諸令弟祈致謝私未及另字

題嵩洛訪碑圖

大興　正三　翁方綱

開元寺　余游開封相國寺僅搨得元祐石幢至鄭州訪城西開元寺兩石佛座間刻銘一天授二年侯文衍造彌勒像一開元八年王元度造蒲臺像殿後尊勝經幢天成二年重修幢上層四面鏤佛邊闌復刻畫像有天福五年僧敬鐸及上柱國楊璫等名鄭州開元寺東東里書院學徒助秋盦按紙助拓者此丙異日儻有成才自記其事則佳話也

等慈寺　初八日滎陽縣拓韓仁銘頂作長虹足半入土其下與碑陰皆無字唐景龍御書賜縣令盧正道

敕陰刻盧公清德頌額作佛像旁有行書三行碑側
天寶一載貞元五年十五年十八年宋天祐五年諸
題名　申刻至汜水縣登高阜至等慈寺齊武平造
像碑唐高宗紀功頌顏師古等慈寺碑紀功頌陰列
臣勣等名惟搨碑下層開元十三年史敘書明皇詩
崇寧四年題
唐中宗敕大楷筆力峻勁似與明皇太山銘後年
月一行可以相配王虛舟先生所最稱美者然予
謂楷以中和爲至自以太山銘後年月爲唐代大
楷之正耳
轘轅　初十日入登封境卽古之轘轅關登嵩始此回
視鞏洛山川歷歷可數

此正秋盦身到雲外時卽不必訪碑已是妙境矣

少林寺　搨得天平二年武平元年諸碑

唐太宗教裴漼碑在鐘樓寺蔡京面壁之塔四字

涪翁達摩頌蔡卞六字額趙董書二旨碑並立東院

僧云昔年碑石如林修廟時埋大半矣

董文敏書少林寺道公碑氣奪吳興雖不純楷然

應作董書楷碑之最矣

少室闕　篆銘蕺林芝繇之上列有字前亦有字闕側

有字三行

蕺林之下陽林二列露一伊字

東闕題名李客之下有直格隱隱有字皆前人所未

見　四面多作人物鳥獸稭所圖弗確也是晚館登

封城中

五古　少室闕下秋盦得伊字一片石寄來蘇齋

　予爲伊墨卿摹一紙

嵩陽書院　門外徐浩碑高如坊表雕刻精工碑陰宋

人題

院內將軍大者七人圍次三人圍樹下文潞公張杲

王郅題名三石東牆有元符二年宋傅霅小楷眞武

經最精

徐季海八分碑是唐隸最佳者漢柏二株有勒手

碑昔門人姜口軒哲二子讀書於此其長君今京

兆預薦屢拓此屬題予前後爲此柏作長歌者已

五度矣

開母闕　西闕簷石少損銘詞開母廟與一行之前有川郡陽一行又二月一行堂谿典請雨銘之首維時二字其言維何下有嘉字皆向所未見其上里許觀啟母石高二丈廣如之

此皆亭林虛舟山夫諸君所未詳者牛氏金石圖尤為漏略今得秋盦搜剔於是三闕文字粲然大備然則正恐後來踵至訪拓者又罕其人耳

中岳廟　闕立廟下步砌石整齊畫像亦多上層錐鑿如新二千餘年畫痕猶歷歷可辨亦一奇也廟前兩石人東石人頂一馬字

潁川太守一段前人未有見及者分隸兼有篆意亦前序後頌也

石淙　十四日出南門過懊來山陟崇岡望嵩頂見太室正峰形勢厚大其右少室宛若拱侍至告成周公廟觀測景日表登觀星臺臺後平鋪石槽漏水以算日影有斷碑首曰大唐洛州告成等字漫漶難讀

武后游石淙詩

秋盦記云於此想見盧鴻草堂之勝而逕荒難達莫可蹤跡矣

會善寺　十五日出北門十里積翠峰下唐大(曆)二年

會善寺碑戒壇敕錄貞元十一年陸長源戒壇記

少林之戒壇銘云李北海書者今久不可問矣聞見摹本耳然摹本亦有不同何時得重摹一補此石也

嵩嶽寺

徐季海大證禪師碑聞是斜臥在寺後者想拓之者亦少耳

緱山　昇仙側宣和二年盧功裔題記大書似坡公

昇仙太子碑題一行暨碑陰上半皆薛稷書世間薛楷獨此而已眞得褚公精華者也

小石山房　偃師武君虛谷得晉征東將軍劉韜碣因搆小石山房　余造詣捫賞潤如元玉又出古玉共玩

贈余龍門造像百餘　李北海麓山寺碑陰碑額李吉甫等永興石室題字元遺山黃華等題名

虛谷三禮之功近日不知如何因讀此畫心忙忙

然

平等寺　在義井鋪北洛陽界荒原齊碑四半在土中王秋塍命役出之一馮翊王平等寺碑有篆額一天統三年韓永義造七佛寶堪碑一暢懷琛等造象碑一武平二年比丘僧道略等造像碑宋芝山疑四碑在上東門或是劉寬碑今乃釋然拓本比舊有者多數百字虛谷補入縣志

此四碑芝山疑是劉寬碑然北齊四碑一時同得其全亦快事耳

白馬寺　虛谷攜子愚溪約余赴洛　齊碑四通並立半爲土掩地名四里碑宋芝山誤聞此是劉寬碑今乃釋然　白馬寺至順四年洛京祖庭碑書甚工宋

蘇易簡碑已碎爲數段　門外望雙碑凹一是魏王
基碑一唐狄使君碑梁公父也
魏王基碑僅存其半聞是文未刻全者非石斷耳
大覺寺　東魏大覺寺碑韓毅書見趙氏金石錄武虛
谷得於洛陽城東四眼井偕余往觀僅存篆額文已
磨去明人刻修學碑大可惜也至道居寺觀顏書錢
唐丞段君夫人顏氏碑欲訪董相函友漢草堂其孫
析居今莫可問購得董氏藏碑有後魏三級浮圖碑
張嘉祐盧府君等廿餘種
孔和陳德磚塔銘半幅石鼓文九紙
洛陽董相函字金甌好古篆隸卽手剔少室東闕
文者

龍門山　在洛陽城東三十里石壁造佛不可勝計刻洞外石壁龕記褚書最博大僧云褚遂良欵此石片碎落舊在寺中老衲謝草猶見之今佚矣七絶　秋盦記云褚公名石片昔有老僧猶及見之頊則或尙有拓者未可知也記此以俟攷求

老君洞　在龍門南洞門高壁陽文太和十二年洛州刺史始平公像記楊大眼魏靈藏等刻亦在高處工人升梯徧拓僅及二丈餘洞頂之刻苦難措手左有小洞門刻齊武平六年古驗方向止拓東壁今全得之

石刻陽文者極罕見此一也書法亦勁逸而鐫刻未精耳

伊闕　龍門僧古涵善拓碑亦來助力壁頂有唐開元三年利涉書造像銘猱升而上僅得一本非此僧莫能致也

此僧之技若非秋盦到此竟無施用處邪

奉先寺　俗名九間房大盧舍那石像高八丈五尺

此石像非秋盦不能畫也十二月十九日同人集蘇齋羅兩峰對此讚歎不已

香山　七絶

芒山　元祐元年石中立撰碑甚高大數十里外遥見之

秋盦記云登此山南望太室少室諸峰在層雲之上北眺太行隔河雄峙山腰紅黃色疑秋意也

太行秋色　五古

晉碑　晉太康十年太公呂望表

嘉慶元年九月自開封至嵩洛十月往懷慶衛輝東還往返四十日得碑四百餘種成此廿四圖

總跋秋盦此圖寄來於是臘月十八日篝鐙時正值連朝大雪次日約諸君於蘇齋拜坡公生日共几賞此數年來是日之集所不及也

復初齋王漁洋詩評

阮亭詩如海估揀取明璣紫貝製作仙子五銖衣隨手湊補皆合五城十二樓中裝飾但寒者不可以爲衣耳

五古五律五絶皆似錄舊卽七古亦多爲格調所牽惟七律七絶有神韻耳丁未十一月二十一日翁覃谿讀

漁洋詩必應按年次第看之惠氏分古今體非也大約讀近人詩總以按年爲是或如杜詩之厚實不妨分體然亦只可施於家塾誦讀若裒輯問世則不若年之爲得也

慕容垂歌　燕燕涎涎尾涎涎非涎涎拔出漢書涎七見反

謁志公像觀唐碑　盧陵珠犀儆竟似碑版類套語

和窟室畫松歌　既云誰作又云吳生爲此卻又不似呼應　昔者吳道子插入引古層次亦欠清楚

蠡勺亭觀海　以上皆空調子耳

山蠶詞　比蠶詞稍有致矣

南唐宮詞二選　簟錦鸞綾　御溝桃葉

聞雁　亦未嘗非空調然不得不取之矣

和家兄蠡勺亭觀海　是時先生兄弟唱和有濤音集今雖濟南人亦無有知之者矣濤音十二卷荃孫曾見之皆登萊人

秋暮與家兄禮吉子側小飲有懷　此有超逸之氣

秋柳詩四首　自然亦不得不選曹倦圃和云月斜樓

角栖烏起霜落河橋駐馬看西樵云折來玉手曾三
月種向金城定幾年皆佳他日差池春燕影春字已著筆
墨痕矣第三首有此一首之東風往日則愈見第一
首之他日祇今斷乎不可者矣第四首此首蛇足竟
不成意悲今日憶往年全無著落
慈仁寺雙松歌　今寺中久無此松矣愚尚見黃石齋
先生畫之
洗象行玉河披射珊瑚赤珊瑚赤不知指何物
題趙雪江仿摩詰羣峰飛雪圖　選
讀史雜感八首　選不愁粉鏡悤悤去此二句近似宮詞
題徐迪功集昭代嬋娟子昭代昭字必是出於傳寫之訛
淮安新城有感二首　空際有神致

余澹心寄金陵懷古跡詩卻寄二首 選

雨後觀音門渡江 選

夜登燕子磯 知是專諸邑 精華錄本作專諸色色字訛也當以邑字爲是卽上千里句亦不當用色字

曉雨復登燕子磯絕頂 選

海門歌 我願此山障江海 此等字皆隨手不關肌理

庚子稿後 先生通集前後皆空調子也而蚤歲妍潤勝於晚年之枯淡戊申正月廿日舟發大庾午飯後舟次大里塘門丙申起至庚子集止北平翁方綱記

王弇州評文徵仲書謂其晚年特一束枯柴耳

上方寺訪東坡先生石刻詩次韻 予門人謝蘊山守揚州時重立此碑刻諸和作於後有續禪智唱和集

適寄來京師裝成巨軸而海鹽張文魚買得漁洋此
詩舊蹟復爲同裝文魚以飛白題其首曰蜀岡逸韻
翁方綱記
丹徒行弔宋武帝　眞神仙眞英雄未知算空調否
虎丘二首選　先生律詩在中唐分際間
姑蘇懷古三首選
雨夜宿聖恩寺還元閣選　尙有氣以行之雖是調子
不妨
山中寄子側時阻雨滸墅舟次選　尙有逸氣
秦淮雜詩選　十里清淮水蔚藍　漁洋詩話余辛丑客秦淮作
雜詩多言舊院時事句一篇云十里清淮云云阿男
名映淮詩人伯紫之妹也後適莒州杜氏以節聞伯

紫與余書云公詩郎史乃以青鐙白髮之嫠婦與莫愁桃葉同列後人其謂之何余謝之後入爲儀郎乃力主覆疏旌其閭笑曰聊以懺悔少年綺語之過

登觀音閣眺望選　後來遂成畫家題目

荅趙友沂長沙書選

和吳淵穎題錢舜舉張麗華侍女汲井圖　先生早年用功於淵穎集此二首可見其概然神采遜吳作遠矣　此頗有鮮穠色然水亦何必云銀河歡未央與方競媚相犯

和吳淵穎題袁子仁巴船出峽圖　淵穎此詩是題袁子仁所藏圖非袁子仁所畫也此題中袁子仁三字當删　此詩卻饒秀色當郎後來使蜀之先兆耳

蔣修撰述天台之游選　其沿中唐格律而氣宇清迴者亦自可取
二月五日淮陰作淮南風物劇驟驟　每遇劇字鎭字皆隨手爲之此等字意須細講
送茗文之京二首選　亦皆是空調而不妨
絕句選　所謂一回拈起一回新者
眞州絕句三選
奉和李侍郎讀水經注懷洞庭之作選
同楊西印副使蔡豁若秀才夜登觀音山眺曲阿後湖放歌
冰叓擊鼓百靈集二句　如此則李獻吉不足怪矣　互鉤帶爭迢遙可以作對

苕江寄牧翁先生選

題趙巖畫　二十字一氣不可湊泊

馬士英畫　此畫幅併題今在陸磬士齋覃谿記

戲倣元遺山論詩絕句三十六首　選　巾角五字　青蓮風儀

詩人苦學十載接跡掛席名山此注當引　濟南楓落來禽溪水教未忘

先生香祖筆記　杜家箋傳　太紛拏　盧德水讀杜微言予未

之見也若精華錄注所引杜詩背鈔則謬甚

柳州那得　並蘇州　柳州那得並蘇州此義愚十五年前嘗撰

韋柳詩話一卷辨之然此亦仁者見仁智者見智之

理耳亦可以不必辨也方綱記　中興一首　先生早

年讀唐詩　蓋其用力在此　廣大一首　先生不喜

白詩　瀨祭一首　此首第三句拓開就玉谿全集言

之耳非指錦瑟篇也　苦學一首先生不喜歐公廬
山高詩此卻有理　十載一首絕唱　九歲詩名銅雀臺三年留滯楚江隈不知解唱黃壁者新自王戎墓下來聞是刺一巡按而作　此詩
注家所不能知既無自注亦不必曲為推尋矣
太液兄家舊藏倪元鎮畫有題云蕭蕭風雨麥秋寒把
筆臨摹強自寬賴有口君相慰藉松肪筍脯勸加餐
此詩甚佳而雲林集不載今年偶得松圓老人畫愛
其風格不減雲林因用其韻於左方　選
壬寅稿　廿日夜泊舟二塘挑鐙閱辛丑至癸卯卷止
覃谿記
甲寅稿　五律必由杜公參透其所以然後來蘇黃諸
大家皆如此先生尚未能也然先生則曰吾得法於

右丞靜言思之恐非然鐙授記之義　何制府世璂有然鐙記聞一卷似猶未盡何制府覩受業於先生得其緒論方綱幼聞先君言之

饗湖舟夜讀渭南詩集偶題長句　夜夜山南射虎還此先生勝場

冶春絕句二十首選入　紅橋三月髯公東風海棠節杖華林故國一首　漁洋先生平生職志故在元裕之也竟以得髓許吳天章亦奇

陸放翁以太平庵硯歌　攜渠歸去坐懷古　坐懷古三字可以結得住否

故中山西園選

臺城懷古二首選　此種皆只是調子耳然尚不妨大

約七律從中唐諸家以問津右丞

登雞鳴寺選

題秦淮水榭選

題靈谷廢寺選　此爲愛二字眞是爲愛不比後人隨手充數也

蕭思話彈琴石選　其宅心全在此一路上

宿長干寺　既云夜又云夕又云中夜末又云夕　既云開南軒又云啟北牖

瓦官寺選

六朝松石歌選　小注石有温公題名此不妨有紹興一段字但自注不應只説温公耳　先生古詩於仄韻亦竟不講部分耶

夜登觀音巖弘濟寺贈終南融道人　自是佳作其第七句則竟要改　旣云叩又云問旣云導師又云尊宿

將往金陵辟疆擕歌兒見過同坦庵先生于皇邵村不雕文在小集作選

夜泊江口聞笛寄家兄四首　第四首似不應仍用吹笛事作起句矣

江上讀韋詩作二首選　此是先生五古正門面樣子亦自不得不取之

蕭尺木楚詞圖畫歌選　詳此題意未必是墨蹟　尺木是鏝木之卷似不得以丹粉言之豈先生所見乃石本耶從來尺木此圖有墨蹟流傳也

題弘濟寺方融道人壁　曾字重字尙字仍字四句每句中有此一著眼之字可平詩正不消如此分曉也豈但已哉第七句復著一又字

黃子久王叔明合作水山圖歌　空堂白晝生風霆此種句子似乎先生七古篇篇有之

南將軍廟行　亦自成章然吾覺其太熟

人日登眞州天甯寺浮圖懷李退庵侍郎　選

送家兄西樵游黃鶴山　選

焦山古鼎詩　此鼎以二王詩著名　敦字誤讀　竟似鐘鼎文字之事類賦矣一字不切　皇象與此何涉

上巳辟疆招同潛夫其年亦史山濤修禊水繪園十首

此十首是坐間立就者實有興會而肌理不密

沅湘綠水蕭蕭綠 蕭蕭綠蘋改鴨頭

八冊小景 八冊西風曉鏡鋪 八冊二字豈可以入詩

苕溪接八冊地名又名八尺在吳江嘉興之間詩云八冊西風曉鏡鋪宗家網得四鰓鱸水鄉風味江南思何日扁舟鷺脰湖非畫荷也因編在石谿樊圻等之前故覃谿以爲八冊畫藁耳

送陶季之潞州 選 先生七古每於不必插處插入一韻蓋亦從其學元遺山來而又與遺山不同

送朱秋厓歸安宜兼訊陳泳壑 選

題胡玉昆南新水部署宋梅圖 選 宋宮古梅圖五字題一字不可刪也若云宋梅圖則不通矣

同年袁秋水僉事尋舉將歸甘州索詩歌以送之 選

瓶中荷花開偶成二首 選

傳經堂歌 選

宗定九畫紅橋小景於便面見寄 選二 辛夷 紅梅

朱錫鬯自代州至京 選

爲念東先生題衡山畫二首 選

送宋牧仲歸黃州 選

三月晦日公戩招同曰緝玉虬茗文周量王隨翼蒼湘北子端集河樓得絶句六首 選

送吳天章歸中條山 先生七古之插入一韻即所謂以音節爲頓挫者

送其年歸宜興二首 選

再送吳雯歸中條二首 選 堪宜二字皆平亦自可通此宜讀三字自然不及山谷贈妹壻之宜讀書矣

雙劍行吏部侍郎孫公席上作　愚嘗見此銘拓本後有孫退谷手跋其字甚奇夏商琱戈鉤帶中閒有此類非款識所當有之字體耳　句吳舊事足感激　足感激三字太平愚竟僭改云句吳舊事渺何許忽爾清淚來潺湲　下既云吾悲焉則前句亦不應云悲來也句吳舊事句須作開宕之筆事隔曠代似可以不預我事如此方可用忽字也

冬日讀唐宋金元諸家詩偶有所感各題一絕於後

選二　射虎　載海

辛亥稿　作詩必須透悟唐人之所以然而不必其似唐人也先生則必期唐人之似焉不惟形似而神亦似之然則先生透悟唐人之所以然歟曰正唯小子

不能知耳　詩學古人總要合而能離離而恰合

愚山至都門　選

題施愚山少參賣船詩後　先生五古如此種稍有數

韻者亦不自甘居宋元以下也蓋眞自位置在道州

舂陵行之類歟

壬子稿　典試蜀中詩並不似主考神氣只要格調似

唐人耳　蜀道集之詩閒多後來所補作

觀秘魔崖至龍潭作　選　先生五古眞宗王孟諸家則

竟須以右丞龍標之作深論其所以然耳

登石景山浮圖絕頂眺望　選　旣以諸七律之空調者

尙爲不礙則五古如石景山臥佛寺諸作自然亦應

取矣然七律自開元天寶以後其局振始大而五古

則遠追三謝又在其前三百年矣可不愼乎並非寬於彼而獨嚴於此也愚所以於先生五古（甯）少取之

臥佛寺　選

晚入退谷卻寄孫北海先生　選

故明景帝陵懷古　選　此漁洋七古最整頓之作

謝方山舍人二首　選

華陰道中　選

漢武帝通天臺　選

茂陵　選

石鼓山　寄情汧渭水　詩人固不必拘拘考據也然在此題只當言汧水

寄家人　選

雨度柴關嶺　戎衣斜壓赫連刀　不似典試人語

年來錢牧齋吳梅村周櫟園諸先生鄒訏士陳伯璣方爾止王亦世董文友榮洞門諸同人相繼徂謝棧道感懷愴然有賦　選

觀音碥　荔裳名作也其後半太涉應酬耳然石本頗罕見

故宮曲　選

廣元舟中聞棹歌　選

山中有蟲聲如擊磬甚清越蜀人謂之山子又有花名龍爪甚豔偶成絶句　選

新都縣題楊升庵先生故宅　選

壬子藁　蜀道集氣魄格局架子都好而神味眞者甚

少大約後來補作之說頗確

眉州謁三蘇祠 選

入嘉州郎問丁東院無知者過高望山趾廢寺鄭生曰丁東寺也訪方響洞尚在感而賦詩 選　梟梟清空之氣故爲難得 選

敘州流杯池瀘州使君巖皆山谷先生舊游都不及訪悵然賦此

漁洋先生山谷絕不同調而能知山谷之妙此所謂滿院木犀香吾無隱乎爾宋人敖器之云陶弘景祇召入宮析理談玄而松風之夢故在解此者蓋少矣先生詩瓣香山谷不知在何處間之豫章人固不知之問之濟南人更不知也　山谷詩境質實漁洋

則空中之味也然同時朱竹垞學最博全以博學入詩宜其愛山谷矣乃竹垞最不嗜山谷而漁洋反最嗜之其故何也

西涼神祠曲選

江津縣晚泊寄懷李綏陽公凱選　詩境進矣　時時有閱歷所未及之境所以妙也如此詩潮字人字是已　進境由於熟不熟不能進也

題三忠傳

瀼西謁少陵先生祠　句句格調竟似集唐

登白帝城選

登蝦蟆碚選

荆州懷古選　白帝城邊醉放舟夕陽荆楚此登樓醉字此字墨圍此等

字皆佳

襄陽口號 選

放鷹臺 選

朱璧揭鉢圖 以厲樊榭詩對看乃知先生眞不可及

送許何隱之紹興 懷古意無窮 俱是此等語壞事也學者所宜懸諸戒例

展子虔高歡歸晉陽圖 選

送董樵歸成山舊隱 選

仇英九成宮圖 選

題昌黎詩後 選

悼亡詩十五首 選入 門第樵蘇病中肅肅帖子熒熒陌上宦情

曹正子邀同家兒子側及諸君豐臺看芍藥晚過祖氏

園亭八首 選六（回首 依然 陂塘 宮錦 霅溪 水檻）

與董蒼水彭駿孫小飲子吉學士齋 選

友人送白蓮花爲詠 選

文姬歸漢圖 選 全靠樂府

西蜀 何以此處忽有此題且洋洋只西蜀二字亦不言其詠古詠史而作也明明是此年補作前卷蜀道集所賸材料不忍棄去而存此一首耳

送洪昉思由大梁之武康 選

送宋牧仲員外榷贛州 莫似賈胡留 既用坡詩二句作起句即不可復取其賈胡留三字作結語矣況此句亦呆甚與浯溪碑詩用黃詩瓊琚詞之謬同

同施愚山陳藹公集山史從兄昊天寺廩同觀唐子華

水仙圖跋

題陳其年塡詞圖　原作二首題於畫幀內　此正諸賢應召試鴻博至京時也

題蘇臺楊柳枝詞後二首　白家半格詩曾見　精華錄注云本謂半是格詩此說是也半格詩三字不成語氣

送吳天章歸中條山六首　人之相別必有因時因地悲愉欣感之殊而詩之詞氣因之郎如吳天章此歸乃其應召試不遇而歸也雖與秀才下第不同然與他時之歸自不可同語矣乃漁洋先生之詩則不問其何人何時何情何事率以八寸三分之帽子付之尙復何詩之有

荃孫按六詩中如逢時仍未達搔首問高空雲中有孤鶴一笑騐爰居去去寒知己悠悠誰與論遥憐芳

草路露灑女王孫何嘗不惋惜何嘗不悽
感卽先生所云究與秀才下第不同也

顏脩來寄孔廟碑十二種　梁鵠書者謂孔羨碑也此卽十二碑之一種然以漢隸論則此碑爲十二碑之最下者先生乃云猶愛之何也蓋漢碑皆無撰人書人姓名此十二碑中惟乙瑛碑後題曰鍾繇書孔羨碑後題曰梁鵠書而梁鵠在漢末最爲著名是以先生之尤愛之也其實此二碑之果爲鍾繇梁鵠所書與否均無可攷其題云鍾繇梁鵠書者特後人之詞不足以爲確據先生於此書蓋亦並不加審也

讀馮圃芝餘事集因題天章還山詩卷　天章在燕市得古銅印文曰河聲嶽色此印今在其從子所或以爲玉溪生物亦未必然

跋彤臣侍御楊柳枝詞後選

送鄭郎赴粵西幕府選　清夐一氣

東丹王射鹿圖選

瞿山畫松歌選

閨中秋夜不寐悼亡選

聞蜀警懷茂衍大參選

不得宋荔裳紀綱入蜀接取妻孥消息選

送陸辛齋歸海甯選

題王元照仿宋元人小畫爲牧仲比部作　此乃字字咀吮吟哦而出之非小可神通所能到　眞是絕唱可備故實

送李郎松客令高淳託訪詩人邢子貞遺集　亦以備

故實
初拜國子監祭酒釋菜
贈許生　許君著石鼓文鈔二卷亦不盡足据
送毛斧季歸常熟選　此亦足以備故實
和徐健庵宮贊喜吳漢槎入關之作選　昔與同年錢坤一共讀此詩坤一云尚嫌遷客二字近於通套
送葉井叔歸楚
贈蔣京少　未知先生意中視右丞五律與中唐十子之作何以區別吾知先生必曰氣韻之高夐出其上也然則李何之爲盛唐者可以駕宋元諸家而上矣
多父敦　未見此銘也果是多字與否尚未敢必
摩崖碑　平生四句只數語可振筆大放瓊琚詞　山谷此題詩既

押瓊琚詞三字矣今日作此題詩豈可復押此三字於句尾耶卽使不知山谷詩之所以然亦不應如此吾不能曲爲先生解矣

山谷詩云安知忠臣痛至骨世上但賞瓊琚詞此瓊琚詞三字擲筆一笑粉碎虛空

定武蘭亭跋尾二首　收句語甚不倫定武蘭亭雖亦世閒瓌寶然豈可與石鼓頡頏耶假如蘭亭是夏殷之物尙在石鼓以前則此句通矣

朱淅清明上河圖二首　選

元祐黨籍碑　選　起筆飄然而來眞天仙化人也

送孫子立編修周星㕍禮部奉使安南二十四韻

漁洋先生排律甚少不及竹垞初白二集中此體之

可誦也

示鈍翁（楞伽堆案　已嫌遲）官文書可云堆案楞伽豈可堆案乎遲字亦與堆案不合　似當云楞伽懺悔已嫌遲然懺悔二字尚嫌太明白尚須得渾含不露二字更妙

與趙秋水話鴨鳧盟遺事感賦　選

徐星伯先生小集目錄

序

東朝崇養錄序
西域水道記序
唐兩京城坊攷序
通厤序
唐登科記序例
古鏡錄序

書

與特芳山書
上穆鶴舫中堂書
再上穆鶴舫中堂書

三上穆鶴舫中堂書

跋

英煦齋師卜魁城賦跋

長春眞人西游記跋

恩福堂筆記跋

梅蘊生載碑圖卷跋

刑統賦跋

天山客話跋

四庫闕書跋

義門小集跋

華嚴音義跋

曹眞碑跋

王仲堪墓志跋
尋陽長公主墓志跋
後魏營州刺史高貞碑跋
唐濮州濮陽縣令于孝顯碑跋
唐白雀觀碑跋
唐幽州隨使節度押衙正議大夫太原王公夫人張氏合祔墓志銘跋
唐河西道歸義軍節度索勳紀德碑跋
宋小天童山東谷無盡鐙碑跋
雜著
西域水道記校補
詩

讀卜魁集

嘉道間大興徐星伯先生以博雅名重一時生前仕宦極其蹭蹬身後並無傳銘以傳其人子延祖先歿家亦中落藏書萬卷大半斥賣所著新疆賦漢書西域傳補注西域水道記皆自刻唐東西京城坊考平遥楊氏刻入連筠簃叢書猶先生生前所知遺著未刻者四散荃孫搜羅所得貽友人刊行者漢地理志集釋刻於會稽章氏唐登科記考刻於江陰南菁書院明氏實錄注刻於會稽趙氏宋元馬政考刻於上虞羅氏宋會要輯本五百卷刻於吳興劉氏元河南志荃孫自刻之獨詩文未有成書荃孫求之十

餘載所得無多沈方伯子培笑之曰如罩谿所刻義門小集可也今鈔出二十一篇一薄帙耳烏足以覩先生之文學哉巴里坤關帝廟有先生一聯云赫濯震天山通萬里車書何處是張營岳壘陰靈森祕殿飽千秋風雪此中有漢石唐碑又賦得麥天晨氣潤試帖一首槐蔭曾移午梅霖正應旬風和宜宿麥氣潤喜侵晨黛色連畦暗雷聲入夜頻綠翻微有浪青洗淨無塵野雉朝飛慣林鶯曉囀新撫來琴作緩拭罷硯生津波影涵初動霞光照轉勻幾餘吟夏景句陋趙師民餘則一字亦罕見矣不便入集附著於此

星伯先生小集

江陰繆荃孫輯

序

東朝崇養錄序

道光十有七年二月　聖駕閲視明陵先期恭奉
皇太后幸丫髻山　小臣以禮官隨扈親見千乘萬騎
鹵簿之盛而　皇太后出入　皇子馬上屬櫜鞬
導引雍雍肅肅禮出天家侍從懽忻公卿讚歎日晡退
休幕亥客有攷詢乾隆年間　慈甯太后萬壽盛
典者　小臣前在史館曾於宫史及敬事房檔冊迻寫
慈甯太后萬壽　高宗純皇帝恭進九九典

福帙檢出示客帳下傳觀同詞慫恿遂敬謹編次　東
朝崇養錄一卷庶奕世臣民仰見　國朝聖聖相承以
天下養重規襲矩度越千古方今　皇太后聖壽
日隆將見復舉上儀則討論掌故尤禮臣之職謹當槀
筆以俟　臣徐松記

案此錄首據宮史所載皇太后聖壽年例恭進之定
制次乾隆十六年皇太后六十萬壽年例外每日恭
進壽禮九九凡五日次二十六年七十萬壽每日恭
進壽禮九九凡十一日次三十六年八十萬壽每日
恭進壽禮九九凡三十三日皆臚列名件備極瓌異
昌綬在史館思從宮史傳寫江安傅增湘出示大興
徐先生錄本據以刻入叢書藉存掌故丁巳初春清

史協修仁和吳昌綬謹志

西域水道記序

敘曰廣谷大川異制民生其間者異俗況其在要荒之外哉西域二萬里既隸版圖耕牧所資守捉所扼襟帶形勢厥賴導川乃綜衆流條而次之首曰昆侖惟帝下都渾渾泡泡暨於泑澤潛行地下化益所疏記羅布淖爾所受水第一漢表六通至今利益寘安籍端中部舊迹孔道所經魅磧斯闢記哈喇淖爾所受水第二白山之陰曰蒲類海我疆我理原田每每千耦其耘歲穫則倍記巴爾庫勒淖爾所受水第三何里移之湯湯而白楊之淙淙翳靑軍之扼西亦輪臺之表東雖域郭之已改考川流之實同記額彬格遜淖爾所受水第四土扈

之族疇以蕃之林丹之裔疇使遷之錫之土田牧圉是扞記喀喇塔拉額西柯淖爾所受水第五西域既平則建之庭滔滔伊列環流鏡清中函三島取象蓬瀛記巴勒喀什淖爾所受水第六有白斯海在彼西方處昏而曉當暑而霜惜矣天池佳名不彰記賽喇木淖爾所受水第七碎葉有二清池居一熱波未聞而克淬鐵不逢夫同斯疑胡質記穆默爾圖淖爾所受水第八元之叛王阻彼金山河名平安莫捄其患今斯畎澮有恬其瀾記阿拉克圖古勒淖爾所受水第九洋洋龍骨其流不息有磑可舂有魚可食種人居之以康以殖記噶勒札爾巴什淖爾所受水第十萬里輶軒靡國不到我窮崖涘奄蔡之徼取殿玆篇聿彰聲教記宰桑淖爾所受水

第十一凡十一篇以圖系焉列城相望具言其地其所不言非水所經也道光初元日南至郟徐松撰

唐兩京城坊攷序

古之爲學者左圖右史圖必與史相因也余嗜讀舊唐書及唐人小說每於言宮苑曲折里巷歧錯取長安志證之往往得其舛誤而東都蓋闕如也已巳之歲奉詔纂輯唐文於永樂大典中得河南志圖證以玉海所引禁扁所載灼是次道舊帙其源亦出於韋述兩京記而加詳焉亟爲摹鈔愛同球璧校書之暇采集金石傳記合以程大昌李好問之長安圖作唐兩京城坊攷以爲吟詠唐賢篇什之助昔宋皇祐中欲行入閤儀而莫知故實後仁宗得唐長安圖其儀始定元豐時都官員

外郎蒙安國得唐都省圖獻於朝遂遷舊七寺監如唐制政和四年宋昇奏端門橋制效唐洛陽圖之四橋而胡身之注通鑑亦引閣本太極宮圖閣本大明宮圖是唐宮省之圖在宋時已珍重如斯況於今又數百年後哉嘉慶蒼龍上章敦牂孟夏之月北平徐松書於直廬

通厤序

通厤序之書錄自正史其淹貫博贍固不足以方駕通鑑惟梁武帝通史不傳史鈔之存於今者此書爲最古如虞世南略論久已散佚賴此猶存梗概其續篇所敘梁唐晉漢周及承襲僭僞事蹟皆依據僻史乾隆中於永樂大典纂輯僻史有數篇全亡無可蒐補者而此書所引各傳完具信有裨於舊籍矣考遼史文學傳蕭韓

家奴欲帝知古今成敗譯通麻貞觀政要五代史又列女傳耶律氏讀通麻見前人得失歷能品藻是此書遼時尚盛行今惟士禮居有傳本借鈔副帙校其訛字並補目於首道光十三年十二月大興徐松記

登科記考序例

敘曰州歲貢士制昉禎明蓋魏晉以還相矜族望江左猶不失門材北朝則祗重門蔭世冑在高位上品無寒門窮則變變則通其不得不出於科目者亦時勢然也夫國有與立惟在得賢人匪生知誰能廢學造士進士賢以論辨而升小成大成學由考校乃見則江都三策建初四科雖南院之濫觴實西周之舊軌矣李唐承隋法制大備冬集之例旁課律書春關以來兼試宏拔其

設條流也不務苛細其展公道也在振孤寒卷軸可溫行止無駁抑簾得請通榜非私莫不櫻荀含芳芙蓉表豔重龍門之聲價寫雁塔之姓名又若待非常之才列制舉之目期之以伊呂責之以霸王或才綜八能或名成一藝束帛之賁相望丘園弓旌之招無間屠釣山陬海澨命使遐蒐諸子百家獻書授職何其牢籠羣有囊括九流如此哉是以俊入四門經聯干佛銀袍鵠化氈筆鸞飄武翊黃之三頭張文成之萬選常雜鮑帖羅甲袁朋波屬雲興粲乎貢部極之狂遵以吏擢蘇渙以盜取高智周以沙門升吉中孚以道士進而賓貢得人新羅有金可記高麗有崔致遠大食有李彥昇無流品之別無華夷之限衡校古今得士之盛於斯爲最英雄入

殼殆非虛語年祀邈遠舊錄散亡史志會要文或踳駮不揣檮昧綴而緝之有志復古者倘其鑒諸道光十八年孟夏之月徐松述

登科記考凡例

一唐人撰登科記不下十餘家見於新書藝文志者惟三家而已曰崔氏顯慶登科記五卷姚康科第錄十六卷李奕唐登科記二卷崔氏書自武德逮貞元玉海引中興書目云崔氏登科記一卷是其時已有殘闕後有續之者迄周顯德見書錄解題姚康字汝諧南仲孫也其書自武德至長慶二年十一卷續之者自長慶三年畢天祐丙寅爲五卷洪興祖作韓昌黎年譜倘引之書錄解題云洪忠

宣僅得其書五卷可見亦非全帙李奕官兵部郎中金吾將軍其書宋時已不存最後有大中十年鄭顥所進諸家科目記十三卷自武德至大中敕付翰林每歲編次見於唐會要而藝文志不載葢亦久佚也至趙宋時樂史有修定登科錄四十卷作崇文總目時已亡樂史又有雍熙三年正月所上登科記三十三卷郡齋讀書志作三十卷起唐武德訖天祐末紹興三十年十月洪适又重編唐登科記爲十五卷書錄解題云洪忠宣得姚康書五卷於北方丞相适又得別本起武德終太和於毗陵錢伸氏乃合崔氏之書凡三本緝爲一書天寶前姚書爲正天寶後則三本合爲一晁氏書有

樂無洪陳氏書有洪無樂通考始兼收之自茲以後惟見於世善堂書目及玉芝堂談薈今所編輯百不存一海內藏書家儻有流傳祕笈矜而教之使唐賢姓名重光天壤亦藝林之幸也

一宋人著述每引登科記而不言某氏本其總目載馬端臨通考進士之外統曰諸科按讀書志云樂史登科記記進士及諸科登名者是通考用樂史本也今據以爲目編於各年之下諸書所引亦以附焉

一圖經家乘例載科目而近世府廳州縣志襲謬承訛動遭指摘如獨孤及於天寶十三載洞曉元經科擢第而河南府志誤作天寶十五年第且不言

是制科韓昶於長慶四年登第在韓湘後一年而山陽續志誤作湘與昶同是長慶三年登第畢誠太和六年登第楊乘大中元年登第而蘇州府志誤以畢諴在大和二年楊乘在大中六年至譜牒之詳宜推瑩冑然關里文獻考所載元和五年狀元孔敏行咸通四年狀元孔振中和三年狀元孔拯考之傳記往往牴牾又如宿遷胡氏譜云胡鉞唐天祐進士萬載辛氏譜云辛開仕梁開平二年進士亦不知所據顏師古漢書注云私譜之文出於閭巷家自爲説事非經典苟引先賢妄相假託今同斯例概就刊落惟見於永樂大典所引者皆宋元舊笈事有可徵盡行采錄

一唐之秀才科罷於永徽孝廉科停於建中中葉以還則以秀才爲進士之稱孝廉爲明經之號凡斯之類不可以文害意至其應舉之法通典、史志皆言之未詳大抵第明經者仍得舉進士牛蔚王凝是也第進士者亦得舉明經蔡京許孟容是也惟進士得第則止明經有再試之法昌黎贈張童子序云童子一舉而進立於二百人之列又二年益通二經、繇是拜衛兵曹之命是也若宏詞拔萃兩科登宏詞者得試拔萃得拔萃者得試宏詞且得再舉張巡以書判拔萃入等蕭昕兩舉宏詞是也制科尤有一人連中數科者員半千陸元方崔融陽嶠連中八科張鷟連中七科裴守眞連中六科

李懷遠孫遜連中四科一代之制不可不知

一唐主司自改制後以禮部侍郎任者曰知貢舉他官任者曰權知貢舉皆於上年之秋冬簡任次年正月入闈第傳記所載或稱簡任之年或稱主試之年故每致參差今以主試之年爲定凡有事實類敘知舉之下其應舉者鄉貢進士例於十月二十五日集戶部生徒亦以十月送向書省據溫庭筠牓爲十月六日正月乃就禮部試試三場先雜文次帖經次答策每一場已卽牓去留通於二月放牓四月送吏部然閻濟美之試東都則在十一月十二月巳爲有省試夏日可畏詩敬括有省試七月流火詩或東都試與西都異抑有事改期也明經亦試三

場先帖文次口試次答策三道其試期史無明文河東記載韋丹舉五經元長史言於明年五月及第疑試明經在進士放牓後

一玉海引中興書目云崔氏登科記一卷載進士諸科姓名是諸科之名始於崔氏樂史沿而不改所謂諸科者謂明法明字明算史科道舉開元禮童子也明經不在此數何以明之明經每歲及第將二百人其數倍蓰於進士而登科記總目所載諸科人數皆少於進士玉海云登科記顓載進士績之者自元和方列制科言進士制科對明經爲義也韓文五百家注每詳科目惟牛堪明經及第注文一無徵引知明經爲記所無矣今之編輯則貴

詳贍故於其年明經可考者特書以補之凡五經二經三經學究一經三禮三傳入明經科明法以下可考者入諸科

一舉進士而未第者曰進士曰舉進士得第者曰進士第曰前進士新舊唐書於初唐人傳多但言舉進士而不言第即中葉詳載某年登第亦有未可盡據者如程昔範於元和時登第舊書李紳傳言長慶時事仍曰進士程昔範李景素登第舊書李蔚傳但言景素大和中進士崔嘏登第新書李德裕傳但言嘏舉進士至於雜家小說或言進士或言舉進士人既未詳時亦莫考紛紜參錯載筆殊難又或進士明經紀載互異如竇易直史謂舉明

經因話錄作舉進士元德秀史謂舉進士獨異志作舉明經杜景儉史謂舉明經御史臺記作舉進士今於有可考者按年編次折衷求是其確知爲得第而年不可考者萃爲一篇目爲附考系於卷末

一登科記有上書拜官上書及第考封氏聞見錄云常舉外有進獻文章並上著述之輩或付本司或付中書考試亦同制舉雲麓漫鈔亦云上書者中書試同進士及第權載之集有元和元年吏部試上書人策問三道是與制舉對策無異惟自武德至顯慶記不乏書至開元四年以後全闕今采傳記所載因上書而拜官實有年月可考者依其年

增入至又有所謂召拜官者蓋如趙贊之薦處士袁滋元宗召拜校書郎韋夏卿薦處士竇群德宗召拜拾遺之類不在此例

一唐季科第之弊人主至以進士市恩如劉鄴韋保乂皆賜進士及第論其非由場屋自不應濫入于佛名經惟唐書韋保乂傳直言進士登第與文戰者絕無區別且辟史記天成賜趙贊及第詔明言附其年春牓既附其榜去之則於人數不符況上書拜官尚入科目則同出特恩自宜一例載入

一鄉貢進士由刺史送者爲州試由京兆河南太原鳳翔成都江陵諸府送者爲府試皆差當府當州參軍或屬縣主簿與尉爲試官然喬彝之試幽蘭

試官則有二人令狐之鎭三峰秋賦加置五場白居易之在錢塘又自爲試官是其時初無定制至應宏詞及制舉亦或由州府試歐陽詹有懷州應宏詞試片言折獄論見文苑英華郁渾應百篇舉壽州刺史李紳命百題試之見於新書藝文志是可類推也今錄其關省試者府州試故從略

一困學紀聞云唐制舉之名多至八十有六凡七十六科玉海亦言自志烈秋霜而下凡五十九科自顯慶三年至大和二年及第者二百七十人今以舊唐書唐會要册府元龜文苑英華雲麓漫鈔諸書參考之其設科之名已無慮百數又如曰吏職淸白曰孝弟廉讓見孝子郭思訓墓誌曰穿楊附

枝見李邕臧懷亮碑曰經明行修見李邕李思訓
碑曰五臣見李邕程府君碑曰文擅詞場見張說
楊志誠碑曰藏器下僚見張說平貞眘碑曰精通
經史見白居易張擇碑曰武藝超絕見蕭穎士集
曰才可百里見顏魯公集曰燮理陰陽見元和姓
纂曰韜晦奇才見唐才子傳曰懷能抱器曰牧宰
見卓異記是知科目之名遺佚者多矣至有所謂
八科舉四科舉者則是其年以八目設科以四目
設科非置科之名也今以制舉及第姓氏文畜之
可考者各標其科若有姓氏而科之名不可考者
則依登科記初唐之例標曰應制及第
一 玉海載樂史有唐登科文選五十卷文苑英華載

唐人賦策每引登科記注其異同是登科記載試文之證今據文苑英華及本集所載或因人以考其文或因文以知其人各依其年載之先進士次制科宏詞拔萃又次之進士始惟試策垂拱以前載策爲多後以雜文爲第一場故又專錄賦詩焉

一唐人試賦限韻自王丘始其試詩則注曰題中用韻限若干字成或曰以某字爲韻若干字成今於有可考者附載於詩賦題下唐人試策皆寫題於試卷今則列問於前數人同試者不重錄

一宏詞試文三篇拔萃試判三條是吏部選人之法原無關於禮闈惟册府元龜唐會要宏詞拔萃皆與制科類序文苑英華詩賦門宏詞與省試同載

其典同度管判常非月名下注引登科記月作自是登科記載宏詞拔萃之證今亦按年序入以備一代之制

一登科記舊係按年編次故仍用編年之體載諸帝之徽號列武后之建元用通鑑例也其朝廷大事如封禪之典播遷之變有關貢舉者據新舊書本紀及通鑑載之

一唐會要貢舉門有論經義一類載經疏緣起以至五經文字九經字樣皆因明經而類及之也今因貢舉謁先師故及褒崇先聖因設明法科故及改定律令至册府元龜貢舉門於條制考試之外又立清正謬濫諸目既用編年悉所不取又有事關

貢舉而無年月可稽者於編年之例未符亦所不錄

一登科記之外尚有諱行錄文場盛事諸書玉海引中興書目云諱行錄一卷以四聲編進士族系名字行第官秩及祖父之諱主司名氏文場盛事一卷載唐人世取科第及父子兄弟門生座主同時者今用其意於登科人族系宦秩瑣事遺文皆載之摭言又有元和元年登科記專載等第謂之神州等第錄茲於摭言所載等第事亦按年附於進士之下

一玉海引中興書目通考引書錄解題皆有五代登科記一卷起梁開平二年至周顯德六年記姓名

及試題茲亦編敘五代別為二卷至十國之蜀漢南唐皆置貢舉契丹亦禮部試士其時如張昭遠之第於漢當同光之四年伍喬之第於南唐當乾祐之元年宋琪之第於契丹當天福之六年雖與五代同時而閏位偏安事非畫一且非原書之例故從蓋闕

一正史稗官及唐人藝文言涉貢舉皆關考證茲於卷末另纂為別錄三卷仍以類相次

古鏡錄序

脩平先生泊然寡營偶嗜古鏡肖其光明（元注明字通清耕見堯典）脤脤清矑煇煇素裛幸得重逢證此良覿嘉慶十七年七月遣戍新疆前翰林院編修提督湖南學政徐松譔

書

與特芳山書

弟二月二十八日行抵西安詢知北山不通車路因於省內租得小屋數間將眷口留住獨攜僕從四人前進涉川越嶺膽戰心寒不意垂暮之年履此危險之境三月二十五日甫達榆林通省皆稱著名苦缺多有託故不到任者然詞訟尙簡頗堪藏拙也

上穆鶴舫中堂書

睽違函丈莫椉載更馳系之私與時俱積恭諗夫子中堂盛德日新起居曼福定愜頌懷松由河南前進於三月廿三日行抵潼關閩嶠翁之變人人解體迨至省垣人情迥異此等情形想在洞鑒不待松言而後知之矣

現在催令入山無一人緩頰松何敢逗遛取戾惟自恨無定識定力以致墮入惡趣悔不可追儻能早得降調處分亦脫身計耳淩棣生吏非松可比直作窮途之哭矣

再上穆鶴舫中堂書

近得伯昂書言及夫子中堂去冬有鼓盆之戚退食公餘尚須料理家政遠道聞之深系私懷竊謂中年哀樂全賴陶寫性情養福頤神是所至禱嶰筠曾咨兩同年皆得西來所借者不同在陝省第恐伊等來而松又將去此間河流作梗補救無方且近聞將行普爾錢商賈不行稅務絀乏松吏能淺薄深懼辜恩及早抽身諒所許也密陳腹心伏希垂鑒

三上穆鶴舫中堂書

嚴寒維鈞祉萬福爲頌松病勢自十月下旬忽然反覆冬至節前幾至不起幸百端調治一息僅存日來手足皆腫飲食不進委頓殊不能堪大約交春以前斷難出戶矣昨伯昂來晤談及中堂言元秘史原本在軍機處驚喜以爲得未曾有可否飭賜借閱以二十日爲率必然歸架抑或諭知領班吳補之松從補之處轉借作病中消遣也近輯得毛詩全帙恭呈覽定 右徐星伯先生手札三紙均致鶴舫相國者稱夫子中堂徐與穆本乙丑同年徐自新疆賜環起廢以中書用穆相已得大學士例稱閣師前二札在陝西致一札在京致

跋

英煦齋師卜魁城賦跋

國家撫有六合盡海隅出日咸入版籍康熙乾隆中屢測星度刊定輿圖於是積學之士閉戶著書能知宇宙之大又恭讀

高宗純皇帝聖製盛京賦流天苞以闡地符一時名公鉅卿如周海山先生使琉球作中山賦紀曉嵐先生謫西域作烏魯木齊賦和泰菴先生鎮衞藏作西藏賦獨黑龍江界在東北邊釁惟方恪敏公有卜魁雜詩及竹枝之作而研都鍊京天則留待我樹琴夫子發攄文章爲封疆增色升高能賦山川能說兼此二難是足以垂不朽矣門下士徐松跋

長春眞人西遊記跋

長春眞人之經西域也取道於金山爲科布多之阿爾

泰山記曰金山南面有大河渡河而南是今額爾齊斯河金山東北與烏魯木齊屬之古城南北相直今自科布多赴新疆驛路直南抵古城近古城之噶倫布拉克台蘇吉台噶順台皆沙磧是即白骨甸也博克達山三峰高峙去古城北數日程即見之故記云涉大沙陀南望陰山若天際銀霞詩云三峰並起插雲寒也云陰山前三百里和州者謂博克達山南土魯番爲古火州地訛火爲和耳唐北庭大都護府治在今濟木薩之北府建於長安二年記言楊何爲大都護足補新唐書方鎮表之闕端府者端卽都護字之合音輪臺縣亦長安二年置縣治約在今阜康縣縣西五六十里據新唐書地里志自庭州西延城西至輪臺縣二百二十里塞外沙

磧難以計程記云三百餘里葢約言之輪臺東爲阜康縣縣治在博克達山陰故南望陰山九月十日並陰山而西約十餘程度沙場又六日至天池海沙場者畾河城東至託多克積沙成山浮泙難行東距阜康一千一百里故云十餘程其閒亂流而過當有洛克倫河圖壁河瑪納斯河烏蘭烏蘇河記不顯言者塞外之水山雪所融夏日盛漲過時則涸九月正水竭之時葢不知有河也自托多克過畾河山行五百五十里至賽喇木淖爾東岸淖爾正圓周百餘里雪山環之所謂天池海並淖爾南行五十里入塔勒奇山峽諺曰果子溝溝水南流勢甚湍急架木橋以度車馬峽長六十里今爲四十二橋卽四十八橋遺阯記云出峽入東西大州亦及一

程至阿里馬城今出塔勒奇山口南行一百七十里至惠遠城阿里馬城者即今西阿里瑪圖河在拱宸城東北出塔勒奇山東西南至阿里瑪圖河僅百里記云又西行四日至荅剌速沒輦水勢深闊抵西北流乘舟以濟原注云沒輦河也荅剌速沒輦是今伊犂河以西行四日計之當在今察林渡之西渡河南下至一大山疑今鉛厰諸山又西行十二日度西南一山當是善塔斯嶺又沿山而西有駐軍古跡大冢若斗星相聯是今特默爾圖淖爾南岸地多古翁仲記云又西南行六日有霍闡沒輦由浮橋渡色渾流急深數丈勢傾西北霍闡沒輦者今之那林河自渡伊犂河以南所經之程即今伊犂戍喀什噶爾兵往來之路出鄂爾果珠勒卡倫傍

特默爾圖淖爾東南經布魯特游牧以至回疆此長春
眞人赴行在時所經也其歸程則渡那林河而直北由
特默爾圖淖爾之西以達吹河之南乃轉而東北渡伊
犂河其渡處在察林渡之東故百餘里即至阿里瑪城
自阿里瑪城出塔勒奇山口經賽喇木淖爾與往時程
同過賽喇木淖爾不復東折而東北行其分路處在干
珠罕卡倫地東北山行由沁達蘭至阿魯沁達蘭入塔
爾巴哈台界以至原歷之金山大河驛其途徑較直然
計自阿里瑪城至金山亦不下二千里而記言至天池
海過陰山後行二日方接原歷金山南大河驛山路崎
嶇必不能速進如此且方接云者久詞也蓋二字下脫
十字眞人以四月初六日自阿里瑪城行凡二十日至

金山爲是月二十五日下文云並山行四月二十八日大雨雪二十八日尚未出金山則爲二十五日至金山無疑矣適從龔定盦假讀此記西域余所素經識其相合者如此道光二年四月大興徐松跋距長春眞人歸抵金山之歲凡十一壬午矣

恩福堂筆記跋

士君子俯仰身世每恨不見老成典型時於載籍中得其一語一言輒不勝高山仰止之慕而況躬侍門牆獲聆緒論者乎我相國夫子幼承庭訓早躋巍科歷事三朝供奉 內廷之日久聞見極博誠有非外人所能窺測者門弟子燕閒侍坐多舉前言往行以爲勖間及昭代掌故如數家珍顧夙夜在公無由筆諸簡策也

氏年樂志林泉闢觀頤別墅於西山深處筆墨清暇迺
徇門弟子之請條舉類比釐爲二卷首紀　恩遇次述
先德次誦師說或臚列典章或評騭詩文書畫而不言
神怪不道鄙瑣雖單詞片語要與經國大猷相發明昔
司馬温公著涑水紀聞歐陽文忠公著歸田錄皆有裨
於史乘不類南宋以後語錄啟空疏門戶之習　國初
則新城王文簡公居易錄池北偶談香祖筆記諸編宏
奬風流最爲藝林膾炙以今視昔未易軒輊矣而夫子
意存沖挹不輕以示人人之爭先快覩者鈔胥有所不
給於是出稾本付刊門弟子誦之咸如日坐春風中其
未遂升堂情殷私淑者亦可因是以窺見我　朝文獻
大略展卷紬繹儼然與先進衣冠周旋胥接耳提而面

命之也謂非厚幸歟

梅蘊生藏碑圖卷跋

嘉慶中　詔輯唐文余時充館職翁宜泉以京師新出土唐貞元王仲堪誌石見貽余藏齋中二十餘年近以索米之故將鬻圖籍恐誌石亦不能守遂移庋崇效寺欲作護碑圖紀其事而未果其視蘊生先生之安貧嗜古賢不肖相去何如耶題此志媿北平徐松記

田君父爲朔州刺史其夫人誌作祥州唐地理志無祥州蓋誤字也蘊生考證未及此條特表出之

刑統賦跋

周顯德五年七月編大周刑統二十一卷頒於天下宋初猶行之至建隆四年二月工部尚書判大理寺竇儀

言周刑統科條繁浩或有未明請别加詳定乾德四年三月大理正高繼申言刑科敕律有錯誤條貫未周者凡三事一在職制律一在斷獄律一在名例律請檢尋刊正於是有重定刑統之作其後熙甯四年二月檢正中書房公事曾布言刑統刑名義理多所未安又駮其乖舛凡百餘事紹聖元年九月宰臣章惇等復請申明刑統律令事蓋其書采掇唐開成編敕大中統類周廣順編敕諸書而成遞加删定條制愈密故終有宋之世用之不改此賦櫽括其詞編爲韻語雖未可據爲典要然原書久佚猶可藉之以見梗概向者烏程嚴鐵橋同年言孫淵如先生家有此賦予購之數年未獲今漢陽葉潤臣得舊鈔於廠市亟錄副帙並跋而歸之道光巳

亥十月北平徐松記

天山客話跋

北江先生自塞上歸後十有一年余亦戍伊犂余居彼中八年曾奉檄回疆又纂成識略自謂蒐輯纖具梗概今讀先生所著天山客話尚有數事余未及收録者先生居伊江僅百日而見聞賅洽如此前輩精力過人博聞强識於此足見一斑矣道光甲午後學徐松識

四庫闕書跋

四庫闕書者宋紹興中訪求書籍之目也書録解題云祕書省四庫闕書目一卷紹興改定其闕注闕字於逐卷之下通志略有求書目録一卷明文淵閣盈字號第六廚有四庫闕書目一部二冊錢遵王述古堂書目有

紹興編求闕書記二卷或言求書或言闕書義則一也其書散見永樂大典曩時校書錄得副帙初無義例雜亂參差惟核以宋史藝文志雖多寡懸殊而先後次序往往不甚相遠知此書當時館閣舊目作史者蓋據以增益之且有足訂史志之缺誤者如周易卦象賦藝文志直云名亡此則特標陳在中撰又唐長孫無忌撰太宗實錄許敬宗撰高宗實錄藝文志乃以太宗實錄爲許敬宗撰此則仍題長孫無忌頗足以資考證宋時舊籍固不妨過而存之矣朱氏竹垞撰經義考每引紹興書目又引紹興四庫續到闕書所謂闕書實即此本而核其所引紹興書目亦多相符復有出此本之外者悉人間當尚有傳鈔而大典卷帙繁富一時搜輯不無遺

漏今皆據以補入仍題曰四庫闕書以存永樂大典之舊云道光壬辰四月徐松跋

義門小集跋

曩者覃谿先生與余論虞永興廟堂書言　國朝人善學虞書者惟義門何先生嘗欲表章其著作而未果因言義門先生生於順治十八年二月二十七日初字曰潤千一號無勇因哭母更字屺瞻而印章則作岐瞻爲人短小麻鬍綽號袖珍曹操又有髯字紅文圓印晚年又號茶仙幼時頗魯因遊道院見蝴蝶飛而心開始學於邵僧彌年二十四延閻百詩主其家刺取閻氏之說以箋困學紀聞其書法得虞山馮定遠氏父子之傳後有姚薏田最私淑義門覃谿之言如此余謹識之不敢

忘道光乙未冬樹琴夫子示以所得蘇齋手書編爲義門小集始悟覃谿先生語予之時已有此稿幸歸我樹琴夫子淹而復彰是不特表章義門先生之文即以表章覃谿先生之心也追憶舊聞忽忽三十年事而是編卒成又可知物之顯晦有時不容思議謹書而附於後云大興徐松跋

華嚴音義跋

杜牧之集有敦煌郡僧正慧苑除臨壇大德制云敕敦煌管內釋門都監察僧正兼州學博士僧慧苑敦煌大藩久陷戎壘氣俗自異果產名僧彼上人者生於西土利根事佛餘力通儒悟執迷塵俗之身譬喻火宅舉君臣父子之義教爾青衿開張法門顯白三道遂使悍戾

者好空惡殺義勇者徇國忘家禆助至多品地宜峻領
生徒坐於學校貴服色舉以臨壇若非出羣之才豈獲
兼榮之授勉宏兩教用化新邦可充京城臨壇大德餘
如故按蕘卽苑字益敦煌人而除京城臨壇大德故在
京兆靜法寺制言餘力通儒又言坐於學校是亦以博
洽儒書著也道光丙戌十有一月大興徐松記

曹眞碑跋

檢三國志知是魏曹眞碑也史稱眞爲太祖族子收養
與諸子同使與文帝共止碑云侍坐公子將觿同生又
云口爲周輔東平峨峨雖比以周漢懿親而詞特隱約
蓋眞本秦氏子養於曹氏不得顯言之碑云公使持節
鎭西將軍遂牧我州據傳文帝卽王位以眞爲鎭西將

軍假節都督雍涼州諸軍事碑下文有雝州字是作碑者爲雍州人則此曰我州者雍州也碑云張掖張進又云羌胡誑之妖道公張羅設穽陷之阬网卽傳所謂張進等反於酒泉眞遣費耀討破之斬進等也張進反事又見魏志蘇則閻溫二傳陷之阬网足資互證傳云黄初三年以眞爲上軍大將軍都督中外諸軍事假節鉞與夏侯尙等征孫權擊牛渚屯破之吳志朱然傳魏遣曹眞夏侯尙張郃等攻江陵魏文帝自往宛爲其勢援連屯圍城權遣將軍孫盛督萬人備州上立圍塢爲然外救郃渡兵攻盛盛不能拒卽時卻退郃據州上圍守然中外斷絶權遣潘璋楊粲等解而圍不解時然城中兵少腫病堪戰者裁五千人眞等起土山鑿地道立樓

櫓臨城弓矢雨注將士皆失色然晏如而無恐意方厲吏士伺間隙攻破兩屯魏攻圍然凡六月日未退江陵令姚泰謀爲內應事覺然戮泰尙等不能克乃撤攻退還碑云徵公拜上軍大將軍又言奮雷霆於朱然是其事矣碑又云諸葛亮稱兵上邽公拜大將軍此太和二年孔明出兵祁山敗於街亭事傳云遷大將軍諸葛亮圍祁山南安天水安定三郡反應亮帝遣眞督諸軍軍郿遣張郃擊亮將馬謖大破之安定民楊條等略吏民保月支城眞進軍圍之條謂其衆曰大將軍自來吾願早降耳遂自縛出三郡皆平碑所謂公斬其造意顯有忠義原與脅口又云立化柔嘉百姓恃戴若卭陽春皆楊條出降平三郡事惟陸議事無可考太和二年紀云

曹休與吴將陸議戰於石亭敗績不言與眞戰碑言口冬霜於陸議可以補傳之闕眞卒於太和五年二月此碑之作當在其時魏世貞石於黄初諸碑外增此一種亦希世之珍矣

監察御史裏行王仲堪墓志跋

唐王仲堪墓志乾隆已酉庚戌間出於京師廣渠門內翁檢討因培宜泉得之置臥榻下祕不示人旣而時作光怪或中夜見緋衣坐榻隅宜泉懼不敢有嘉慶中詔開唐文館余充總纂官遂以石屬余曰不以此時表彰之使前賢姓氏湮沒不傳吾之罪也余亟命工拓數十紙旣錄其文以補館書之遺并分贈海內金石家此碑蘇齋老人曾跋其尾謂所云相國彭城郡王者幽州節

度使劉濟也所云奉使於蒲者河中節度使渾瑊也銘曰日字猶見唐以前古意石藏余家二十九年道光丁酉移置崇效寺壁崇效寺劉濟捨宅事見析津志載永樂大典仲堪爲劉濟參謀故使與幕府相依北平徐松記

尋陽長公主墓志跋

余於湖南桂陽州得南漢大寶四年銅鐘可與此碑同補十國春秋之闕道光三年仲秋徐松題記

後魏營州刺史高貞碑跋

公之幹蠱也如此白鶴觀碑云承家裕蠱邵才志墓志銘云勤效幹蠱靡資台鼎按虞仲翔易注幹正蠱事也則幹蠱云者猶言貞固足以幹事唐人猶用古訓

唐濮州濮陽縣令于孝顯碑跋

養新錄言唐突厥傳之特勤當從石刻作特勤以契苾明神策軍兩碑爲據又引通鑑考異言特勒諸事或作敕勤而通鑑仍作敕勒此碑云魏孝文以勅勤地又云勅勤犁纈樹領可正通鑑之誤而錢宮詹之說又得一證佐矣碑又云爲都平蕩總集爲官古書爲與僞通見荀子

唐白鶴觀碑跋

白鶴觀爲中宗時長子令高同所建未卒事而高去官行長子令鄭璲繼之讀碑文自明徒以縣志有虞世南書及天寶二載之語乃反復徵引無關弘旨且縣令爲職事官朝散爲散官跋乃疑及長子不在京畿而稱朝

散是不識唐制也跋語宜節錄不必全載

唐幽州隨使節度押衙正議大夫太原王公夫人張氏合祔墓志銘跋

此志與前李元中所撰者爲王公一家之墓銘王公晟之夫人張氏卒於咸通四年即前志也王公晟卒於咸通十一年即此志也惟前志長子宏泰已試左驍衛將軍而此志乃攝三河縣丞武之轉文懸絶如此其第三子前志作宏籍後志作宏寂或以聲近而誤耶

唐河西道歸義軍節度索勳紀德碑跋

案此碑諸家均未著錄道光辛巳秋日得於都門書肆攷索姓本燉煌望族碑稱索勳爲張義潮之聟　唐書方鎮表咸通十三年張淮深卒曹義金爲留後本紀云

曹義金領州務遂授歸義軍節度使後中原多故王命不及甘州爲回鶻所幷歸義諸城多沒殆是曹義金卒後索勳卽以義潮之壻自襲其位爲歸義軍節度而王命不及史表亦無從攷而書之矣碑首云公諱勳公字下有王裕稱三字文不相屬前宗子再修功德記文中亦然莫明其義或是唐時燉煌方言有此稱謂闕疑俟考

唐書方鎭表咸通八年歸義軍節度使張義潮遷右神武統軍張淮深爲留後十三年淮深卒曹義金爲留後今據沙州千佛洞隴西李氏再修功德記碑立於乾寧元年上距咸通十三年已二十二年其結銜尚有張淮深則謂其卒者非也復證以此碑始悟咸通十三年張

淮深遷爲伊西等州節度使嗣爲歸義者即索勳迨光化三年張承奉又代勳至曹氏之有沙州則在同光時蓋張索爲婚姻故相代無猜斷無既入曹氏復使張承奉正拜之理金石之有益史傳如此況此碑爲從來金石家所未著録其足寶貴更何如耶燕庭先生以此見示因題記歸之道光庚寅南至日星伯徐松識

宋小天童山東谷無盡鐙碑跋

余家舊貫上虞縣下管鄉自元至今聚族居之不知縣之尙有上管鄉也鄉以管谿得名上下亦以谿水别之相傳有鹿銜花渡谿故又曰鹿谿今讀此碑知宋時已有此鄉名可録爲里中故實星伯徐松記

西域水道記校補

自敘

十三行

穆黙改特穆

卷一

二葉十三行至十九行

地富庶多磚屋也元經世大典圖作可失哈耳經世大典久佚其西北地圖一篇載永樂大典元字韵元史地理志西北地附錄即據此圖爲之今所引皆稱經世大典圖以從其朔元史世祖紀作可失合兒耶律希亮傳作可失哈里拜延八都魯傳作乞失哈里曷思麥里傳作可失哈兒遼金之際地入西遼乃滿國破屈出律竄奪菊兒汗之位遂有其地成吉思皇帝庚辰年征西域斬屈出律可失哈兒押兒牽斡端始附於元葢今之西域皆元時

篤來帖木兒分地也西印度有默德那國其王馬哈墨

明史作謨罕驀德又作馬哈麻生而神靈西域諸國尊爲派噶木巴爾元史賽典赤贍思丁傳作別庵伯爾明史西域傳作别諳拔爾猶言天使是倡回教

二十一行

嗣教爲第二世阿里一作阿厘其教自此而分都魯機宗阿阿丹諸國專宗派噶木巴爾巴社國則宗阿里

三葉十三行

魏神龜初胡太后遣使者宋雲如西域求佛書道由葱嶺洛陽伽藍記載雲之言曰

十四行

神龜刪

十八行十九行

漢盤陀國正在山頂按魏之漢盤陀唐謂之羯盤陀唐書地理志云自疏勒鎭西南入劍末谷青山嶺青嶺不忍嶺六百里至葱嶺守捉故羯盤陀國開元中置守捉蓋今阿賴地也

六葉四行

四十里抵喀什噶爾城唐書地理志云疏勒鎭南北西三面皆有山城在水中城東又有漢城亦在灘上赤河來自疏勒西葛羅嶺至城西分流合於城東疏勒鎭者疏勒都督府治也烏蘭烏蘇色赤故有赤河之目烏蘭烏蘇逕喀什噶爾城西引東岸渠二

十五行

池東出水東流池西出水西流水經注引涼土異物志

曰蔥嶺之水分東西西入大海東爲河源所謂入大海者卽新頭河之入雷翥海者也池水東出之岸

二十一行

爲什克南城水經注云河水一源西出捐毒之國蔥嶺之上西去休循二百餘里又曰水西逕休循國南在蔥嶺西是知阿賴山在庫勒北矣

七葉十五行

百里逕察哈爾阿勒爾水經注云河逕岐沙谷出谷分爲二水一水東流逕無雷國北蓋以庫勒之水與烏蘭烏蘇同源斯爲謬矣庫勒水又東流百里逕哈喇塔什嶺北

十一葉十六行

葡改蒲

十八行

䡞改俾

十三葉六行

三月初三日也每月統紀傳謂生于陳宣帝太建元年西洋人尊耶穌之教其言不足據

或曰佛回作教皆以滅度之歲紀元梅氏文鼎推回

回術謂馬哈墨辭世在隋開皇十四年甲寅而明史

言馬哈墨作回回麻用隋開皇十九年已未爲元郎

以爲建國之年其身不存何能立教正道陵遲異端

滋起謬悠之論固難折衷矣○此籤在第十三葉

十五葉十一行

蘊改藴

十六葉十五行

至元十一年至陸驛二刪

十五行至十八行

今正爲葉爾羌元史作鴉爾看又作押兒牵皆音近之轉經世大典圖不載其時蓋附於于闐也一統志云

十九行

注刪

十九葉十行

往往重千萬觔漢書西域傳莎車國有鐵山出青玉穆天子傳天子西征至剞閭氏乃命剞閭氏供養六師之人于鐵山之下卽此山矣山與瑪爾瑚魯克山連

二十三葉九行

覔改覓

二十四葉十二行

追改犀

二十八葉八行

哈喇哈什城元之哈剌合底城司空景義公撒亦的之
先世所居由此徙西洋世爲賈販以財雄海外矣乾隆
二十四年

十八行十九行

玉隴哈什元史作玉龍傑赤至等城是也刪

二十九葉九行

達利爲西源矣唐西域記云瞿薩旦那城東南百餘里
有大河西北流國人利之以用漑田其後斷流王深怪

異於是命駕問羅漢僧大河之水國人取給今忽斷流其咎安在羅漢曰龍所爲耳宜速祠求當復昔利王因迴駕祠祭河龍忽有一女淩波而至曰我夫早喪主命無從所以河水絶流農人失利王於國內選一貴臣配我爲夫水流如昔王曰敬聞於是舉國僚庶鼓樂飲餞其臣乃衣素服乘白馬與王辭訣敬謝國人驅馬入河履水不溺濟乎中流麾鞭畫水水爲中開自茲沒矣頃之白馬浮出負一旃檀大鼓封一函書河水遂流至今利用準其地望或是樹枝然語涉不稽非可傳信

十六行

接改按

卷二

城北作七堰互相灌注近於濁漳之十二墱流也○
此籤在第一葉

一葉十八行

素城赴烏什　城改誠

三葉十五行

分爲専城地起高原北至北山

六葉十六行至七葉四行

冬夏不可行水發山中所謂阿耨達大水也水經注云
南河東逕于闐國北又東北逕扜彌國北又東逕精絕
國北又東逕且末國北又東右會阿耨達大水水經注又引釋
氏西域記曰阿耨達山西北有大水北流注牢蘭海者也其水北流逕且末城西按水經注先言南河逕且末
國北再言又東會大水則河在城東矣西域記城西字誤唐書謂之且末河河西爲

播仙鎮故且末城也克勤底雅河北流三百餘里匯大河

七葉十一行

唐書地理志云姑墨洲至異名矣刪

十七行

庫徹改苦叉

九葉九行注

漢改海

十葉十八行

有勃達嶺唐書地理志作拔達嶺

十一葉一行二行

至淩山唐書地理志謂之凍淩山詩納于淩陰云云

十二行注
領改嶺
十二葉四行
千改干
十四行
是爲雅爾幹河河經莊折而東
十三葉十六行
于改干
十八行
于改干
十四葉二行注
趙郡王叡處乾陀羅城疑
郎班超所之宅乾城

四行

差存髣髴龜茲嘗於此置關卽後漢敦煌太守張朗從北道先期至爵離關者也

又

于改千

十六行

于改千 上改土

二十行至二十二行

西域記云屈支國至由斯渡矣删

二十二行

于改千

十五葉十九行

于改干

十七葉十六行

分地定居諸務唐書地理志云自焉耆西五十里過鐵門關又二十里至于術守捉城又二百里至榆林守捉又五十里至龍泉守捉又六十里至東夷僻守捉又七十里至西夷僻守捉又六十里至赤岸守捉又百二十里至安西都護府計其道里西夷僻爲玉古爾莊于術爲庫爾勒莊附近兩莊

二十葉十四行

覔改覓

二十二葉十八行十九行

所謂四水之中矣孝恪旣滅焉耆郎其國置焉耆都督

府地理志張三城守捉西南百四十五里經新城館渡淡河至焉耆鎮城淡河卽孝恪所浮之水與今吐魯番廣安城西二十里雅兒湖爲古交河城唐貞觀時安西都護治云云

二十五葉十六行至二十六葉十三行

吐魯番者元時畏兀兒境或作畏吾畏兀偉兀衞兀回鶻裔也舊牙帳在和林唐末衰弱地爲黠戛斯所幷徙居大州成吉思初與國主巴而朮阿而忒的斤首納土爲婚姻傳至元孫紐林的斤封高昌王國有五城見元史鐵哥朮傳及陸文圭廣東道宣慰使都元帥墓志今吐魯番鎮城曰廣安其東七十里爲元火州亦曰交州畏吾兒國王治之今曰哈喇和卓經世大典圖作合刺火者歐陽元高昌偰氏家傳作哈剌和綽元史作火州霍州和州漢之高昌壁又東百一十里元之魯古塵今曰魯克察克又曰魯谷沁後漢之柳中城

唐之柳中縣

二十六葉十一行

唐之安樂城删

羅布淖爾所受水第五圖

烏恰爾薩依河　恰改恰

第七圖

庫克雅台　台改爾

卷四

四葉四行

於焉卵育津渡所屈汎以威呼刳木爲舟形國語曰威呼易曰利涉大川乘木舟虛鄭氏注如今自空大木爲之曰虛卽威呼是矣乾隆二十八年

六行

往刪卽改謂

發自華諾輝嶺按華諾輝甘肅亦有此地名通鑑突厥寇蘭州隋涼州總管賀婁子幹敗之於可洛峻可洛峻郎華諾輝之轉音胡身之注謂山無草木曰峻望文生義不知譯音無定字也

七葉六行

溫克布拉克水 上克改都

空格斯舊爲準噶爾烏魯特霍爾博斯鄂拓克地○此籤在第八葉

十一葉十八行十九行

兵馬溺死者甚衆賀魯既滅地爲突騎施所有分大小牙突騎施烏勒質建小牙於伊麗水唐書地理志云

十四葉二行

高皆丈餘博明鳳城瑣錄云灌莽中生小果如椹下有

葉承之仲夏色正紅微酸季夏則深紅味甚甘名依爾
哈木克國語也按齊齊爾哈納爲蒙古語又曰普盤果
即斯樹矣
十六葉四行
愴焉悲楚乃爲詩曰世俗徒耳食 詩凡百二十字元在注中
亦欲詮次舊聞庶幾翔實
博羅布爾噶蘇舊爲輝特台吉唐古忒游牧地○此籤在第十七葉
二十七葉二行
擄改虜
十四行注
俗呼爲集吉草又曰芨芨草皆席萁字訛元草堂寺碑
云皇太子於西涼府西北約一百里習吉灘下窩魯朵
習吉亦席萁之誤蒙古語謂芨芨草爲得勒蘇見
劉文正公西域考驗集其叢生根蟠大處曰臺

二十八葉六行

四改回

十二行

蒼改倉

三十二葉七行至三十三葉一行

郎阿里瑪圖之異文也世祖紀言地在和林北地理志又言在北庭西北四五千里按阿力麻里距北庭三千里而遥當和林西南準今審古郎實爲非地理志又謂是海都分地證以月赤察兒傳亦爲舛也地舊有城

三十七葉十行

遇改過

三十九葉一行往

拾改哈

圖爾根舊準噶爾多果魯特鄂拓克地○以下四籤皆在第四十一葉

古爾班阿里瑪圖舊準噶爾庫本諾雅特部鄂齊爾烏巴什之昂吉

庫圖魯舊準噶爾布庫斯鄂拓克地

自庫魯圖東南至沙圖沙圖西南至古爾班薩里皆在巴勒喀什西南岸唐之潔山都督府地突騎施阿利施部也

四十二葉十六行

喀喇塔拉者西地與托博隴相接舊爲準噶爾額爾克騰鄂拓克地南北山勢

四十五葉二行注

曷思麥思　下思改里

此段言月祖伯應酌刪○　此籤在第四十六葉

卷五

五葉十三行

莫竟其委爰考納林之流元劉郁西使記謂之忽章河其言曰過忽章河渡船如弓鞋然土人云河源出南大山地多産玉長春西遊記則曰有河爲霍闌沒輦由浮橋渡其河源出東南二大雪山間色渾而流急深數丈勢傾西北不知其幾千里蓋夷語無定字霍闌卽忽章之轉語而渡船浮橋自昔有之河之東北四日程爲賽藍城河西南五日程爲邪迷思干城卽西遼之河中府矣元時往來西域皆取道於斯

六葉八行

亦曰霍什霍爾河霍什霍爾河西北隔山即吹河源吹河西北流千餘里豬爲和什庫勒元祕史云太祖命速別額台追蔑兒乞主脱黑脱阿子忽秃赤老温等至垂河即此河也元史巴而朮阿而忒的斤傳作戰於穭河雪不台傳以穭爲蟾聖武親征錄又作嶄河皆垂河異文矣長春之自賽藍東行宣差阿狗追餞師於吹沒輦之南岸是也吹河西南三百餘里爲塔拉斯河劉郁記所謂二月二十八日過塔刺寺三月一日過賽藍城者也

自阿克沙依水以東至音圖庫斯水四百里間舊和碩特部沙克都爾曼濟之昂吉也○此籤在第十六葉

八葉十五行至十八行

元長春眞人之朝成吉思皇帝至仍由茲路刪

九葉三行至十三行

曰阿勒坦山舊作阿爾泰山元史武宗紀作按台山即阿勒坦之轉音譯言金山北

魏蠕蠕始出金山而立國隋爲西突厥地唐時葛邏祿

胡屋鼠尼施三姓內附居之回鶻之建牙和林也地亦

屬焉遼金之際乃蠻國據山北成吉思滅之以封諸王

其後叛王因其險阻日尋干戈垂五十年不奉正朔禁

暴戢兵乃置重戍迄其亡也故太子愛猷識理達臘遁

和林爲明兵所破太子死丞相納哈出擁眾二十萬據

金山洪武二十年師踰金山納哈出降山頂西南

山頂極四十八度七分西二十二度二分其尾極四

十六度五分西二十度四分係水道提綱語或當存

之。此下二籤皆在第九葉

元時自金山至上都皆置驛經世大典站赤不詳以元史明宗文宗兩紀考之自金山至和林北潔堅察罕卽揭揭察哈澤迦堅茶寒殿所在也在和林北七十餘里以次東行　朵里伯眞　斡耳罕木東　必忒怯禿　探禿兒海　禿忽剌卽土拉　禿忽剌河東卽土拉河　斡羅斡禿　不魯通　忽剌火失温　坤都也不剌　撒里　兀納八　闊朵　撒里怯兒　哈里温　闊朵傑阿剌倫　哈兒哈納禿　忽禿　孛羅火你　不羅察罕　小只　王忽察都　上都六十里店　上都三十里店　按站赤云鐵里干站自闊斡禿至小只凢十驛疑闊斡禿卽闊朵

十四行至十六行

二百七十餘里之鄂爾和楚克山（準語山峰高聳之謂一作鄂勒霍楚爾）山陰皆準部舊牧地曰烏蘭呼濟爾昔之布庫努特鄂拓克也其西曰綽爾郭阿睦爾撒納之昂吉也又西曰察罕呼濟爾達瓦齊之昂吉也塔爾巴哈台城者名以山也（山在城北百里）乾隆二十年封巴雅爾爲輝特汗駐牧茲地後從叛亂二十二年官兵討之

二十行

繞行塔爾巴哈台山三次蓋比之帖木眞繞不兒罕山三遭矣西域初定

十二葉九行

言我五集賽（按五集賽一曰阿克巴二曰拉布里木三曰杜爾巴四曰雅素隆五曰伊克呼拉爾）

皆於阿拉克圖古勒淖爾西南

齋爾游牧乾隆二十年内附

十八行二十五字

爲删

十五葉一行二行注

按闊别列牀兀兒傳作闊客地在金山南當即今

之科布多也闊科别布皆雙聲列多音亦相近

十四行

于改干

十八行

于改干

二十一行

爾改兩

十七葉五行至十行

而右會察罕河河發自博羅鄂博在喀喇圖淖爾水西南七十餘里源處爲喀喇淖爾南流數十里左匯布拉青吉勒河又南流數十里左匯哈達青吉勒河是爲青吉勒河青吉勒河又南流近百里有哈弼察克河自東來匯是爲察罕河察罕河東南流五十餘里入于布拉干河琳丕勒多爾濟傳云

十八葉六行至八行

南北相直近五百里龍骨卽烏隆古之轉語矣又曰兀瀧古河元祕史云成吉思與客列亦種人王罕征乃蠻種的占出古敦不亦魯黑（親征錄作盃祿可汗按卽太陽罕之兄）不亦魯黑不能對陣起過阿勒台山去追至忽木升吉兒地面兀瀧古河行成吉思獲不亦魯黑的官人也迪土卜魯

黑又追至乞濕𣶷巴失海子行不亦魯黑遂窮促了故

長春遊記載鎭海之言曰白骨甸古之戰場頃者乃滿

大勢亦敗於是葢地鮮水草兼饒鬼魅所由氏爲白骨

甸矣烏隆古河北距額爾齊斯河源

十一行

遂率所屬逃去額璘沁壽以附逆革職解京道死戮屍○見西域考驗集俟考

十七行

言山之似額而色黑也唐書沙陀傳處月居金娑山之

陽準以地望疑此爲金娑山矣特默齊傳云

十九葉二行至四行

復似其蔓所謂乞濕𣶷巴失海子又曰赫色勒巴什淖

爾

九行

在元時又名曰乞則里八寺海

十七行

曰阿勒坦山烏梁海

二十葉十九行二十行

是爲額爾齊斯河元之額兒的失水也成吉思甲子年追襲篾兒乞脫黑脫阿到金山住過冬明年春踰阿來嶺適乃蠻古出魯克與脫黑脫阿相台於額兒的失不黑都兒麻地面根源行整治軍馬成吉思至其地脫黑脫阿中亂箭死其尸不能將去其子割其頭渡額兒的失水溺死者過半河側置驛謂之大河驛

二十一葉二行

郎紀斯河之勝其時成吉思西征回回比其歸也於斯過夏元史太祖紀於庚辰的書駐蹕也石河石河時方克尋思干何得數千里旋師縱敵作史者不諳地理致有此失

二十三葉十八行

亦曰鴻和圖淖爾鴻和蒙古語鈴也見元史語解唐書言葛邏祿部跨僕固振水當即此淖爾也淖爾圓橢形

西域水道記殘本四卷得自都門廟市丹黃青三色校識間以墨籤審爲徐星伯先生手蹟前幅有大興徐氏藏圖籍印意刻成後先生重加點勘偶有補正下籤待改也今循刻本次第錄成此冊名曰西域水道記校補殘本尙冀已佚之第三卷復出爲延津之

合焉光緒七年正月歸安錢振常識於宣南寓舍

瞿木夫文集

嘉定瞿中溶

管蔡皆非周公兄辨

左氏定公四年傳蔡叔康叔之兄杜氏注蔡叔周公兄康叔周公弟也又武王之母弟八人周公爲太宰康叔爲司寇聃季爲司空五叔無官豈尙年哉杜注五叔管叔鮮蔡叔度成叔武霍叔處毛叔聃也案史記管蔡世家言武王同母兄弟十人母曰太姒文王正妃也其長子曰伯邑考次曰武王發次曰管叔鮮次曰周公旦次曰蔡叔度次曰曹叔振鐸次曰成叔武次曰霍叔處次曰康叔封次曰冉季載最少後云封康叔爲衞君封季

載於冉冉季康叔皆有馴行於是周公舉康叔爲周司寇冉季爲周司空又云五叔皆就國無爲天子吏者核之左傳文無一不合然則傳所謂五叔者其爲管蔡曹成郕卽成霍明矣杜注不數曹叔而數毛叔孔氏正義又云史記云聃季載杜云毛叔聃中溶攷史記世家有冉季載亦云冉季卽傳文所云聃季爲司空也聃季旣爲司空自不在五叔無官者之內又史記周本紀有毛叔鄭無毛叔聃而攷班氏漢書古今人表曹叔振鐸聃季載後有毛叔鄭亦見逸周書克殷篇顧命疏引王肅云文王庶子爲聃季封聃毛叔封毛自是兩人而攷聃管蔡世家作冉索隱云或作郱郱與鄭字形相近杜乃誤以鄭爲郱耳然毛叔並非母弟亦不當在五叔之內又

正義云不數振鐸者杜以振鐸非周公同母故不數之或杜別有所見不以管蔡世家爲說中溶攷史明言曹叔振鐸武王同母弟又劉向列女傳及班固白虎通引詩傳十人之名皆有曹叔振鐸與管蔡世家合孔疏所謂振鐸非周公同母者乃因杜於傳下文曹文之昭也注云文王子與周公異母之語也然亦不知杜據何書而知振鐸與周公異母耳可謂肊說矣至杜注以蔡叔爲周公兄正義又以僖二十四年傳富辰言文之昭十六國蔡在魯上明以長幼爲次賈逵等皆言蔡叔周公兄故杜從之馬遷言多辟謬故不用史記爲說予謂如據富辰言爲長幼之次則管蔡郕霍皆當爲周公之兄而郜雍曹滕畢原酆郇不獨曹叔固爲聃季兄即其餘

又豈皆聃季之弟乎恐必無是理也且以漢人之書攷之白虎通所引詩傳於武王之次即爲周公次爲管叔次爲蔡叔證以列女傳文亦同而又據趙岐注孟子周公弟也管叔兄也云周公惟管叔弟也故愛之管叔念周公兄也故望之親親之恩也然則周公不獨爲蔡叔兄并亦管叔之兄矣又攷尚書金縢傳云武王死周公攝政其弟管叔及蔡叔霍叔乃放言於國與趙邠卿說合又後漢書樊儵傳對帝曰是以周公誅弟季友鴆兄經傳大之章懷注即本金縢傳爲說惟攷呂氏春秋開春論周之刑也戮管蔡而相周公高誘誤注管叔周公弟蔡叔其兄也即杜氏注所本而論語堯曰章雖有周親集解孔安國注云親而不賢不忠則誅之管蔡是也皇侃義

疏云管蔡謂周公之弟管叔蔡叔也然則魏時人之說
尙與班固劉向同孔潁達金縢正義云傳旣言周公攝
政乃云其弟管叔葢以管叔爲周公之弟矣孟子曰周
公弟也管叔兄也史記亦以管叔爲周公之兄是孔氏
但知孟子文而未知趙氏之解也故疑之惟皇甫謐帝
王世紀直以周公次管蔡郕霍之下其言多謬妄不足
爲據朱文公誤信皇甫謐之言乃定於孟子集注云管
叔乃周公之兄且有或曰周公之處管叔不如舜之處
象之議而古義遂亡矣予家又有黃小松郡丞易於嘉
祥縣新搜出漢武梁祠前石室畫像碑中有文王與后
及十子像其上各有隷書標題小榜自伯邑考至冉季
載共十人季載之形獨短小後尙有一婦人像標題曰

乳母其十子題字雖有殘闕磨滅然首題伯邑考次題武王發次即題周公旦其次題管叔鮮一榜已殘闕而又次題蔡叔度三字尚了然也則漢碑亦與列女傳白虎通之文合惟列女傳白虎通皆以處爲成叔名武爲霍叔名列女傳又以霍叔居前成叔居後皆與世家文異證以武梁祠像碑蔡叔度後一榜亦闕去其後一榜則題成叔處其名與列女傳白虎通皆同而成叔在後則同列女傳也第攷成叔武霍叔處古今人表竝與世家同霍叔處又見逸周書可知傳本各有不同亦不得謂史公之文有誤要之據此數證而觀杜注及正義謂蔡叔爲周公兄固屬謬妄即以曹叔振鐸爲周公異母弟亦不可信管蔡世家云武王同母兄弟十八列女傳

亦云太姒生十男而所列十八之名列女傳白虎通皆有曹叔振鐸而無毛叔鄭與世家之文合則杜注之謬不待言而可知矣杜氏葢因左傳文前言武王母弟八人五叔無官後又言曹文之昭故心疑爲曹叔不在五叔之內當與周公異母乃以毛叔居五叔之中耳不思康叔聃季前既言之後又言之則前言五叔後再言曹於文有何不可通而乃憑肊見作此異說可謂妄矣至冉季載之冉古今人表作聃與左傳同國語周語作聃列女傳又作𨈖皆聃之譌文史記小司馬索隱又云冉或作郱而白虎通又作南葢皆古同音通用之字而南又與冉字形相近也宋時王伯厚困學紀聞曾舉此傳杜注正義以記異說而未能決其是非因未細攷列女

傳等書也史公於記事雖亦時有舛錯然此條以蔡叔爲周公弟權有所本孔氏不能攷正杜注之誤反信其言以訾史公毋乃自蹈於辟謬之譏歟淮南子泰俗訓有舜放弟周公殺兄之文而齊俗訓云周公放蔡叔誅管叔又云周公放兄誅弟既亦以管叔爲弟而又誤以蔡叔爲兄及前既云放兄後又云殺兄多自相矛盾葢皆隨文用字信筆爲言不足以資攷正也周公誅管蔡一事後儒俱誤周公爲管蔡弟但以大義滅親歸美之今知周公爲兄管蔡皆爲弟則其討亂除畔乃以兄誅弟於禮爲順此爲千秋倫常大節所係論古者尤當博攷而詳辨之況漢魏六朝皆以周公爲先聖至唐顯慶以來始改孔子而鄭康成注禮記必釋奠於先聖先師

亦云先聖周公若孔子則周公此事與孔子之生卒年月皆不可不辨

孔子生卒年月辨

公羊襄公廿一年十月經文後云十有一月庚子孔子生案此非春秋經故左氏無此文公羊疏解云左氏經無此言則公羊師從後記之是也然穀梁亦有此文上無十有一月四字公羊穀梁散傳附經經傳上皆不加經傳字爲別且古本三家經與傳皆別行故漢石經公羊無經文與唐石經異唐石經公羊此文直接上文經會於商任之任字下穀梁亦然此文直書其事與傳之體例不同是擬於經也擬於經雖不得謂之經然又不得謂之傳注疏本既以此文跳行低一字而直加傳字

於上非也又攷陸德明公羊釋文亦止標庚子孔子生與穀梁文同下注云傳文上有十月庚辰此亦十月也一本作十一月庚子又本無此句陸氏但云一本並不言穀梁且於穀梁釋文又不標此與公羊異文可見唐初公羊傳本已自不同不定有此十有一月四字而與穀梁有異也且攷孔穎達尚書序正義引穀梁以爲魯襄公二十一年冬十一月庚子孔子生則穀梁亦有有十一月者矣又可見世俗傳寫二傳之本皆有此異文矣惟唐石經公羊本有此四字與陸氏所云之一本同而今本又皆與之合後人因據以爲公穀異月者亦非也春秋經是年上文明記冬十月庚辰朔日有食之則是月當有庚子乃十月二十一日故釋文云上有十月

庚辰此亦十月也然則孔子之生可定爲襄公二十一年十月庚子無疑且攷公羊序疏引顔安樂以襄公二十一年孔子生後卽爲所見之世又王應麟困學紀聞引二十一年賈逵注經亦以爲孔子生於是年幷引昭公二十四年服虔述賈逵語云仲尼時年三十五竝本左傳襄公三十一年孔氏正義惟史記孔子世家則以爲生於襄公二十二年卒於哀公十六年年七十三其於世表及魯世家所載皆同中溶又攷隸釋載延熹八年老子銘云孔子以周靈王二十年生到景王十年年十有七趙德甫金石錄跋云碑云孔子以周靈王二十年生今以世家攷之孔子以魯襄公二十二年生實靈王二十一年未知孰是據此諸文則漢人所說無不以

爲襄公二十一年生也惟晉杜預注襄公三十一年傳仲尼聞是語也云以二十二年生於是十歲及後經書哀公十六年夏四月己丑孔丘卒云魯襄二十二年生至今七十三皆本史記爲說也并據釋文云本或作魯襄二十三年生至今七十二則與史記孔子世家異此本非也又司馬貞史記索隱以公羊與史記不同因又爲之說云蓋以周正十一月屬明年故誤也又云若孔子以魯襄二十一年生至哀十六年當爲七十三若襄二十二年生則孔子年七十二經傳生年不定致使孔子壽數不明中溶攷史記年表魯襄公二十一年乃周靈王二十年是歲己酉至哀公十六年壬戌實七十四而非七十三陸元朗小司馬不知就年表細攷而正定

之皆爲隨俗不經之語可笑也又案何休注公羊此文下云時歲在乙卯疏引注文則作己卯皆與史記年表己酉不合而疏下又解云何氏自有長㊀厤不得以左氏難之中溶案此作疏者因己卯與杜氏長厤己酉不合故强爲之解耳攷説文篆書卯作丣象開門之形古文酉作丣象閉門之形丣爲春門萬物以出丣爲秋門萬物以入是其義也故管子幼官篇云春三丣同事秋三丣同事卯酉二字卽作丣丣何氏係漢人當時尙知古文故隷書酉猶或作丣與丣字形相似後人不知丣爲酉乃譌作卯故公羊疏有此説毛詩泮水薄采其茆之茆説文引作茆从古文酉徐仙民音柳又柳畱等字皆从古文酉之丣而今皆誤从卯可知己卯實己酉之譌

而乙卯則又因乙巳形相近而譌也且疑古音卯酉二字相近故詩維參與昴毛傳昴畱也孔疏引元命包云昴之爲言畱也史記樂書北至於畱索隱云畱卽卯也而樂書又云牛者冒也與毛傳昴畱也同爲聲相近之字古音宵肴豪字與尤矦往往相通故二字聲亦易混

春秋年代干支史家記載甚明卽杜注左氏以長(厤)推算亦無不合如前成公十七年十一月壬申公孫嬰齊卒於貍脤公羊傳曰非此月日也何休注云據下丁巳朔知壬申在十月穀梁傳則直曰十一月無壬申壬申乃十月也而杜注左氏亦云十一月無壬申日誤長(厤)推壬申乃十月十五日謂公羊穀梁傳及諸儒皆以爲十月十五日據此則何氏所推與杜氏亦無不合之處

豈有何氏別有長厤并太歲干支不符之理此亦作疏
者之謬說也乙卯必己酉之譌且攷哀公十四年西狩
獲麟公羊傳曰春秋何以始乎隱何注云據得麟而作
疏解云正以演孔圖云獲麟而作春秋九月書成是也
而揆命篇云孔子年七十歲知圖書作春秋者何氏以
爲年七十歲者大判言之不妨爾時七十二矣據疏此
文則卒於十六年正合七十四歲然則何邵公亦以爲
孔子生於襄公二十一年此其明證也與顏賈服諸漢
儒及漢碑之言無異矣杜氏哀公十六年注又云四月
十八日乙丑無己丑己丑五月十二日日月必有誤愚
謂己丑當亦卽乙丑之譌其誤與何注己酉爲乙卯同
後昭公二十二年十二月癸酉朔杜以長厤推校前後

當爲癸卯朔書癸酉誤葢又誤卯爲夘亦卽以夘夘二字形相近而誤也杜氏不明六書以致難通凡春秋傳以卯酉二字錯誤不合而皆可案杜氏長厤而證之者甚多也愚以謂孔子生卒年月日當定以生於襄公二十一年己酉十月庚子卒於哀公十六年壬戌四月己丑則與三傳皆合而數自己酉至壬戌實七十四歲非七十三歲從史記自不若從三傳之爲古而可信矣明宋學士濂著有孔子生卒年月辨一篇生主公穀歲己酉卒主左氏歲壬戌相距七十四年其言不爲無見而近代閻氏若璩乃謂黄太沖以厤上推斷生於襄公二十二年建酉之月二十七日庚子與羅泌路史胳合因歎爲定論予謂路史之言多不可信攺二十一年爲二

十二年幷改爲酉月黃氏所推麻法之是否不可得而知而要與公羊穀梁不合且與春秋經所紀之朔日干支全不合豈可信其言而全改春秋經之理乎外舅錢少詹先生批困學紀聞云以三統術推襄公二十一年十月癸酉朔庚子月二十八日也是爲宣尼生之日年從公羊月從穀梁與左氏賈服說亦合史記作二十二年或是傳寫誤一爲二先生後又以此說刻入養新錄作十月己卯朔二十二日庚子中溶攷春秋朔日干支如有錯誤杜注以長麻推得必於注中舉出此十月庚辰朔日有食之及上文九月庚戌朔日有食之經連書兩朔下杜皆不言其誤班氏漢書律麻志歷舉春秋朔食之誤亦不及此文而九月既是庚戌朔大盡則十月

當爲庚辰朔無疑豈有春秋經連書之朔及公穀所紀之日皆不可信者邪且史記世表及魯世家竝與孔子世家文同世家之字猶或可譌而表則橫行隔斷先後難於移錯不可僅據世家直行之字以爲誤一爲二也且據世家言魯昭公二十年孔子年三十又孔子年四十二昭公卒定公九年孔子年五十一今本脫一又定公十四年孔子年五十六又魯哀公三年孔子年六十又孔子年六十三哀公六年皆與襄公二十二年生之說合楊氏穀梁疏謂馬遷之言與經典不同者非一故與此傳異年其言最爲明通愚謂春秋爲史官所記其司(麻)失閏之處左氏傳已言之而其日月不合者則公羊穀梁傳又言之何邵公近生漢代聞見自眞而杜氏長(麻)

所推亦皆與之合可見杜氏長厤汋然不謬據文公元年孔氏正義云春秋之世厤法錯失所置閏月或先或後不與常同杜惟勘經傳上下日月以爲長厤若日月同者則數年不置閏月若日月不同須置閏乃同者則未滿二十二月頻置閏所以異於常厤故釋例云春秋日有頻月而食者有曠年不食者理不得一一如算以守恆數故厤無有不失也始失於毫毛尚未可覺積而成多以失弦望朔晦則不得不改憲以順之書所謂欽若昊天厤象日月星辰易所謂治厤明時言當順天以求合非苟合以驗天者也故當修經傳日月以攷晦朔以推時驗下又云據經傳微旨考月辰晦朔以相發明爲經傳長厤未必得天蓋春秋當時之厤也是杜自言

不與常麻同矣自唐一行爲大衍麻議斥杜氏置閏爲謬於是後代之儒紛紛訾議不思謂杜氏所推未必盡然則可而謂春秋經連書朔日干支皆誤則不可春秋修於孔子傳於三家又經漢晉諸儒注解發明而後儒生於數千百年之後乃欲假託推算之術擅改宣聖所修之經似乎於理有背亦難傳信將來且卽如一行所斥杜氏長麻日子不在其月則改易閏餘以求合而此年九月十月兩紀朔日干支杜氏竝不言誤亦未移日就月後儒不知細心攷核輒望文生義人持異說以爲是而乃轉委咎於經傳生年不定致使孔子壽數不明如唐之司馬貞者豈不可歎中溶質愚學淺不能深究算學何敢指駁前賢特以此爲宣聖生卒年壽不可不

辨而又辨之不可不明也故詳論之後人祗以年月不合則改年月以就庚子之日而獨不以庚子之日爲疑者則以有齊時臧榮緒庚子日拜五經故事故也不知既是庚子則逆數至前二十一日朔日正合庚辰有何可疑皆因今本公羊有十有一月四字惟知執此以論而不將陸氏釋文等細讀是以難通耳夫六甲周旬必須兩月此顯而易見者十月庚辰朔故此月有庚子若改十一月豈得尚有庚子日乎後人又但信唐之司馬貞及啖助陸淳輩之說以周正夏正爲二十二年解獨不思若是十一月應否有庚子日可謂鹵莽之至矣

婦說

夫婦爲人倫之始故王化起於閨門而詩三百篇以關

雖爲首自夫婦之分不明於是人倫乖舛而不孝不慈皆由此起世風之所以日壞也嘗見世之爲夫者稍不能正身養家即被其婦淩辱否則夫或溺於情愛或畏婦家豪貴之勢委靡隱忍漸使長其驕氣後其害至有不可勝言者不思婦之於夫雖似等齊然婦爲夫服三年之喪夫則報之以期玫之服制儼同父子之懸又夫於祖父母行則稱公婆而婦稱夫之父母行爲公婆推而至於夫之兄則稱伯夫之弟則稱叔夫之女兄弟則稱姑皆降於其夫一等是案之稱呼亦顯有尊卑之判而所謂三從之義七出之條又皆傳之於古重之於今且律令煌煌深可畏懼奈何世之爲婦者多懵然不覺邪今將要文三則引列於後以告世之爲婦者

儀禮喪服傳曰婦人有三從之義無專用之道故未嫁從父既嫁從夫夫死從子故父者子之天也夫者妻之天也

大戴禮婦有七出不順父母去無子去淫去妒去有惡疾去說文癘也癘卽癩也公羊昭公二十年傳何休注惡疾謂瘖聾盲癘禿跛傴不逮人倫之屬也口多言去竊盜去今

大清律例本之

大清律例曰凡妻毆夫者但毆卽坐杖一百夫願離者聽至折傷以上加凡鬬傷三等　其夫毆妻非折傷勿論至折傷以上減凡人二等

劉河記

太倉州城東六十里地名劉家港者亦曰劉家河其名

未見於元以前記載之書而案之婁江入海之處此爲直徑易達且元明海運皆由於此當時未聞特開鑿此河而可以容糧艘往來其河必大亦非易於開鑿者嘉定縣志以元通海運於此遂謂至元二十四年宣慰使朱清開劉家河導婁江入海其說出自臆造全無依據意元以前舊有此河特不以劉家港爲名耳前人謂鄉音呼婁如劉劉卽婁也漢書婁敬傳上言婁者劉也遂賜姓劉氏可證鄉音實古音或又云唐宋間崇明沙有劉姚二姓居之故名劉家河者其說非是元史地理志云崇明州本通州海濱之沙洲宋建炎間有句容縣姚劉姓者避兵沙上後稍有人居遂稱姚劉沙至元十四年升爲崇明州然則姚劉二姓所居卽崇明縣治且稱沙不稱河嘉定縣志混引入劉河下謬也且今土人亦但呼爲劉河也禹貢三江既入震澤厎定言三江者其說不一詳宋范文修吳郡志震澤卽太湖三江自當以宣泄太湖之水承其下流者言之所謂

既入者乃入海也水向東流入海之口皆在東且較近於揚子江太湖之水可以宣泄入海而後上受常湖宣歙天目各路之水不至汜濫震澤方能底定耳則以三江爲松江東江婁江者似可徵信而弗疑王濟之姑蘇志卽專主此說松江卽今之吳淞江宋以前人所謂松江皆今之吳江也今之吳淞江亦卽吳江之下流後人蓋因吳江之下流去松江已遠故加吳字及增水旁於松字以別之實合吳江松江爲一之意也明王圻吳淞江攷謂松江舊名吳淞江後以水災去水從松未知何據姑蘇志云自郡城婁門外經沙河又東入夷亭諸水或南或北並東入吳淞江又云吳淞江卽古之婁江也亦名下江俗呼爲劉家港誤以婁江卽爲吳淞江其說謬甚皆緣未明古之松江爲今之吳江而誤會舊說也東江在吳淞之南爲浙江海鹽縣地已爲唐築海塘所塞故道久堙而婁江則自蘇郡婁門東貫崑山下抵太倉後人稱之爲婁東者其卽古之婁江亦無可疑宋朱伯原圖經續記云婁門者婁縣名也秦謂之疁漢謂之婁今之崑山是也崑山塘自婁門歷崑山縣而達於海卽婁

江也據酈善長引庾仲初揚都賦注云太湖東至爲松江七十里有水口東北入海爲婁江東南入海爲東江與松江而三也又唐陸氏廣微吳地記云婁門本號疁門東南秦時有古疁縣至漢王莽時改爲婁縣又云在長洲縣東一百里又姑蘇志言疁城在嘉定縣南門外唐有疁城鄉元時築教場於澄江門外得莊府君墓志云名泰咸通三年葬於崑山縣東一百里伍家岡疁城鄉又謂嘉定婁塘本名疁塘避吳越王諱改今嘉定縣治出北門由婁塘至劉河祇十八里其塘蓋因此得名而土人呼婁塘亦云劉塘皆劉河即婁江之明證太湖之水賴三江東入於海可以宣泄不竭不溢而後環湖江浙諸郡農田之利興水旱皆不足爲虞矣惟海水潮汐往往衝挾泥沙以相出入故沿海口岸通塞不常歷古以來變遷不一後代治水興功亦祇能就目前所急及其易者爲之故或數十年或數百年同一開濬也而前後之地不同所議之說亦異此皆時勢使然有非人力所能輓回者也其必執方策以求故道者固屬迂

拘卽就目前而論若稍不諳其緩急輕重亦徒費籌畫而未能收其實效也善乎宋朱氏樂圃之言治水曰夫事有興於古人而廢於後世有遺於前代而補於來今苟爲古人所興者勿廢前之所遺者必補則何利之不成何病之不梶哉沿海口岸宋以前遼而難稽今可知者自北宋景祐閒范文正公來守鄉郡開茜涇下張七鴉浦始其地今皆在太倉鎭洋境內東北後紹聖崇甯宣和及南宋隆興閒慶經開濬而嘉祐紹興隆興又屢濬顧浦顧浦在今嘉定之西隅其南通吳淞江而北則達於劉河可知宋時已有劉河一口入海也元明海運皆出劉家港又可知當時入海之口必劉河最大也元至正十三年始有濬劉家港及白茆港之事入明後洪

武三十餘年未聞開濬而遼東糧餉仍由此海運也永樂以後閘開諸浦引水入劉河而萬麻中王元美七浦記云太倉之幹河三劉家港其最大者浸闊而流迅不受淤無所事濬又天啟甲子姚文毅希孟與當事書云惟劉家河不改故道又言劉河出口雖淤大勢尚通也蓋至明末之時其口始淤而推原其故元時由此海運商賈因而漸集遂成市鎮往來巨艦不絕水勢常流泥沙不能停滯故無勞疏濬耳至永樂十三年罷止海運以後舟船經由者少河面清靜泥沙日積而兩岸居民又利於占築圍田河路淺狹以致 國朝順治九年州刺史陳之翰始疏其西段十里而十四年白刺史登明繼有全開六十里之大舉又康熙十年慕方伯天顏復

請帑與吳淞江同開也自後屢次小濬訖於嘉慶十七年而止計至道光三年祗十有一年未濬耳而今其河壅塞水已涓滴不通竟成陸路矣因憶前三年之大水災聞鄉民耆老有八九十歲者歎爲身所未經而中溶適於是夏六月自楚南回里舟進京口由常而過蘇大約三百餘里沿途目擊汪洋瀰漫白浪滔天不獨城鄉民居多浸水中人或棄之以逃甚至高墳峻壟亦皆淹沒而荒田曠野浮厝之棺漂流水面衝破倒覆者不可勝數蓋有不減於康熙九年馬中丞祐疏稱農工廢業人戶流亡及慕方伯申稱不第禾盡無秋抑且室廬漂沒流離疾苦不忍繪圖者矣中溶反覆推求如此大水雖係天災而水不能即消淹浸至兩三月之久實爲百

數十年來未有之事而今乃見之於劉河閉塞未久之後豈非劉河一口實爲江浙諸水入海之要道哉夫太湖之水古由三江入海自東江廢而止存婁與吳淞二江已少入海之一道若劉河不通則婁江又廢而止存吳淞江之一道矣以三道并爲一道則潮汐鮮通旱則必至於竭水則必至於溢此一定之理不待智者而知也宋時所濬之茜涇與劉河最近可以分泄婁江之水入海而茜涇久已堙没所恃者惟此劉河一區耳近代言東南水利者又以東江廢而以白茆港與吳淞江劉河同爲湖水入海之三大路然案之地圖白茆在太湖東北乃常州無錫一路之水東注入海之直徑去太湖尙遠吳淞自崑山新洋江口以下水慢而多曲折則沙

易壅而勢亦緩惟劉河西承太湖之下流由婁門東下匯陽城巴城諸湖水而經崑山太倉東注直達於海其勢最爲迅捷故開吳淞江不若開劉河之尤爲急要也葢今劉河之與吳淞江譬之人身喉中氣食二管呼吸相通有一阻隔則食不下咽而氣絶矣且攷明弘治中姚主事文灝濬七浦記言自海塘作於東南東江以塞松江以微乃北折幷於婁江而永樂中夏忠靖原吉以吳淞久淤決新洋江等河掣吳淞之水北注婁江又從顧浦南引吳淞北貫吳塘亦自婁江入海則吳淞緩急尙賴婁江設使劉河永閉婁江無入海之路東南水患豈可勝言哉昔白刺史登明云劉河泄郡城震澤諸水必劉河疏而太倉水利治太倉水利治而全郡水利可

治籌東南水利者斷自劉河始又慕方伯云今日劉河之一線爲淞婁二江之尾閭合蘇松諸郡之民命攸關者浚之甯可一日緩哉乃聞當事近日有開吳淞江之議而未及劉河故爲此記以備獻之大府或有所采擇焉

康熙二年郭太守廷弼松江府志三江水利圖注云吳淞江至新洋江南口爲慢水江自此以東至李家洪出海遠多曲折故不能瀉太湖之水且潮沙易壅屢開屢塞又云自吳江東北由吳淞江所泄太湖之水悉從新洋江北瀉入婁江不入慢水江又云新洋江口至劉家河口江口闊出海近無曲折故能瀉太湖之水其圖附後

後讀元楊履祥崑山郡志云三江舊蹟謂東北入海曰婁江案今府城東關曰婁門其下七十里卽古婁縣皆以婁江得名自是而下乃出海之孔道竝無迂曲實有吞潮吐海之勢婁江舊蹟昭然可尋而先儒所辯三江皆不及此今糧艘屯聚又訛曰劉家港楊氏此條與朱伯原說暗合最爲明晢可袪前人舊說之惑明上海王氏圻婁江攷亦以劉河爲婁江當三江之一蓋祖楊氏之說也履祥名譓自號東谿老人元貞二年升崑山縣爲州故履祥稱爲郡志又延祐中嘗移州治於太倉至正閒仍徙歸舊治履祥作此志在至正之前正移治太倉之時故詳及此

明歸震川太僕論吳中水利謂吳淞江獨承太湖之水以出之海者乃就形勢而言正當其中也不知吳

淞江在明初夏忠靖已言前代屢浚屢塞不能經久故浚范家港至南蹌浦口引水入大黄浦直達於海數百年來松郡水利全頼大黄浦非頼吴淞江故道也然崑山一路之水去黄浦便遠而難達矣

孔廟配享從祀弟子辨證序

漢書藝文志有孔子徒人圖法二卷隨書經籍志有鄭康成論語孔子弟子目録一卷唐書藝文志作論語篇目弟子又别有孔子弟子傳五卷在孫敏春秋列國名臣傳下似即敏所譔者諸書今皆不傳案史記仲尼弟子列傳稱孔子曰受業身通者七十有七人皆異能之士也司馬貞索隱云孔子家語亦有七十七人唯文翁孔廟圖作七十二人中𥛚攷今本家語止七十六人據

索隱乃脫去顏何一人而有陳亢無公伯寮其琴牢申續縣亶郎史記之秦冉申黨鄡單也家語雖同史記七十七人之數而題則云七十二弟子解案史記孔子世家曰孔子以詩書禮樂教弟子蓋三千焉身通六藝七十有二人又後漢書明帝本紀永平十五年祠仲尼及七十二弟子章帝紀元和二年祠孔子於闕里及七十二弟子安帝紀延光三年祠孔子及七十二弟子於闕里水經注言魯峻冢廟石壁有七十二弟子形像並與文翁孔廟圖同爲七十二人是漢以前本有七十二人之說矣唯文翁圖今不可見而據索隱言有林放蘧伯玉申棖申堂俱是後人以所見增益困學紀聞又言今所傳禮殿圖有申黨無申棖與索隱之言不合且不知

林放等四人皆在七十二人內否又不知文翁圖於史
記家語七十七人之中所去五人是何人也唐書禮樂
志載開元贈典七十七人卽本史記弟子列傳唐六典
及會要皆同而據杜佑通典則除十哲外有七十二人
乃增入遽瑗林放陳亢申棖琴牢五人又誤多琴張一
人而爲七十三人其增遽瑗林放申棖乃據文翁圖增
陳亢琴牢乃據家語也然申棖卽申黨琴牢卽秦冉蓋
杜氏已誤而重出者兩人矣又案宋史禮志大觀二年
禮局言開元禮止七十二人又復去取不一是開元禮
亦止七十二人而攷大中祥符元年進封侯爵眞宗及
王旦諸臣制贊立石合十哲共止七十二人豈卽本之
開元禮邪然開元贈典載於史志者實七十七人祥符

去公夏首后處公肩定顏祖鄡單罕父黑秦商原亢樂欬廉潔十人今曲阜孔廟碑刻尙存逮大觀四年復補封此十人仍與祭享而南宋紹興三十二年高宗又以李公麟所畫宣聖及七十二弟子像制贊手書勒石今碑在杭州府學者則以合十哲共爲七十二人內又無祥符所封之公艮儒句井疆顏何公西輿如四人而有大觀補封之后處秦商樂欬廉潔四人與祥符碑七十二人又復不同未知其故而秦冉與琴牢申黨與申棖亦皆重出以兩人誤爲四人也明嘉靖九年罷去申黨而存申棖又去公伯寮秦冉顏何而以林放蘧瑗改祀其鄉 國朝雍正二年復祀蘧瑗林放秦冉顏何四人又增縣亶一人今廟祀合十哲共八十一人史記七十

七人內少公伯寮一人多陳亢琴張蘧瑗林放縣亶五
人於家語七十七人之外多鄡單秦冉蘧瑗林放四人
而史記之秦冉實卽家語之琴牢又家語之縣亶亦卽
史記之鄡單重出者也又案蘇氏古史於史記七十七
人之外據家語增入琴牢陳亢二人爲七十九人朱氏
彝尊弟子攷於背邦外仍列鄭國申續外仍列申棠又
列申棖又增入孺悲公罔之裘序點仲孫何忌仲孫說
孔璇惠叔蘭左丘明牧皮常季子服何賓牟賈鞠語顏
涿聚十四人及琴牢陳亢蘧瑗林放其爲九十八人則
皆以意增多不合於古而重出之病爲尤甚者也乾隆
閒我邑李明經灼作至聖編年世紀不知家語本有顏
何一依今本家語作七十六人而去顏何亦非也今以

史記敘次爲正附以家語之陳亢及文翁孔廟圖之遽瑗林放賓其止八十人攷其異同正其譌謬爲辨證三卷云唐六典係開元二十六年所上之書其時諸弟子尙未封爵故六典僅列七十七人姓名然據此足證其前亦止有七十七人而以申堂爲申黨則與小司馬索隱同以鄡單爲鄡單又與徐廣一云鄡單之說合葢其書爲最古而可據者矣而自來攷弟子者均未之及惟其先後序次已非史記之舊逮後封爵時亦多仍之至杜佑通典所列又復錯亂宋以後增損不常逾失其舊訖今亦無能亟爲正之者良可慨也

孔廟唐貞觀入祀諸儒傳略序

葢聞太上有立德其次有立功其次有立言謂之三不

朽而孔門弟子別以四科其曰德行卽立德也曰政事卽立功也曰言語文學皆立言也文學雖爲四科之末而言語實居政事之先蓋德非言不著功非言不垂而要不外乎詩書六藝之文與夫方册所載竹帛所傳也孔子承堯舜禹湯文武周公之道删詩書定禮樂贊周易修春秋爲萬世之師及門弟子三千而身通六藝者七十餘人其後大者爲卿相師傅小者友教士大夫各傳其學至於漢初授受弗絶焉秦焚詩書禮廢樂崩漢高祖初定天下令蕭何先收圖籍而叔孫通繼定禮儀當是時詩書雖遭秦燔而易以卜筮未亡書賴伏生藏壁以傳一時言易言書言詩言禮言春秋之儒蔚然並起至武帝時而公孫弘以治春秋位至丞相封侯詳延

天下方聞之士咸登諸朝多至大官成帝時命劉向典
校中祕書取諸家傳本攷其同異辨其是非以尊信於
天下後世厥功最偉高堂生傳士禮十七篇卽今之儀
禮戴聖傳小戴記四十九篇卽今之禮記與毛萇所傳
詩孔安國所傳書何休之公羊解詁范甯之穀梁注竝
傳於世而馬融鄭康成鄭衆杜子春盧植賈逵服虔等
皆兼通衆經多所譔述馬鄭竝爲當時經師其徒最盛
而康成之毛詩三禮獨得流傳然康成尙出馬氏之門
其注周禮每引鄭衆杜子春之說竝參馬融賈逵之解
詁禮記四十九篇雖戴聖所傳而實馬融盧植同攷定
之康成所注禮記卽用馬盧之本賈逵爲古文尙書記
又傳毛詩作周禮解詁而毛詩及春秋左氏之學得自

家傳尤多論説服虔作左傳訓解至東晉時其書盛行
與杜預經傳集解並立學官而世説載其逸事謂康成
欲注春秋傳未成遇服客舍聞其所説注意多與己同
遂以讓之漢儒言易與春秋之書後多失傳魏王弼注
周易上下經東晉時立於學官後人遂以晉韓伯之繫
詞以下注合而傳之而左氏至唐初惟用杜氏集解二
書遂得與漢人諸書並傳至今魏之王肅好攻漢儒其
學少純然於易書詩禮春秋左氏傳孝經論語亦並有
注釋唐太宗貞觀中特令國子祭酒孔穎達等以孔安
國毛萇鄭康成王弼杜預等所傳之書譔爲五經正義
而詔以左邱明卜子夏公羊高穀梁赤伏勝高堂生戴
聖毛萇孔安國劉向鄭衆賈逵杜子春馬融盧植鄭康

成服虔何休王肅王弼杜預范甯二十二人配享孔廟
葢以孔子之書非諸儒抱殘守缺受授闡明其何以克
傳於後世故附享廟庭以彰其傳經之功耳至於學有
純駁行有正偏則史傳昭然具在何能曲爲之諱而要
不可與後代之儒竝論而齊觀者也唐時五經正義之
外復有宏文館學士賈公彥等譔周禮儀禮二疏皆鄭
氏之書而何氏之公羊范氏之穀梁又有徐彥楊士勛
爲之疏至宋眞宗咸平中又詔翰林侍講學士邢昺用
唐明皇所注孝經增損唐元行沖之疏定爲正義而以
晉郭璞所注爾雅魏何晏所作論語集解亦爲之疏其
時孟子傳有後漢趙岐所譔章句并詔龍圖閣侍讀學
士孫奭討論唐張鎰丁公著之舊音譔爲音義時有邵

武士人託其名且爲之疏於是有十三經注疏之書行於世而漢魏諸儒所傳孔子之書竝在其中南宋以後之儒以理學爲名好闢前人之說以自相矜尙而經文章句非賴注疏諸書何由得爲依據且其於名物訓故有不能出漢魏諸儒舊注之外而更爲別解者則亦陽異其說而陰資其用耳乃至宋季理學盛而注疏不行元時設科取士於經義猶兼用舊說逮明初定爲大全而注疏之書遂廢以致嘉靖閒幷斥貞觀配享諸儒之祀所謂數典而忘其祖且有悖於有其舉之莫或廢之之義者也我

朝稽古右文

列聖敦崇實學邁唐宋而超漢魏故

世宗憲皇帝雍正二年以附饗孔廟諸賢皆有羽翼
聖經扶持名教之功
特詔禮臣詳議復鄭康成范甯之祀而
高宗純皇帝乾隆四年命儒臣於　武英殿校刊十三
經注疏頒行天下四十八年又刻岳珂宋版五經古注
嘉惠士林又改士子之習春秋經者仍從三傳而不用
胡安國傳并於禮記斥陳澔集說而復宗舊注於是海
內操觚之士咸知務爲古學數十年鴻通博洽之彥肩
背相望著作如林不獨遠過元明且有駕唐宋孔賈諸
儒而上之者矣愚以爲貞觀配享諸儒崇祀已久其書
至今誦習聖經賢傳皆賴流布千秋昭如日月其功實
爲不小其附享孔廟也重其傳經而非盡重其人也豈

可以明程敏政張璁等之妄下雌黃而廢其數千年之春秋俎豆不能盡復於昌明古學之盛世乎此其責在禮官而艸莽病廢之臣竇所引領以望之者也故盡錄貞觀入祀諸儒之傳略爲三卷用備掌故焉

孔廟宋元以來入祀諸臣傳略序

自古聖帝明王治天下之道首重乎得人而尤必嚴君子小人之辨然後天下可得而治蓋君子者讀聖賢之書爲聖賢之學其生平雖未必能盡合乎聖賢之道而所言所行要皆時時以聖賢爲法不肯苟合於世故其未遇之時早已異乎其人及出而事君也矯世絶俗特立獨行欲以聖賢之功自致卽以聖賢之心望君於是

盡忠竭言雖死不避必欲致其君為堯舜之君而後已然而一遇小人間之雖賢聖之君一時蔽其聰明恆至信者疑之用者舍之而天下卒不能治可為歎息痛恨者此也孔廟附享之典唐五代以前惟諸弟子與傳經之儒自宋時祀以孟子及唐之韓文公而後歷代名臣及道學諸儒皆得相繼入祀其言論功績竝有史傳可稽多表表於數千百年之中者也而今之士人以科第致身必先選入宮牆比古之博士弟子員夫所謂博士弟子者謂其讀聖賢之書自附於聖賢之徒者也則自謁廟以後春秋釋奠執事駿奔走其間俯仰之下當必興睪然高望之思而慨慕其為人庶幾它日受

聖天子特達之知可為股肱心膂致天下太平之治耳

然使不察其實而徒矜其名又安知古之君子立身行
道揚名於後世必有非常之功而後享非常之祀至其
遇合之際有幸有不幸益天之大數存乎其間而能使
後代之人曠世相感猶深起敬於數千百年之下至舉
而配食聖人之廟可謂榮之至矣則雖當日或困阨抑
塞見屈一時而直可伸於萬世其亦何畏於小人而不
爲君子哉儒者但當勉爲聖賢之學常以從祀諸儒之
史傳反覆覽觀則致君澤民之要窮通顯晦之理盡在
於斯而數千百年治亂之機與夫君子小人之是非得
失已略備於諸傳中亦大足以爲後世帝王之殷鑒矣
故愚作孔子弟子辨證及錄貞觀入祀諸儒傳略後復
成是編釐爲十四卷云

說文地名攷異序

讀書必先識字識字宜讀說文謂其去古未遠又皆出自師承非若後世鄉壁虛造者之妄爲肊說也予弱冠始讀此書卽嫌二徐之疏陋意欲放唐人正義之體爲之疏通證明而有志未逮頻年校閱之下於其所引郡縣地名時以兩漢書讎勘異同會長夏病暑不能從事它業因摘取其異於兩漢書者錄爲一卷名曰地名攷異雖仍無裨大用亦苦心孤詣所積也脫稾之後金壇段茂堂先生曾假去爲指正一二世有同志倘冀理而董之所據說文乃汲古閣毛氏刊本毛氏依宋本重雕其初印本與今見行本前七卷大有不同相傳此書刊成之後爲一老儒以意校改也宋本存於世者絕少予

曾見一小字麻沙本係南宋槧本之不甚精者爲雲間王逑庵司寇家藏又於友人黃蕘圃孝廉齋見一本版式行款無異末有元時儒學銜名則爲元人翻本矣攷叔重自敘永元困頓乃和帝即位之十二年至安帝建光元年即永寧二年其子沖以書表進時又隔二十餘年叔重尚在則叔重殆生於建武中歟予有疑者說文成於永元庚子距永平八年之復上谷郡爲廣陽已三十六年之久何以尚云上谷有⿰㓞阝縣且如分東平爲任城乃章帝元和元年事亦在書成之前十六年何以尚云東平亢父幷識於此以諗來者

諧聲表序

韻有古有今四聲以前爲古韻四聲以後爲今韻言古

韻者止當以漢魏爲斷不必求諸四聲以後也而近代
諸儒往往牽連切音字母且爲分別部居以限之於是
議論紛如而古音愈難通曉矣葢古音一字有數聲聲
相近者皆可爲韻凡字左形右聲同從此字得聲者無
非韻也古人之聲卽古人之韻故說文無韻字此由於
天籟自鳴矢口和協所以童謠野諺與出於搢紳先生
之口者無不脗合非如後世之規規於平上去入輕重
清濁之閒必案籍硏求而後合也中溶從事於聲音文
字之學有年竊謂六書之恉指事象形會意轉注假借
五者皆不離乎諧聲諧聲者卽古韻也曩曲阜孔君廣
森嘗取說文諧聲字以類相從名曰說文偏旁攷然前
後倒置兼雜以徐鼎臣新附字殊無倫理予因孔君之

諧重爲編次一依五百四十六部之序省聲者移列於後讀若者附注於下且放馬班史表之式横寫其文轉展相從者如子之從母孳乳遞降俾讀者展卷易明推九千餘字之例進而求三代之音可也

三禮石經辨政序

予讀外舅竹汀先生唐石經攷異知開成石經雖出俗手其時未有版刻猶是漢儒相傳書寫之本故文句之異於今者往往於義較長讀經者自當以爲祖本而或有反嗤唐石經爲誤者豈非變亂黑白哉往歲予假先生藏本校讀一過嗣又於關中碑賈處購得拓本反復研尋於先生所舉外又得數十條今歲二月昊天不弔遘丁母憂讀禮之下晝誦夜思因成三禮辨正一卷竊

謂開成石刻十二經惟毛詩三禮爲鄭君箋注本而三
禮則古字最多尤宜究心近雖有張氏爾岐儀禮句讀
及阮氏元之儀禮石經校勘記而周禮禮記竝無專書
予所以汲汲於此也所據以毛氏汲古閣注疏本爲主
別假得友人所藏宋本參校如宋本尚不誤者即略而
不錄以其有宋本在也惟磨改之處有與今不合而未
必盡善及曼漶難辨者別爲附錄於後以守闕疑之意
要之磨改石經當出唐元度輩及朱梁人手而後代版
刻往往仍其誤謬今本之非可以宋本正之宋本之非
不更以石經正之則今人所僮而習之者幾爲五代以
後之書不獨非秦漢以上之書矣豈不大可懼哉

唐宋去今已千數百年而欲更求唐宋以上之事所可人人共知者惟正史數册耳然史多出於後人追譔往往疏略且展轉刋刻已非古人眞面未若金石文之一字一畫猶是古人手迹爲可權信而不疑耳箸録金石始於歐陽公趙德甫而盤洲洪氏作隸釋隸續兩書一依碑中字樣鈔録全文尤足資後人攷訂其書止於漢魏而厥後無聞焉予嘗謂漢魏以降中原喪亂建置不常其閒官制地理有賴於金石之裨正者不少況去漢未遠文字雖多俚俗而雅言古訓散見錯出且正由隸變眞之際實爲今楷書之祖乃古今文字一大關楗豈可忽而弗究乎爰集晉宋以訖周隋拓本審諦臨模續洪氏之書録爲十卷非敢追蹤前哲抑亦六一居士所

謂賢於博弈云爾

吳郡金石志目錄序

予授室後得從外舅錢少詹先生問金石文字之學潛研堂所藏二千餘通盡得翻閱外舅又時檢副本貽贈不數年間購聚拓本有五六百種而足迹所經時復留心尋訪每出必以筆札自隨披榛剔蘚偶見舊刻卽記其題額年月及譔書人姓名而歸易拓者卽募工拓之所收已逾千數矣家居平江城吳長洲元和三縣搜羅略備其餘屬邑雖偶爾過游亦必咨訪士人各有箸錄至太倉之嘉定係桑梓舊鄉一歲數往還所收尤尠挂漏合蘇太兩屬凡十三州縣除崇明未嘗身到前輩亦無所采錄都計自三代訖元三百六十餘種意欲編輯

全文旁證志乘錄爲一書名曰吳郡金石志用朱伯原
范文穆之舊例也所恨家貧力薄不能徧拓故鈔錄雖
多終難卒業今夏偶檢隨手所記之目雜遝無次爰重
寫清本書數語於首以識之
此目重編於嘉慶己未七月厥後時有附益至丁卯
冬赴楚而止逮道光癸未歸田於練祁之瀕年力衰
邁旋且患足疾杜門不出者三年故續得甚少今夏
足疾稍瘳偶往吳門假館於虎丘白公隄上與一二
舊友間復鼓興訪尋又得補數種然計庚申以後訖
今己丑續得者祇三四十種耳爰重繕清本分爲三
卷而識其末焉都計此目所載四百種三十年來陸
續購拓及借友朋藏本止錄得全文一百五十種尚

闕百五十種恐全書之成此生未必能如願矣撫卷不勝浩歎

見聞隨筆序

古人箸書門庭藩溷皆置筆札有所得即隨手識録以備遺忘以此見記誦之難古今人不大相遠也予自束髮受書專攻舉業成僮後始知古學因留意於聲音訓詁究心漢唐人注疏後復涉獵諸史泛濫子集旁及金石泉幣印章書畫等事交藏書之友識博洽之士傾心側耳於通人鉅儒之談論於是見聞日廣教益日臻而材質庸愚夙抱陽里華子之病不得已爲書一帙置之坐隅隨得隨記以見聞隨筆名之非敢謂有用之書聊師古人備忘之意云爾

列代避諱札記序

避諱始於秦漢盛於唐宋秦漢但爲改字至唐宋乃有闕筆之例列代相沿散見於載籍者不可殫舉如官名地名人名攸關於音故者甚鉅苟不窮究極研何能貫穿經史且如爽盛嚴莊之類異姓亦有同宗後人不知上遡本原必至互爲婚姻而人道不幾蔑乎中溶夙昔涉獵所見凡避改之字隨手劄記積之旣久不忍棄去乃以四聲編次成帙而存之載籍極博挂漏正多惟冀後有同志廣爲補之實所欣幸焉

古文孝經辨疑序

古文孝經孔安國傳據隋書經籍志言梁末已亡至隋時王劭所得與劉炫所序之書已屬詭託故唐小司馬

議之而陸元朗作釋文亦多不取今所傳司馬温公指
解與朱文公刊誤所用古文恐卽隋人僞作之本也然
據崇文總目言今孔注不存而隸古與音數存焉又郡
齋讀書志云孔傳不可復見而温公序亦云祕閣所藏
古文有經無傳以隸體寫之而爲之指解則宋儒所見
古文本皆無孔傳矣近代有海船攜來孔氏傳一卷浙
江鮑氏取以刊入叢書流傳頗廣愚以其經文校宋儒
各書多不合則知幷非宋儒所見之本矣豈得遽信爲
眞古文孔傳乎且山井鼎攷文已言其眞僞不可辨矣
而此本又復與山本不盡合今取其本與指解刊誤及
漢書藝文志隋書經籍志唐石臺開成石經今文陸氏
釋文六典會要宋夏英公古文四聲韻日本山井鼎攷

文諸書幷宋董氏鼎孝經大義元吳氏澂孝經定本二書皆承朱子刊誤而作者參攷異文錄爲古文孝經辨疑一卷云

孝經釋文辨證序

予弱冠時讀通志堂所刊經典釋文患孝經音義中多後人羼改紕謬滋甚意欲略爲是正而未暇也後見予友陽湖臧茂才鏞堂手校此書稱其先玉林先生之說已爲舉出洵可謂先得我心者矣後又見餘姚盧弨弓學士校刊之本爲之攷證附載陳徵君鱣所采各書多所發明然於鄙見所及似尚有未盡者因作辨證若干條錄爲是編云孝經自唐明皇刊注石臺以後不特古文湮沒幷至舊注失傳陸氏釋文顓爲鄭注釋音而俗

儒不學誤以唐明皇注當之見有不合輒妄下雌黃今書中有云本今作某及自某至某本今無者皆其校語也刊書者不加攷察竟以校語闌入與陸氏本文相溷且或以音義注文標其起訖則尤謬之甚者也唐明皇所用鄭注正義皆明言之正義猶是唐人舊疏故體例精詳凡用舊注必云此依某注其不云依某注者卽明皇自爲之解不取前人之說亦無惑乎釋文有而今注無也茲故悉以正義爲證焉藁本藏弆篋中三十餘年逮道光癸未秋自湘南去官歸里始見吳門汪氏新刻正德重翻泰定本注疏後附毛氏影宋本釋文乃取覆校此書雖間有可資互證盧本之處而其本遇凡有云自某字至某字本今無之鄭注多將刪去則又未及通

志堂本與盧本之爲完書矣因惜此書屢經宋人竄改
殽亂爲可歎耳
嘉慶初年有日本傳來孝經鄭注刻本其注甚略與
釋文及注疏所引多挂陋不合且其書每章前無章
名篇第其經文刑于作形于甫刑作呂刑庶人章首
有子曰二字用天之道作因天之道而患不及者及
下有己字昔者明王之以孝治天下也無也字懽心
之懽並作歡不失於臣妾下多之心二字君子不貴
也作君子所不貴紀孝行章孝子之事親也及猶爲
不孝也皆無也字所敬者寡而說者衆無而字君子
之教以孝也無也字非至德其孰能順民如此其大
者乎德下多者字是何言與第二句無是字故上下

能相親也能上多治字往往與古文錯出而且多乖異不通之處其爲僞書無疑予友錢同人孝廉誤信爲眞竟以翻雕傳世惜其未知予有辨證之作也其書前有尾張岡田挺之序中云是本與陸德明釋文脗合無差其爲鄭注審矣頃者讀知不足齋叢書所載古文孝經鮑廬諸家序跋乃知唯得孔傳未得鄭注又云鮑廬諸家得是本再付剞劂則流傳於寰宇者我世見其收在叢書中所翹跂以俟之云云則此書明是彼人因見刻其僞孔傳而又僞造此書以欺世也不可不急爲辨之予故逐條亦附見此編云

漢石經攷異補正序

漢石經之見於范史紀傳者有五經六經之不同而隋

書經籍志又作七經又因范蔚宗於儒林傳中有爲古文篆隸三體之語於是後代諸儒紛紛聚訟訖今尚多疑議予謂五經六經皆古人稱經之總名不可卽拘爲異同之說至隋志所云七經乃據所有之數言之其言七經猶云七種也隋志載一字石經有周易尚書魯詩㐅儀禮春秋經公羊傳論語三字石經有尚書春秋旣以一字石經列三字石經之前則一字爲漢三字爲魏唐代史家已有定論而計自周易至論語共爲七種故隋志後序言漢刻七經也唐宋以來諸儒所見一字石經皆不出此七種之外可見隋志之言爲可信酈道元水經注及晉書衛恆傳魏書江式傳皆言魏立三字石經足證一字石經之爲漢無疑且隋志之目旣列一字於

三字之前後序又止言漢刻七經皆蔡邕書竝不言三字則其下云魏正始中又立一字石經安知一字非三字之譌而後人轉欲據此以爲魏石經一字之證何昧於三家渡河邢子才誤書一適之恉邪崑山顧亭林先生首作石經攷乾隆中杭州杭堇浦太史又繼爲石經攷異亭林乃近代古學宗師獨於漢石經爲衆說所困不能取決而堇浦之書顧且反其實以爲之說以致錯謬轇轕不可勝言且儒者志在明經抱殘守缺尤當以遺文佚字爲貴而杭書乃於相傳之漢石經殘字及宋代諸家收弆之始末均略而不載竝無一語及之似非表彰遺經津逮後進之道予留心此學有年向多論說今故放亭林氏之例補錄各經殘字以洪氏隸釋隸續

爲據兼采衆書互相證明輯爲漢石經攷異補正二卷云

魏石經遺字舉正序

魏正始中所立三體石經據隋唐二志所載僅存尚書春秋二種至唐末則其石已全毀亡失故五代宋初祇有拓本流傳而人亦罕見洪景伯隸續所録八百一十九字已是重摹後代則幷重摹本亦不可得矣洪氏題作魏三體石經左傳遺字後人皆據其言未加細辨予始審出八百一十九字中實有尚書二百八十八字錯入則晉代所傳尚書春秋二種已略備於此矣且知春秋經文之外尚有左氏傳文與唐書藝文志之目合而自洪氏以來博古之儒均未有知之而言之者予故作

魏石經遺字舉正一卷以表出之其汗簡及古文四聲韻幷此刻所有之字各以類附錄於後焉

蜀石經攷異補正序

孟蜀石經世已罕覯而經注並鐫可資攷證之益者較漢唐諸刻爲多崑山顧亭林先生首著其略於石經攷中厥後朱氏彝尊經義攷杭氏世駿石經攷異遞相推廣增益皆僅據前人記載纂輯未嘗目睹石刻原文讀其書者亦祇能得之於想象閒耳予生也晚幸獲見程氏芳林所藏左傳殘字又得假陳君妙士印鈔毛詩二卷即王蘭泉侍郎載於金石萃編中所謂趙谷林家本是也此皆杭氏書中所未及蜀石經經注字數惟會宏父石刻補敘所載爲詳而趙氏希弁讀書附志亦可參

攷然曾氏所記經文字數與漢唐石經亦皆不符至唐人官爵姓名當依趙氏爲據也朱氏未見衢本郡齋讀書志所采晁氏跋語乃從馬貴與經籍攷中錄出其標題書目卷數有爲馬氏所改并而非晁氏之舊者不可不爲之更正又杭氏引石刻鋪敘多刪去卷數間又脫注文總數及傳寫譌字皆足遺誤方來而杭氏且以胡元質宇文紹奕重刻漢石經之序跋誤作蜀石經混入尤爲錯謬予故摘取其書重加編次而以毛詩及左傳殘字附於其後分爲三卷題曰蜀石經攷異補正世有讀予是編者其亦當許予爲杭氏書之功臣也歟 國初曹能始四川名勝志嘗言合州賓館有石經禮記數段當即蜀石經今亦不知存否矣附志於此以爲寶皆

待訪云

宋相臺岳氏刋正九經三傳沿革例所列舊廖氏世綵堂本總例內合二十三本參校第一云唐石刻本然觀其校正注文亦以唐石經列入又於攷異下注石經亦別有攷異一卷今倣之攷唐開成石經既無注而晁氏公武又有蜀石經攷異其爲蜀石經而非開成石經無疑葢因蜀石經大略以開成爲藍本凡開成避諱闕筆字猶仍其舊故誤仞爲唐耳今卽其中所引經文如禮記檀弓孔子過泰山側聞婦人哭於墓使子貢問之石經是子貢而非子路又祭義濟濟者容也容以遠石經皆作容不作客又於書召誥注雖說之其實在人句云石經雖說之下有於天二

字今蜀刻書與禮記二種殘本皆不可得見此數條
亦可以資攷覈而廣見聞故附錄之
又朱子大全集論㊀儀禮少牢饋食禮日用丁巳乃戊
己之己諸本或寫己爲辰巳之巳釋文遂以祀音承
嘉張㊀淳校定本亦不能覺其誤也蜀中石本尤多誤
於此己字三四乃鑱滅其上體豈亦疑之而未知所
決邪此條又㊀儀禮文爲岳倦翁沿革例所未詳者幷
錄以補之

春秋三傳經異文備攷序

春秋本魯史所記孔子因感麟而修爲一經授之弟子
一字之間寓褒寓貶豈可少有譌亂春秋說謂孔子作
春秋一萬八千字九月而書成以授游夏之徒不能改

一字蓋遺秦燔所遺簡編已有散落漢興諸儒抱殘守闕各本師承兼之三家舊説原有不同而籀篆之文又變而爲隸爲楷魏晉以降俗字增多六書之學無復能明厥後轉寫流傳陶陰燕焉譌謬日滋至唐末五代以下版本刊雕徧行天下於是家有其書學者習焉不察以僞爲眞訖今欲正明其非已難窮原究委況又後於今之世而生者乎漢石經僅傳公羊殘字有傳而無經唐石經雖三家經竝存而當時去漢已遠所據乃後代通行之本故攷之舊説亦多不符惟前於今幾及千年又奉詔勒石之書較後代版刻及私家展轉翻梓者自當遠勝故欲攷正三家之經尤當以唐石經爲據春秋三傳之傳於今者惟公羊爲漢人所注然漢時經傳各

自爲書後人始散傳附經合爲一編則公羊之經亦不可卽信爲何邵公所注之本矣愚以謂三傳之說有不同而經文不當有異惟字有古今之別而如公羊之以邾婁爲邾等又出自口授方音之語不同其他偏旁少異及聲音相近之字古人又多假借通用而今本中之傳寫刊刻脫遺錯誤者亦復不少乾隆中仁和沈椒園先生曾作春秋三傳經文攷異但據今本及陸氏釋文而未及唐石經又不爲之辨證是非學者仍難通曉予因輯唐石經攷異集證若三家經文互異錯雜故別葺是編釐爲四卷其有可證明者卽引諸書以證明之苟疑而難通者則仍闕之惟前人攷論三傳之書家多未備有可采取而未及者俱以俟後之博洽君子補予所

不逮云

漢武梁祠堂畫像攷序

圖起於虙羲之畫卦畫卽畫也卦有爻象孔子曰象也者像此者也畫像之興葢由來尚矣古人左圖右書二者不能偏廢然書必識字之人誦讀講解而後明圖則愚夫愚婦可以一覽而知或繪之壁間或張之坐隅尤易時時觸目警心故漢人於冢墓祠堂多刻古來帝王聖賢及孝子忠臣列士節婦故事以教戒其子孫卽上而朝廷之宗廟明堂與夫燕處之宫殿亦皆圖畫於其壁孔子觀明堂四墉屈原見楚先王之廟皆言所圖畫像而文選魯靈光殿賦所述與離騷天問多同景福殿賦亦言殿壁畫后妃故事今觀武梁祠堂畫像每與天

問及靈光景福二殿賦合而帝王下及亡國之夏桀又
與孔子所睹明堂像合然則武祠畫像多自古相傳之
舊圖尚非𢽥自漢人矣即其榜題文字如夏禹作肉刑
與班孟堅漢書刑法志及古本白虎通德論越絶書竝
合又如古之耒耜與漢代形制不同有可藉以攷證闕
譌者甚夥也兩漢雖以明經取士首置博士弟子員然
授以官職必察孝察廉薦辟徵召是以兩漢多循良之
吏而士人亦俱以名節相高朝廷又設立鄉老嗇夫專
司教化凡孝子順孫貞女義婦讓財救患及學士爲民
法式者皆扁表其門故雖編氓小戶亦知互相激勸以
興善行而凡循良之吏及有善行之人故吏士民必爲
立石刊碑且聞其事於朝廷或圖其像而上之見於史

傳者不少甚至如此刻所圖秺侯金日磾之母武帝取其像圖畫於甘泉宮日磾入宮拜瞻涕泣上以是教下以是化而又能光顯寵榮若此之極無惑乎人心風俗之日敦矣武梁祠堂僻在山左之嘉祥其石壁畫像罕有椎拓者自宋洪盤洲史學齋記錄以來向聞揚州馬氏有所謂唐搨本已不全又洪氏謂連帥方務德重刻於郡齋殆將亂眞之本今亦不傳乾隆中予友杭州黃小松郡丞易官山左癖愛金石乃親至其地搜訪蹤迹一一出諸土中重爲建立并募善手精拓以貽同好較洪氏所見雖又有殘闕而別得一石有顏淑獨處等十榜所題百餘字及畫像則又洪氏所未見而爲小松郡獲者也雖物之顯晦有時其亦天所以醻小松好古之

苦心歟翁覃谿閣學畢秋帆尚書先後以此刻載之兩漢金石記及山左金石志皆愛其文字而録之於畫像多忽而未爲深攷後王蘭泉司寇又以其圖縮刻金石萃編中亦不加一語辨之予十年來恆以此圖置之案頭時時展玩審諦證以漢人傳記諸書若休屠像邢渠哺父等事近代博古家皆尠知出處而山左金石志并誤以李善爲李固援引失實恐遺誤將來其他遺文佚事諸書有牴牾舛謬及文與圖有不合者前輩皆未究心予甚惜之因薈稡平昔所記爲書六卷其中尚有數事殘闕難辨無從攷知者後有博洽君子或能補予不逮而盡得其全豈非快事邪此刻畫像甚精細人物動作之閒皆有神氣後代畫師葢無能出其範圍者實可

爲畫學之宗祖所畫男女容飾衣冠帶履及宮室井竈刀劍車馬器械雜物等雖未必盡合乎古而要不外漢代所遺之制予故摘擇數圖別爲一卷附後以爲攷古者之助而朱文公所論古人危坐尤足資以證明之也畫像凡三石每石有題字者四層又以四層界爲二格如隸續所模以類相從取第二石第三格移於第二格前非其次也武祠又有東西兩石闕及前後左右石室皆有畫像金石錄首載之建和元年銘刻九十三字則在其西闕此四石之外前石室畫像旁亦閒有題字惟僅勒榜題而無長行韻句且多殘損不全無所取材故不錄入又有祥瑞圖二石摩滅更甚小松已刻有釋文傳世又有孔子見老子畫像一横條石小松移置濟州

學宮矣

古泉山館彝器圖録序

金石之文傳世最古第石必磨厓深刻及墓志之埋藏地中者乃能歷世久遠其他如豐碑鉅碣卒易爲兵火摧殘風霜剝裂而幸得留傳於後代者不過十之一二耳惟金之物小而易於藏護雖亦有兵火所毁及委棄淤泥穢壤中斷爛銷糜者不少然三代彝器久瘞古墓深山至數千百年後而始顯有可駕石刻禹碑宣鼓而上之者不獨見於前人著録即近代亦猶或有之自宋歐陽文忠公始著於集古録吕與叔又作攷古圖勒爲專書而楊南仲劉原父輩復闡發其文字之義於是學者始知金之可貴至徽宗時下詔徵求海内珍琦爭相

購獻盡集於宣和殿中乃有宣和博古圖三十卷之作厥後王子弁嘯堂集古錄趙德甫金石錄薛氏尙功鐘鼎款識相繼成書竝傳於世至元明之代其學寖廢卽閒有涉獵及之者亦麤淺不足觀我　朝稽古右文百廢具興

高宗純皇帝特出內府祕藏　詔儒臣編纂西清古鑑四十卷器精攷贍實遠出攷古博古諸書之上其書通行薄海士子始知崇尙究研故乾隆六十年中古學振興鴻儒輩出金石奇文竝大顯於世中溶少讀宋儒記載之書卽深向慕之情於搜訪碑刻外偶見一物卽寶愛賸弆家居吳門所獲乃出故家舊藏及外省流轉至江南之物亦甚不易得逮宦游湘楚其地山深土厚又

多曠棄不耕之隴而五金之品舊有產貢且壤接黔滇出銅之區故古器流遺獨多往往發自土中而人罕知珍惜倘或器稍損殘及不適觀玩者即付鑪火鎔銷取其餘銅以供鼓鑄而已予心竊傷之故雖處極貧困之際一見古物不惜典質以償而大如百斤之銅象小若徑寸之富貴昌鈴及漢安交趾所鑄異域殊方之器皆自來金石家所未睹者予每於意外得之亦可謂平生奇遘而天所以酬予好古之苦心爲獨厚矣統計前後幾及四十年中所聚百有餘品皆魏晉以上之物而古泉古鏡等又各自爲書皆不在其數道光癸未歸田後之次年春正月自惟年齒向暮精力日衰而子姓衆多家食漸薄度自後更無心孜孜於此矣因薈萃所藏手

摹其文與形制各如其青綠斑斕之淺深傅之以色而詳爲之說又隨時采錄前人之語散注其中以證明之分爲上下二册總題其名曰彝器圖録予嘗謂彝器之傳不獨籀篆奇文遺法奥恉可資攷覈即其制度形象據以證經尢足發明古義漢代通經大儒無過鄭氏康成然如以戈援爲直刃犧尊爲畫羽後人嘗據器以駁其譌皆由當時古器未顯於世鄭君不能目睹致有此失而近代諸家專以其文字爲貴悉棄制度形象於不論不獨不能正明舊說即其文所言之器名若舍器以求名讀者亦難於通曉且有器方有文器爲本而文爲末舍本而逐末可乎而世有淺陋者幷或疑古器多後人放造不知片銅頑物猶或易於作僞至鼎彝重大之

品方圓整齊花文工細豈後代俗工所能爲而銅質之精堅及青綠之固結尤非作僞者伎倆所能到一經入眼便足驚心雖非骨董家亦能辨之乃緣近代諸家惟取文字爲貴於是作僞者輒掇拾他文摹放補鑿以求易售而世儒每受其愚據以詳徵博攷徒爲有識所笑大約古器之有文字者多出於帝王士大夫家其民閒所用至漢時始有勒年月姓名及吉祥字語耳如犧尊虎錞等實爲三代禮樂法物豈可因其無文字而遂忽之宣和博古圖所收最爲浩博乃以帝王之力極天下一時之盛所致非寒儒一家之書可比雖其攷據未盡精榷然薛氏款識之作實多取資其書後人反美薛書而嗤宣和非公論也且更有議其眞僞雜出者蓋因其

器物之多而疑之此猶貧者之不知富人取攜之使所謂夏蟲不可以語冰矣然予又嘗思歐公言物常聚於所好而恆得於有力之强好之而無力與有力而不好雖近且易皆不能致之予固非有力者特好之篤而持之久節省衣食華靡之費亦得聚此百餘品之多則正如歐公又云性顓而嗜古凡世人之所貪者皆無欲於其間故得一其所好於斯好之已篤則力雖未足猶能致之矣可知人特患在不好及好之不篤耳昔漢之梁孝王藏一罍尊誇其直重千金且誡後世弗以與人魏時蠻人得古錞于一枚至奉爲神而祠之皆載於正史則予生又後數千百年不獨兼得此二器且有不止於一枚者豈非大可以詑後世而哂前人哉因是爲之序

錢志補政序

予髫年喜以古錢爲玩物弱冠後購得洪文安公錢志讀之遂欣然有裒集宋以後錢爲續志之意十餘年來搜索古錢頗費心力且百計訪借近人志錢之書又得盡交天下同好之士於是聞見日遠而古錢之奇異者日出所獲既富則所望益奢以故續志一書久而未能脫稾而於洪志所闕略未備遺漏之品及模寫舛謬之處所得已復不少此泉志補政之所以先成也錢譜肇於梁之顧烜繼其學者唐則有封氏演張氏合宋則有陶氏穀金氏光襲李氏孝美董氏逌于氏公甫杜氏鎬及洪氏遵元則有無名氏歷代錢譜一卷見錢遵王讀書敏求記今傳於世者唯洪志號稱完書其書止有明

徐象梅所圖海鹽胡氏刊入祕册彙函後歸虞山毛氏津逮祕書中之一本其本模刻既多乖誤又兼文安當日成書本屬艸率故罅漏百出今就所見闕者補之譌者正之已得六百餘種而刀布居其泰半因其文字簡古難通未敢望文生義止就諸家論釋載之以俟博雅采擇云爾

泉志補政後序

是書始輯於嘉慶丁巳冬內從兄錢既勤昆季見之即慫予授梓惟時年方強壯尚冀續有增加未之聽也厥後飢驅薄宦二十餘年雖未嘗恝置總不能專心購訪所得已尠逮道光癸未歸田後閒游吳趨與二三舊友往復討論再鼓前興肆意搜尋十年以來頗多裨益近

料檢篋中艸藁統計模本有二千餘品已兩倍於前矣自顧衰頹日甚景迫桑榆更復何望而屈指海內同志相繼徂謝雖畢生殫精萃力如翁君宜泉者其書亦未及刊行傳世則藁本之零星叢雜存亡聚散日久皆不可問矣又安望當世之有敬禮哉爰亟取舊藁覆加編葺繕清藳爲廿卷而識其歲月於後云

集古官印攷證序

古銅印章始著録於宋徽宗王順伯王子弁泊乎元明有趙文敏吾子行楊宗道葉景修及錢舜舉吳孟思沈潤卿郎叔寶顧汝修諸譜録然皆官私竝收有圖無説即間有論斷如學古編亦止就其篆刻形制求之唯集古印譜一書稍知蒐攷而於私印旣未免以意牽合官

印則疏略甚多凡此十數家之書匯堪供鑒賞之具要無關於學問也予自弱冠留意金石文字之學因旁及印章手模古今譜錄又博訪收藏之家證以正史中官制地理爲之分別時代辨其異同正其譌謬三十餘年來自漢魏訖於宋元集有官印九百餘種釐爲十七卷又附虎符魚符一卷展眎之下於歷代文字之變更與夫制度之因革皆可一覽而知庶幾亦攷古者之一助歟漢書武帝紀言太初元年正麻以正月爲歲首色尚黃數用五張晏曰漢據土德土數五故用五謂印文也若丞相曰丞相之印章諸卿及守相印文不足五字者以之足之後人遂據張晏此文以爲漢印皆用五字今就愚所集漢印之榷然無疑者觀之大率四字爲多如

博陸侯印石洛侯印收(11)侯印皆侯印之四字也平昌侯相廣望侯相皆侯相印之四字也東鄉家丞館陶家丞平昀國丞金鄉國丞鄉裴國尉皆侯國丞尉印之四字也宗正之印廩犧令印沛祠祀長奉車都尉武猛都尉武猛校尉綏民校尉護軍中尉護軍之印强弩司馬南陽守丞東萊守丞千乘均監蘗令之印虒奚長印扶柳長印木禾丞印琅槐丞印容城丞印海陵左尉夷蕖左尉蘭干左尉涓成右尉肥城右尉則又皆中外大小諸官印之四字也如廣阿侯夫人印廣漢屬國都尉中部偏將軍章及前後左右將軍偏將軍之司馬別部司馬等又上谷西平二郡長史印則皆六字也而長掖屬國左盧水長一印且多至八字惟御史大夫强弩都尉

大將軍雜號將軍等及太守諸印之稱章者皆以五字爲文而更以諸蠻夷印之有漢字者證之則如漢夷邑長漢叟邑長漢叟仟長漢率衆長皆四字也漢歸義夷王漢青羌邑長漢盧水仟長皆五字也漢威武將校尉及漢歸義夷胡羌仟長伯長漢屠各率衆長漢率善氐伯長漢歸義穢伯長等皆六字也又如漢保塞烏桓率衆長以八字爲文而漢匈奴惡適姑夕且渠直多至九字皆足證漢印之文竝無一定而知張晏之説爲不可信也漢書王莽傳言以十二月朔癸酉爲建國元年正月之朔以雞鳴爲時服色配德上黃天鳳元年令天下小學戊子代甲子爲六旬首冠以戊子爲元日昏以戊寅之旬爲忌日予今所集如明學世子展武世子二印

順武男陽闕男二則相多睦子雖睦男永武男三家丞
受降大尉丞獲降農中候偏將軍中士漢氏文圜宰就
都亭宰印義溝道宰印寰陽宰之印蒙陰宰之印皆權
然可定爲王莽時印者皆五字爲文則知亡新自以爲
土德王其印乃更用五字耳史言莽好更張漢制莽印
既以五字爲文則知漢印必非定用五字益明矣至漢
印之稱印稱章據漢書百官公卿表言凡秩比二千石
以上皆銀印比六百石以上二百石以上皆銅印應劭
漢舊儀謂銀印皆龜鈕其文曰章謂刻曰某官之章六
百石四百石至二百石以上皆銅印鼻鈕刻曰某官之
印今以所集之御史大夫章及諸太守章證之正與之
合而百官表言將軍及前後左右將軍皆金印者今亦

皆曰章又據王莽傳言改單于璽爲章則印之等威宜乎璽之次卽爲章然列侯皆金印又位在公卿二千石之上而今所見漢之侯印多稱印而不稱章至鄉亭侯之鄉名亭名二字者亦但取四字爲文幷無印字其餘官印亦多此例而有大將軍印章且以印章二字聯用可知當時竝不以印與章爲尊卑之別特以御史將軍都尉太守等有風憲兵權之任故改印曰章耳自來好古家所見未廣皆不能爲之細攷以發明其意予故爲表出之而詳敘於首云

百鏡軒古鏡圖錄序

予弱冠時偶見古鏡愛其文字古雅制作精巧卽喜購置中年以後游宦長沙時或有自土中挖得來售者夫

鏡之爲用原取光可鑒人而古鏡則多剝蝕昏暗人每視爲棄物見予收買或竊笑之積之既久先後共有百枚其秦漢六朝諸品古言古義往往可與經史證明即唐宋之物制度原流亦足資博聞强識之助因於長夏手拓其文集爲一帙名之曰百鏡軒古鏡圖録事雖近於玩物喪志其亦賢於博弈云爾後讀盧公武蘇州府志載策勳亭郡人王希默所居希默庫部郎中眙之仲子也清異録云希默簡淡無他好惟以對鏡爲娛整飾眉須終日無倦以杜子美有勳業頻看鏡之句遂作策勳亭仍自號勳叟收古今善鏡典衣質無難色居長洲結親友之蓄異鏡者數人朔日會聚樂飲各出鏡傳玩評品抵掌極歡而罷鄉人目曰鏡社希默又集載籍凡

言鏡者成二十卷號銅仙傳云然則古之人已有先我而好之篤者矣

古泉山館金石文編序

金石之學昉於宋而莫盛於我朝其備錄全文則自宋洪氏之隸釋隸續始厥後明之都氏有金薤琳瑯之作用歐陽公趙德甫著錄之例推廣訖於隋唐然惜其搜集攷據未甚精博近代諸家相繼綱羅多有勝於都氏之書者而要其搜集之富與攷據之詳無如青浦王侍郎之金石萃編也第侍郎予告還鄉甫以授梓其時年逾古稀書之卷帙又繁重不能不藉門下士贊勷之力校讎補綴非出一人之手其中難免舛譌逮殺青垂竣侍郎即歸道山又未及覆勘更正而自書行以來二

十餘年中關陝及各直省陸續出土之古刻又復不少
且如後魏之高貞碑有目無文而劉宋之爨龍顔碑前
輩從未寓目皆不可不急爲表彰以傳之後世者也中
溶從事此學有年雖才薄識微見聞謭陋又力不能廣
搜然每得一紙必摩挲審辨復讀再三至忘寢食偶爲
論說於經史亦閒有發明隨録隨增漸成卷帙今年力
就衰秉燭餘光所得益尠度不能更加裒輯爰取舊槀
覆繕釐定爲若干卷付諸子善藏之其例凡載王書而
無甚異義者皆不復收又壯年曾專取六朝文爲續漢
金石一書凡侍郎已收而别無攷證者亦皆删去餘則
盡以并入此編惟歷代石經及漢武梁祠畫像與蘇州
太倉各屬縣歸入吳郡金石志中者皆别爲專書不在

其內所錄止於宋金遼者以元代遺文較多采葺不廣轉嫌挂漏故亦循王書之例以待後之人云予於侍郎雖無能爲役而苦心孤詣略與之同異日倘力能刊行藉以問世當亦爲好古嗜學者所樂觀豈盡如子雲之言供覆瓿具而已哉

校勘隸釋隸續古義拾補序

經學之興原於漢而傳世之文信而足徵者莫如金石漢代通經之士各有師承魏晉而後其書或傳或不傳後儒止守一家之書以說經往往窒礙難通而又閱數千百年人之手傳寫翻模譌謬百出故即一家之書欲求其是非眞僞已亟亟乎難之況自漆書孔壁蒼籀大小篆下逮于漢之分隸展轉變更形聲譌溷其周秦以

上之金石傳世甚罕即閒有留遺而授受已絕未易貫
穿惟隸書承篆而變正書即由隸而更後代所誦之經
即漢儒所傳之本當時皆用隸體寫之則以漢之金石
攷今之經宜乎其則不遠矣且其於史傳之事實與夫
官制地理姓氏掌故之可爲旁證者亦時時散見錯出
皆取資無盡者也自宋歐陽文忠公趙德父諸公集録
金石漢碑文字始顯而番陽洪公復録其全文以爲隸
釋隸續則尤大彰明較著於世矣乃自洪氏以來碑多
散亡今所存僅什之二三耳儒者尋墜緒於茫茫欲闚
佚碑之厓略舍洪書其何由哉顧金石之學至元明而
衰其書因尠傳刻中溶弱冠時曾於書肆購有前人印
鈔元泰定翻宋本寶而藏之時或展讀一二卷多所啟

發後見杭郡汪氏新刊本取以校勘每有不同有明知其譌謬者亦有在疑似之閒而未能剖決者緣其文字古奥未敢輕下雌黄又讀長洲顧南原先生隸辨竊歎其博洽宏通可以裨助隸釋隸續之書惟其大較本諸婁氏字原未從洪氏全書細加搜討挂漏頗多且許祭酒說文所收之字及所解之義正可與漢碑互相證明而史記漢書悉漢人之著作所存古字亦多與漢碑合南原輒引玉篇廣韻集韻諸書而遺說文史漢乃其敝也婁彥發深於小學亦宋時博雅之儒其審讀漢碑雖不及洪氏之精贍而於隸書形聲之通變點畫之異同藉可一一明辨如睹漢碑眞面目實足羽翼洪書以表章雅言微恉者也惜今所傳祇有毛氏汲古閣刻本又

皆近時刷印愚欲別求善本故并毛本亦未插架而隸釋一書近又獲明萬(麻)閒王雲鷺舊刻本以校鈔本不如遠甚然知其藍本與鈔本無異故行款闕筆仿佛似之特出於俗手所爲挩譌不少而閒有可據以抉鈔本之是汪本之非者實爲校勘此書之左券也乃合三本參核異同以平昔所有論說意欲闡明洪顧兩家所疏忽者薈爲校勘隸釋隸續古義拾補十六卷而石經殘字及武梁祠堂畫像魏三體石經遺字皆先已輯有專書不在其內繕藳甫成適老友顧澗蘋以黃蕘圃所刻隸釋刊誤見詒有可取者亦爲采入書成之後見近人言論有與鄙意暗合者自喜其說之不妄亦不復刪去至其中偶有指駁前賢之處則意在剔抉隱微實事求

是咎固有所不能辭者然惟予之未敢辭咎益足以見
洪公之作是書有功於漢學甚鉅而南原顧君之導我
先路啟我悟思尤足徵前輩津梁後進之功良非淺鮮
云鈔本隸釋後并有隸續四卷同一版式昔虞山錢遵
王讀書敏求記嘗言元泰定刻本隸續止七卷則此本
又遺去三卷耳張米菴眞蹟日錄載有金朝刻隸續四
册惜今已不可見予家故有揚州楝亭曹氏刻本爰取
其五卷以後之書與汪本對校知曹本之錯誤尤多汪
本後跋言隸釋假得徐健菴公傳是樓鈔本讎勘隸續
則秀水朱檢討家藏本也然隸續四卷之尾亦有泰定
題識可見同出予家所鈔之本而傳是樓之隸釋且尙
有不及予家本之處乃知泰定本之可寶已爲天壤閒

廣陵散矣

宋本漢書附錄札記序

曩予游宦湘南獲交海鹽陳珠泉明府玉垣後又締爲婚姻蒙以家藏不全宋本太平御覽十九卷及漢書二種見贈皆難得之祕笈也漢書一種係大字本中附蕭該音義及三劉刊誤宋景文校語等僅存六册首起文帝紀下憂苦萬民至末又景帝紀卷首至夏募民止昭帝紀卷首至夏爲大止又李廣蘇建傳及魏相丙吉傳卷首至獨賴吉得其思（今本作恩）止又揚雄傳上下及儒林傳卷首至粱㊤賀傳執戟止其八卷而全者止三卷耳每葉十六行行十六字版匡左上角外有耳題每卷首行大題在下次行題漢護軍班固撰三行題唐正議大

夫祕書少監琅邪縣開國子顏師古集注卷尾皆有二行云右將監本杭本越本及三劉宋祁諸本參校其有同異或作異同竝附於古注之下又文帝紀及李廣蘇建傳尾行竝存記正文注文字數攷漢書之有注始自晉晉灼以服虔應劭等音義及自爲辯論集爲十四卷號曰漢書集注又有臣瓚者卽傅瓚也總集諸家音義益以己見凡二十四卷分爲兩帙顏師古謂攷其時代亦在晉初又謂今之集解音義則是其書則唐時傅瓚之書尚有單行本也師古又謂東晉蔡謨全取臣瓚一部散入漢書自此以來始有注本據司馬貞史記索隱自序言漢書蔡謨集解之時已有二十四家之說則師古以前已有有注之漢書矣直齋書錄解題云師古承太子

承乾之命總先儒注解服虔應劭而下二十餘人删繁補略裁以己説遂成一家世號杜征南顔監爲左氏班氏忠臣即今所傳顔師古注之漢書而此宋本則云集注者是也攷師古所列諸家注釋名氏爵里始於後漢譔漢紀三十卷之荀悦終於後魏譔音義之崔浩漢紀别自爲書竝非注解音釋而崔浩又在蔡謨之後其非蔡謨散入臣瓚所集而爲師古所增入無疑史記索隱亦屢引崔浩之語齊學士召南　武英殿刊本漢書攷證云案師古所列諸家名氏自荀悦至崔浩共二十三人而監本載宋景祐時余靖上言總先儒注解名姓可見者三十五人蓋三十五係二十三傳寫之譌也中溶案小司馬謂蔡謨集解已有二十四家而今書於蕭該

音義及李善文選注等書所引服虔應劭等文往往有出師古此書之外則知小顏於臣瓚之書刪削者不少矣惟蕭該音義一書宋時尚有傳本而師古在唐時獨無一字及之何邪宋景文筆記言曾見蕭該音義若干篇然本書十二篇今無全本今略記於後則有施讐傳一條趙子傳一條顏安樂及瑕丘公傳各一條又揚雄傳十條共十四條末云尚有一卷未尋得而慶元元年劉之同所刊漢書取宋景文所校外又於注末增入諸儒辯論所列名目以蕭該音義居首是劉之同於宋校外復有所采可知劉亦見蕭書矣今此殘宋本所載蕭該語非景文筆記所有者甚多而其上無宋祁曰者或皆之同采自本書者也據之同言景文所校十五家文

有殊異皆疏於上方其閒或有名儒辯論亦附於是今一依謄寫於注釋之下悉從附入以圈閒之使不與注相亂云云今觀此本與之同之言合而云疏於上方可知景文原校於書之上方之同輩始以其語附入注下葢景文隨手寫錄參差錯落後人未加細别亦復雜沓無次耳故宋本所附韋昭晉灼等文或作蕭該或作宋祁或其上竟無蕭該宋祁曰體例混殽究不能定爲何人之書矣明南監本漢書師古注多删削不全以宋本校毛氏汲古閣本師古注皆同可知毛本勝於監本但毛本不附蕭該音義劉宋等校語而以殿本校監本則知監本所附甚多遺漏又以宋本校殿本知亦尚不全殿本不能家有其書而宋本雖係殘帙尤不易覯今取

蕭該等文凡殿本監本所無者盡爲録出輯成一編俾讀史者藉此聊擴見聞耳竝以家藏明成化補印之元大德乙巳太平路刊本及監本毛本互校與宋景文等所校各本同異者亦爲標出以見各本原流不同皆不可偏廢也殿本元本師古注亦皆與宋本合惟元本不附蕭該等文與毛本同據宋本卷尾題將監本杭本越本及三劉宋祁諸本參校而書中引監本等上每有宋祁曰可知即係景文所校也惟監本前劉之同所列景文十五本名目有浙本而無杭本此書中亦無云杭本者疑浙本即杭本而十五本中竝無越本此書中宋祁每引越本未知之同何以遺之攷景文所校各本外又采蕭該音義其所云諸顔氏家訓作褚詮陳武齊恭者皆當爲

蕭該音義中所引而此書中往往不作蕭該音義上止標宋祁曰以其中宋祁引李善文選注上有誤作蕭該音義曰者揣之知必是以蕭該誤作宋祁也并有錯入景文校語之上下無圈閒之而並未見於筆記者恐又皆劉之同輩刖據原書增入也其服虔應劭蘇林李奇鄭氏張揖孟康韋昭晉灼等語當亦皆蕭該音義等書所引惟晉呂忱所作字林直齋書錄解題載有其書五卷景文猶或可見而宋之景文宋音義各字書之外又引文選六臣注殷敬慎列子釋文宋咸司馬光等法言注兼及劉禹錫嘉話學林江鄰幾黃朝英陳正敏竇萃竇革龔疇諸家語而三劉刊誤朱子通鑑攷異孔武仲筆記等則又劉之同所云今本注未入諸儒辯論之書

也予故疑此宋本卽之同所刊之原本且攷書中廟字避(甯)宗嫌名闕筆之同序作於慶元元年正在其時惜未得見其卷首序例一證之耳南監本旣載之同序例於前似亦卽之同本其删削注文又不知出自何人手也予又嘗見吳門周香巖孝廉家不全宋本二卷版式與此無異乃景十三王傳第二十三司馬相如傳第二十七上卷尾亦皆有右將云云二行及正文注文字數葢同一版刻也予時在紫陽書院愓館假讀卽以院中所貯殿本艸艸校讎一過如相如傳慕藺相如之爲人也下有劉氏校本云監本相如字下無之字又襦石武夫下有宋祁曰注文葱龍字上有地采字又鯔鰽漸離下有宋祁曰注文華山越本作箄山此三條亦皆殿本所

無也昔予友陽湖臧在東庸堂據殿本宋蕭氏音義爲上中下三卷刻於粤東今就此殘宋本八卷中有殿本所無及不全者多出三十餘條皆其書所遺惜在東以作古人不及據以補入改正耳噫寒士家無儋石儲苟得南監本史書插架而讀之已爲快事矣而未見宋本又何從知其尚非唐宋時完書邪予故既爲札記二卷并推究其梗概而詳序於前

郡齋讀書志攷辨舉要序

晁氏郡齋讀書志外間向行袖珍小本聞係海昌陳氏所刊其書本七卷據趙希弁後志序一卷至四卷黎侯安朝刊於宜春郡趙氏又以家藏書益爲附志一卷三衢游使今誤史君鈞別刻姚應績所編二十卷之本於信

安郡趙乃又摘取四卷中所無之書續爲後志二卷其
末有二本攷異云袁本者乃黎所刻之四卷衢本者卽
游所刻之二十卷也今陳刻小本以卷一卷二卷三各
分上下兩卷卷四又分上中下及下下爲四卷以附志
爲卷五上卷五下并後志二卷共爲十四卷與原本不
合而予所得舊鈔姚氏所編游氏所刊者則依然二十
卷也與趙序及陳直齋書錄解題馬貴與經籍攷所載
卷數皆同馬氏所引晁氏跋語亦多與此書合惟鈔本
別集類宋人詩文集較袁本及通攷少太半蓋十九卷
後有殘闕不全故此卷僅止十葉耳案袁本四卷之書
乃昭德不全初藁故所載之書未備其書名卷數跋語
較此本每詳略舛錯而分類尤多未洽趙氏後志所錄

原據此本也故閒有一二字之異餘多相合其易書詩等前總標經類不分細目子類亦不分儒家道家等藝術類上加雜字醫書作醫家神仙作道書則皆趙氏之率筆不足辨也惟釋書輔教編後有幕府燕閒錄羣書古鑑稗官志師友談記龍川志略別志俱不應在此類而攷此書惟羣書古鑑入五行類餘皆入小說類且後志於此數書後復分天文卜算類五行類兵家類類書類雜藝術類醫家類神仙類而并混入釋書於其中其跋語之文較此書亦多略而有異與前各門迥乎不同又攷前袁本書中之卷三下小說類雜跕集後接羣仙會眞記神仙傳等三書皆應入神仙類而前竝無神仙類三字總標其後卽接釋書類中闕天文五行兵家類

書藝術醫家神仙諸類乃悟此重出各門之書皆當在前袁本四卷中卷三下小說類應以此幕府燕閒錄接雞跖集後而以後志卷二釋書肇論元聖蘧廬廣宏明集三書接袁本卷三下之末此必袁本四卷中之文而誤入後志者恐係刻書之人承前錯簡之誤耳未必趙氏原書如此且據趙氏攷異言職林骨鯁集蘇沈良方三書皆在衢本所遺二十九種之內則非後志所宜有而今正在錯簡重出各類之中其非誤於趙氏益可證明矣晁子止學問在宋人中可與二洪王深甯相伯仲此書跋語之精博自遠過趙君錫趙即先以己所有書輯成附志其晁志同者何妨仍於後志備錄乃欲掩己之譾陋竟以一例抹殺且如道家類溫公道德論述跋

內有無名天地之始云云三十九字袁本晁氏初槀載
於王介甫注老子各書跋內此本後改增入温公書跋
乃於王氏書跋中去其文增加數語有讀與温公句同
之言趙氏後志但補温公書跋未能於王氏書跋删改
之類後人讀其書難免疑竇又其所爲二本四卷攷異
亦多草率舛駁猶幸此書尚存皆得攷知其疏謬而晁
跋終不致湮沒也晁氏之書自當以此爲定本然如袁
本四卷中多二十四種爲姚本所遺又昭德刋有蜀石
經攷異所載各經皆備而二本中均無石經儀禮及孝
經爾雅可知遺而未載者猶或有之小本前四卷既爲
昭德不全初藁後志又遭俗人棼亂幷非趙氏原書皆
無足取惟此書間有闕文及傳寫譌脫之處亦可藉其

本與馬氏通攷互相參訂以補正之庶成完書耳予故以趙本細爲讎校詳注於旁并撮其大要別爲攷辨舉要一卷安得好事者以此本授梓更以小本錯入後志各書改歸前四卷內而校其異文附於各卷之尾并以趙氏附志二卷附刻於後則晁氏全書可無遺憾而趙書亦仍得附驥以傳洵有功於前哲不小馬氏經籍攷雖全取此書亦閒有以意去取增改如金華先生理窟二卷與横渠先生經學理窟一卷似係兩書故袁衢二本皆載金華理窟趙氏附志亦別載横渠經學理窟而馬氏則以經學理窟一卷并於張載信聞記下竟不載金華之書及晁跋又如孟子音義下誤添正義且增改跋語有子別跋之類非見原書何從正之則此書之足貴可

知矣比予以此書呈質外舅錢少詹先生亦嘉賞不置展讀下於末卷中手批數語并跋其後書分四册册首皆有龍江之印及蜀瓠艸堂二圖記

洗冤錄辨正序

予於嘉慶丙寅將筮仕之先適見吳門黃君蕘圃新獲元刻宋淳祐丁未湖南提刑宋惠父慈洗冤錄一册亟向借鈔厥後又購集同類之書互爲參校因成洗冤錄辨正一卷蓋將自以爲從政之津梁也攷惠父之書不著錄於宋人書目予初以爲剏自惠父及讀李心傳朝野雜記一條云檢驗格目者淳熙初鄭興裔所創也始時檢驗之法甚備其後郡縣玩弛或不即委官或所委官不即至至亦不親視甚則以不堪檢覆告由是吏姦

得肆冤枉不明訟獄滋熾興裔爲浙西提點刑獄乃創爲格目排立字號分畀屬縣遇有告殺人者卽印格目三本付所委官凡告人及所委官屬行吏姓名受狀承牒及到檢所時日廨舍去檢所近遠傷損痕數致命因依悉書塡之一申所屬州縣一付被害之家一申本司又言於朝乞下刑部鏤版頒之諸路提刑司準此從之遂著爲令乃知此書實南宋初孝宗朝鄭提刑興裔所刱久著爲令甲者惠父自序云博采近世所傳諸書自內恕錄以下凡數家會而稡之釐而正之增以己見總爲一編名曰洗冤集錄刊於湖南憲治然則惠父蓋有所增益而重爲梓行廣布者也亦可謂仁人之用心矣後代雖遞增加詳要皆以其書之得傳爲依據厥功實

非淺鮮予嘗欲以其書分類重編使易於檢查不致爲形迹相似者所誤而藁已數易訖今未成因先將攷正一卷繕寫清本而敘錄原委於前予雖未久攝州縣然步惠父後塵從事湘楚十五六年聞見已復不少嘗與幕中老友談論每云東家能看洗冤錄則幕友之責便輕葢定讞固有例案而傷痕之眞僞重輕非目睹者不能知之也然余謂苟留心吏治者又豈肯以此書束之高閣邪外省大小衙門自當奉律例館校正洗冤錄之本爲準乃予所見往往多坊刻惡劣小本且惟刑書仵作有其書以爲護身符耳訛文脫字若輩安得而知且書中尚恐有增損竄亂之處承辦官若素未留心臨時聽書仵等檢呈便信以爲然豈不可懼乎館本洗冤錄

踢傷致死後附小注一說言婦人並祕骨若係娼妓則青黑殆偏予曾聞之友人云嘗試驗之其說未榷案此條乃金壇王氏讀律佩觿所增惠父原書並無其文可見後人增益之言未可盡信矣又聞諸熟諳檢驗僚友云傷痕經久必漸淡覆檢時或在隱約之間則有無便易於朦混可知命盜初檢之語最爲切要也并附及之以告艮有司之慎重民命者

與戴竹友書

入城以來不意腳復作痛只能杜門看書藉以自遣耳日者董琴南兄代爲如觀察折簡相招僕曾有數行致不能赴之故嗣觀察又訂白公祠雅集亦未能鼓興一行且因左右之人未走一介代辭寸中歉然非豁達如

觀察僕亦斷不敢如此脫略也日來看書之下靜坐一室將幼時所讀四書拈一二章默默理會頗有心得因思宣尼大聖立言垂教萬世開卷首章便曰學次章即曰爲人可見學與爲人尤宜講明而切究之學貴時習時習則愈熟而愈進皇侃義疏謂有終身之時有一歲之時有一日之時誠能飲食寢處於其中則義理自明外物不能搖動一切囂淩浮薄之氣暗暗銷釋所謂變化氣質於不自知也有朋自遠方來舊本有作友鄭康成解云同門曰朋同志曰友僕謂友朋必同志同門則取類隘矣同志同門固吾友也即非同志同門而其人或有一端之不可及則舍短取長皆足爲我身心之助安可不以友朋之禮禮之古人以師友並稱友之賢者

即可以北面事之所謂一字之師者皆友朋也即一字而可以爲我師則我即師之矣子貢稱夫子焉不學而亦何常師之有聖人之師經典未嘗載一人而子貢云然正見得聖人無人能爲之師而亦無人不可爲聖人師如郯子老子師襄輩皆是也項槖七歲爲孔子師項槖即達巷黨人博學無成名一言孔子聞之即思所執豈非師乎總之天道惡盈謙則受益聖人尚爾虛心況大賢以下之人哉後儒門戸之見皆不謙爲之累耳學本爲己不求人知一求人知則心馳於外而漸以張其驕氣況曲高者和寡人不知而我之可以知者自在則得一知己即可無憾焉用慍爲孝弟爲人之本以人得父母而生無父母即無此身矣禽獸知母而不知父稍

長則并不知有母然正惟禽獸而不知也若人而不知父母則異於禽獸幾希故聖人以孝教之一部孝經自天子至於庶人既詳且盡而大致以順爲基順與逆相背不順則逆逆斯犯矣犯斯亂矣故知能孝即能不犯上不作亂也聖賢之父母不皆聖賢而易云幹蠱書稱允若人子克盡孝道父母尙能盎慾感悟況不過頑嚚豈有不愛其子者哉有父母即有弟兄弟兄猶手足也我有身即有手足無手足是謂廢人弟兄和則父母自順故常棣詠既翕而孔子曰父母其順矣乎必孝弟而後不犯上作亂則犯上作亂其原實肇於不孝不弟此孝弟所以爲人之本也今之士夫讀書自好者固不少至於居家之際往往有不可告人者由於平日不講孝

弟不講孝弟即不講爲人矣僕竊懼焉僕於孝弟二字
自媿能言而不能行然其所以然之故未嘗不日往來
於胸而惟恐其相背也故不覺信筆爲足下妄言耳足
下係善悟人必能勉爲之偶思查輿地紀勝乞檢第三
第四卷嘉興府安吉州一册付下走閱畢當即馳納餘
俟面談不多及

煙畫東堂小品

第一册

〔清〕繆荃孫 編

中國書店

圖書在版編目（CIP）數據

烟畫東堂小品 / 繆荃孫編 . — 北京 : 中國書店 ,
2022.4

ISBN 978-7-5149-2832-7

Ⅰ . ①烟… Ⅱ . ①繆… Ⅲ . ①雜著 – 中國 – 近代
Ⅳ . ① Z429.5

中國版本圖書館 CIP 數據核字 (2021) 第 157853 號

ISBN 978-7-5149-2832-7

煙畫東堂小品

作者　〔清〕繆荃孫 編
責任編輯　孔玉
出版發行　中國書店
地址　北京市西城區琉璃廠東街一一五號
郵編　一〇〇〇五〇
印刷　廊坊市旭日源印務有限公司
開本　787毫米×1092毫米　1/16
印張　91.75
版次　二〇二二年四月第一版第一次印刷
書號　ISBN 978-7-5149-2832-7
定價　二四〇〇元（全三册）

叢書學術顧問（按姓氏拼音排序）

安平秋　北京大學中文系教授　博士生導師
北京大學中國古文獻研究中心主任
教育部全國高等院校古籍整理研究工作委員會主任

程章燦　南京大學文學院教授　博士生導師
南京大學古典文獻研究所所長
南京大學圖書館館長
全國古籍整理出版規劃領導小組成員
教育部『長江學者』特聘教授

杜澤遜　山東大學儒學高等研究院教授　博士生導師
全國古籍整理出版規劃領導小組成員
教育部『長江學者』特聘教授

吴　格　復旦大學中國古代文學研究中心教授　博士生導師
全國古籍整理出版規劃領導小組成員
國家古籍保護中心委員

叢書編委會（排名不分先後）

張鴻鳴　北京大學古典文獻學博士
馬學良　國家圖書館副研究館員
劉　明　中國社會科學院文學研究所副研究館員
張　彧　北京大學古典文獻學博士
王　亮　復旦大學圖書館副研究館員
陳　誼　浙江圖書館研究館員
金曉東　山東省圖書館副研究館員
胡艷傑　天津圖書館副研究館員
劉甲良　故宮博物院圖書館研究館員
李開升　天一閣博物館副研究館員
石　祥　復旦大學古籍所教授
蘇　芃　南京師範大學文學院教授
杜志勇　河北師範大學文學院副教授
丁　偉　四川大學圖書館館員

謝　輝　北京外國語大學國際中國文化研究院副研究員

姚文昌　山東大學文學院講師

朱學博　重慶大學人文社科高等研究院副教授

趙成傑　同濟大學中文系助理教授

肖　鵬　中山大學資訊管理學院副教授

吴　炬　印學研究專家

青簡遺編　總序

在中華民族的漫長歷史中，形成了一系列的優秀傳統文化，爲國家發展、民族進步源源不斷地提供精神力量，并影響着我們每一個人。習近平總書記指出：『中華優秀傳統文化已經成爲中華民族的基因，植根在中國人内心，潛移默化影響着中國人的思想方式和行爲方式。』幾千年以來，古籍是優秀傳統文化的主要載體，同時也是中華民族歷史記憶的載體。從這個層面上來説，古籍的傳布、傳承與收藏，是關乎民族文化與歷史記憶的大事。

古籍具有一定的文物性，因此查閲原本古籍，對於大部分人來説并不是一件容易的事情。在歷史上，由於條件的限制，即便是專門的研究者、藏書家，在用到某種古籍的時候往往也不能輕易地得到，有的甚至要花費幾十年的時間來尋訪、搜集所需要的古書。明代藏書家徐玄佐，家中本有宋刊《才調集》，但佚去了後五卷，經過三十年才從别家鈔來後五卷，遂爲全帙。清代藏書家顧嗣立編輯《元詩選》，博搜廣求，也用了三十年功夫才編輯成書。金文明先生撰寫《金石録校證》，是宋代金石學研究的重要成果，但在撰寫時由於條件所限，也没能使用《金石録》的兩個宋本，後來在中華書局重版此書時，才進行了補校，將校勘成果附

於每卷之末。從這些例子上可以看出，查閲古籍原本，往往存在諸多困難。有些時候由於某一種書、某一版本難以得到，從而給學術的進步帶來影響。爲便於今人使用古籍，就需要每一代人對古籍進行整理和刊布。

古籍整理事業在我國源遠流長。先秦時期，孔子整理《詩》《書》，漢代的劉向、劉歆父子以漢王朝的宫廷藏書爲主體，系統地校訂先秦古書，這都可以看作古籍整理的先聲。明清以來，出現了很多優秀的古籍出版家與古籍整理成果。如明末清初的汲古閣毛氏，除了廣收宋元舊本外，還校勘《十三經注疏》《十七史》等大部頭學術著作行世，一時間毛氏書遍天下；乾嘉之際的知不足齋鮑氏，『丹鉛校勘，日手一編，人從假借，未嘗逆意，既又以其异本刊爲叢書』，不但自己收書校書，還刊行稀見之書。鮑廷博在書刊成之後，仍然不斷地進行校勘，所以《知不足齋叢書》中屢有挖改的現象。這説明鮑氏在刊書時，對於書的質量是非常重視的。但是受到印刷技術的限制，古人對古籍進行的整理，衹能限於校勘、注釋方面。明清兩代號稱可以保存古本面貌的影鈔、影刻，其實也并不能完全體現原書的信息。

清末以來，西方的印刷技術傳入中國，影印成了古籍整理的一種重要方式。民國間上海商務印書館以石印影印的方式印行《四部叢刊》，大規模影印了許多宋元珍本與舊抄本，一時受到學者的廣泛歡迎。與重新校勘、刊刻相比，影印能够最大限度地保存古本舊貌。當然，民國時期限於技術和觀念原因，也存在影印過程中進行改字的行爲。但總體來説，民國以降，《四部叢刊》《續古逸叢書》等古籍影印叢書爲學林提供了寶貴的研究資料。迄於今日，《古逸叢書三編》《四庫存目叢書》《續修四庫全書》《中華再造善本》《國學基本典籍叢刊》等古籍影印叢書不斷出版，許多學者都受益於此。近年來，經濟發展，社會進步，文化事業興旺，

優秀的古籍影印本更是層出不窮，彩色影印、灰度影印等技術使影印本傳遞的信息更加全面，古籍影印形式之多樣與内容之豐富均遠邁前修。回顧古籍影印事業的發展，我們不難發現，古籍影印事業爲推動學術進步，推動中華優秀傳統文化的傳承和發展，貢獻了不少的力量。以《荀子》爲例，清末王先謙作《荀子集解》，以通行的嘉善謝氏刊本爲底本，參校本中所用的『台州本』爲清末黎庶昌《古逸叢書》翻刻之台州本。而我們今天很容易在《中華再造善本》與《國學基本典籍叢刊》中找到宋本《荀子》。較爲容易地找到需要的古籍或特定版本，這是古籍影印的功勞，也是前輩學者所不敢想的事情，更是社會進步、文化昌明的結果。

古籍影印不是簡單的複印。古籍影印，從效果上來説是使古籍原本化身千百，便於今人閲讀、使用。影印工作做得好，不但是使古書化身千百，還相當於給古書『續命』。前輩學者在進行影印的時候，往往要對原書下很多功夫。《四部叢刊》中有很多品種，書後附有介紹版本源流的書跋，有的還附有校勘記。羅振玉輯印《吉石庵叢書》，針對不同書的不同狀況，分别選擇珂羅版印刷、石印、鋅版印刷技術進行影印，以期滿足不同的閲讀需要，還對其中大部分書都撰寫了學術性的書跋。將古籍原樣印出，目的是保存古籍原貌，以廣其流傳，而非徒爲省事。對於古籍影印來説，影印何書，所用何本，撰寫解題，有些還要附索引與校勘記，這些工作，都頗爲考驗主事者的學術眼光。從另一個角度來説，正因爲影印本的核心是呈現原書原貌，因而需要主事者做更多的工作，來充分挖掘所印之書的價值，以便於讀者使用。

習近平總書記强調：讓『書寫在古籍裏的文字都活起來』。如何讓古籍中的文字活起來，使古籍的獨特價值被充分認識，使難以獲得的古籍變得容易獲得，應算讓『書寫在古籍裏的文字都活起來』的應有之義。

因此，對有獨特學術價值，且流傳不甚廣的古籍，予以影印刊布，是一項具有重要意義的工作。有鑒於此，我們輯印了這套『青簡遺編』。『青簡遺編』的題名，其中有兩層含義：劉向校書中秘，所作叙録中有『以殺青簡書』的話。『殺青』，指製作竹簡時削去青皮、用火烤乾的工序。經過殺青的竹簡可以長期存放。後來在流傳中，形成了『青簡』的典故，指的是有重要價值的古書。用在這裏，意爲選入本叢書的古籍，都是在歷史上有獨特價值的古書。而『遺編』在這裏，則是指這些書在今日已不甚易得。選入本叢書的古籍，每種均請相關專家學者撰寫一篇學術解題，或述其版本源流，或舉其文獻價值，便於讀者認識此書價值所在，方便讀者閱讀使用。

清代藏書家、出版家鮑廷博曾經説：『至於書，則作者之精神性命托焉。著古昔之晤晤，傳千里之忞忞者甚偉也。書愈少則傳愈難，設不廣爲之所，古人幾微之緒，不將自我而絶乎？』（阮元《知不足齋鮑君傳》）影印古籍，俾前人精神，不墜於地，古書重光，學術進步，文化永存，這將是我們的信念與動力。由於編者學問荒疏，識見淺薄，書中訛謬，敬希讀者諒之。

叢書編委會

二〇二〇年五月

出版説明

石祥

繆荃孫是清末民初的文獻大家。編刻叢書、流布文獻，是他文獻活動的重要一環。經他之手編刻的叢書，可分爲兩類：一是受出資人延請，主校勘統籌之役，如盛宣懷《常州先哲遺書》、劉承幹《嘉業堂叢書》、張鈞衡《適園叢書》；二是繆氏自費編刻，先後有《雲自在龕叢書》《藕香零拾》《對雨樓叢書》《烟畫東堂小品》（以下簡稱『小品』）四種。

繆氏代人編校的叢書往往卷帙可觀，自費刊刻者則規模明顯較小，這顯然與他的經濟能力有關。《小品》亦不例外，正如書名所示，它收録的二十餘種書籍皆是所謂『畸零小種』，篇幅無多。另一方面，《小品》所收諸書多不經見，大體有朝章故實、冷門文集、筆記雜著三類，各有獨特的文獻價值，以下略舉數例。

《王貽上與林吉人手札》《王貽上與汪於鼎手札》兩種，案繆荃孫《藝風老人日記》，系據王士禛書札册頁（『漁洋册子』）録出。其中與林佶（吉人）的書札，涉及《漁洋山人精華録》的刊刻。《精華録》是

王詩的重要傳本，行世甚廣，還衍生出一批注釋評點之作（如金榮《箋注》、惠棟《訓纂》、伊應鼎《會心偶筆》），在清代詩歌史上具有相當地位，又系林佶手寫付刻，精美絶倫，是版刻史上的名品。通過這些信札，可以探知《精華録》刊刻過程的歷史細節，其史料價值自可想見。

徐松是嘉道間的著名史地學者，詩文却長期未能匯集刊刻。繆荃孫四方搜輯，『求之十餘載』，成《星伯先生小集》，刊入《小品》。直至今日，這仍是徐氏詩文的唯一結集。《西域水道記》是徐氏的代表性著作，初刻本印成後，徐氏有所修訂，以浮簽標記於刻本中，却未及挖改板片，按修訂後的狀態刷印。繆輯《小集》中《西域水道記校補》一篇，源自徐氏浮簽手迹，對於研究《西域水道記》與徐松的地理學而言，是不可忽視的材料（詳見朱玉麒《徐松與〈西域水道記〉研究》）。

又如，陳撰《稽瑞樓文草》、吴育《吴山子遺文》、董威《學宛堂詩稿》、瞿中溶《瞿木夫文集》，亦爲收拾遺文、匯編成集者。《康熙朝品級考》《公車徵士小録》《保舉經學名單》，對於考察康熙朝官制與乾隆元年博學鴻詞科史事，具有參考價值。至於《京本通俗小説》，恐怕是《小品》各書中最爲著名者，關於其成書時代的争論，至今仍是小説史研究的話題點之一。

值得一提的是，《小品》中的部分書籍，還與繆荃孫主持或承擔編刻的其他叢書存在關聯，可以看出他對某些文獻的持久關心。例如，他在光宣之際編刻《藕香零拾》，即收録瞿中溶《古泉山館題跋》，《小品》又收入《瞿木夫文集》，之後爲劉承幹校勘瞿氏《漢武梁祠堂石刻畫像考》，收入《嘉業堂金石叢書》，爲

張鈞衡校勘《古泉山館金石文編殘稿》，刻入《適園叢書》。——從《藝風老人日記》的一些記録痕迹來看，《瞿木夫文集》的刊刻約在甲寅（一九一四），校勘《漢武梁祠堂石刻畫像考》在乙卯，《古泉山館金石文編殘稿》則在丙辰，連續三年，相接密邇。

徐松著作的情况與之近似。徐氏自《永樂大典》輯出的《元河南志》，被刻入《藕香零拾》，《登科記考》被刻入《南菁書院叢書》（繆氏主持）。卷帙最大的《宋會要輯稿》，繆氏購得徐氏稿本之後，先在廣雅書局擬刊未果，後又勸説劉承幹刊刻。另據繆氏自稱，章壽康《式訓堂叢書》收入《漢書西域傳補注》、趙之謙《仰視千七百二十九鶴齋叢書》收入《明氏實録注》，均系『荃孫搜羅所得，貽友人刊行者』（《星伯先生小集》目録後識語）。

繆氏受人委托主持刻書甚多，而他刊刻《小品》亦得友朋助力不少。特别是部分書籍的底本借自他人，或據他人藏本傳鈔。如《公車徵士小録》，底本應是劉承幹嘉業堂藏本。《日記》稱，乙卯三月七日，『又借劉《公車徵士録》一册』，丙辰三月二十七日，『送還……《公車徵士録》……與翰怡』。又如前述王士禛書札册頁，系王秉恩藏品。癸丑（一九一三）二月廿二日，『雪丞以漁洋册子交題』，繆氏鈔録一份，至三月十二日鈔畢，『并題二絶句還王雪丞』。再如《江陰乾明寺五百羅漢尊者名號》，是辛亥（一九一一）正月五日從陳毅（士可，黄陂人）處借得，八日，繆氏請人鈔録一份。

《小品》的刊刻經緯與時間，也有必要進一步明晰。《中國叢書綜録》將其著録爲『民國九年（一九二〇）江陰繆氏刊本』，由於《綜録》的權威性，各圖書館編目多沿用這一著録。推其所據，當是全書封面的落款

『庚申十二月南陵徐乃昌題』（《小品》别無序跋牌記等標記時間）。但將此等同爲刻書時間，其實不甚妥當：繆氏卒於一九一九年十二月二十二日，庚申年十二月朔日則已是一九二一年一月九日。

檢《藝風老人日記》，有兩處直接稱《小品》，均在他去世之己未年。一是三月廿八日（四月二十八日），『朱文海……「《烟畫東堂小品目》交寫官」』；二是十月三日（十一月二十四日，繆氏去世前不足一月），『朱文海……又取《烟畫東堂小品》板去』。前者所指，應是全書卷前以『冷澹生活勝於征歌選舞多矣』十二字爲號劃分爲十二册的總目，可見至晚在此時《小品》各書次序已排定，所以『交寫官』，命其寫樣，以待上版刊刻。後者則表明《小品》書版在繆氏生前已刻成。案，朱文海是在上海開業的刻字店主，爲繆氏、劉承幹、張鈞衡等承刻書籍甚多。當時的刻字店可提供寫樣、刻版、刷印等各項服務，他取《小品》的書版而去，很可能是繆氏命他刷印若干部。

再檢閲《日記》關於《小品》所收諸書的記載，大體有如下模式：繆荃孫校某書，隨後發此書給朱文海，經過一段時間，朱氏將書交回，繆氏再校此書（當然，并非各書均有如此完整的記録）。這一來一回之間，正與刻書的一般流程相符：繆氏校勘底本，直至認爲可以付刻，遂交刻字店，進入刊刻環節——先寫樣，再刻版。刻字店交回的則是寫樣本或刻成後的試印本，按照刻書慣例，須再加審閲，以發現并糾正寫樣刻版過程中出現的瑕疵。然則，繆氏發某書給朱文海，便可視爲此書正式進入刊刻流程。準此，則刊刻《小品》之始，當不晚於癸丑（一九一三）年末。是年十一月十五日，『交《國初品級考》《圓明園記》《荀子台州本考异》三書與朱文海』。這是《小品》諸書交朱文海的最早記録，『國初品級考』（即《康熙朝品級考》）、

『覆勘《青衿録》《東林同難録》《遼文續存》，分交各匠』。

需要順帶指出的是，《京本通俗小説》卷十二末標有『陶子麟刊』，而《小品》其他諸書均不標記刻工，這容易引人推想全書均系陶氏承刻（坊間拍賣似乎已有推介）。據繆氏《日記》則可知，刊刻之事幾乎全由朱文海承擔。

要之，《小品》諸書大體在癸丑至己未的六七年間陸續付刻，是繆氏自編自刻叢書中最晚的一種。編纂《中國叢書綜録》時，《藝風老人日記》尚未出版，學者難以利用，無可深責；時至今日，則應更正著録。另一方面，相對其體量，《小品》刊刻可謂耗時長久。這與繆氏晚年謀事甚勤，承擔了大量代人校勘審稿的邀約，加之高年多病，不無關系。

此書選目精當，饒有趣味，有裨考史論文，但當時刷印似不多，後來又無舊版重刷或影印，今已不易覓得，爲便讀者利用，遂決意影印，乃略加介紹如右。

二〇二一年一月二十六日

烟畫東堂小品總目録

第一册

康熙朝品級考

圓明園記

周世宗實録（輯本）

後村雜記

簡莊隨筆

讀金石萃編條記

攝山紀游集

公車徵士小録

東林同難録

第二册

國史貳臣傳表

保舉經學名單

南宋江陰軍乾明院羅漢尊號碑
王貽上與林吉人手札
王貽上與汪於鼎手札
題嵩洛訪碑圖
復初齋王漁洋詩評
星伯先生小集（輯本）
瞿木夫文集

第三册

西游録注
和林金石考
朔方備乘札記
稽瑞樓文草
吴山子文（輯本）
學宛堂詩稿
思庵閑筆
京本通俗小説（殘本）

第一册

目録

康熙朝品級考……七
圓明園記……二一
周世宗實録（輯本）……四五
後村雜記……六七
簡莊隨筆……八七
讀金石萃編條記……一〇一
攝山紀游集……一二七
公車徵士小録……一七三
東林同難録……三三五

煙畫東堂小品

一

庚申十二月南陵徐乃昌題

庚申十二月南陵徐乃昌署

煙畫東堂小品十二冊

冷 康熙朝品級考　圓明園記　周世宗實錄輯本

後村雜記

滴 餝莊隨筆　讀金石萃編　攝山紀游集

牛 公車徵士錄

浒 東林同難錄　國史貳臣表　保舉經學名單

勝 五百羅漢名號

於 漁洋與林吉人札刊精華錄　與汪于鼎札刊新安二布衣

集　翁覃谿嵩洛訪碑圖小記　翁覃谿評

選漁洋詩

徵 徐星伯小集輯本

歌 瞿木夫文集

選 順德師著述

編 陳子準文集 吳山子文輯本 董子中詩 思

庵閒筆

[illegible] 宋人小說殘本

[illegible] 宋人小說殘本

康熙朝品級考

冷一

正一品

太師　太傅　太保

從一品

少師　少傅　少保　太子太師　太子太傅　太子太保

誥封俱光祿大夫朝帽起花金頂上銜紅寶石中嵌東珠一顆帶用金方玉版四塊中嵌紅寶石仙鶴補服坐褥冬用狼皮夏用紅褐心青褐鑲邊襯紅氈俸一百八十兩

正二品

太子少師　太子少傅　太子少保　內閣大學士

兼各部尚書銜　各部院尚書　都察院左右都御史

誥封資政大夫朝帽起花金頂上銜紅寶石中嵌小紅寶石帶用起花金圓版四塊中嵌紅寶石錦雞補服坐褥冬用貂皮夏用青布心紅布鑲邊襯紅氈俸一百五十兩

從二品

布政使司布政使　宗人府宗令此缺或親王郡王管理各從藩服

誥封通奉大夫朝帽頂帶補服坐褥俸銀同正二品

正三品

·各部院左右侍郎　內閣學士兼禮部侍郎銜　翰林院學士兼禮部侍郎銜　都察院左右副都御史　宗人府府丞

通政使司通政使　大理寺卿　詹事府詹事

·太常寺卿　順天奉天二府府尹　按察使司按察使

誥封通議大夫朝帽起花金頂上銜紅寶石中嵌小藍寶石帶用起花金圓版四塊孔雀補服坐褥

冬用貂皮夏用青布襯
紅氈俸一百三十兩

從三品

光祿寺卿　太僕寺卿　布政使司參政　都轉運

鹽使司運使
誥封中議大夫朝帽頂帶
補服坐褥俸銀同正三品

正四品

都察院左右僉都御史　通政使司左右通政　大

理寺左右少卿　詹事府少詹事　太常寺少卿

提督四譯館少卿　太僕寺少卿　鴻臚寺卿　督

捕左右理事官　順天奉天二府府丞　按察使司

副使　各府知府
誥封中憲大夫朝帽起花金頂上銜藍寶石中嵌
小藍寶石帶用起花金圓版四塊銀鑲邊雲雁補

服坐褥冬用野羊皮夏用
藍布襯白氈俸百一五兩
從四品
國子監祭酒　布政使司參議　都轉運鹽使司同
知
誥封朝議大夫朝帽頂帶補服坐褥俸銀同
正四品　四品以上掛素珠騎馬控踢胸
正五品
左右春坊左右庶子　宗人府理事官　通政使司
左右參議　大理寺左右寺丞　光祿寺少卿　各
部院郎中　順天奉天二府治中　欽天監監正
太醫院院使　按察使司僉事　各府同知
誥封奉政大夫朝帽起花金頂上銜水晶中嵌小
藍寶石帶用素金圓版四塊銀鑲邊白鷳補服坐
褥冬用狍皮襯白氈
夏用白氈俸八十兩

從五品
內閣侍讀學士　翰林院侍讀學士　侍講學士
左右春坊　左右諭德　司經局洗馬　宗人府副
理事官　鴻臚寺少卿　各部院員外郎　都轉運
鹽使司副使　鹽課提舉使提舉　各州知州
誥封奉直大夫朝帽頂帶
補服坐褥俸銀同正五品
正六品
翰林院侍讀　侍講　內閣侍讀　左右春坊　左
右中允　國子監司業　各部院衙門主事　宗人
府經歷　都察院經歷　都事　理藩院院判　大
理寺左右寺正　太常寺寺丞　欽天監監副　春
夏中秋冬五官正　太醫院院判　京府通判　京

縣知縣　兵馬司指揮　神樂觀提點　各部院衙

門六品筆帖式　六品朝鮮通事　王府包衣大

阿敦大　布大　衣大　各府通判　都司經歷

斷事　僧錄司左右善世　道錄司左右正一

誥封承德郎朝帽起花金頂上銜水晶帶用玳瑁
圓版四塊銀鑲邊鷺鷥補服坐褥冬夏用白氈俸
銀六十兩　坐
褥以下皆同

從六品

左右春坊　左右贊善　翰林院修撰　光祿寺寺

丞　大理寺左右寺副　鴻臚寺寺丞　光祿寺署

正　欽天監滿洲五官正　布政司經歷　理問

鹽運司運判　各州同知　僧錄司左右闡教　道

錄司左右演法

正七品

翰林院編修　六科掌印給事中　各道監察御史

行人司司正　大理寺左右評事　太常寺博士

典簿　通政使司知事　各部寺司庫司牲穴

上林苑監監丞今裁　兵馬司副指揮　京縣縣丞

各部院衙門七品筆帖式　七品朝鮮通事　王府

烏林大　五旂弓匠固山大　各縣知縣　按察司

經歷

誥封文林郎吏員出身者宣議郎朝帽起花金頂中嵌小藍寶石帶用素銀圓版四塊鸂鶒補服俸銀四十五兩

從七品

翰林院檢討　六科給事中　中書科中書舍人

內閣撰文　辦事中書舍人　行人司司副　行人
詹事府主簿　光祿寺典簿　署丞　鑾儀衛經
歷　順天奉天二府經歷　京衛經歷　太常寺各
祠祭署奉祠　欽天監五官靈臺郎　布政使司都
事　鹽運司經歷　各州判官　各衛經歷　宣慰
司經歷　招討司經歷
誥封徵仕郎朝帽頂
帶補服俸銀同七品

正八品

翰林院五經博士　國子監監丞　理藩院知事
上林苑監署丞　欽天監主簿　各部院衙門八品
筆帖式　八品朝鮮通事　太醫院御醫　太常寺
協律郎　王府法克師大　衣杭大　按察使司知

事　各府經歷　各縣縣丞　僧錄司左右講經

道錄司左右至靈

誥封修職郎朝帽超花金頂帶用明羊角圓版四塊銀鑲邊鷄鶒補服俸四十兩

從八品

內閣典籍　翰林院典簿　國子監博士　助教

典籍　鴻臚寺主簿　欽天監五官挈壺正　太常寺各祠祭署祀丞　神樂觀知觀　布政使司照磨

鹽運司知事　僧錄司左右覺義　道錄司左右

至義

誥封修職佐郎朝帽頂帶補服俸銀同正八品

正九品

禮部太常寺讀祝官　國子監學正　太常寺贊禮

郎　理藩院副使　寶泉局大使　會同館大使
營繕所所丞　欽天監五官監候　五官司歷　布
政使司檢校　按察使司照磨　各府知事　茶馬
司大使　各縣主簿　教坊司奉鑾　左右韶舞
左右司協樂同
誥封登仕郎朝帽起花銀頂帶用烏角圓版四塊
銀鑲邊練雀補服俸銀三十三兩一錢一分四釐
從九品
各部院衙門司務　翰林院待詔　司經局正字
詹事府錄事　國子監學錄　典籍　鴻臚寺鳴贊
序班　製造庫司匠　欽天監博士　五官司農
京府儒學教授　兵部督捕司獄　刑部司獄
京府照磨　庫大使　太醫院吏目　太常寺司樂

孔顏曾孟四氏儒學教授　都司儒學教授　鹽
運司儒學教授　各府儒學教授　各衛儒學教授
宣庫司大使　按察司檢校　各府照磨　各州
吏目　都稅司大使　布政使司倉庫大使　守道
庫大使　府稅課司大使　鹽課提舉司吏目　司
獄司司獄　巡檢司巡檢　各府倉大使　土司副
巡檢　僧綱司都綱　道紀司都紀　各府陰陽學
正術　各府醫學正術

誥封登仕佐郎朝帽頂
帶補服俸銀同正九品

未入流

翰林院孔目　各部院衙門無頂帶筆帖式　各部
烏林大　禮部鑄印局大使　兵馬司吏目　京縣

典史　崇文門副使　宣課司副使　教坊司俳長
各州縣學學正　各縣儒學教諭　各衛武學訓
導　各府州縣儒學訓導　各關大使　各府檢校
各縣典史　鹽課司大使　副使　布政使司庫
副使　府庫大使　副使　鹽引批驗所大使　茶
引批驗所大使　驛丞　批驗所大使　州庫大使
稅課司分司大使　鹽運司庫大使　隄官　州
縣衞稅課司大使　閘官　遞運所大使　河泊所
所官　道倉大使　州倉大使　副使　縣倉大使
副使　州倉場大使　州陰陽學典術　州醫學
訓術　縣醫學訓科　僧綱司副都綱　道紀司副
都紀　僧正司僧正　道正司道正　僧會司僧會

道會司道會　長官司吏目

補服項帶同正九品俸

三十一兩五錢二分

乙丑七月余客武林於廢紙擔頭得此數頁因鈔一過并假國初會典悉爲參校以正二百年來官秩之升降亦通今者之一助焉嘉平上浣六十九叟管庭芬謹誌

七

圓明園記

嘉善黃凱鈞退菴 冷二

圓明園在掛甲屯之北距暢春園里許園爲世宗藩邸賜園康熙四十八年建園內爲門十八南曰大宮門曰左右門曰東西夾門曰東西如意門曰福園門曰西南門曰水閘門曰藻園門東曰東樓門曰鐵門曰明春門曰藻珠宮門曰隨牆門正北曰北樓門爲閘三西南爲一空進水閘東北爲五空出水閘爲一空出水閘園水發源玉泉山由西馬廠入進水閘支流派衍至園內曰天琳宇柳浪聞鶯諸處之響水口一水勢遂分西北高而東南低五空出水閘在明春門北一空出水閘在藻珠宮北水出苑牆經長春園出七空大閘東入清河大宮門前輦道東西皆有湖是爲前湖宮門五楹門前左右朝門各五楹其後東爲宗人府內閣禮部吏部兵部都察院理藩院翰林院詹事府國子

監鑾儀衛東四旗各衙門直房東夾道內爲銀庫又東北爲南書房東南爲檔案房西爲戶部刑部工部欽天監內務府光祿寺通政司大理寺鴻臚寺太常寺太僕寺　御書處上駟院武備院西四旗各衙門直房西夾道之西南爲造辦處又南爲藥房大宮門內爲出入賢良門五楹門左右爲直房前跨石橋度橋東西朝房各五楹西南爲茶膳房再西爲繙書房東南爲清茶房爲軍機處出入賢良門是爲二宮門凡武職侍衛引見御此門較射左右直房爲各部院臣工入直之所東西設兩罘罳門各衙門奏事由東罘罳門遞進茶膳房太監人等由西罘罳門出入門前河形如月中爲石橋三其水自西來東注如意門閘口會東園各河而出　出入賢良門內爲正大光明殿七楹東西配殿各五楹後爲壽山殿東爲洞明堂圖景四十正大光明殿其一也　正大光明殿東爲勤政親賢殿五楹四十景之

一也殿東爲飛雲軒靜鑑閣其北爲懷清芬又北爲秀木佳蔭轉後爲生秋庭閣東爲芳碧叢後爲保合太和殿三楹又後爲富春樓樓東爲林竹清響正大光明殿後曰前湖湖北爲圓明園殿五楹後爲奉三無私殿七楹又後爲九州清宴殿四十景之一也七楹東爲天地一家春西爲樂安和又西後爲清暉閣閣前爲露香齋左爲茹古堂爲松雲樓右爲涵德書屋富春樓北爲御蘭芬樓後爲紀恩堂鏤月開雲四十景之一也原名牡丹臺乾隆九年易今名三十一年額曰紀恩堂堂後有池池西北方樓爲天然圖畫樓四十景之一也北爲朗吟閣又北爲竹薖樓東爲五福堂五楹堂後殿五楹爲竹深荷淨其東南爲靜知春事佳又東渡河爲蘇隄春曉由五福堂渡河而北山阜旋繞內爲碧桐書

院四十景之一也前宇正殿後照殿各五楹其西巖石上為雲
岑亭書院西為慈雲普護四十景之一也前殿南臨後湖三楹
為歡喜佛場其北樓三楹上奉觀音大士下祀關壯繆
東偏為龍王殿祀圓明昭福龍王慈雲普護之西臨
湖有樓上下各三楹為上下天光四十景之一也左右各有六
方亭後為平安院西折而南渡橋為杏花村館四十景之一也
西北有春雨軒軒西為杏花村村南為磵壑餘清春雨
軒後東為鏡水齋西北室為抑齋又西為翠微堂杏花
春館之西度碧瀾橋為坦坦蕩蕩四十景之一也三楹前為素
心堂後為光風霽月堂東北為知魚亭又東北為萃景
齋西北為雙佳齋坦坦蕩蕩之南為茹古涵今四十景之一也
五楹南向其後方殿為韶景軒四面各五楹軒東為茂

育齋西爲竹香齋又北爲靜通齋茹古涵今之南爲長
春仙館（高宗舊時賜居四十景之一也）門三楹正殿五楹後爲綠蔭
軒西廊後爲麗景軒長春仙館之西爲含碧堂五楹後
爲林虛桂靜左爲古香齋其東楹有閣爲抑齋爲墨池
雲後爲隨安室由長春仙館西南門迤西爲藻園內爲
曠然堂五楹堂後爲貯清書屋堂東池上爲夕佳書屋
稍北爲鏡瀾榭東南爲凝眺樓爲懷新館西北爲湛碧
軒西南爲湛清華杏花春館西北爲萬方安和（四十景之一也）
建宇池中形如卍字萬方安和後度橋折而東稍北石
洞之南爲武陵春色（四十景之一也）池北軒爲壺中日月長東
爲天然佳妙其南爲洞天日月多佳景（舊總名桃花塢雍正四年高
宗讀書於此顏曰樂善堂）武陵春色之西爲全壁堂東南亭爲小隱

棲遲堂後由山口入東爲清秀亭西爲清會亭北爲桃花隝西爲清水濯纓室又西稍北爲桃源深處隝東爲縮春軒東北爲品詩堂萬方安和西南爲山高水長樓四十景之一也西向九楹後擁連岡前帶河流地勢平衍凡數頃其地爲外藩朝正錫宴及平時侍衛較射之所每歲鐙節則陳火戲於此處山高水長之北度橋由山口入梵刹一區爲月地雲居殿四十景之一也五楹前殿方式四面各五楹後樓上下各七楹東爲法源樓又東爲靜室西度橋折而北爲劉猛將軍廟月地雲居之後循山徑入爲鴻慈永祜四十景之一也安佑宮前琉璃坊座南面額也左右石華表各一坊南及東西復有三坊環列其南爲月河橋又東南爲致孚殿三楹西向宮門五楹南向爲安佑宮門前白玉石橋三座左右井亭

各一朝房各五楹內重檐正殿九楹爲安佑宮內中龕敬奉　聖祖仁皇帝御容左龕敬奉　世宗憲皇帝御容右龕敬奉　高宗純皇帝御容左右配殿各五楹碑亭各一燎亭各一鴻慈永祜後垣西北爲紫碧山房前宇爲橫雲堂山房東巖洞中爲石帆室東南爲豐樂軒北爲霽華樓迤東爲景暉樓橫雲堂西池上爲澄素樓西北爲引谿亭東垣外徑連岡三重度橋而東則彙芳書院也四十景之一也內宇爲抒藻軒後爲涵遠齋前西垣內爲翠照樓東垣內爲倬雲樓又東爲眉月樓軒南稍東爲隨安室又東敞宇三楹爲問津逾谿橋有石坊爲斷橋殘雪彙芳書院之南爲日天琳宇四十景之一也西前樓下之正宇也其制有中前樓中後樓上下各七楹有西

前樓西後樓上下各七楹前後樓間穿堂各三楹中前樓南有天橋與樓相屬天橋東南重檐八方者爲鐙亭西前樓南爲東轉角樓又西稍南爲西轉角樓中前樓之東垣內八方亭爲楞嚴壇又東別院爲瑞應宮前爲仁應殿中爲和感殿後爲宴安殿日天琳宇迤東稍南稻田彌望河水周還中有田字式殿凡四門其東北面皆有樓北樓正宇爲澹泊甯静四十景之一也東爲曙光樓殿之東門外爲翠扶樓西門外別垣內宇爲多稼軒七楹其東臨稻畦者前爲觀稼軒後爲怡情悅目爲稻香亭又東稍北爲谿山不盡爲蘭谿隱玉多稼軒西池南爲水精域西偏爲靜香屋爲招鶴磴池後東北爲寸碧西北爲引勝正北爲互妙樓澹泊甯静度河橋而西爲映

水蘭香四十景之一也東南爲釣魚磯北爲印月池又北爲知耕織爲濯鱗沼西南爲貴織山堂祀蠶神映水蘭香東北爲水木明瑟四十景之一也其北稍西爲文源閣上下各六楹乾隆三十九年建與文淵閣文津閣皆以貯四庫全書均有記閣西爲柳浪聞鶯西北環池帶河爲濂谿樂處四十景之一也後爲雲香清勝東爲芰荷深處折而東北爲香雪廊廊東爲雲霞舒卷樓爲臨泉亭其南爲彙萬總春之廟正殿爲蕃育羣芳東北爲香遠益清樓西爲樂天和爲味眞書屋又西爲池水共心月同明廟東沿山徑出爲普濟橋濂谿樂處迤北對河外稻塍者爲多稼如雲四十景之一也前爲芰荷香東南爲湛淥室東北爲魚躍鳶飛四十景之一也四面爲門各五楹東爲暢觀軒西南爲鋪翠環流樓南傳妙室又南出山

口爲多子亭其東禾疇獨望河南北岸仿農居村市者
曰北遠山村四十景之一也北岸石垣西爲蘭野後爲繪雨精
舍其西南爲水村圖又西有樓前後相屬前爲皆春閣
後爲稻涼樓又西爲涉趣樓右爲湛虛書屋東北度橋
折而西爲湛虛翠軒又西爲耕雲堂爲若帆閣西南臨
河爲西峰秀色四十景之一也河西爲小匡廬東爲含韻齋又
東爲一室和氣又東南爲自得軒後垣東爲嵐鏡舫西
爲花港觀魚迤東東西船塢各二北岸爲四宜書屋四十
景之一也安瀾園乾隆壬午賜海寧陳氏園名因仿此有宸翰記之正宇也東南
爲薜經館又南爲采芳洲後爲飛睇亭東北爲綠帷舫
西南爲無邊風月之閣又西南爲涵秋堂北爲煙月清
眞樓樓西南爲遠秀山房樓北度曲橋爲染霞樓四宜

書屋之東臨池樓宇爲方壺勝境（四十景之一也）南建二坊其北爲噦鸞殿爲瓊華樓殿東爲蘂珠宮宮南船隖西北爲三潭印月度橋爲天宇空明後爲澄景堂東爲清曠樓西爲華照樓澡身浴德（四十景之一也）在福海西南隅卽澄虛榭正宇南爲含清暉北爲涵妙識折而西向爲静香館又西爲解愠書屋西南爲曠然閣北度河橋爲望瀛洲其北爲深柳讀書堂爲谿月松風平湖秋月（四十景之一也）在福海西北隅正宇西爲流水音東北出山口臨河爲花嶼蘭皐折而東南度橋爲兩峰插雲又東南爲山水樂其北爲君子軒爲藏密樓蓬島瑤臺（四十景之一也）在福海中央殿前東爲暢襟樓西爲神洲三島東偏爲隨安室西偏爲日月平安報好音東南度橋爲東島有亭爲瀛

海仙山西北度橋爲北島接秀山房四十景之一也在福海東隅正宇後爲琴趣軒其北方樓爲尋雲東南爲澄練樓樓後爲怡然書屋稍東佛室爲安隱幢南爲攬翠亭別有洞天四十景之一也在接秀山房之南依山臨河西曰納翠樓西南曰水木清華之閣稍北爲時賞齋西爲夾鏡鳴琴四十景之一也南爲聚遠樓東爲廣育宮前建坊座後爲凝祥殿宮東爲南屏晚鐘又東度橋爲西山入畫爲山容水態西爲湖山在望爲佳山水爲洞裏長春涵虛朗鑑四十景之一也在福海東即雷峰夕照正宇其北稍西爲惠如春又東北爲尋雲榭又北爲貽蘭庭爲會心不遠其南爲臨眾芳爲雲錦墅爲菊秀松蕤爲萬景天全廓然大公四十景之一也在平湖秋月之西前爲雙鶴齋西爲環秀山

房西北爲規月橋爲臨湖樓東北爲綺吟堂又北爲朵芝徑徑巖洞而西爲峭蒨居西爲披雲徑爲啟秀亭爲韻石淙爲芰荷深處北垣門外爲天眞可佳樓西垣外爲影山樓坐石臨流之(四十景之一也)在水木明瑟東南澹泊(御)靜之東麴院風荷之(四十景之一也)又在坐石臨流東南碧桐書院正東其西佛樓爲洛伽勝境其南跨池東西橋九空坊楔二西爲金鼇東爲玉蝀金鼇西南河外室爲四圍佳麗玉蝀東亭爲飲練長虹又東南度橋折而北設城關爲(御)和鎭其東南爲東樓門其北爲同樂園前後樓各五楹前爲清音閣後爲永日堂中有南北長街街西爲抱樸草堂街北度雙橋爲舍衞城前樹坊楔三城南面爲多寶閣內爲山門正殿爲壽國壽民後爲仁慈殿

又後爲普福宮城北爲最勝閣洞天深處四十景之一高宗御書
也在如意館西稍南前宇乃諸皇子所居爲四所東西
二街南北一街前爲福園門四所之西爲諸皇子肄業
之所前爲前天垂貺中爲中天景物東宇爲斯文在茲
恭懸至聖先師神龕上後爲後天不老四額世宗御書圓明園冊
附陳氏安瀾園記海昌陳石帽茂才作名璂卿
園於城之西北隅曰隅園隅陽公故業也歸文簡相國
更號遂初迨愚亭老人擴而益之漸至百畝樓觀臺榭
供憩息可眺遊者三十餘所制崇簡古不事刻鏤乾隆
壬午純皇帝南巡復增飾池臺爲駐蹕地以樸素當
上意因命名以賜園由是知名曲巷深里之中雙扉南
向來遊者北面入數武有亭翼然巍石特立刊純廟

賜題五言詩　駐蹕凡四次故碑陰及旁皆徧焉稍折
而西歷一門中爲甬道左右古榆數十本參天鬱茂垂
枝四蔭道盡爲門三楹奉　御書安瀾園三字榜於楣
少進又一門而繚以垣不復可直望乃更西折入小扉
爲廊三折而至滄波欲景之軒軒面池有橋焉曰小石
梁爲入園之始徑云自軒後東出有屋九架背於前而
面於後左右皆廂庭平曠歷階而登爲正室由其左循
廊而入後又有室左右亦各翼以廂是內外二室者老
人所自居故未有名老人秉資高明早直綸綍之閣及
奉相國考終遂幡然定謀養志林泉平居不即於宅而
於園偃仰嘯傲夷猶幾三十年春秋佳日招集羣從酌
酒賦詩效李青蓮桃李園之會又嗜音律蓄家伶遇宴

集輒陳歌舞重簾鐙燭燦若列星老人中座年最高而
風采跌宕若神仙然一時從容閒雅之色播聞遐近人
爭慕之小石梁之西一門雙啟內藤花一樹其蔭一架
架可盈庭徑必自其下而入春時花發人至遊艤隊中
紫英撲面鬢影皆香其南爲堂舊名瓔碧今奉　御書
水竹延清及怡情梅竹一榜於中堂後爲樓面廣庭負
曲沼幽房邃室長廊復道甲於一圓人其內者恆迷所
向凡自　仁廟以來所頒扁額及駐蹕陳充　上用
燕賞玩好之器並貯樓中樓前曲折而右有軒然於湖
上者和風皎月亭也三面洞開湖波瀲灧秋月皎潔之
時上下天光一色相映北膽　寢宮氣象肅穆南顧赤
欄曲橋去水正不盈尺西望雲樹蒼鬱萬重意其所有

無窮之境其南十數武瀲蘭之館以補亭望月之或有
不足別有廊南行以達掞藻樓之西偏掞藻樓者居環
碧堂之西櫓梠與堂邐迤相接旁有桂六七樹開最早
樓四面皆麗廔南則其正向也階瀕池砌石作洲暗水
入於其際可供泛觴因摹 御臨東坡尺牘數行自古
藤水榭西來爲環碧堂又西來至此皆面水陽岸有山
亦合沓而西爲之障焉由庭右小庭垣角斜出卽爲赤
欄曲橋既過橋歷山徑二十餘武豁然開朗一亭中立
棱桂十餘本周繞之天香鳴也羣芳閣踞其東南由閣
底入更東南行繞瀣月軒之後而入於中軒東嚮瀕水
故其前不可入也迤南沿池沼爲隄過竹扉轉向東行
經一亭可六七十步始北轉至十二樓南向面水者爲

南樓其左東向者爲東樓轉而北向者爲北樓亦面水與古藤水榭斜相望由南樓之西有山路達於水濱水似谿通以小矼過谿山下有隄南行陟山尋折西而北登羣芳閣道旁有樹本分而復合者交枝楓若不涉山則緣隄北行出於閣下復徑天香塢斜趣西北入月門經一小樓又西北入一扉睹木香滿架架旁翠竹幽蔭深秀西走折而北出水次山隄迤北而接以虹梁稱環橋橋之南西折入竹扉有亭北向爲方勝之形亭後修竹秀石翛然意遠迤西東向跨水而居者爲竹深荷淨環橋正當其面左出過璞石之橋甚小可一人行轉向池之北岸沿之而東十三四步有徑北去循行至筠香之館館之名 純廟之所命也蓋是處多竹左右翠竿

彌望內外不相窺故得是名館左叢竹之中又別有徑

東去復曲而南環橋之北當以山壁綠篠蒙密路頓窮

循壁西轉其迻始見旁有小屋臨池可望竹深荷淨一

門在道左窺之琅玕正綠卽筠香館東別出之徑也東

行數山徑左右皆高嶺古木淩漢風篁成韻池亭臺館

不可復見彷彿有獲㺚狖嘯鸛鶴悲鳴之象向登和風

皎月之亭所言西望雲樹蒼鬱萬重者至此始信其境

之果不同也山漸開徑亦漸寬一舉首而　寢宮在望

矣　寢宮舊稱賜閒堂自奉　宸居而其額遂撤爲屋

三架架各三層甓井田然周以步櫩三面若一皆拾級

而登東則別爲二廊前一廊東去爲梅花塢徧種梅厥

類不一林盡板橋隔岸有屋相接卽環碧堂之後樓也

稍北一廊亦東去入門有屋三架後有樓亦如之以爲
宸遊翰墨怡情之所其東皆曲屈步廊一東一南行
或接以飛樓或聯以棧閣委宛而達於老人自居之室
宮後一峰矗立多植篔簹西北有磴可上逼視城陴
自山徑來在宮之右轉步而前庭廣數畝寬平如砥欄
俯清流縠紋渺遠望隔湖山色在煙光杳靄之中夏日
荷翠翻風花紅絢日雖西湖三十里無以過之緣湖西
南隄行抵碕石磯有亭俯於水濱可偃臥垂釣返行數
步有登山之徑在綠篠間尋之至巓又一亭榜曰翠微
四圍皆箭竹密不可眺繞亭而北亦有徑可下云若命
舟則於梅花島板橋之西便可鼓栧西入於　寢宮前
之大湖又西循隄而行南過碕石磯有港西北去遂入

環橋迄竹深荷淨璞石橋而止　宫前放乎中流東南過曲橋分兩道一南行水漸狹經羣芳閣下之隄過石矼乃出谿口西至瀠月軒而東迄於十二樓之南樓一東行經掞藻樓與環碧堂及古藤水榭乃北轉過小石梁又北入於飛樓亦漸狹不勝篙檝然消涓者仍西流而達於梅花島之板橋焉若夫負陵踞麓依木臨流或藤蓋一椽或花藏四甋冈地借景點綴閒閒皆有可觀不能殫紀嗟乎天地之道以變化而能久故成毀恆相倚伏蛇虺狐兔之區忽焉而湖山卉木騷人文士佳冶紛𦐂聽鶯而攜酒坐花而醉月覽時樂物詠歌肆好日落歡闌流連不去何其盛也至於水閣依然風簾無恙而其人既往事不可追有心者猶俯仰徘徊與今昔之

感矧當華屋山丘遺跡歇絶其嘅歎當復何如耶夫自湖山卉木而更卽於蛇虺狐兔之時非數百年不能盡復其故而碩果之剝必有値其時而無可如何者又況生也有涯神智易敝更不若草木之堅與花鳥之往來無息也不尤可太息耶自老人没一再傳於今園稍稍衰然一丘一壑風景未異猶可卽其地而想像曩時過此以往年彌遠而迹就湮余恐來者之無所徵也故又記之

謹案 南巡盛典云安瀾園在海甯縣拱辰門內初名隅園大學士陳元龍別業也鏡水淪漣樓臺掩映奇峰怪石秀峭玲瓏古木修篁蒼翠蓊鬱乾隆二十七年 皇上親閱海塘 駐蹕於此 賜名安瀾園

園中景物與今不同內迴花野郎愚亭老人所居今改太子宮環碧郎水竹延清內設御座靜明書屋郎賜閒堂今拓而爲寢宮

頃有自北來者云八月中暎夷駛入天津直薄都門焚燬圓明圓刼掠歷代所藏寶器而去嗚呼庸臣持柄使大將不能立功以至喪師辱國作城下之盟草莽之臣爲之同聲一哭況今巨寇徧於東南民皆塗炭慘禍極矣而暎夷反資寇以火藥鹽米使不能絕其餉道故議亂之首者暎夷罪不勝誅矣何天亦相之是豈醉而夢耶然園囿之興廢實關世運之盛衰吾邑故相陳氏之安瀾園圓明園中會仿其景而搆造之者近爲其後人斥賣幾盡故附其小記以存梗概時咸豐庚申九月晦日

芷翁記

周世宗實錄

十一月帝謂侍臣曰淮南獨處一方多歷年所外則結連北虜與我爲讎稔惡既深朕不敢赦令將討除與卿等籌之乃以宰臣李穀爲淮南道前軍行營都部署兼知廬壽等州行府事以許州節度使王彥超副焉又命侍衛馬軍都指揮使韓令坤已下一十二將各帶征行之號以從焉是月敕淮南管內州縣軍鎮官吏軍人百姓等朕自纘承基構統御寰瀛方當恭己臨朝誕修文德豈欲興兵動衆專耀武功顧茲昬亂之邦乃舉弔民之義蠢爾淮甸敢拒大邦因唐室之陵遲接黃寇之喪亂飛揚跋扈垂六十年盜據一方僭稱僞號倖數朝之

多事與北虜之交通厚啟戎心誘爲邊患晉漢之代寰
海未甯而乃招納叛亡朋助凶慝李金全之據安陸李
守貞之叛河中大起師徒來爲應援攻侵高密殺掠吏
民迫奪閩越之封疆塗炭湘潭之士庶以至我朝啟運
東魯不庭發兵而接應慕容觀釁而憑陵徐部沭陽之
役曲直可知尙示包荒猶稽問罪邇後維揚一境連歲
阻饑我國家念彼災荒大許糶易前後擒獲將士皆遣
放還自來禁戢邊將不令侵撓我無所負彼實多姦句
誘契丹至今未已結連幷寇與我爲讎罪惡貫盈人神
共憤今則推輪命將鳴鼓出師徵浙右之樓船下金陵
之戈甲東西合勢水陸齊攻吳孫皓之計窮自當歸命
陳叔寶之數盡何處偷生爾淮南將士軍人百姓等久

隔朝廷莫聞聲教雖從僞俗應樂華風必須善擇安危早圖去就如能投戈獻款舉郡來降具牛酒以犒師奉圭符而請命車服玉帛豈恡旌酬土地山河誠無愛惜刑賞之令信若丹青苟或執迷（甯）免後悔王師所至軍政甚明不犯秋毫有同時雨百姓父老各務安居剽虜焚燒必令禁止自茲兩地永爲一家凡爾蒸黎當體誠意

世宗顯德三年親往淮南幸水砦行至淝橋帝自取石一塊於馬上持之至砦以供飛礮文武從臣過橋者皆賫一石

三月命供奉官安洪道押江南進奉使王崇質李德明二人發赴金陵賜李景書曰頃自有唐失御天步方艱

巢蔡喪亂之餘朱李戰爭之後中夏多故六紀於茲海
縣瓜分英豪鼎峙自爲聲教各擅蒸黎連行而交結四
夷乘釁而憑陵上國華風不競否運所鍾凡百有心孰
不興憤朕猥承先訓恭荷永圖德不逮於前王道未封
於往古然而擅一百州之富庶握三十萬之甲兵農戰
交修士卒樂用思欲報累朝之宿怨刷萬姓之包羞是
以踐位以來懷安不暇破幽并之巨寇收秦鳳之全封
兵不告疲民有餘力昨迴軍隴上問罪江干我實有辭
咎將安執朕親提金鼓尋渡淮淝上順天心下符人欲
前鋒所向彼寇無遺棄甲僵屍動盈川谷收城徇地已
過滁陽豈有落其爪牙折其羽翼潰其心腹扼其吭喉
而能不亡者哉早者泗州主將迎送到書一函尋又使

人鍾謨李德明至齎所上表及貢奉衣服腰帶金銀器
帛茶藥牛酒等近差健步進到第二表今月十六日使
人孫晟等至齎第三表及進奉金銀等到行朝深誠厚
意觀其降身聽命引咎告窮所謂君子見幾不俟終日
苟無達識孰能若斯但以奮武興威所以討不服惇信
明義所以來遠人五帝三王盛德大業當用此道以正
萬邦朕今親統戎師躬行討伐告於郊廟社稷詢於將
相公卿天誘其衷國無異論苟不能恢復外地自畫邊
疆便議班旋眞同戲劇則何以光祖宗之烈饜士庶之
心匪獨違天兼且拂衆但以淮南部內已定六州廬壽
濠黃大軍悉集指期剋日拉朽焚枯其餘數城非足介
意必若盡淮甸之士卒爲大國之提封猶是遠圖豈同

迷復如此則江南吏卒悉遣放還江北軍民竝當留住免違族類之性俾安鄉土之情至於削去尊號願輸臣禮非無故事實有前規蕭詧奉周不失附庸之道孫權事魏自同藩國之儀古也雖然今則不取但存帝號何爽歲寒倘堅事大之心終不迫人於險事資真慤詞匪泛游候諸郡之悉來即大軍之立罷質於天地信若丹青我無彼欺爾無我詐言盡於此皆不煩云苟曰未然請從玆絕切以陽春在候庶務縈思願無廢於節宣更自期於愛重音塵非遠風壤猶殊翹想所深勞以夢寐

又賜將佐書曰朕自類禡興師旄麾問罪絕長淮而電擊指建業以鷹揚旦夕之間克捷相繼至若兵興之所自釁起之所來勝負之端倪戎甲之次第不勞盡諭

必想貝知近者金陵使人繼來行闕追陳前事委質大
朝非無謝咎之辭亦有革罪之請但以南邦之土地本
中夏之封疆苟失克復之期大辜朝野之望已興是役
固不徒還必若自淮以南畫江爲界盡歸中國猶是遠
圖所云願爲外臣乞比湖浙彼既服義朕豈忍人必當
別議封崇待以殊禮凡爾將佐各盡乃心善爲國家之
謀勉擇常久之利　三月己未遣王崇質等歸景復遣
使奉表來上表云臣叨居舊邦獲嗣先業聖人有作曾
無先見之明王祭弗供果致後時之責六龍電邁萬騎
雲屯舉國震驚羣臣惴悚遂馳下使徑詣行宮乞停薄
伐之師請預外臣之籍天聽懸邈聖聞未迴通宵九
一食三歎由是繼作密表再遣行人敘江河羨海之心

指葵藿向陽之意皇帝陛下自天生德命世應期含容
每法於方輿撫育不遺於下國先令副介密導宸慈諭
旨優隆乾文炳焕仰思懷來之道喜則可知深惟事大
之言服之無斁

四月乙亥帝至濠州駐蹕於其城南己卯韓令坤上言
敗楚州賊將馬在貴等萬衆於灣頭鄖獲僞漣州刺史
秦進崇等是日殿前都指揮使張永德上言敗泗州賊
軍千餘人於曲谿鄖先是江南既失揚州乃令鄰郡悉
發部兵同謀收復至是皆爲我師所敗庚辰詔諭諸道
曰朕自渡長淮肅清千里戎路蚤期於南下金陵哀告
而上章乞駐禁軍稱臣待罪念其危迫未遣攻收不謂
忽逞狂謀反屯殘寇韓令坤趙口徽等憤其姦詐戮力

掃除銳旅纔交賊徒大敗生擒僞將盡奪樓船㊀定於旦
夕之間便見澄清之運凡聞克捷訴極懽呼五月自宿
宋還京
四年十一月幸淮上親領兵破賊砦一所殺淮賊數百
人砦在濠州東北十八里灘上其灘廣袤數里淮水浸
而圍之乃濠之一咽喉也先賊據其地泊舟楫以自固
恃其四面水深謂我師必不能濟帝之將行也悉索行
在橐駝以行臣僚咸不喻其旨及至命甲士數百人跨
橐駝以濟帝又遣騎軍相繼而渡一鼓而盡殪之虜其
戰船而迴癸巳帝親領兵於濠州城下分命諸軍攻破
賊城水砦斬獲數百人先是賊以戰船數百泊於城北
植巨木於淮以梗我舟師之路是日辰時帝乘勝命水

軍鼓戰棹以盡拔其木因縱火焚其巨艦四隻戰船七十餘隻斬二千餘級餘自溺至午時又命大軍攻破之馬城殺賊軍五百餘人自此城中膽破矣

五年正月帝在淮上詔發楚州管內丁壯於西北開老鸛河是時帝將以齊雲船數百艘自淮入江楚州城北舊有北神鄽度其舟大難於過鄽故開此河以通其路先期令近臣往按地計工迴奏云地形不便又計工甚多帝勿聽因枉駕以視之親授規畫大減丁夫之數旬日而成

二月帝在淮南甲寅僞天長軍使易贇令男延壽齎表以其城來降天長縣當九疄之路城小而固南人以其地爲雄州帝之破楚州也獲其僞守將張彥卿男光祐

捨而不誅因令先祐齎璽書以諭贇知楚州既下故降
三月命鹽城監使申居謗齎璽書押御馬一十匹金銀
鞍轡一十副散馬四十匹羊十口賜江南國主李景謗
先爲王師所擒帝釋而歸之因令齎是以往又命釋先
擒到僞舒州刺史施仁望令歸江南仍加賜賚焉
戊午帝南巡丁卯駐蹕於廣陵三月壬午朔幸泰州駐
蹕於行宮丙戌瓜步鎮差人押潤州將軍(巳)亮到行宮
且言江南李景欲差使朝貢丁亥帝發自泰州復幸廣
陵壬辰幸迎鑾鎮江口命武衛大將軍李繼勳以下師
黑龍船三十隻於江中灘上殺吳寇數百人擄賊船二
隻以歸癸巳帝復幸江口命太祖帥戰棹入江以逐賊
船軍士乘勝因直抵南岸焚其營柵至暮而迴丙申江

南國主李景遣其臣僞兵部侍郎陳覺奉表來上仍進
方物是日帝詔覺對於帳殿凡數刻覺奏云臣願自過
江取本國表章進納廬舒黄蘄四州之地乞晝江爲界
以事陛下哀告之詞悽然可憫帝曰能如是朕復何求
若吳主復能舉國內附則亦當待以優禮己亥李景遣
其臣劉承遇奉表以廬舒蘄黄四州來上且晝江爲界
淮北平
表云今遣左諫議大夫兵部侍郎陳覺葢當時所假官
五年三月丙午景遣其僞宰相馮延己僞給事中田林
奉表進銀一十萬兩絹一十萬匹錢一十萬貫茶五十
萬斤米二十萬石表云臣聞盟津初會仗黄鉞以臨戎
銅馬既歸推赤心而服衆一則顯周君之雄武一則表

漢后之仁慈用能定大業於一戎紹洪基於四百兼資
具美允屬聖君伏惟皇帝陛下囊包終古德合上玄子
育黎民風行號令以其執迷未服則薄賜徂征以其向
化知歸則俯垂信納仰荷含容之施彌深傾仰之心然
以淮海遐陬東南下國親勞翠蓋久住王師以是憂慚
不遑啟處今當六師返旆萬乘還京合申解甲之儀麤
表充庭之實但以自經保境今已累年供給既繁困虛
頗甚曾無厚幣可達深誠然又思內附以來聖慈益厚
雖在照臨之下有如骨肉之恩縱悉力以貢書終厚顏
於微鮮今有少物色以備宣給軍士延己因稱李景命
納進漢陽汊川二縣辛亥景遣其臣偽臨汝郡公徐遼
偽客省使尚全恭奉表來上貢宴錢二百萬表云臣聞

聖人制禮重尊奬之心王者會朝崇燕享之事是以此
日輒薦微誠竊以臣幸能迷復方認懷來拱心既向於
皇風注目每瞻於清蹕伏自陪臣入奉帝誥薦臨頓安
下國之生靈俱荷大君之化育雖復尋令宰輔專拜冕
旒少傾貢奉之儀仰答含容之德然臣靜思內附欣奉
至尊既推示其赤心又迴隆於乃睠豈將常禮可表深
衷是以別命使臣更申誠懇俾展犒師之禮仍陳買宴
之儀躬詣行朝聊資高會庶盡傾於臣節如得面於天
顏伏惟皇帝陛下承天子民溥恩廣施四海識真人之
應萬方知王澤之深固以包括古今經綸典則盛矣美
矣無德而稱凡仰照臨孰不懽悅今遣客省使臣尙全
恭專詣行闕進獻犒軍買宴物色又表云臣幸將下國

仰奉聖朝特休睿慈俯垂開納已陳尠禮請展玉筵因
思盡竭於深衷是敢别陳於至懇伏以柏梁高會宸極
居尊朝臣咸侍於冕旒天樂盛張於金石莫不競輸延
實齊獻壽杯而臣僻處遐陬迥祇乃睠雖心存於魏闕
奈日遠於長安無由親咫尺之顔何以罄拳拳之意遂
令戚屬恭拜殿廷庶代外臣獲參執事納忠則厚致禮
甚微誠慚野老之芹願獻華封之祝謹差臨汝郡公徐
遼部署上宴進獻物色詣闕時景及選伶官五十人各
齎樂器與遼偕至且言來獻壽觴四月癸丑帝以江南
遣使買宴乃宣詔從官及江南進奉使馮延已以下宴
於行宫奏江南樂江南命僞臨汝郡公徐遼代李景捧
壽觴以獻仍進上金酒器一副御衣一襲戲魚犀帶一

條金器五百兩銀器五千兩銀龍一座銀鳳二隻錦綺千匹細馬二匹金銀鞍轡各一副玉鞭玳瑁鞭各一四月江南進奉使馮延已以下辭歸賜延已金器百兩銀器五千兩絹五千匹錢五百萬細馬四十匹羊二百口副使田霖以下所賜各有差

八月甲申遣其臣陸昭符使置邸於京師

五月降璽書賜李景云皇帝恭問江南國主竊以道契昌隆撫有疆宇控朱方而定霸總澤國以稱雄兵領三江風聲自遠重光奕世基構無窮不有奇傑之才孰副民庶之望朕猥以涼德奄宅中區接風壤以非遙幸馬牛之相及引領南望久渴徽猷果契素誠獲親高義一昨繼勞使介頻奉好音方在行朝未遑報命近還宮闕

合遣軺車俾伸玉帛之歡少達歲寒之意有少國信今遣太府卿馮延魯衞尉卿鍾謨管押持送賜景御衣四襲金玉帶各一錦綺羅縠綾帛共十萬匹金器千兩銀器萬兩御馬五匹并金玉鞍轡散馬四百匹羊五百口又賜其世子冀國信物稱是又賜絹十萬匹俾犒其師焉六月辛丑降璽書賜李景曰朕居大寶之尊爲萬邦之主體穹蒼從人之意法禹湯罪己之心剖開襟懷昭示寰海方務協和之德豈忘曠蕩之恩載想融明諒應鑒認相次收到江南諸軍員寮兵士四千六百八十七人今並放歸自是命使臣七人分番押送赴迎鑾渡過江仍以資糧賜之南軍無不感悦七月庚寅放江南天輝拔山長劍兵士七百餘人歸江南八月辛丑太府卿

馮延魯衛尉少卿鍾謨自江南使回李景手表來上手
表者蓋李景親書以表其虔懇也表云臣謬承先業僻
在一隅不識天命得罪上國困而後伏何足可多許以
不亡臣之幸也豈意皇帝陛下賜異常之顧垂不世之
私外雖君臣內若骨肉殊恩異禮無得而言退自揣循
何階及此且古人有一飯之恩必報臣竊慕之故自結
髮以來未嘗敢輕受人惠雖往事君父亦嘗以退謙自
居不圖今辰頓受殊遇此臣所以朝夕慨[redacted]上報之
無從也然天地之功厚實父母之恩深然而子不謝恩
於父而人且何報於天以此思之則惟有亦心可酬大
造況臣嘗嗟世網別(貯)素德方以子孫託於陛下區區
私意可勝言哉兼臣比乞鍾謨過江蓋有情事上告鍾

謨又以奉聖旨[redacted]放迴伏乞纔到京師卽令軍騎歸
國庶於所奏蚤奉敕裁瞻望冕旒不勝懇禱又不云臣
聞天秩有禮位已定於高卑王者無私事必循於軌轍
儻臣下稱踰名分則朝廷實覺等夷情所難安理須上
訴竊以臣比承舊制有位先基勞萬乘之時巡方傾攺
步慶千年之嘉會固以知歸伏惟皇帝陛下稟上聖之
資有高世之行囊括四海澤潤生民明目達聰道均有
截東征西怨化被無垠已觀混一之期卽仰登封之盛
而臣爰從款附屢奉德音陛下照臨情深優容義切全
卻藩方之禮惟頒咫尺之書粤在事初便知恩遇[illegible]者
未遑堅讓今茲敢瀝至誠且臣頃以德薄道乖時危事
蹙獻城以奉陛下請命以庇國人獲保先基賜之南服

莫大之惠曠古未聞微臣退思所享已極豈欲殊禮可
以久當伏乞皇帝陛下深鑒卑衷終全舊制凡迴誥命
乞降詔書庶無屈於至尊且稍安於遠服乃心懇禱無
所寄言及貢謝賜欽天厤及歲候厤日表各一函又表
乞賜史館書目九月遣其臣吏部尚書商崇義進賀天
清節御衣金帶金器千兩銀器五千兩錦綺綾羅共千
匹辛未又遣其臣禮部尚書朱璿來進銀一萬兩綾絹
共二萬匹稱謝恩賜國信壬子天清節廣壽殿上壽崇
義捧景表於殿前進旃檀佛像一軀細衣緞千匹乳香
三百斤崇義又代李景捧壽觴以獻甲戌景之世子冀
進謝賜國信銀器五千兩錦綺綾絹五千匹十二月癸
卯遣其僞工部郎中楊元鼎進賀正銀三千兩錦綺綾

絹一千匹辛巳江南進奉使朱鞏商崇義等辭各賜器
幣鞍馬甚厚
十月甲午放刑部侍郎馮延魯左監門衛上將軍許文
縝右千牛衛上將軍邊鎬衛尉卿周廷構等並歸江南
又敕淮南諸州舊隸江南者署元義軍宜並放歸農十
二月庚辰江南生辰國信使曹翰辭上令齎璽書以賜
李景云皇帝致書恭問江南國主星聚湖闗挺生英哲
命世既崇於基構承家撫及於江山顧寡昧之膺圖與
君王之協契茲屬誕日雖舉舊章仍輟近臣往修國典
遵所懷於樂土期福履之無疆今差樞密承旨曹翰押
生辰國信往彼到希見領乃賜景金銀器千兩錦綺繒
帛二千匹御衣三襲玉帶二條名馬二十匹金玉鞍勒

各一副

周世宗實錄

後村雜記

宋　劉克莊

冷四

辛酉國史實錄院日曆會要玉牒經武要略敕令所進書太保右丞相賈某拜太傅加食邑時余兼儤直預備一制及宣鎖余適不當日遂藏藁不出朝士多見之惟洪仲魯侍郎錄副而去後失其藁不能追省猶彷彿記三數語首聯云總羣書奏七略載嘉汗竹之勞立太傅曰三公爰峻面槐之拜中閒云昔夫子卻萊夷之後定古文之百篇周公踐商奄而歸作太平之六典向非天資學力之俱到安能文事武備之兩全尾聯云於戲倚相楚之良史豈惟讀上古之墳典索丕謝傅晉之偉人可以繫中國之衣冠禮樂語意稍著題與尋常進書加

恩者不同

上聖學尤高詞臣進小字本或用事稍晦或一兩字未
安必反復詢究或御筆徑改定元顏氏垂滅李梅亭草
某制用銷金字取漢人銷金石之語上改銷字爲磨字
程滄洲草禋赦用皇靈字上改皇靈爲國威余擬科舉
詔草楊鎮建節呂文德加恩制進小字本上於中間疑
一二字皆宣諭下問卽具出處回奏政再改進上或依
改本或批不必改凡聖筆所定無不曲當此類不能悉
記

孟珙家請賜神道碑詔學士院撰述久無下筆者其家
請不已本院具兩直院名銜取旨御筆劉某撰述及進
藁翌日宸翰付出三省云劉某所撰孟珙碑措詞平正

辛亥余以右史兼內制侍講時相安晚年高二三執政
方收士譽諸人心懷向背以攻安晚者爲賢余一日見
晚晚不勝憤鬱而言曰吾負諸賢徐眞翁李全臺論某
者力引爲執政汝騰權尚書甫供職而去超徐眞學士
某非不容諸賢諸賢乃不能容某某去有不如某者來
坐此始見思爾余勸其召潘吳二豸及董夕郎則人言
自止安晚不納外間皆言淳祐舊揆必相衆憂之不知
所出余因進讀九朝通略至澶淵事上歎今無寇準余
從容奏云本朝國勢差弱中間三有狄難賴三大臣以
身當之耶律氏越幽薊犯河朔決大駕親征之策襲撻
覽者寇準也元顏氏越太行黃河犯汴京決堅守京城
之策走斡离不者李綱也逆亮百萬南吠或欲散百官

而航海卒之扈鑾與幸建康者陳康伯也臣嘗謂此三人者皆奮由書生口不談兵仕不歷邊陲不曾作將帥一旦國家有急所立奇偉如此豈有它哉直以忠義之氣吞此虜耳方今人材衰少求伊呂管樂之材恐不可得若就士大夫中求如準綱康伯輩莫須有人若不論其人節義大閑但於曾作邊帥中擇相中外之所以寒心也上稱善曰卿言良是豈非疑朕復用某人耶朕決不用之退而仰歎上英斷不已侍讀趙端明用父聞之歎曰人主豈可無儒臣在左右

頃余以少蓬兼西掖侍晚講一日湯左史季庸夜訪余曰聞君翌日進講吾欲求外補而上未允煩君一語贊上決余巽謝不敢當季庸曰上於經筵中常目屬君吾

求退不求進君何疑焉余漫諾之及講罷賜坐因奏湯
中求去陛下何以處之上曰其人甚賢朕欲留之余言
湯素恬退自言初筮二考即蒙拔擢由掌故學館歷諫
官至柱史全不歷民事乞一外任自試萬一有外庸它
日召用不憚再來其人材實非矯飾者上曰卿素識之
耶對曰臣前假守袁州中爲宜春主簿與之同官一旦
求岳廟去臣不能留由此敬重之上曰然則合入何闕
余曰此在君父向來眞德秀自右史除江東漕若除監
司亦可時江東闕漕余奏以此處湯何如上曰也許某
人退以告游丞相游丞相曰上先諾楊伯嵒矣即擬卷
湯某除祕閣修撰湖北運判除目至後省見御筆批其
後云除右文殿修撰湖北運副余遂以上意載之贊書

端平乙未並拜二相之後時事小異安晚辭官表云憂
心悄於羣小或憂蹊隧之漸開衆賢聚於本朝未必規
模之遽變再相數年求去不允羣議稍侵之又表云大
臣負曖昧之謗不能自明小臣竊忠直之名以徼後福
似此類不一語意極條鬯

辛酉夏余進皇太子宮端午帖子云錯繇術進何裨漢
伾以棋親亦累唐聖代尊經崇理學講堂燕子日初長
外議以錯伾事不當用丞相以爲問余曰徧考前人所
作此如寒食必用介子推事端午必用屈原事在上兩
句下二句卻頌本朝之美似此者不可勝舉又楊誠齋
老於文學於大蓬兼光宗論德賀東宮生日云橘中延
綺皓瓜處屏伾文何嘗不用王伾事某下三句歸美今

日抑彼所以揚此也衆議乃息
辛亥明禮前余以大蓬兼內制常少又被敕攝卿上既
臨景靈宮齋殿余與鹵簿使徐同知眞翁立簾前燭光
烘簾見上將易服而貂璫輩忽離立偶語若祭禮有未
備者余爲禮官深慮失職既而微聞尋瓚未見謂在太
廟失記攜來久之左右奏知上徐曰去取來又久之一
璫走告瓚止在神御殿柱邊燭闇不之見又以奏上徐
曰取來看既見本色上易服余始跪奏請皇帝行禮竣
事上還齋殿左右請究詰掌瓚者上不答而起終無所
問因一瓚遲了十餘刻百執事皆有窘色惟上自始至
終端坐恬然若無事余與眞翁竊歎萬乘之主而聖性
寬洪一至於此非德盛仁熟其孰能之

趙觀文與篋以版書尹京都人頗議其挾筦權以固位
市籠雖油醬瑣細皆籠其利余侍經筵極論之略云權
酷權契囊括無遺弓張未弛倅失利源邑困繭絲之取
毫無生意民受弛魚之殃且引漢算緡唐宮市以諷又
曰麟趾之澤熄蟲尾之謗興聞趙愬於上曰言臣猶可
乃謗及國姓余不自安講次乞骸以避之上問其故余
奏臣素善與篋此論國事爾所謂麟趾之澤熄盎秀才
家時文有無關雎麟趾之意不可行周官之法度耳於
國姓無與聖意釋然後鄭發論余趙移書閩帥楊瑾云
後村之去非某意

乙未六月余爲編修官兼侍右郎官輪對至待班所則
吳叔永舍人已先在彼侍立矣叔永借余奏劄一觀余

答對畢當納副本今未敢示人也及對至論倫紀處上
反復論難累百言余一一條析以對上色莊然玉音溫
厚不以爲迕既退叔永問曰對何其久也某立得肚飢
矣余示以奏藁叔永歎美曰諸人皆不敢言矣君眞不
易隔三數日解后見叔永曰某爲君對語激發因皇女
不育加封詞頭下某既草詞別入貼黃云陛下未有皇
嗣雖皇女亦多不育引梅福續人者所以自續之語必
爲故王立繼則子孫千億及付出則貼黃已揭去聞上
不樂某封上且如此君昨面對天威咫尺慷慨開陳踰
晷不退某有媿於君矣後余爲季永所論叔永與遊果
山聯騎餞余湖上叔永云某不意舍弟如此余曰人各
有所見昔黃魯直除右史蘇黃門不肯押省劄而寢不

以魯直乃坡公之客而少恕其來久矣何足怪也游公笑云天下乃有故事親切如此一笑而散

丙午十月一日余爲少蓬當轉對論國本大略謂此事不可謀之婦寺邪詔之人又曰當定于一今也朝選一人焉暮選一人焉舉棋之勢未定當璧之覬寖廣又言或難臣曰金枝玉葉之繁將惡乎擇臣曰聖意之所屬卽天命之所屬又言近臣無范鎮司馬光累數十疏不已大臣無韓琦趙鼎以此事爲己任疏出翌日聞游丞相亦有密奏越三日上享原廟有貴州刺史之命而遣先人內小學者歸其家塾後六年辛亥余召對再溫前疏願采臣自姪爲子之說末言昔朱熹三見孝宗言日往月來不惟臣蒼顏白髮仰瞻天顏亦非昔矣臣自丁

未至今亦三見陛下矣由臣視熹賢愚雖異愛君一也
誦熹此言悽然有感上欣然曰朕意已定小者略長成
即教它入來既對衆論以余不攻安晚指爲晚黨庠生
陳宗干謁余不歷所欲嗾其黨上書指余二疏皆非惟
國本論差强人意然未免貪天之功余累乞骸納禄頓
首上前曰羣臣多論國本陛下試編類幾有一部通鑑
多臣止有一板半板何功之貪天顔爲一笑貪天之功
四字謂當權位者若漆室女憂君老子少倚楹而嘯豈
可加以貪天之名乎景仁君實一生名節可敬論建儲
特一事爾同時職方員外郎張述亦論此事尤切大爲
時相富文忠公所詆何足道哉
余自江東憲以太府少卿召對御筆賜第入館俄兼晚

講甫旬月又兼權中舍余力辭至四五游丞相云此上
意某不敢復奏余因白丞相多士滿朝何至用某作詞
臣此距新春不遠萬一省試差官又當濫吹耶游公曰
恐不能免余曰此大不可先朝以王君貺張安道同知
舉因爭卷子君貺自謂舉進士第一駡安道曰公雜出
身曉不得張公以賢良進而人言如此況其本無出身
耶游公大笑其冬余因留黃去國晚爲兵侍兼內外制
壬戌省試前詣廟堂乞免考試令傅相魯公答語亦如
游公余舉君貺安道舊話魯公亦大笑卒免差余仕由
門下卿監則歷宗少常少大小蓬史局則歷編修檢討
同修撰經筵則歷說書侍講侍讀又兼西掖再直北扉
可謂忝竊惟不曾爲試官爾

余少未爲人所知水心葉公稱其詩可建大將旗鼓西山眞公自爲正錄時稱其文延譽於諸公初筮靖安主簿年二十四庚使潔齋袁公被旨來攝豫章辱致之幕教官擬賀冬年表不合忽蒙改委公不易一字因白事留語主簿它日必以四六名家余答非素習黽勉爲之耳公曰君年事未也而四六乃有李漢老風骨它日豈易量余謝不敢當時但知李公漢宮春梅詞而已實未見其四六也退以告郡士萬栯伯我自述空疏之媿萬曰李公有一位在郡中居從其家借雲龕集與諸家所作誦習之稍爲上官代箋記大小狀皆以薄技得之佗無繆巧故諫議忠簡傅公每見其文擊節薦於朝曰使爲文字官必稱職時余方在選調上登極舉賢能材識

公已告老又以余應詔謝以小啟公自答云取舊知而
論薦應新詔之蒐羅雖非當時有味之言庶幾文若不
休之意後南塘趙公爲西宗評余四六云馴雅簡潔全
法半山又云老胡雙眼猶能別寶更須參取歐蘇使之
神化不測它日見余一二篇又云某在兄雲霧中令知
前所見一卷就某所好一體耳時南塘四六獨步一時
西山書云安得好時節使兄與南塘對掌其後南塘直
玉堂余亦忝內外制
西山四六高處不可摹擬爲江東漕與廣德守魏峴爭
振濟謝表惟歐公能道它人莫及也然書與余云某四
六從龍谿入兄與履常由半山入故標致不及二公其
謙下如此

余開禧乙丑補入參果行仲弟無競從弟志學參持志
與安晚同齋余因二弟識之後余宰建陽李知孝方輿
烏臺詩案余蹤跡危甚晚在瑣闥力勸遠相不宜以言
語罪人其事遂解余有一啟謝晚或云語洩禍未已遂
不果投惟錄寄西山及陳參與正夫遠甍晚相客見其
座右寫陳振孫劉克莊姓名正夫乃示以前啟俄有堂
審之命會西山帥三山以議幕辟余除將作監簿兼福
建參議官西山召余遂牽聯造朝安晚初相賀執滿牀
晚以余啟爲第一及爲樞掾以西山甍堂白再乞福建
參議以送其終二相皆言早閒方奏知欲以禮部郎官
相處如何去得僉正奈子壽副都丞顏耆仲左司崔端
純右司趙汝譢陶木編修高奎在坐皆聞其語退而相

卒賀余余曰禍將作矣何賀之有未幾被論去國李元
善在諫省小東云因南宮之除稍礬一表郎何足悒悒
余或爲詞臣耳然余晚遭遇未嘗歷表郎而爲詞臣
余爲廣漕被召爲金淵所論予祠明年以尙右郎官召
爲濮斗南所論皆言其披襟南宮余每與游丞相及安
晚諸公書言某中年婚嫁迫人但得一麤官苟俸祿以
送老足矣雖凋郡邊城或總餉亦願爲乃無故加以此
名幸無它過今年之斥此罪也明年之斥又此罪也初
負此謗未五十今六十矣惡名著身如染癩沐漆然詞
窮理極終不能免此等差使壬戌二月宣鎖草楊蕃孫
建節皇族乃裕檢校少保制二鼓盡進藁至四鼓後宣
諭問蕃孫制所稱渭陽二字時將解衣就枕旋呼燭作

回奏不禁勞苦有衰颯禿翁垂八十四更燭下作蠅頭之句又六月二十九日召試官職內宿夜作策題寫未畢忽暈眩不自持請且遂語同院洪伯魯決策求去以貴主薨不敢入字至八月末始得請

余年六十二羅陟屺之哀始得暈滑二疾初猶三兩月一作及辛亥免喪召歸則二疾月一再作或數日一作十日九謁告上問宰執執知余疾狀云何不灼艾宰執使人導玉音余始灸丹田餌烏附自夏徂秋小愈迫禋祀始參告宰執徐樞直翁言昨奏差執綏官上曰劉克莊可而病程公許可而老遂差陳顯伯可見上有清切差遣常屬意於君

辛亥五使按嚴更警場余攝太常卿與焉版書趙德淵

爲余言止消幾箇使相窮了版曹因言趙悅道一員錫賚一千八百匹兩始悟温公力辭郊賚之意時悅道爲儀同節鉞德淵尹京兼橋道頓遞使端平初陳璫洵益徽惹外議余輪對略及之云北司貴臣憑恃恩寵風憲不敢劾上問爲誰余以洵益對上不以爲忤蘗傳意臺中必不樂而臺端王去非乃上疏相助當時臺諫之賢如此後李元善論宮媪及洵益遷工侍不拜而去然未幾召用王丙相一德度前代帝王所不及

上洞知羣臣情態端嘉後言者多及宮媪或言二吳陰與通譖認之爲姑道夫因論事亦有數語及之若欲擺蹤者唐伯玉察院晚講上語及道夫笑曰別人如此說

他也如此說伯玉因彈道夫貼黃及毅夫二吳一生權譎而不知心術爲人主所窺如此

宰輔賜諡多上自定杭相李公當軸除授公戸庭肅鞭靴不及其門與喬孔山相先後薨上諡李曰文清諡喬曰文惠聖筆之嚴如此近知堂董相薨御筆賜諡文清余歸道過徐公直翁問董何以謂之清余曰見董公詞頭至院草制繳連其乞致仕表自言策免後十年居里自慚無益縣官職俸祠俸皆不敢觜豈非上見其遺言如此遂得美諡耶徐默然後陳抑齋諡忠肅直翁諡忠簡皆出聖裁不下有司

簡莊隨筆　卷一

海甯　陳鱣

(淳)熙九經槧本元人俞石磵所藏後歸徐子容侍讀又爲錫山安氏所得孝經易經後俱有王文恪題字此書楮墨尊嚴古香襲人眞商周閒法物可作傳家宗彝也石磵隱居吳之南園老屋數閒古書金石充物其中傳四世皆讀書修行號南園俞氏金張七葉不足羨也凡子孫得如俞氏足矣

九經點句讀皆精審如論語書云句孝乎惟孝句友于兄弟又甚矣吾衰也久矣句吾不復夢見周公又予不得視猶子也句非我也夫句二三子也中庸所求乎子

以事父句 未能也所求乎朋友先施之句 未能也均與
今本迥別學者宜詳攷之
左傳公入而賦句 注賦賦詩也賦字爲句太隧四句所
賦詩也鍾伯敬加抹云俗筆
僖公二十四年傳鄭公子士洩堵俞彌建安本公子士
洩讀 岳氏本公子士讀 按二十年注公子士鄭文公子
洩堵寇鄭大夫此注堵俞彌鄭大夫者洩姓見前不須
更舉也今人皆以洩上宜從岳本
二十八年楚子伏已而盬其腦建安本伏字絕句則已
音以岳本(淳)熙本皆伏已絕句則已當音紀釋文不言
音紀則知當以楚子伏爲絕句而已作以音不音已也
宣二十年戰於邲傳屈蕩尸之尸(淳)熙九經本長平尤

御史本相臺岳氏本巾箱小本竝作戸惟建安本作尸此字承譌巳久漢書王嘉傳云坐戸殿門失闌免師古曰戸止也嘉掌守殿門止不當入者而失闌入之故坐免也春秋左氏傳曰屈蕩戸之明係戸字流俗本因傳云龡子尸之又云以表尸之遂譌戸爲尸耳

襄二十四年傳云寡君是以請罪焉釋文本是以請請罪焉竝七井反徐上請字音情請請罪焉句法當點出昭十九年傳以度而去之注連所紡以度城而藏之釋文去之起呂反裴松之注魏志云古人謂藏爲去今關西仍爲弆東人輕言爲去音莒漢書陳遵傳皆藏去中猶有此音正義云字書去作弆羌呂反謂掌物也今以爲榮師古曰去亦藏也音丘呂反又音舉字書引陳

傳作弃

子服景伯既言伐邾之不可而孟孫曰二三子以爲何如惡賢而逆之言季孫自賢其伐邾之謀而諸大夫不敢逆也對曰以下皆景伯之言也知必危何故不言魯德如邾而以衆加之可乎知魯不當以不德加邾已知其危而不得不言也杜注云何故不言以上大夫阿附季孫之言魯德如邾云云則孟孫所答大夫也文義違背似爲未允景伯不與伐邾之謀而城下之盟則深恥之負載造於萊門請釋子服何於吳釋舍也釋我猶言舍我請不與盟也吳人許之以王子姑曹當之而後止傳曰吳國之上卿當大國之中中當其下下當其上大夫以王子當景伯重之也注言魯人欲留景伯質吳復

求王子交質而後兩止皆非也

哀九年秋吳城邗溝通江淮城邗絕句溝通江淮自爲一句今俗誤以吳城邗溝四字爲句遂稱揚州邗江爲邗溝非

宋建安余仁仲校刊左傳明少保嚴文靖公所藏其少子中書道普以贈虞山某公其跋云是書脫落圖說並隱公至閔公五卷昭公二十一卷至二十四卷卻以建安江氏本補足紙墨差殊每一繙閱輒摩挲歎息今年賈人以殘缺本五册來售恰是原本失去者卷尾老僧印記亦復宛然此書藏文靖家可六十年轉贈亦二十年矣其脫落在未歸文靖之前不知又幾何年不圖一旦頓還舊觀羽陵之蠹復完河東之亡再覯魯國之弓

雷氏之劍豈足道哉此等書古香靈異在在處處定有神物護持守者觀者皆勿漫視之崇禎辛未七月曝書日記

趙文敏家藏前後漢書爲宋槧本之冠前有文敏小像太倉王司寇得之吳中陸大宰家後虞山某公以千金從徽人贖出藏弆二十餘年後鬻之於四明謝象三跋云牀頭黃金盡壯士無顏色生平第一殺風景事也此書去我之日殊難爲懷李後主去國聽教坊雜曲揮淚對宮娥一段淒涼景色約略相似癸未中秋日書於半野

京山李維柱字本石本甯先生弟也書法橅顏魯公嘗云若得趙文敏家漢書每日焚香禮拜死當以殉葬耳

北宋刻本淵明集十卷文休承定爲東坡書雖未見題
識書法雄秀絶似司馬温公墓碑其出坡手無疑鏤版
精好精華蒼老之氣凜然於行墨之間眞希世之寶也
馬氏經籍攷東坡手澤三卷陳氏以爲即俗本大全中
所謂志林也今志林十三篇載東坡後集者皆辨論史
傳大事世所傳志林則皆瑣言小錄雜取公集外記事
跋尾之類羣拾成書而譌僞者亦闌入焉公北歸與鄭
淸老書云志林竟未成但草得書傳十三篇則知十三
篇者蓋公未成之書而世所傳志林者繆也宋人編公
外集盡去志林詩話標目入之雜著中最爲有見近代
所刻仇池筆記志林皆叢雜不足存吳興施宿武子增
補其父司諫所注東坡詩而陸務觀爲題嘉泰二年是

書刻於嘉定六年又十二年而後出故其攷證人物援據時事較他注爲可觀

先輩題書畫多云某年月日某人觀陸放翁跋所讀書但記勘對裝潢歲月而已古人非援據該博商訂詳審不輕著語也

文苑英華文選以後文章之淵藪也閩本苦多譌闕莫可是正曹野臣嘗言王戸部岕菴有宋刻殘本七十册購得之廟市者借觀帀月諺云借書一瓻還書一瓻宋葛文康公好借書嘗以酒券從高公輔假太平御覽詩在丹陽集中詞林至今以爲美談有人亥韻云酒券賒文籍盝謂此也長安酒貴無從貫一瓻又無酒券可以當假許之璧比於文康爲幸而惠借者勝於公輔遠矣

文苑英華載王右丞詩多與今行槧本小異如松下清
齋折露葵作行齋種松皆作老龍鱗作皆老作龍鱗竝
以英華爲佳送梓州李使君云山中一夜雨樹杪百重
泉作山中一半雨言其深山晦冥晴雨相半故曰一半
雨而續之以賨女巴人之聯也崔顥詩寄語西河使知
余報國心英華云余知報國心如俗本則顥此句爲求
知矣此類甚多送李使君詩起聯千山響杜鵑英華作
鄉音聽杜鵑蓋蜀中多鵑嗁故云爾俗本鄉音二字并
作響字妄添千山二字不但與下山中複且數目太多
矣

吳人錢穀叔寶以善畫名家博雅好學手鈔圖籍至數
十卷取宋人鄭虎臣吳都文粹增益至百卷以備吳中

五

故實有人從其子功甫借鈔與何季穆周安期共加芟補欲成一書未就也功甫名允治介獨自好不妄交接口多雌黄吳人畏而遠之惟虞山錢公過之坐談移日出看囊錢市糕餅相噉老屋三楹叢書充棟白晝取一書必秉燭緣梯上下一日云余貧老無子所藏書將遺不知何人明日早當盡出以相贈遂大喜凌晨而往坐語良久意色閔默不復言付書事因知其意不忍開口也辛酉北上語别病瘍初起瘡瘢滿面衝寒映日手寫金人弔伐録忽聞曹能始尚在廣西有欲覓通志寄我初欲理付書之約薄暮欲出未出無何功甫卒藏書一夕迸散鈔本及舊槧本皆論秤擔負而去一本不直數錢也

千頃堂書目鄒季友尚書蔡傳音釋六卷季友字晉昭
鄱陽人書傳會選多采用其書
今本周易本義彖上傳履卦象下傳夬文言傳坤卦三
處所引程傳宋本俱無前附八卦取象歌分宮卦象次
序上下經卦名次序歌上下經卦變歌亦後人羼入
宋官刻春秋經傳集解末記云(淳)熙三年四月十七日
左廊司局內曹掌典秦玉(禎)等奏聞壁經春秋左傳國
語史記等書多爲蠹魚傷損不敢備進上覽奉勅用棗
木椒泥各造十部四年九月進覽監造臣曹棟校梓司
局臣郭慶驗牘
又麻沙刻春秋經傳集解云謹依監本寫作大字附以
釋文三復校正刊行兼刻圖表於卷(淳)熙柔兆涒灘中

夏初吉闓山阮仲猷種德堂刊

又北宋本春秋經傳集解不附釋文自序連卷一不另篇桓二年傳中竩字缺筆在順祖永祧之前第六卷衛侯賜北宮喜謚注作皆死而賜謚及墓用傳終言之

舊五代書四庫本注明永樂大典卷數及采補書名卷數武英殿刻本遂盡删之

草木子洪武時括蒼葉世奇作羈縲犴中故有是書草木云者草以計時木以紀歲以況其生而傷乎其言之也支允堅異林藝苑閒評

遺山集四十卷今刻於河南馬祖常石田集十卷今刻於陝西上同

漢書唐以前惟尙音義自顏師古奉太子承乾令集諸

家注解出而人咸重之以爲班史忠臣迨宋余靖爲祕
書丞上言今國子監本史漢多誤請行校正詔翰林學
士張觀知制誥李淑宋祁直講學士王洙洎靖於崇文
院讎對悉發三館祕書以相係校凡是正數千言踰年
上之於是諸人校本盛行於宋世明以來所刊又多用
顔校本閒有用宋校者不過元大德時刊本俱經删改
非復宋時之舊予家藏宋槧漢書殘本其音注多與近
刻不同者幾什之二三以此知宋刻之佳今偶記數則
於此反離騷資姬娃之珍髢注髢音徒計反下有章昭
曰㛹當作頞梁王魏嬰之美人曰閭陬鳳皇翔於蓬陼
兮豈駕鵝所能捷注蕭該音義曰該按說文曰渚水出
常山中邱蓬山一曰渚小洲晉音之與反又自該按該

字至又字凡二十五字今本無卷䔢芷與若惠注皆草也是作香下云䔢音稗服虔音稗該謂䔢亦是穀稗之稗亦是香草䔢荔之薛在穀則爲稗也又引字林云漚久清也一候反菌接字林云地蕈似蓋巨隕反自䔢音稗至此一段在宋初曰棍疑混同之上其餘不同處尚多不具錄

杭堇浦先生輯歷代藝文志用數十年之功搜羅記注誠鉅觀也藁存於家其子以半部質於維揚馬氏玉玲瓏館半部質於武林孫氏壽松堂今馬氏藏書俱散不知歸誰何矣

讀金石萃編條記　滂喜

沈欽韓

近世好言金石然不通古今不精史學涉筆成誤雖鈔寫史志而循文誤解彼此舛錯吾見其秏心於是者徒資笑噱也王侍郎昶萃金石萃編蒐羅甚富辨說甚詳自信爲傳世之書與洪趙諸家抗行矣戊寅歲仲夏欲重注昌黎文集因從人借閱唐代碑錄有失之煩瑣穿鑿者有甚淺陋謬戾者蓋其隨手疏記涉獵驫悔或晩年目眚門下士助其料撿書吏爲其所給昔查愼行注蘇詩動云某人宋史及東都事略無傳今檢二書悉有之蓋同此誤也余掇其尤謬者不欲貽誤後生非好持

人長短也具疏於左

張琮碑云除左衞長史釋云不知何衞也按唐六典隋左右衞置長史一人皇朝因之則琮爲左衞大將軍長史矣

平百濟碑云汹水挻祆九嬰遂戮釋云汹與洶同涌也水聲也九嬰未詳按淮南子本經訓堯使羿殺九嬰於凶水之上高誘注九嬰水火之怪爲人害北狄之地有凶水嬰字唐碑別體耳

令賓墓志南陽人也釋云河陽古無南陽之名孟縣志河陽卽南陽者非也按僖廿五年傳王與之陽樊溫原攢茅之田晉於是始啟南陽水經注清水篇修武故甯也亦曰南陽馬季長曰晉地自朝歌以北至中山爲東陽朝歌以南至軹爲南陽故應劭地理風俗記云河內

殷國也周名之爲南陽是唐之懷孟二州今之懷慶府
通得晉南陽之目但撰當代文字不宜更以河陽爲南
陽如李白之鵲突敵宋祁之謬妄耳王氏繁引東魏僑
置郟縣之南陽而不知古有南陽殆於目不見其睫也
李孝同碑父淮安王神通山東道行臺尚書左僕射新舊史俱
作河北通鑑與碑同惟神通前爲山東道安撫大使竝
作山東釋云太宗元年分天下爲十道但有山南無山
東也開元二十一年始分山南爲東耳按山南東道開
元後之采訪至德後之節度竝治襄陽與神通經略河
南河北之處懸絕漢唐都關中故周宋齊魯之地皆云
山東賈子云陛下高枕亡山東之憂鹽鐵論賢良曰山
東天下之腹心賢士之戰場也秦漢言山東者非一以

唐論之高祖使太僕卿宇文明達招慰山東徐世勣據李密舊境未有所屬魏徵請安集山東乘傳至黎陽竇建德既平劉黑闥復盜據山東文苑英華李邕劉知柔碑云一淮南廉察再山東巡撫舊唐書李抱眞奏赦書至山東士卒無不感泣通鑑武后長安元年突厥寇幷州以辟季昶充山東防禦軍大使滄瀛幽易恆定諸州皆受季昶節度故杜牧罪言合幽幷冀三州爲山東唐言山東者亦非一以淮安王始末言之武德元年秋宇文化及在魏縣故以神通爲山東安撫大使山東諸軍竝受節度討化及明年陷於竇建德武德四年夏建德就禽以太子左庶子鄭善果爲山東道撫慰大使就洺州選補山東州縣建德官博州刺史馮士羨復推淮安

王神通爲慰撫山東使徇下三十餘州建德之地悉平秋七月聞劉黑闥作亂乃置山東行臺於洺州以神通爲山東行臺僕射五年劉黑闥與范願等二百騎奔突厥山東悉平四月廢山東道行臺神通之奉使山東其事如此安得謂史爲誤要之今人之病平時不反覆熟究臨時握管泛取史籍掠剩偶中則哆然負博洽之名而窮窘赤露不可彌縫反成笑端

大德寺造像建閣碑有齋主功士劉仁則等稱功士者凡八人以他人稱騎都尉驍騎尉雲騎尉武騎尉者推之則功士乃公士之誤公士民爵也册府元龜高宗乾封元年民年七十以至八十賜古爵一級中宗神龍元年賜民爲父後者古爵一級是碑之立適在其時李壽

續通鑑長編端拱元年七月賜諸道高年百二十九人爵爲公士則唐宋皆曾舉行也又考河東州刺史王府君碑（武后聖曆元年立）新昌縣開國子公士王善寶正作公士則此公士審矣而王氏於兩碑俱不考

王仁求碑長子雲麾將軍行左鷹揚翊府中郎將釋云唐制左右衛上將軍缺以中郎將代光宅元年改左右侍衛曰左右鷹揚衛按此不解史文妄說也新書百官志云左右衛將軍一人押仗將軍缺以中郎將代云（六典云權代其職新史每喜省文以誤人）此謂兩衛將軍於常日押五仗入殿將軍偶缺則中郎將代押入非謂將軍缺員以中郎將遷居其職也史云將軍而演爲上將軍上將軍乃貞元二年置舊書職官志敘十衛大將軍訖乃舉貞元二年之

救使讀者不至緣後誤前最爲得體新史開端冠上將
軍而小注於末行學者循文而誤已非解人況又增損
其文潦草填塞乎武衞又誤作侍衞
尊勝陀羅尼幢（張少悌書）前五人皆宦官後列直官果毅及
駕士長上扶車長上等朱竹垞據六典言長上之制又
引河渠署有長上漁師（此見舊志有長上漁師短番漁師新志省作漁師十三人者非）
證駕出扶車皆宿衞士王氏駁之以爲內給使按上有
果毅則宿衞之長直者明矣駕士主駕車六典乘黃署
令駕士一百四十人而內僕局亦有駕士周禮旅賁氏
車止則持輪扶車長上類是宋史輿服志謂之捧輪將
軍六典尚輦有奉輦十五人
□震經幢首題（帖職官勳階封不具錄）使持節鳳州諸軍事鳳州

四

萃

刺史兼御史中丞充興鳳兩州都團練使□震敬造并
文及書末題大厤十三年金石家不能據史傳以補其
姓固已陋矣按其時乃嚴震也唐書嚴震傳代宗時山
南西道節度表爲鳳州刺史母喪解起爲興鳳兩州團
練使權德輿集嚴震墓誌銘充興鳳兩州都團練使就
加殿中侍御史至於御史中丞爵馮翊郡公進封鄖國
居部十四年新書方鎭表乾元二年置興鳳二州都團
練使通鑑大厤十二年詔自都團練使外悉罷諸州團
練守捉使是團練曾罷而不廢都團練也王氏釋云御
史中丞疑是以刺史還朝兼此官也未見有所謂都團
練使者非獨不觀全史并方鎭表亦不一撿對矣如湖
南福建浙江東道江南東西宣歙觀察使無不帶都團

練者兵興時縣有團練使亦有都團練使文苑英華豆
盧詵嶺南節度判官宗羲仲碑云上元初楊公爲同州
刺史表公兼韓城令當縣團練使李翺信州司馬任信
墓誌云代宗幸陝州擢爲涇陽令充渭南十縣團練使
其防禦兼兩州者爲都防禦觀察兼他道者爲都觀察
節度兼他鎮者又爲節度都使顏魯公集謝浙西節度
使表云臣以今日發赴本道都統節度觀察使李峘處
分訖是節度使又須咨稟於都統節度也天寶以來節
度使兼御史大夫觀察防團兼御史中丞已有定例柳
州集諸使兼御史中丞廳壁記云今之制受命臨戎職
無所統屬者亦謂之使凡使之號專焉而行其道者也
開元以來其制重大故御史之名而加焉至於今若干

年其兼中丞若干人必待刺史還朝而爲此官乎
其官屬部曲題名有都押衙押牙釋云押衙二字僅見
於舊史惠文太子傳，按王思禮傳思禮與哥舒翰對爲
押衙高崇文傳裴度討蔡奏高承簡以本官兼御史中
丞爲其軍都押牙李衛公兵法教旗左右牙官駐隊如
偃月形通典今制每隊押官一人隊頭一人則押牙者
押牙隊如漢魏牙門將矣又有都虞候左右虞候釋云
不詳虞候始於何時按隋書百官志太子府率左右虞
候各置開府一人掌斥候伺非常胡三省通鑑注字文
泰相魏置虞候都督衛公兵法凡七軍之制左右虞候
各一軍若漢之軍候而都虞候總軍府事尤爲雄職故
郭子儀都虞候杖殺營中走馬者段秀實請節度使白

孝德願爲都虞候治亂兵也又有都游奕將游奕將通
鑑天寶十四載濟南太守李隨遣游奕將訾嗣賢濟河
殺安祿山所署博平太守馬冀乾元二年郭子儀使都
游奕使韓遊瓌將五百騎前趨河陽文苑英華李邕右
羽林大將軍臧君碑充太武軍遊奕副使益主遊兵巡
綽若宋之踏白軍又有右四將二將左四將副將等此
卽唐初秦齊二王府左右六護軍之制若巨行恭爲左
一府驃騎尉遲敬德爲左二副護軍秦叔寶爲右三統
軍也獨孤及毘陵集奏破劉展捷書表左第一將張嵩
光左第二將皇甫山棲左三將梁朝康承寂等左四將
吳季之等大約營制有十將十將又分左右高仙芝父
念口累勞至四鎮十將段秀實以十將張羽飛爲招召

將李愬討吳元濟有山河十將領山河子弟昭義節度劉從諫疾病以奴李士貴爲使宅十將兵馬使又考通鑑李希烈據淮西選騎兵尤精者爲左右門槍奉國四將步兵尤精者爲左右克平十將則知使府自置軍都類如此王氏考之殊未悉也又有子將釋云子將二字見宋沈括詩云別分子將打衙頭亦不解其何義按通典每軍大將一人副將二人子將八人當府兵未廢時折衝都尉果毅都尉下有別將郎子將也李衞公兵法大總管副總管立十旗以上子總管立四旗以上通典云後周總管下有大都督帥都督都督其都督郎子都督也北周書達奚武傳以戰功拜羽林監子都督庾信紇干弘碑魏永安中任子都督大統三年轉帥都督北

史李賢傳曾祖富魏太武時以子都督討兩山屠各則子都督之名久矣至唐自上開府儀同三司以下並爲勳官都督爲武騎尉僅從七品上其後軍中小將因曰子將通鑑開元四年大武軍子將郝靈荃懿宗咸通元年浙東觀察使鄭祗德遣子將沈君縱別將張公署擊裘甫李燾續通鑑長編元符元年六月蕃官熙河州部落子將權涇原路準備使喚李忠傑河州部落子巡檢李世恭是宋時亦有此名目其職級大約在都將副將之下矣

少林寺戒壇銘及葉先生碑並題括州刺史李邕書釋云舊書李邕傳姚崇嫉邕左遷括州司馬未嘗爲刺史必是寺僧立碑假邕書以取重但據傳聞邕在括州遂

以爲刺史也按舊書邕在文苑傳其左遷括州司馬後徵爲陳州刺史贓汙事發貶欽州遵化尉從中官楊思勗討賊有功又累轉括淄滑三州刺史新唐書邕傳云討嶺南賊有功徙澧州司馬開元二十三年起爲括州刺史是史傳有明文而橫謂邕不爲括州刺史幷疑其碑爲僞託可笑之甚顏魯公家廟碑戰國有率燭秦有芝貞漢有異肆釋云俱無考按顏率爲東周君求救於齊乃戰國策第一章顏燭卽顏斶古今人表作顏歜皆異文也顏芝與子貞秦時傳孝經見隋書經籍志大農顏異復非而誅見史記平準書顏駟江都人見太平御覽三百十五漢武故事又王充論衡逢遇篇云顏駟周人駟肆聲同通用

賀蘭氏墓誌銘洎大漸移寢於濟法之方丈蓋攘衰也釋云攘衰未詳按晉書庾翼傳云翼遷襄陽舉朝謂之不可議者或謂避衰此攘衰之議同也漢謂之避時天文志太后避時昆明東觀論衡辨祟篇宅盛即留衰則避之及歲破直符輒舉家移徙

多寶塔碑朝議郎判尚書武部員外郎釋云尚書上加判字不詳其制據本傳則眞卿時爲東都采訪判官再轉武部員外郎判者判采訪不知碑何以云判尚書按殷亮顏魯公行狀云吉温諷中丞楊洌奏公爲東京畿采訪判官九載十二月轉侍御史百餘日轉武部員外郎判南曹新書選舉志玄宗詔吏兵部各以員外郎一人判南曹六典吏部兵部員外郎各一人掌選院謂之

南曹舊書韓滉傳遷吏部員外郎判南曹凡五年按胡三省引宋白曰南曹起於總章二年司列常伯李敬玄奏置（通典職官門員外郎注同新書誤謂玄宗）吏兵部以員外郎判選曹亦猶戶部以侍郎判度支矣（天寶十一載改吏兵爲文武部）王氏不曉反詰書碑者之誤

顏公李臨淮碑父薊國公楷洛天后萬歲中燕國公武楷固爲國大將威震北陲有女曰今韓國太夫人擇薊公配焉釋云是光弼母武氏傳云母李子爲李氏不應母與同姓史誤顯然按通鑑武后久視元年契丹將李楷固善用緆索及騎射舞槊每陷陣如鶻入烏羣所向披靡及孫萬榮死來降以爲左玉鈐衛大將軍封燕國公賜姓武氏舊唐書李景略傳大父楷固張鷟朝野僉

載云稍貪財好色出爲潭州喬口鎮將憤恚而卒也然則碑言武者仍武后之賜姓也唐文粹楊炎李楷洛碑云本出於隴西燕齊之亂族沒鮮卑久視中有命招諭解甲來朝以其本枝復賜李氏云云天寶元年五月二十日薨考通鑑貞觀二十二年以契丹帥窟哥爲松漠都督高宗時已云李窟哥則賜姓在武后前也碑言本出隴西乃飾辭耳宰相世系表謂之雜李云柳城李氏世爲契丹酋長新書契丹傳天寶四載以李楷洛襲松漠都督據楊碑知襲契丹王者別一李楷洛而光弼父楷洛薨於久視中與李楷固同降卒於天寶元年也胡俗本不知同姓爲婚之嫌況李氏又非本姓王氏但據碑稱武氏而未嘗考二人之本末也碑又稱光弼嘗貯伏突於韡中考舊唐書傳

作納短刀於韠中唐書西域傳泥婆羅君佩寶伏突通典作寶裝伏突則知伏突乃佩刀耳王氏又釋云光溺之弟光進碑有兼御史大夫渭北節度使傳所無也按新舊書竝載光進爲渭北邠(甯)節度使若御史大夫節帥無不兼者無待言也

沔縣諸葛武侯新廟碑貞光三祀府王左僕射馮翊嚴□經理西鄙營軍沔陽云云府王乃府主之誤碑有損也關中金石記不曉府主爲何人乃强以舒王誼爲荆襄江西沔鄂節度行營都元帥按舒王誼事在建中四年未行會涇師作亂而止且在山南東道與興元無干此其謬不待言矣王氏釋云不審嚴某爲誰按嚴震傳建中三年代賈耽爲山南西道節度使興元元年德宗

幸粱州車駕將還加檢校尚書左僕射貞元十五年卒於任德宗幸興元非細事嚴震非微者荒謬至此可歎鄭楚相德政碑陳京選衞尉卿鄭雲逵書釋云陳君兩唐書皆無傳百官志無衞尉卿雲逵署銜用古名耳按新書陳京在儒學傳舊書附見袁高傳食貨志建中三年京爲太常博士建議括富商錢册府元龜一百四李吉甫奏其事於憲宗帝切齒稱爲賊臣卽此人也柳柳州集有陳京行狀唐九寺如漢九卿之數惟改少府爲太府耳承粱所改六典及兩志竝云衞尉寺卿掌器械文物何云無之

徐州使院石幢記釋云後列官屬姓名幾二十人惟鄭據見全唐詩餘俱無考按劉元鼎長慶元年以大理卿

爲吐蕃會盟使卽見崑崙河源者也在吐蕃傳郭行餘
元和時擢進士大和九年與王涯等同誅在李訓傳文
苑英華沈亞之平盧節士文云李師道從事郭昈爲緘
書遺郭航持詣彭城直詣賓府見郭行餘願見將軍則
郭行餘爲徐州從事時也王參元見柳柳州文集節度
使王棲曜之子李義山集僕射濮陽公遺表云與季弟
參元俱以詞場就貢濮陽公王茂元也
裴度西平王李晟碑改封西平郡王釋云溯其前竝先
有封爵碑傳皆失書按碑固失書然前云階爵竝在第
一則固言已封王矣新舊書晟傳竝云封合川郡王考
金石而其人本傳曾不一閱乎
明州阿育王考碑重立刺史于季友請處士順陽范的

書之釋云順陽地無考按宋書州郡志曹操分南陽郡西界立南鄉郡晉武帝更名順陽元和姓纂順陽范氏漢度遼將軍范明友之後

李光顏碑釋云不曉滄州復建橫海軍之所由按其事在興元元年以程華爲滄州刺史橫海軍副大使知節度事詳程日華傳

太和寺重修大像記四至云西晉三娘釋云晉氏絕無一人登史傳者按除史記晉鄙外後漢書班固傳有晉馮符融傳有漢中晉文經晉有尚書郎晉灼書注漢未見史傳何可妄談

㊷祕塔碑題左街僧錄釋云百官志貞元四年置左右街功德使總僧尼之籍法師蓋充此職按僧錄乃僧職

如明之左右善世今之僧綱司通鑑會昌四年以道士
趙歸眞爲左右街道門教授先生則僧道職竝分左右
街也若左右街功德使始於代宗郗士美傳魚朝恩署
牙將李琮爲兩街功德使其後則中官領之岱岳觀題
記有大(麻)七年八年修功德中使内侍魏成信題記圭
峰定慧碑云内侍省古街功德使王元宥施石新書宦
者傳吐突承璀爲左神策中尉左街功德使權德輿集
宦官孫榮義碑云貞元十九年拜右驍尉將軍充右神
策軍護軍中尉右街功德使則左右中尉分領左右街
功德使也
高元裕碑釋云道士趙歸眞馳驛事兩書無考按新書
元裕傳第二行郎載此事

方山證明功德記會昌五年毀去佛寺五千餘所蘭若三萬餘所僧尼廿六萬七百餘人所奉驅除釋引山左金石志云新唐書帝紀不言如此之多按舊唐書武宗紀八月制拆寺四千六百餘所還俗僧尼二十六萬五百人折招提蘭若四萬餘所收膏腴上田數千萬頃收奴婢爲兩稅戶十五萬人通鑑考異引杜牧杭州南亭記大略皆與碑合新紀何足取證

劉遵禮墓志開成五年方賜綠授將仕郎掖庭局宮教博士（六典掖庭局宮教博士從九品下按宦者傳吐突承璀亦爲之）蓋巳前白身給使但黃衣廩食也碑中敘復賜銀朱復賜紫金魚袋不過言由綠而至緋紫耳唐會要景雲二年詔衣紫者魚袋飾以金衣緋者飾以銀銀朱卽緋銀魚袋碑末敘四子

其二無官故云竝已賜綠考宦者傳魚朝恩養息令徽
尙幼爲内給使賜服綠與同列忿爭歸白朝恩明日見上
曰臣子官卑爲儕輩所陵乞賜之紫然則内給使固先
服綠中葉優假宦竪如此碑中所言本自易明文苑路
巖渾侃神道即日以銀魚朱袍賜之所謂銀朱者也昌
黎集送韓重華序詔拜殿中侍御史錫服朱銀見於唐
文者不可數計而釋者舍現行之章服橫引車服志袴
褶云賜綠者大約四命之綠又謂銀朱亞於金紫銀青
等大夫是誤目爲官階展轉迷瞀動處窒礙
顏公李㉑靖先生碑高祖文嶷陳桂陽王國侍郎釋云
陳書桂陽王伯謀爲明威將軍置佐史所謂王國侍郎
者蓋即佐史之屬也按漢續志王國郎中二百石隋書

百官志梁制王國置侍郎其秩在第四班梁定十八班以班多者爲貴陳因梁制故非清選寒素起家爲之此國官也志又云親王起家則爲侍中若加將軍方得有佐史無將軍則無府止有國官按將軍之號自二十四班至一班明威將軍在第十三班代舊衛朔然在佐史是府官與侍郎國官絕不侔何得云侍郎卽佐史乎

詩以山水爲難欲其抒寫襟靈品不曠則情不浹欲其吐納光景鑒不遠則形不呈欲其涵茹古籍材不奧則趣不警有此三難而酬和尤難非身歷其勝閉戶虛擬何異擿埴冥行終於顛蹶而已攝山爲江表秀區明徵君之捨宅徐騎省之卜居然以地去秣陵稍遠游跡罕至篇什之著者自六代迄明不過數家　本朝惟王漁洋朱竹垞兩先生詩傳唱海內爾今年季秋之望廣陵同業諸君發興眺陟先後偕往冒雨出郭渡江乃霽樊榭西疇玉井南圻之往適其時也風濤是畏水波不興梅沜漁川之往亦適其時也有此二適加以四難歸出其詩如峰爭奇如磵競響如霜松月篠交影洵乎不負山靈者若予以事絏不獲與偕同松逸恬齋西唐嶰谷

半查郎事懷人聊爲將來游事之嚆矢已耳又烏足以序其詩哉承諸君之命不可辭書此以弁其端乾隆癸亥十月之望錢唐陳章

攝山紀遊集

錢唐厲鶚樊榭

同西疇玉井南圻自紗帽洲江行至青山作

萬頃琉璃一色鋪天教晴意上殘蘆乾坤雙眼人將老風景千年世不殊建業水從全楚下佛貍祠近暮山孤明朝期我蕭齊寺還有金焦腳力無憶庚戌秋杪偏遊京口三山距今十四年矣

泊龍潭聯句

渡江已一舍鶚入港逢三叉樹隱塔突兀華帆轉山谽谺鷺影過秋水鶚雞聲隔蘆花斜陽半峰色華小泊依人家鶚

宿攝山渡

沿流望繖山亭亭行艫首疏雲羃其顛零落古渡口清月出復翳風鐙照衰柳平生江乘夢三歎未曾有人語潮生時雞鳴霜落否輾轉候天明披煙偕勝耦

游攝山棲霞寺留止三日得詩三首

諸峰圍圓天青蒼不容罅廣塗入香門正殿儼雲架有懷明徵君高躅久代謝山靈收積雨松風本無價東嶺鳥道通一一嵌精舍礀泉杖底鳴苔龕石面亞遐哉齊帝子佛事壯堪詫維時秋冬交黃葉滿衣下似曾識前生肯負雙不借

初爲棲霞宿孤月似留客徘徊出東峰已覺林際白共坐疏松陰滿地横畫格山深風早寒諸天去咫尺倚杖

聞微鐘瘦影寫苔石默數清境最迴與下界隔長嘯蝯
鳥驚今夕是何夕
朝光蔽深竹陰生西谷西細路僅一綫傍有百尺谿岌
岌石相倚其色蒼而黳歲晏水脈斷不見下飲霓高巖
蘚蝕字漫滅二徐題誰爲噉名者更鑿青雲梯取道中
峰半俯視衆岫低峰腋松雨來江光忽凄迷詎敢惜霑
溼明晦態不齊策勳木上座絕險相提攜

攝山雜詠十二首

明徵君碑 唐高宗御撰高正臣奉敕書

居士八辭徵異代動帝王侍書筆有神磊落載天音商
略拓翠墨用實歸時裝

舍利塔

隋文遺浮圖石函瘞雲嶠下鐫佛涅槃繪事顧陸肖奈何完顏軍鈌落付刼燒

千佛嶺

偃松列如幢層累得殊勝二分趾在外傴僂上危磴初日照金容高下眩難定

品外泉

引杖試靈源暗覓通積霤仰出石蓮花珍池似阿耨我來爲品題清寒不可漱

中峰澗

蔓壑一枝水遠自中峰吐隔竹鳴佩環絶憶柳州語僧房靜夜聞月來風起處

翠微菴

霜風放嚴晴墮葉雨無極隔籬禮磬聲不改翠微色揖
客登僧樓轉覺嵐陰逼

般若臺

精廬黃葉中閒以修篛裹般若本非臺蒲團消七箇分
我佛前鐙中宵吉祥臥

試茶亭

言尋白乳泉皋盧未攜至不見試茶亭空餘試茶字猶
勝徐十郎山前設茶肆

天開巖

微徑上屜屐劖削無堅頑一檯橫舄下南宗著色山高
空指飛鳥遠自蔣陵還

白鹿泉 石上有明李言恭篆書白鹿泉三字

澄泓浸山腹天影露半圭如聞初開日雪色飲伊尼誰知臨淮侯輿輿桑苎齊

蘄倚祠

楚臣佩蓀葹林表曾現形能受度師戒不食江魚腥時無離憂客坦步半山亭

白雲菴

林深老屋斜日落山風大一僧拾橡歸延客聽虛籟更憶曾遊人迢迢白雲外謂嬾谷半槎兩君

留別棲霞寺久林禪師師與予同王申生

幽尋不惜路歧遥冷淡家風久寂寥洞上禪鐙今再續山中浴鼓早相招髮分艾色知同歲手指松根話六朝別後茫茫隔煙水寄書何處附歸樵

附和詩

釋界清

白雲紅葉隔城遥日掩禪關臥寂寥苔徑偶因高士
掃幽期不待野僧招欣登峻嶺參千佛笑看蒼松問
六朝此去金陵多勝跡新詩惠我寄山樵

自棲霞至金陵道中有梁始興王憺吳平忠侯景
安成王秀墓石麒麟神道碑俱存蔣王廟在鍾山
之麓太平門外城下即後湖也得四絶句

巢烏送客又飛還霜樹參差古路閑偷得定林詩裏景
蹇驢滿意看鍾山
梁朝遺跡未銷磨運盡王侯可奈何突兀田中牛礪角
閲人誰似石麟多

暫憩吟鞍拜蔣王雲旗彷彿護重岡不教廟額仍稱帝豈爲流聞望子香

薄日殘雲黯欲晡避人漁艇占風蒲城根斷續明流水不問心知是後湖

登清涼寺

石城山上寺傳是李王宮路折三休至江横萬里通吳帆如鳥白楚樹入雲紅竟日同吟眺秋衣不耐風

秦淮懷古四首

佳麗江山入暮秋秦淮從古擅風流殘陽半隔烏衣巷綠水斜通白鷺洲事去與平空拜爵天亡歸命不成侯當年大有傷時語一曲清歌在漏舟

回首中原接戰塵但誇天塹渡無因阿誰肯墮新亭淚

有客猶尋舊院春會冠蓮臺王學士名喧桃葉顧夫人
蛾眉前後皆奇絶莫怪羣公欠致身
南都近事鬭姸華北里粧成勝若耶妙妓新裙吟蛺蝶
君王特敕問蟆蝦匆匆時節爭鉤黨草草兵戈散內家
贏得渡頭殘柳在瘦腰無力倚風斜
女牆東畔足流連只少劉郎好句傳長板橋空餘舊月
回光寺古剩寒煙荒畦盡種瓢兒菜樂府今停燕子箋
聞道樵童閒換酒井中淘得墜金鈿

宿長干寺僧房

閑房宴坐處幽絶到何曾小徧因躭靜清談嬾對僧香
焚石上月塔禮樹閒鐙此地秋堪餞吟成秋卷稜

歸舟過燕子磯

石勢渾如掠水飛漁罾絕壁挂清暉俯江亭上何人坐
看我扁舟望翠微

吳江王藻梅沜

入棲霞寺觀唐高宗御製明徵君碑

龍宮肅(弘)敞勝槩江左冠五里到山門豁然金碧煥齊
梁此名藍雲炬久未憑入寺撫崇碑奕奕唐帝翰當年
明僧紹抗跡樂蕭散弁榆及勞山兩地恣幽竄末乃託
於斯驅猛復誅蔓拓硼或疏階憑林迺結館鏡巘翼松
門珠峰照花榥八詔終辭榮九重爲興歎如意賜竹根
允稱隱者玩捨宅自當時星霜已無算清風感後王睿
製盛褒讚覞彼誘桂人濫巾鍾阜畔騰笑到山英流品
判霄漢我讀增低徊遐心渺天半午倦憩僧廬夢與松

風亂

登攝山最高峰頂

連山紛鉤縣一峰秀惟攝形模華葢懸呼吸帝座協昨從江中望意巳落雙屐今晨快登臨取徑由寺脇入谷曦景無翘首第崧嶷半嶺忽清空恍惚鯨背躡盤盤造其巔江天盪眉睫羣巒化培塿伏地互帖帖散布原野閒狠藉不可拾厥脈從西來騰擲跨宣歙九華暨三茅尻首渺連接蟠結爲蔣陵形勢雄建業蜿蜒到海門千里翠稠疊大江縈繞之開闔凡數摺狂瀾睇若平褰裳宛堪涉亘古多興衰遺事羅往牒琅邪失僑郡江乘餘廢邑星樓與騎亭想見圍山獵東吳訖南唐七代總灰刼盈盈白鷺洲揚葩賸石蛣茫茫黄天蕩戰艦摸漁艓

俯仰一興嗟天風助淒惻

上天開巖遂由桃花瀾至疊浪崖

初下最高峰卽取西峰道手扶竹策輕足藉木葉槁藤實青珊瑚藥果赤瑪瑙羅生巖竇閒自共山花老層巖劃然開峭蒨揷晴昊聯臂學引猨攫手駭棲鳥徐沈諸題名惜都沒煙草巖有徐鉉徐鍇沈傳師張稚圭祖無擇王雱諸題名今俱漫滅不知其處既下路逾緬循澗得窈窕香楓數十章其大俱合抱淺絳點秋林經霜猶未飽陽崖隔澗生瑋怪孰所造亂石如崩雲鬼工或輸巧靜對不知還遐哉此幽討

循中峰澗而上因過白雲精舍

山游忘疲苶詰旦興復乘昨沿西澗下今繞東澗升心空境彌靜人語山欲應道傍多根樹絡以駢枝藤喬林

忽竄鼪深穴疑潛鯪凋脣豁呀呷苔髮垂鬅鬙石子撈捕錦水紋砑繚綾巖扉敞高處幽幽著枯僧舊隱跡已杳近事猶可徵黃冠野服者緌帶輕裘會白雲菴是明居士託跡處明末張錦衣瑤星復隱於此簡棲三十載冥鴻遠離矰姓字栗主在聲價名山增貞松挺蒼際吟身昔應凭問松松不知長嘯青霞蒸

山中懷同社諸公

山中三宿留昨夜瀟瀟雨風物入高寒雲巒自清舉游心松石間念我平生侶江樹正空濛蕪城渺何許

雨中歸舟作

寒雲罨深松微雨灑高閣曉起辭精藍筍輿度犖确迢遙認孤舟已泊青山腳今夜楓樹林蕭蕭幾葉落

江都方士虔西疇

將赴攝山舟中遇雨遣興

乍晴還復雨秋色冷篷窗天意應多阻人心未肯降風

微帆挂半浪急櫓揺雙寄語明居士來朝穩渡江

宿攝山渡

尋幽偕靜侶止宿近攝山未與林壑親且共鷗鷺閑憶

昨雨不已惆悵嗟緣慳誰謂一帆風倏來水石閒微月

淡隱映曲水紆迴環息心永今夕明發窮躋攀

遊棲霞寺留止信宿得詩三首

舟行眄繖山一峰當我前頗疑咫尺隔宛轉踰陌阡路

盡得紺殿峰崿爭盤旋突兀舍利塔劫火燒愈堅崖竇

列戶牖鳥道一綫懸衆佛貌成峭趺坐層巒顛潤流互

絡繹松翠羅巾邊夕陽忽返照上下金碧妍高步更歷
險石龍何蜿蜒喜有躋攀具可結臺尙緣
薄暝興轉佳藉草坐石壁幽意感山靈霽景悅行客鐘
聲答松籟霜氣淨泉脈圓月出漸高天宇露林隙微聞
澗水鳴忽覩峰陰白我本塵土人了覺仙凡隔緬懷明
居士當年此拮宅遐哉神理存疑有往來跡
奇蹤不厭繁幽尋越信宿景物日夕移靈異紛滿目越
險意忽平登頓足仍縮遙遙最高峰賈勇肆遐矚策杖
踞嶔岑江山列橫幅舉首戴空翠俯身瞰羣綠環顧四
天外遠岫起仍伏始悟曩歷境攀援僅巖腹霜風吹衣
裾花雨若膏沐清極不知疲屈指斯遊獨世網如可辭
將擬此卜築

攝山雜詠十二首

明徵君碑

八徵臥林泉捨宅留遺址佳哉山水窟高名載青史三

讀上元碑異代有深契

千佛嶺

蘼齊設象教千佛何崢嶸霧露失精采日月扶光明稽

首事膜拜恍如遊化城

舍利塔

五級石浮圖隋皇修淨業誰謂色相空尚歷荼毘劫徙

倚日西斜空階積黃葉

中峰澗

齒齒漱危石泠泠瀉寒玉中多竹柏影疑有蛟龍伏潄

底鏡澄鮮俯仰幽意足

品外泉

石蓮涌妙香味淡色近縹不減亦不溢倒映銜花鳥中泠誇第一何如此山好

翠微菴

秀色落衣上一徑山浮嵐晴雨兩莫辨竹院深耽耽筆妙不可繪靜待禪人參

白鹿泉

淨緑迸巖際繞泉生野芹澄渟如瀋交色臭清而芬白鹿幾時見茗甌今策勳

般若臺

方寸自空明靜極乃生慧勒經石臺上永祛五欲蔽輿

廢固有時聊用紀年歲

靳尙祠

佛法重懺悔度脱超人天是資誓願力亦有香火緣所以楚大夫空山護安禪

天開巖（巖上題霞城二字）

高下絶攀躋片石展巨軸題名緬前蹤捫蘿字可讀青霞結爲城游人寄遥矚

試茶亭

山中多名泉茶品此堪試無復亭翼然空餘八分字玉川如再生定當重位置

白雲菴（爲明居士住宅舊址）

居士渺千載故宅留遺蹤白雲自來去崖際餘清風矯

首忽歎息時聞空外鐘

金陵道中

頗愛丹楓好還爲白下游雞聲石城曉驢背蔣山秋搖落見天意興亡生客愁南朝佳麗地蹤跡幾句留

歸舟卽事

舟行重掩見青山山外江流浩淼閒佳會四人同攬勝倦游十日頓思還天垂平野雲容淡霜滿寒林木葉丹歸去應須尋舊雨笑憑杯酒話孱顏

張漁川約重過攝山惟玉井獨往詩以見意

僧紹宅邊失把臂石頭城下復停橈山中景物留三宿江左風流問六朝媿我揹笻辜宿約多君折柬遠相招登高莫便增惆悵有客重過石步橋

江都閔華玉井

自紗帽洲放舟至青山

秋空無際卷晴雲浩浩風濤十里聞地指東南孤艇去天連吳楚一江分迎鑾舊事如春夢洗馬新愁有夕曛回首方山煙外影汀洲蘆絮正紛紛

宿攝山渡

江風吹殘霞零亂入暝色沈沈嵐彩中忽露秋月白渡口幾人家臨流倚青壁老樹森枯丫崩崖墜危石楷楷一鐙顯隱隱疏鐘隔遙想翠微菴僧歸少行跡

游攝山棲霞寺留止三宿得詩三首

舍舟理輕策細路盤山村峰迴就平曠繚垣敞三門稍見岫色露漸聞禽語喧上有千佛軀一一鐫雲根轉因

象教力遂使空山尊蕭齊事已泯只此留餘痕悵悵未能去坐久磐石溫石傍老楓樹顧我寂不言叩之若有答閱世如朝昏

素月出高嶺照見西南峰纁黃未脫葉淡淡呈秋容導我石壁下蔭以千尺松微風忽鼓盪欲起深山龍悠悠法界靜礀壑流疏鐘頓令毛髮清一洗塵土蹤此身得暫息佳處忻初逢空憶明居士千載安能從

陰寒山骨青起伏非一狀始踐天開巖疑役鬼斧匠既登最高峰江山入遙望英英白雲內萬事付惆悵俯視尤絕奇水出松果上向來所歷境倏已墮煙嶂虛籟屐齒生微雨帽簷颺歸路不逢人幽篁隔樵唱

攝山雜詠十二首

明徵君碑

緬懷堯外臣入山仗忠信千載垂堅珉突兀立數仞李
唐上元年摩崖字堪認

千佛嶺

南齊有遺蹟乃在蒼山根蓮趺坐寶相鑿壁摹千尊别
蘚覓題字不見游九言

舍利塔

三十舍利子其一留攝山當年晉六茹石塔窮剷刓至
今白豪光時時見林閒

品外泉

澄渟一洼白暗脈生石蓮末與水說等不竝茶經傳禪
門味清淨此是無聲泉

中峰澗

山中昨夜雨匯入幽澗瀉曲折眾竅分彎環石梁跨俯瞰黃葉流人影在葉下

翠微菴

雨過一峰青日暮一峰紫明晦變物態悠然落窗几我尋谿上菴逢僧翠微裏

般若臺

舊松與新桂正繞般若臺草木亦智慧花雨紛滿階媿我無好句合十呈如來

試茶亭

野飯石泉清佳句誦桑苎偶來試茶亭手拾墮樵煮清風雨腋生空山欲飛舉

天開巖

孤峰類削成皴法學斧劈披榛躡危磴引我上石壁四顧天蒼然飢鷹正盤翮

白鹿泉

有泉嵌巖腹宛如片月吐當時此靈蹤不啻鵝王乳何處小鹿門秋林夕飛雨

靳尙祠

空山多仁祠亦祀楚大夫長江日東下豈不懷故都精爽或未泯應悔欺商於

白雲菴

古屋竄鼪鼪壞牆生樸樕嵐氣忽低迷絪緼散幽谷想見住山僧身依白雲宿

金陵懷古四首

西風衰柳石頭城往事蒼涼動客情江左君臣唯共狎
湘東兄弟又稱兵烽煙故國無生氣夜雨荒陵有哭聲
千古英雄淘浪影茫茫何處弔開平

霸才那復見夷吾風景新亭舉目殊擾擾蟲沙讐社稷
紛紛人士隱菰蘆降藩無賴高從誨閹黨餘兇阮佃夫
卻幸檀來歌奏日明年一笑殺諸奴

秣陵自昔帝王州襟帶三吳控兩甌如此江山應有恨
是何天子竟無愁不防周旨能飛渡但忌王敦在上游
見說磯邊餘戰血陰雲黯黯鬼啾啾

直指南都五夜風龍驤巨艦下江東六朝王氣隨流水
一夕秋聲滿故宮幕府山頭軍作壘大功坊外草連空

傷心內苑三千女不向胭脂舊井中

清涼寺 寺有翠微亭故址為李後主避暑所

今日清涼寺當年避暑宮翠微猶好在白下幾成空演梵扮泠磬吟商桒葉風江南無限恨偏是月明中

報恩寺

規模宏麗敞三門末路慈悲動至尊當日宸輿臨寶地此時宮瓦落荒村空聞舍利能銷劫不信浮圖解報恩高廟有靈應涕淚可憐飛燕啄皇孫

山中懷同學諸公

秋巘日夕佳雲景看屢變試茗石間泉尋僧竹中院念彼白社人江山阻文宴風雨正雞鳴相思不相見

再入攝山一絕

金粟初逢巖下發珠欒又見雨中開今年大有看花分
十日秋山雨度來

雨中歸舟同梅滸漁川作

揮手謝煙巒乘轝向山路微微衣上雨冉冉松間霧離
岸潮始平維舟日云莫回望最高峰正在雲生處

江都陸鍾輝南圻

宿攝山渡

夕陽半帆紅帆落攝山渡荒村三五家繫艇依老樹風
掃雲容閑雨洗石骨露蘿月影紛紛草蟲聲絮絮幽景
憶前時汀洲曾泊處石梁壓水低乘夜更小步

游攝山棲霞寺留止三宿得詩三首

一峰繞十里行行到山口山喜故人來丹黃呈雜糅中

峰霽景佳殿閣出林藪千佛妙莊嚴萬松養靈壽石梁
高嶙峋絶徑風雲偶叢篁多蓊翳亂崿紛怪醜沈崦日
脚低穿礀泉源走窅然聞深鐘明鐙滿窗牖
山風吹月上漸覺光囧囧一徑通煙蘿攀援過西嶺傾
聽泉語微閑坐雲根冷戛然棲鳥驚萬象入寒影照人
肝鬲清禪意默已領
探奇興未盡擬上最高顚振衣揞短笻磴道相貫緣愈
轉愈斗絶賈勇佽獨先枝峰與蔓壑俯視獻幽妍山外
復有山起伏如龍眠江光浮樹杪點點風帆懸回首舊
遊處陳跡經幾年日月不我與徒爲韝紲牽披雲一長
嘯昏鴉已盤旋

補攝山雜詠八首

石幢

攲斜兩石幢如眉列林麓半爲風雨殘手剜古苔綠咸通與保大依稀字堪讀

桃花澗

幽澗若琴筑決決細泉注彷彿武陵谿紅霞蒸樹樹明年三月時來尋題石處（澗邊有非人間三字）

春雨橋

彎橋跨絶壑四面浮嵐濃人行翠微裏松栝交丰茸記得乘春遊不雨亦空濛

疊浪巖

百尺長松根巨波軒然起悟此身世間乘流亦時止王宰十日筆畫石即畫水

明月臺

飛步躡石臺削成何龍從徘徊山中月滿眼如流汞夜半聞天雞下方海色動

石梁

飛梁冠中峰三過未一至亂石如蒸雲探奇今始遂屐行手代目忽憶漁洋記

馴虎徑

習聽誦法華四虎繞之聽從師渡江來名蹟此猶賸我行秋草中伏石毋誤認

眞珠泉

幽泉散圓璣日可貫百琲沈沈不知源下有蚌髻睡汲歸沸魚眼芳香候蟾背

江都張四科漁川

渡江

曉發迎鑾鎮江干落木初潮聲來建業山色到南徐王氣千秋盡風流六代餘行人正安穩倚楫作家書

初至攝山樊榭諸君已往白門賦詩寄意

故人有約山中宿何事騎驢入建康見說白雲能殢客豈因紅葉未酣霜詢來游跡憑村衲覓徧新題繞寺廊試上最高峰頂望石城煙樹晚蒼蒼

攝山三十韻

我聞江南山幽勝此稱最單椒青插雲桀立表江介左右如拱抱中央若張葢時維九月秋截浪峭帆挂秀色遠迎客青蒼落船內指點沿清川詰曲達香界濃嵐藏

古刹一一名蹟會半面繚垣紅三成紺殿大始尋千佛
巖瑽瑽響豁瀨下有石礀砢中分流細碎复嶺何嵯嵔
鐫鑿自齊代周遭列莊嚴高下炫采繢旣壓伽兒雕不
异僧繇畫諦視徧苔龕超然復西邁遂經翠微菴泠泠
聞梵唄碧篠羅其前紫峰扼其背衆泉雖異名厥脈本
同派瀓渟鏡一奩滴瀝珠百琲何處試茶亭柱礎沒荒
薈星星石雨飛淡淡松風灑直上最高峰放眼寄大塊
遥青爭蜿蜒夐與鍾阜對只此堪頡頏餘者悉曹鄶遠
白但黏空風濤失澎湃迴汀似斷玦巨艑等浮芥江山
有如此其間幾興廢不見明居士捨宅千載在今古一
低徊景物入感慨夕陽促歸路華鯨振林籟片段落霞
明高鴻眇天外

攝山雜詠十二首

明徵君碑

居士有隱操異代感至尊宸章照巖谷翠墨猶可捫會昌不掊仆巍然至今存

舍利塔

由旬窣堵波刱自仁壽年雖遭兵燹餘不壞舍利堅依約瞀戾岡猶語空中煙

千佛嶺

千百億化身一一呈妙相誰歟摹慈容鑴刻列層嶂肅齊已逝波佛臘自無量

中峰澗

幽澗中峰陰中多石犖确今際秋冬交細若奏水樂我

愛洗耳聽拄杖來數數

天開巖

僧樵石壁下導我窺巖扃上摹岣嶁碑字畫疑象形夕陽忽返照一片苔花青

翠微菴

秋山渲佳色中隱釋氏廬莫辨杉竹深但聞鐘磬疏亖雯天風吹空翠紛階除

品外泉

吾鄉大明泉無雙聞隱語何如此瑩淨一勺瀉巖乳品第孰後先還應待陸羽

靳尙祠

叢祠祀上官神衛此山麓見說佛力洪宿怨脫魚腹莫

將楚乞歌唱作迎神曲

白鹿泉

銜花旣呈佛現相因得泉我來訖靈蹟不知始何年有

玃時下飲接手懸崖懸

試茶亭

山行不知疲名泉得窮搜綠雲小煎喫于茲成小留願

復此亭古奇勳策清游

般若臺

佛有明鏡臺無淨亦無垢請君下轉語未免空諸有我

參獅子座甘落靈運後

白雲菴

縷縷膚寸生詮入幽人戶行與白雲俱止與白雲住人

意亦如雲戀岫不能去

山中有懷同社諸公

秋帆事清游三宿徵君宅偶結山水緣暫令親舊隔相思丈人行暮天渺空碧目送出山雲悠然過江北

題王幼嫱谿亭竹樹小景幼嫱秦淮妓也於前明天啟辛酉歲來游攝山因作此幅余見諸僧壁間遂拉邀梅游玉井題詠

掃眉人去已多時淡墨谿山古壁遺爲愛前村霜葉在不妨幾點涴臙脂

僧房竹樹儘清幽小劫香名仗此留手拂蠹絲意無限攝山風雨一鐙秋

雨中歸舟作

行李出深松逢僧山口入迢遞達清川篙師已蓑笠歸

舟理琴書尙帶雲嵐溼橡栗滿空林零落無人拾

宿江上

客子候明發短楫檥秋水中夜羣動息風葦鳴不已始知昨夜宿深在白雲裏

附錄

懷樊榭諸君遊棲霞

竹町陳章

公等山遊好霜初落木天松陰添晝冷谿響減秋眠愛戀過三宿吟哦定幾篇無因一乘興獨喚渡頭船

松遙程士樾

曾聞名勝地清夢想棲霞偏我塵勞擾輸君杖履賒紫峰尋石閣白塔問僧家應戀山中住聯吟到日斜

西唐高翔

久羨齊梁地名山隔世塵秋高雲外客霜冷菊邊人

連屐松分翠初更月似銀是日二十有懷在巖壑歸欲問

前津

嶰谷馬曰琯

說著棲霞寺依稀在目前青松雲外樹白乳澗邊泉

夢寐能無憶山靈信有緣寒飇餘我輩惭對菊花天

半查馬曰璐

最羨翦江去晴巖一纖張霞心留信宿詩思滿齊梁

捨宅高流邈探幽逸興長若爲風色便也擬續遊航

聞漁川繼往

聞樊榭諸君遊攝山復至金陵同用十五咸韻

竹町

詩老看山眼最饞棲霞饞了又抽帆兼收隴蜀心方快遍訪齊梁跡未芟瓜步寒潮横疋練瓦官古寺響枯杉不知那處連牀雨吟苦秋鐙傍枕函

松逸

游輿傳聞更挂帆石城搜句恣雕鑱夕陽十廟吟秋草前代高陵認舊杉波冷秦淮歌久寂山餘鍾阜氣猶嚴雄才弔古知多少準擬傾囊慰老饞

西唐

忽聞重鼓金陵輿名輩歡遊總不凡佛屋林邊拋短屐石城江上換輕帆黄蘆瑟瑟秋將遠白雁聲聲日半銜想到蔣山楓葉路行吟人對碧巉巖

嶰谷

過江遊興劇貪饞懷古登臨趁一帆居士高蹤雲漠漠眞人王氣石巉巉幾株疏柳青谿社無限秋心白紵衫聞得清詩滿懷袖歸途還欲上花巖

半查

昨日山中青鳥至丹砂遥寄抵封緘比寄山中紅藤子色如丹砂乘潮又放金陵櫂訪古應閑白木鑱一代故宫依落葉六朝遺事入吟衫就中莫唱桃根曲恐惹深閨怨布帆戲謂南圻

寄

恬齋汪玉樞

樊樹諸君同游攝山余不及偕往因作詩一章奉

未同攝山遊先聞攝山勝高秋九月時紅葉絢幽徑
我友五六人先後成合井萬頃江波澄十幅蒲帆勁
梵刹依中峰珠林極幽靚高隱齊徵君施宅意何[illegible]
蘚蝕唐宗碑金薤可剔認寺古僧多閑地僻松愈靜
白鹿去何年風泉尚堪聽遂使塵壒人躍然發清興
孤心爲之馳雙目倏已瞪準擬續裹糧攜雲躡危磴

諸君金陵歸以芹藕見餉奉答三絕句

歸帆斜日落平蕪見說茲游興不孤一餉煮芹兼雪
藕始知人過莫愁湖
好秋風景舊江南驢背鍾山得細探秀句吟來欲呈
佛幾人秋夜借鐙龕
楓柏經霜已半凋烏衣巷口葉蕭蕭何時買櫂青谿

曲流水聲中間六朝

九月二十一日聞王君梅沂姪喆士渡江往攝山因懷舊游賦寄三十韻

嘯齋張世進

棲霞吾屢遊今能舉其況未至石嶙峋漸近地舒放犖岫環無端一寺門有伉前可闢千畦旁若列兩仗欲登最高峰左右隨所向蘭若分東西選勝各營刱或踞崖之腹或抵泉之吭雖乏休糧僧喜少食肉相厥木多齊粱惟松氣張王枝同鸛雀啄響類笙簧颺行行躋其巔石城儼入望鍾阜遥嵯峨江水失滉瀁俯睇塵寰卑仰觀天宇曠肢體縱云勞所得差足償獨有中峰路危仄莫名狀初猶康莊然忽作堵牆樣

斷處石梁横懸空絶依傍修無矛三尋受僅輮一緉
我負好奇癖徑過弗自量投足心慫兢回首䰟駭喪
問之曾遊客十計九未上境以險愈靈游以苦彌暢
至今坐荒齋合眼見青嶂肅霜九月寒乘興二子壯
念兹揺落晨松風定無恙叧當紅葉酣爛如施錦障
快讀徵君碑滿引田父釀想見搘笻時到處有酬唱
慚予舊詩劣未足配瑜亮歸談攝山奇舌在肯相讓

公車徵士舉主總目

大學士高安朱軾四人　甲戌

錢唐徐本二人　戊戌

戶部尚書溧陽史貽直二人先陝撫任中一人　庚辰

禮部尚書溧陽任蘭枝三人　癸巳

兵部尚書奉新甘汝來六人　癸巳

工部尚書孝感涂天相六人　癸未

左都御史興縣孫嘉淦六人　癸巳

戶部侍郎湘潭陳樹萲三人

臨川李紱四人　己丑

仁和趙殿最四人　癸未

戶部倉場侍郎新安呂耀曾二人　丙戌

禮部侍郎滿洲徐元夢三人　癸丑

膠州王紱五人　庚辰

兵部侍郎宗室德沛五人

懷甯楊汝穀四人　庚辰

歸安吳應棻五人又湖北巡撫任中二人　乙未

署兵部侍郎事平越王士俊六人先河督任中六人　辛丑

刑部侍郎靜海勵宗萬三人　辛丑

武陵楊超曾四人　乙未

工部侍郎鳳臺王鈞三人

桐城張廷瑑一人　癸卯

內閣學士滿洲伊爾敦四人　戊戌

滿洲春山一人　壬辰
桐城方苞五人　丙戌
嘉興吳家騏六人　戊戌
仁和姚三辰三人　癸巳
副都御史奉天孫國璽四人　辛丑
海甯陳世倌五人　癸未
通政司使甯夏趙之垣六人
詹事覺羅吳拜二人　壬辰
諸城劉統勳　甲戌
正詹管少詹太倉王奕清六人　辛未
太常寺卿福山王游一人
光祿寺卿滿洲那一人

南昌劉吳龍五人　癸卯

太僕寺卿常熟蔣漣六人　己丑

順天府府尹高安陳守創五人　甲戌

奉天府府尹商丘宋筠一人　己丑

府丞山陰王河一人

直隸總督銅山李衛六人

江蘇巡撫奉天高其倬十七人　甲戌

兩江總督奉天趙弘恩二人

署江蘇巡撫滿洲顧琮七人

江蘇學政桐城張廷璐　戊戌

安徽巡撫泰安趙國麟三人先福撫任中一人　丙戌

兩江總督上蔡程元章十八人　辛丑

浙江總督無錫嵇曾筠六人先南河總河任中一人　丙戌

江西巡撫滿洲常安六人

福建巡撫奉天盧焯十人

福建學政奉新周學健二人　癸卯

湖南巡撫滿洲鍾保九人

湖北學政睢州蔣蔚一人　丁未

山東巡撫臨洮岳濬四人

山西巡撫覺羅石麟四人

陝西巡撫滿洲碩色三人

陝西學政交河王蘭生一人　辛丑

四川巡撫奉天楊馝二人

廣東巡撫昆明楊永斌六人　己卯

廣西巡撫奉天金鋐三人

外左宗正愼郡王三人

衍聖公一人

共二百七十五人內重薦者八人實二百六十七人

公車徵士總目

滿洲五人

漢軍二人

直隸三人

奉天一人

江蘇七十八人

安徽一十九人

浙江六十八人

江西三十六人

湖北六人

湖南一十三人

福建一十二人

河南五人

山東四人

山西三人

陝西四人

四川一人

廣東六人

雲南一人

公車徵士小錄 一

鄞 全祖望

科舉簿目有出自官者有出自私者東觀奏記鄭顥知舉宣宗索科名記顥屬祠部員外郎趙璘采訪諸家科目撰成十三卷始武德元年至大中十年敕付翰林并著爲例以後逐年編次唐志又有崔氏顯慶登科記五卷姚氏科第錄十六卷李氏登科記二卷此皆廟堂所以備科名故事者卽今禮部春試直省秋試所有進呈試錄是也至於同年小錄同歲名諸書則在下者所輯以志一時同岑之盛卽今春秋二試所有齒錄是也詞科之在唐宋投牒請試先獻所業於典未爲甚隆

國朝則出自大臣之薦剡而以鶴書致之月給農部之
金以需試期是漢人公車門侍士之制也予作詞科摭
言於己未百八十六徵士已仿高允徵士頌之例詳爲
書之其接今科則尚未能遽成書也乃先取同薦諸公
姓氏里居世系合爲一録考漢晁家令唐張文獻對策
皆先序其舉主故於是録亦以舉主先之夫公車之辟
出於尋常公舉之上則是録固非春秋科目二簿之比
而要其所以爲公車重以無負大對者當何如與乾隆
元年歲在丙辰九月之朔甬句東全祖望題辭
經筵講官戸部右侍郎兼管錢法事務趙　薦
萬經字授一今别字九沙行一浙江甯波府鄞縣
人順治己亥年正月十三日生年七十八歲治書

經康熙丙子科舉人癸未科進士

原任提督貴州等處學政翰林院編修

高祖達甫 明世襲累官鎮國將軍廣東參將

曾祖邦孚 明世襲累官驃騎將軍福建總兵都督僉事

祖泰 明崇禎丙子舉人戸部主事

父斯大 布衣敕贈儒林郎翰林院編修

母陸氏 敕贈安人明都察院右都御史世科孫女按察副使宇爍女

伯斯年 敕贈文林郎翰林院纂修官 斯程 斯楨 斯昌 斯

選 俱布衣

叔斯備 斯同 俱布衣

妻錢氏 敕贈安人明按察僉事啟忠孫女

子承元 雍正己酉拔貢山西盂縣知縣 承式 康熙甲午舉人四川安縣知縣 承甲

劝

孫系前生縣學綿前　餘劝俱

曾孫

世居府城縣學宫前今居省城北關

承感下

日講官起居注詹事府詹事今任內閣學士劉　薦

瞿駿字雲墀行一江南蘇州府常熟縣人康熙丁

巳年三月初一日生年六十九歲治詩經康熙庚

子科副榜貢生候選知縣

曾祖允祿監生候選同知

祖希聖監生

父正

前母曹氏
母陳氏
叔天祥
弟騏　驤
妻龔氏
世居常熟南關外莫城今遷居南關內
永感下
內閣學士兼禮部侍郎方　薦
吳鋭字潁長一字鈍人行三江南太平府當塗縣
人康熙戊申年七月十二日生年六十九歲治易
經康熙辛卯科舉人
現任江南揚州府江都縣儒學教諭

高祖金監生

曾祖坤

祖守仁

父大啓監生

母張氏

妻　氏

子世勳

世居采石鎮

永感下

戶部左侍郎兼管三庫事務李　薦

鄭長慶字慕蕘一字匏園行四江西廣信府貴谿縣人康熙庚戌年二月初六日生年六十七歲治

詩經康熙丙子科副榜貢生雍正癸卯科舉人揀
選知縣
高祖梓廩生
曾祖一愚廩生鄉飲大賓
祖廷舜累贈奉政大夫禮部主客司郎中
父日箕庠生
母聞氏
伯日奎順治己亥進士翰林院庶吉士累官禮部主客司郎中
叔日璧廩生
兄闡慶候選州同 肯堂歲貢 宣慶庠生
弟光慶庠生 澇慶
妻江氏

林氏

子步鑾監生　步墀　步垣　步坡俱業儒

姪步青　步蒸　步朝　曰倬歲貢生

孫元來　泰來　豫來　觀來　晉來俱幼

世居縣城今遷北鄉周家山

永感下

兵部右侍郎兼都察院右副都御史署理江蘇巡撫事務顧　薦

邱迴字爾求一字拙郵行五江南淮安府山陽縣

人康熙壬子年十月二十二日生年六十五歲治

詩經歲貢生

高祖崇庠生

曾祖廪誥贈朝議大夫

祖俊孫 明崇禎癸未進士累官山西冀寧道布政使參政

父象升 順治乙未進士累官翰林院侍講降補大理寺左寺副

母楊氏 敕封安人

伯象觀 庠生 象恆

叔象隨 康熙己未博學鴻詞累官司經局洗馬 象艮 康熙己卯副榜貢生

同升 湖廣鄖陽府通判 如升 陝西慶陽府同知

兄達 廩生 過 貢生 遴 康熙丙子舉人泗州學正

妻張氏 國子監學正新杼女

子謹 雍正癸卯選拔貢生 重慕 廩生出嗣 柱 雍正壬子舉人

孫肖曾 廩生 法曾 業儒 則高 業儒

曾孫以誠 業儒 以敬 祿 甲 俱幼

世居淮安府城西門內西長街

永感下

順　天　府　府　尹　陳　鑴

金門詔字軼東一字東山行四江南揚州府江都

縣人康熙癸丑年五月十二日生年六十四歲康

熙丁酉科舉人

現充明史館纂修官今中乾隆丙辰科進士改翰

林院庶吉士充三禮館纂修官

曾祖貴貢監生

祖玉節廩生

父奇選庠生

母羅氏

叔彥選庠生

弟殿詔康熙乙酉舉人丙閣中書舍人

妻許氏

子帶監生

姪甲庠生

孫鑾簡　鑾策

世居府城北門

永感下

總理北路軍需光祿寺卿劉　薦

龔正字松丈一字慎修行三江西南昌府南昌縣

人康熙甲寅年二月初六日生年六十三歲治詩

經雍正己酉科選拔貢生

高祖一駷府學生

曾祖仲砢

祖誥元 進賢縣學生

父鳳翔

母劉氏 江南鳳陽縣知縣廣女

本生父鵬翔

本生母熊氏

叔鶴翔

兄元演

弟元尉 元法 元瀚

妻熊氏

子鴻福 鴻康儒俱業

世居會城南中洲蜀綌

永感下

工　部　尚　書　涂　薦

李春耀字東谷一字舫村行三湖北漢陽府孝感

縣人康熙乙卯年二月二十八日生年六十二歲

治詩經康熙丁酉科舉人

高祖晞貢生

曾祖存仁庠生

祖何穠庠生

父時亨

母呂氏

兄春輝監生

妻張氏

子惟謙
姪惟閶
世居南門外八埠口
永感下
戸部左侍郎兼管三庫事務李　薦
傳涵字聖涯行一江西撫州府臨川縣人康熙乙
卯年八月十五日生年六十二歲治五經廩生
高祖國行
曾祖毓麒
祖弦
父作舟
母吳氏

叔作梅監生候選州判　作調　作和庠生
弟溶庠生　渟業儒
妻司氏
楊氏
子
世居臨川田東里
永感下
都察院左副都御史陳薦
汪祚字惇士一字菊田行二江蘇揚州府江都縣
人康熙乙卯年九月初八日生年六十二歲治易
經康熙庚子科副榜貢生
原授正黃旗官學教習期滿候選知縣

八

高祖尙蔭

曾祖文燭 庠生鄉飲大賓

祖世京

父元康 國學生候選州同

母方氏

生母程氏

伯元庚

兄祥 附貢

弟祺 生歲貢

妻孫氏

子璋 庠生 琇 國學生 珣 國學生候選州同 瑨 國學生候選州同

孫光組 光表 光四 光復 光昭 光黼

光繖
世居府城埂子上
永感下
經筵講官戶部右侍郎兼理錢法事務趙薦
李光型字㑥卿行二福建泉州府安谿縣人康熙
丙辰年五月初一日生年六十一歲治易經雍正
丙午科舉人癸丑科以性理
召對
欽賜進士
現署河南彰德府管河同知
曾祖九濱以孫日煋贈榮祿大夫左都督以曾孫
光地贈光祿大夫吏部尚書文淵閣大
學十
乙

祖先春以子日煜贈榮祿大夫永州鎮總兵左都督以孫光地贈光祿大夫吏部尚書文淵閣大學士

父日煜庠生累官榮祿大夫湖廣永州鎮總兵左都督

母鄧氏誥封一品夫人

鄭氏誥贈恭人

伯日焻庠生　日㸑貢生考授通判　兆慶貢生以子光地贈光祿大夫吏部尚書文淵閣大學士　日熺庠生　日升歲貢生訓導

兄光㙺康熙辛丑進士現任翰林院檢討提督山東學政

弟光北康熙戊子舉人現任福清縣儒學教諭　光塏國學生　光埅庠生　光㙉康熙癸巳舉人候選知縣　光袁康熙壬子舉人　光基庠生　光墿國學生

義儼雍正甲辰乙卯副榜

妻林氏福建興化總兵官承女

林氏承姪女

子鍾俾雍正甲辰進士現任直隸延慶州知州宗遇雍正乙卯舉人正愷雍正丙午舉人現任廣東靈山縣知縣

世居泉州府東門內

永感下

宗人府左宗正多羅慎郡王薦

易宗瀛字公仙一字凫菴行四湖南長沙府湘鄉縣人康熙丁巳年三月二十七日生年六十歲治

詩經貢生

試用浙江曹娥場鹽場大使

高祖萬橋明南京後衞經歷

曾祖嘉萃

十一

祖道生明庠生

父貞言庠生以旌表孝子崇祀特祠

母李氏

叔訓　誠　豫庠生

兄宗洛恩貢　宗洪庠生　宗浩庠生

弟宗渃貢生候選縣丞同舉博學鴻詞

妻彭氏

子祖栻監生　祖李雍正己酉舉人　祖楙庠生

姪祖杞歲貢　祖楊監生候選州同　祖槐廩生　祖樸監生　祖材　祖桃監生　祖楷廩生　祖榆浙江太平縣松門司巡檢　祖本庠生　祖橋

祖棫監生　祖棠庠生　祖謙庠生　祖東庠生

孫昌鴻業儒　昌鴿幼

世居湘鄉縣城西節孝里

永感下

太子太傅文華殿大學士兼吏部尚書朱　薦

梁機字仙來一字慎齋行二江西吉安府泰和縣人康熙戊午年二月二十日生年五十九歲治詩經康熙癸巳科舉人辛丑科進士原任翰林院庶吉士改補知縣又改儒學教授未補

高祖滂明嘉靖舉人知縣

曾祖維正廩生

祖天爵明萬(麻)甲子舉人敕贈承德郎兵部武庫司主事

父弓士康熙己未進士翰林院庶吉士改官兵部武庫司主事

母劉氏明兵部侍郎日新孫女

叔治生庠

兄楣康熙戊子舉人揀選知縣

弟棣生國學 栻雍正癸卯舉人揀選知縣

妻王氏康熙癸酉舉人源女辛丑進士兆符姊

子照 衡俱國學生 燮庠生 煌幼

世居泰和縣東關內學左地方

永感下

巡撫山西等處地方提督雁門等關軍務兼理雲鎮都察院右副都御史覺羅石 薦

王系字世甫一字念修山西太原府榆次縣人康

熙己未年二月初十日生年五十八歲治易經選

拔貢生雍正丙午科舉人丁未科進士

現任山西大同府儒學教授

高祖譯

曾祖國相

祖甲 敕贈文林郎河南南陽府桐栢縣知縣

父介石 康熙壬子拔貢河南南陽府桐栢縣知縣

母郭氏 封孺人

伯礪石 監生 柱石 庠生

叔礎石 監生

兄序 歲貢生浮山縣訓導 彌 康熙癸已舉人 造 庠生 路 廩生

妻桑氏 廣東左布政使芸孫女

子應中 增廣生 鈹中 庠生

世居

曾祖人龍明崇禎丁丑進士

祖際寰廩生

父選監生

母王氏

弟裕雍正壬子舉人

妻李氏

子晟監生謙　恕

世居江陰城內

永感下

巡撫湖南等處地方提督軍務都察院右副都御史鍾　薦

易宗湝字公申一字實菴行五湖南長沙府湘鄉

縣人康熙壬戌年四月十四日生年五十五歲治

弟炳巽國學生考授州同河工效力　炳謙歲貢生同舉博學鴻詞

妻姚氏河南布政使司延著孫女山東昌樂縣知縣(淳)格女

子生策　生倬俱國學生　生霖　生肈　生符　光珠

光祖俱業儒

孫重錦　龔錦　□錦　□錦

世居歸安縣竹墩

永感下

太子太保文淵閣大學士兼吏部尚書仍管南河總督今管浙江總督事嵇　曾

翁照字朗夫一字霽堂行十一　江南常州府江陰

縣人康熙辛酉年四月十一日生年五十六歲治

詩經監生

高祖正春明萬(歷)壬辰進士及第累官左春坊左庶子兼翰林院侍讀

此處原書有缺頁

五經監生候選縣丞

高祖萬橋明南京後衞經歷

曾祖嘉萃

祖道生明庠生

父貞言庠生以旌表孝子崇祀特祠

母李氏

叔訓　誠　豫庠生

兄宗洛恩貢　宗洪庠生　宗浩庠生　宗瀛貢生浙江曹娥場鹽場大使同舉博學鴻詞

妻舒氏康熙戊辰進士寬之妹

子祖榆浙江台州府太平縣松門司巡檢　祖本庠生　祖謙庠生　祖東庠生

姪祖杞歲貢　祖楊監生候選州同　祖槐廩生　祖樸監生　祖村　祖

十四

桃監生 祖楷庠生 祖栻監生 祖李雍正己酉舉人 祖橘 祖棫
監生 祖棠庠生 祖楙庠生
孫昌鵬 昌鶴 昌鶚 昌鵰俱業儒 昌鷟 昌鶩
俱幼
世居湘鄉縣城西節孝里
永感下
詹事府詹事管少詹事事王薦
朱稻孫字稼翁一字芋陂行三浙江嘉興府秀水
縣人康熙壬戌年十二月二十六日生年五十五
歲治書經歲貢生考授州判
原授春秋傳說彙纂子史菁華兩館纂修
高祖大競明廩生以五世祖太傅文恪公恩累官雲南楚雄府知府

曾祖茂暉 明廩生中書科中書舍人敕贈徵仕郎日講官起居注翰林院檢討

祖彜尊 康熙己未召試博學鴻詞翰林院檢討日講官起居注

父昆田 監生

母沈氏

兄桂孫 監生

妻盛氏

姪振祖

子賜書 昌淳

孫休承 休徵

世居嘉興府城南王店鎮荷花池上

永感下

禮部左侍郎今加尚書徐 薦

十五

吳麟姓吳查拉氏字子瑞一字晚亭行一鑲黃旗
滿洲人康熙癸亥年七月初九日生年五十四歲
治詩經康熙戊子科舉人
原任內閣中書舍人今充明史館纂修官
曾祖穆哈連
祖哈哈木
父喀什泰
母顧氏
妻烏蘇氏
子布　雲珠
世居京師安定門內今遷居密雲縣黍谷山南之
丁家莊

永感下

順　天　府　府　尹　陳　薦

饒一辛字治人一字趾齋行一江西建昌府廣昌縣人康熙甲子年十一月初八日生年五十三歲

治書經雍正癸卯科舉人揀選知縣

現任江西南昌府新建縣儒學教諭

曾祖繼傑

祖夢阿

父聯飛廩生敕贈修職郎江西建昌縣教諭

母曾氏敕封孺人

伯聯常增生

叔邦才庠生

弟允中庠生 士禮己酉副榜 士英儒業

妻幸氏 朱氏 吴氏

子學曦儒業 學曙儒業 學昉 學晅俱幼

世居廣昌甘竹大饒堡

慈侍下

內閣學士兼禮部侍郎伊 薦

俞鴻德字說颺一字長懽行二浙江嘉興府海鹽

縣人康熙乙丑年二月初六日生年五十二歲治

書經康熙庚子科舉人候選知縣

曾祖之泰明萬曆壬戌進士累官福建福寧州知州累贈通議大夫內閣學士

祖雲來康熙庚戌進士江西湖口縣知縣累贈通議大夫內閣學士

父兆曾康熙乙丑進士直隸元城縣知縣誥贈奉直大夫直隸磁州知州

母張氏誥贈宜人

叔兆章候選州同　兆晟康熙丙戌進士累官內閣學士

兄鴻勳康熙己卯副榜安徽南陵縣知縣行取候補主事

弟鴻馨康熙戊戌辛丑進士翰林改補直隸磁州知州　鴻程候選知縣

妻沈氏

子光佐

世居海鹽城內名諫坊

永感下

提督湖北等處學政翰林院檢討蔣　薦

張庚字長庚一字浦山今別署白苧村桑者行一

浙江嘉興府秀水縣人康熙乙丑年九月二十六

日生年五十二歲治詩經布衣

高祖小峰

曾祖士鎀

祖濂

父棠

母金氏欽旌節孝

妻蔡氏

子堉

世居嘉興府城內府前雙坊

慈侍下

禮部左侍郎今加尚書徐薦

黑璊姓葉赫覺羅氏字夾佩一字璞齋行二正紅

旗滿洲人康熙乙丑年十月十六日生年五十二

歲治詩經歲貢生

高祖亶布祿

曾祖顧拉孫 誥贈資政大夫大理寺少卿加二級

祖哲松格 誥贈資政大夫大理寺少卿加二級

父達蘭 廕生累官刑部廣西清吏司郎中

母舒穆魯氏 誥贈宜人都督汪然女

母鄂卓氏 誥封宜人刑部右侍郎鏗泰姪女試參領哲赫女

伯索濟 順治壬辰進士累官大理寺少卿 索雍 雲騎都尉署右翼前鋒統領

兄存住 監生

妻舒穆魯氏 都督汪然曾孫女

子文敏 庠生 文惠 庠生

世居京都西四牌樓兵馬司

永感下

浙江總督管巡撫事兵部右侍郎都察院右副都御史今晉禮部侍郎事程　薦

沈炳謙字幼牧一字勞山行六浙江湖州府歸安

縣人康熙乙丑年十一月初十日生年五十二歲

治書經歲貢生

高祖莊卿歲貢生由六世祖太傅襄敏公恩廕任太常寺典簿

曾祖鍾元恩貢生廷試授知縣

祖角生庠

父雍歲貢生溫州府平陽縣儒學教諭

母金氏文華殿大學士之俊諡文通姪女龍巖縣學教諭世濬女

董氏

兄炳正國學生　炳震歲貢生同舉博學鴻詞　炳巽國學生考授州同河工效

力
妻嚴氏禮部左侍郎我斯女
子生甫庠生生華庠生生芝庠生生篤　生昌俱儒業
孫錫豐　錫彭俱幼
世居歸安竹墩
永感下
太子太傅文華殿大學士兼吏部尚書朱　薦
李紘字巨州行六江西撫州府臨川縣人康熙乙
丑年十一月二十二日生年五十二歲治詩經康
熙辛卯科副榜貢生癸巳科舉人雍正甲辰科進
士候選知縣
高祖德淳

曾祖檟

祖漢章誥贈通奉大夫經筵講官兵部右侍郎累贈戶部左侍郎

父士儀誥贈通奉大夫經筵講官兵部右侍郎累贈戶部左侍郎

母吳氏誥封太夫人

兄纘國學生　紘康熙己丑進士累官戶部左侍郎兼管三庫事務　紳國學生

弟繪雍正甲辰舉人候選知縣

兄子孝源康熙辛卯舉人候選知縣　孝渟　孝洙　孝游　孝

洋並國學生　孝涿縣學生　孝治　孝澍並儒業

弟之子孝澄　孝清　孝濂　孝溥並儒業

妻劉氏

子孝洪縣學生　孝沖　孝滋　孝汾並儒業

孫友楨　友枚

世居本縣新豐鄉百四都下麓
慈侍下
太子太保兵部尚書巡撫江蘇等處地方總理糧儲提督軍務高　薦
孫見龍字叶飛一字秋田行一浙江湖州府歸安
縣人康熙丙寅年閏四月十四日生年五十一歲
治春秋康熙辛卯科舉人癸巳科進士
原任翰林院庶吉士改補知縣
高祖泳庠生
曾祖懋果庠生誥贈通議大夫翰林院掌院學士兼禮部侍郎
祖淳庠生誥贈通議大夫翰林院掌院學士兼禮部侍郎
父在中廩貢生累官刑部山東司郎中
母蔡氏誥封宜人陝西巡撫治孫女

陸氏敕封孺人

伯在豐康熙庚戌進士及第累官工部左侍郎

妻嚴氏禮部左侍郎我斯女

子元禧監生

孫樫　枏　柏　梧　桂

世居歸安菱湖

永感下

宗人府左宗正多羅慎郡王

兵部左侍郎鎮國將軍今任古北口提督宗室德　薦

李鍇字鐵君一字眉山行四奉天府鐵嶺縣籍正

黃旗漢軍人康熙丙寅年十月二十日生年五十

一歲治詩經監生

原任官庫筆帖式今任七品頂帶

高祖成功誥贈光祿大夫太子太保兵部尚書湖廣總督

曾祖如梓誥贈光祿大夫太子太保兵部尚書湖廣總督

祖恆忠世襲一等輕車都尉累官副都統誥贈光祿大夫太子太保兵部尚書湖廣總督

父輝祖累官刑部侍郎前湖廣總督崇祀河南四川名宦

母郎氏誥贈一品夫人一等輕車都尉戶部郎中兼參領廷輔女

東阿氏誥封一品夫人護軍參領兼佐領禪都女

叔興祖累官江西布政司使 儀祖世襲一等輕車都尉

兄錕佐福建汀領鋐漳道

妻紇石烈氏保和殿大學士索額圖女

世居順天西直門北樺皮廠

永感下

戶部尚書總理陝西巡撫事務史 薦

田荃生字季宜一字省齋行十二陝西西安府富平縣人康熙丙寅年十一月二十九日生年五十一歲治春秋廩生

曾祖(弘)道 明累贈奉政大夫福建按察司僉事

祖本沛 明崇禎癸未進士歷任提督福建學政按察司僉事升布政司參議

父若琬 康熙己酉舉人廣東樂昌縣知縣

前母王氏 敕封孺人

母左氏 敕封孺人

叔若(琰) 庠生

兄蘭生 康熙戊子恩貢陝西狄道縣教諭 蘅生 康熙辛卯舉人 莪生 庠生

妻侯氏 福建福(甯)州知州度憲女

趙氏

石氏

子森儒業

世居富平北鄉董村

承感下

太子少保兵部尚書兼都察院右副都御史總督直隸保定等處地方軍務李　薦

劉自潔字恆叔一字南村行三直隸深州武強縣

人康熙丁卯年正月二十九日生年五十歲治易

經康熙壬午科舉人癸巳科進士

原任翰林院編修

高祖世勳

曾祖繼堯山東成山衛經歷誥贈通奉大夫工部右侍郎

本生曾祖繼孔誥贈通奉大夫工部右侍郎

祖懷志庠生誥贈通奉大夫工部右侍郎

父謙康熙丙辰進士累官都察院左都御史

前母許氏誥贈夫人

母妻氏誥贈夫人

叔誠康熙戊午舉人宣化府蔚縣教諭

兄自溥康熙壬午舉人揀選知縣

自洽康熙癸巳舉人候選知縣

弟自濵生〈广+祭〉

妻張氏

子元麟庠生

姪栻雍正丙午舉人内閣中書舍人

檈監生候選州同

棨庠生

壽麟業儒

寶麟

幼

孫念祖幼成龍幼

世居城北麟遊鄉

永感下

刑部左侍郎兼管禮部侍郎事勵　薦

符曾字幼魯一字葯林行一浙江杭州府錢唐縣

人康熙戊辰年二月十八日生年四十九歲治詩

經監生

原任戶部貴州司行走協辦萬安倉監督今丁艱

俟服闋補七品小京官仍辦司事

高祖堯仁

曾祖舜聰

祖禹相

父殷琦敕封文林郎戸部協辦萬安倉監督
母芮氏敕贈孺人
妻姚氏
葛氏
世居省城褚塘
嚴侍下
巡撫四川等處地方提督軍務都察院右副都御史楊　薦
許儒龍字士元一字鶴艇行一四川成都府郫縣
人康熙戊辰年七月十五日生年四十九歲治春
秋廩監生
曾祖經國
曾祖母王氏

祖煨廷
祖母劉氏
父丹
母傅氏
弟儒效儒業
妻汪氏
子善祥儒業 順祥　其祥　麟祥俱幼
世居郫縣犀浦
□□下
內閣學士兼禮部侍郎吳　薦
沈彤字冠雲行一江南蘇州府吳江縣人康熙戊
辰年十月十三日生年四十九歲治書經縣學生

壬西　䘏表

高祖琉明萬(曆)乙未進士累官山東分巡兖東道按察使司副使

曾祖自南順治乙未進士山東蓬萊縣知縣

祖志縣學生

父始樹

母吳氏

叔士楷　紹休　金章府學生　裕植　宏業

弟旦　薰

妻顧氏

世居縣城內六子橋

嚴侍下

巡撫湖南等處地方提督軍務兵部右侍郎兼都察院右副都御史鍾　薦

王文清字廷鑑一字九谿行一湖南長沙府(甯)鄉

縣人康熙戊辰年十二月初十日生年四十九歲
治詩經癸巳科舉人甲辰科進士
原任湖廣岳州府教授丁艱今服闋候補現充三
禮館纂修官
高祖栗山 軍功世襲指揮使
曾祖賓吾 世襲指揮使
祖國林
父禮華 敕封文林郎湖廣岳州府教授
母彭氏 敕贈孺人
叔禮蕙
弟文沅 庠生 文藻 文澍 文鴻 文灝 文瀾 俱業儒

妻廖氏　次蔡氏　李氏

子運槩　運樞俱業儒　運桂　運栻俱幼

孫天待幼

世居

嚴侍下

巡撫江西等處地方提督軍務都察院右副都御史常　薦

鄧牧字乃夢行二一江西建昌府南豐縣人康熙己

巳年閏三月二十四日生年四十八歲治易經康

熙庚子科舉人辛丑科進士

現任江西撫州府儒學教授

高祖一色生歲貢

曾祖筅府學生

祖逢宸敕贈文林郎江西撫州府儒學教授

父由高縣學廩生敕封文林郎江西撫州府儒學教授

母吳氏敕封孺人

兄耕府學生

妻吳氏

子必安縣學生　必大業儒

孫慶常俱幼

世居縣東大鎮頭

具慶下

兵　部　尚　書　甘　薦

鄧士錦字大初一字來圖行一江西建昌府南城縣人康熙己巳年四月二十三日生年四十八歲

治詩經廩生雍正六年保舉孝廉

今任廣東瓊州府儒學額外教授

高祖允濤明舉人

本生高祖允(淳)明廕生字五世祖太僕公恩部郎中

曾祖廷彬明舉人

祖炅選拔貢生

父封達廩生

母陳氏明行人司行人際泰孫女

繼母范氏舉人崙女

妻涂氏明吏部尚書國鼎孫女

子之瀚　之漢　之漣　之浙儒業

世居下內金斗窠御史街今居南關石瀦潭

永感下

戶部左侍郎兼管三庫事務李鷟

趙昱字功千今別字谷林行五浙江杭州府仁和縣人康熙己巳年五月初三日生年四十八歲治春秋歲貢生

高祖敏 明庠生

曾祖燮英 明授武德將軍今以曾孫殿最貴誥贈光祿大夫經筵講官戶部右侍郎

祖鶴 庠生今以孫殿最貴誥贈光祿大夫經筵講官戶部右侍郎

父汝旭 府廩貢生浙江寧波府象山縣教諭

母朱氏

伯汝楫 候選州同今以子殿最貴誥贈光祿大夫經筵講官戶部右侍郎　汝舟 候選州同

弟信附監生博學鴻詞同舉殿景監生

妻陳氏

子一清監生式清

世居省城褚塘

慈侍下

總督倉場軍務戶部右侍郎呂　薦

劉世澍字應時一字麓僊行五湖南長沙府善化

縣人康熙庚午年正月二十五日生年四十七歲

治詩經康熙庚子科舉人候選知縣

高祖正樓歲貢生

曾祖忠慈國學生

祖邦彥庠生

父一御

母唐氏

伯一德 一(肖)

叔一徵 俱庠生

兄世澤 世鴻 世泮 世清 俱庠生

妻陳氏

子若鶚 若鵬 若鶴 俱幼

世居省城東關外五十里長藪地方

永感下

太子太保兵部尚書兼都察院右副都御史巡撫江蘇等處地方總理糧儲提督軍務高 薦

馬榮祖字力本江南揚州府江都縣人(儀)徵縣籍

行一康熙庚午年三月十二日生年四十七歲治

易經雍正壬子科舉人揀選知縣

高祖龍以子□□貴誥封奉直大夫雲南和曲州知州

曾祖敞明鄉飲大賓

祖賓庠生

父鳳藻庠生

母盧氏前癸未進士廷襄女

伯鳳儀庠生

弟輝祖 興祖

妻李氏直隸眞定府知府鏞金孫女江西建昌府南豐縣知縣斌女

子瑄庠生、

世居揚州府新城內東關大街

永感下

巡撫湖南等處地方提督軍務都察院右副都御史鍾　薦

張敍字氷璜一字鳳岡行二江南直隸太倉州鎮洋縣人康熙庚午年六月二十九日生年五十六歲治易經雍正壬子科舉人

高祖翰歲貢生

曾祖栻

祖雲鶴

父文華

母顧氏

妻何氏

子何　僑　儻　俶俱業儒

世居雙鳳鎮

永感下

太子太保兵部尚書兼都察院右副都御史巡撫江蘇等處總理糧儲提督軍務高　薦

胡鳴玉字廷佩一字吟鷗行四江南松江府青浦縣人康熙庚午年九月十九日生年四十七歲治詩經青浦縣學廩生

高祖從先 明餘姚縣學廩生

曾祖大英 國學生

祖達 鄉飲大賓自浙江移居青浦

父忠定 康熙丁丑歲貢候選訓導

母唐氏

叔孝高 青浦縣學生

兄鳴鶴 福泉縣學生　鳴岡　鳴球 業儒

姪承椿　承緒松江府學生　承源松江府學生　承裘　承箕
承厚　承訓俱業儒
子承祖福泉縣學生
妻蔡氏
孫萬年
世居青浦縣北關外海門橋地方
承感下
太子太傅文華殿大學士兼吏部尚書朱　薦
潘安禮字立夫一字東山行三江西建昌府南城
縣人康熙庚午年十月初一日生年四十七歲治
易經雍正甲辰科舉人丁未科進士
原任刑部廣西司員外郎今補太常寺典簿加四

級

曾祖長庚 庠生敕贈文林郎翰林院庶吉士

本生曾祖長郁 庠生敕贈文林郎翰林院庶吉士

祖翅生 康熙丁未進士改翰林院庶吉士累官刑科掌印給事中

父試壽 候補同知誥贈奉政大夫刑部廣西司員外郎

母王氏 誥贈宜人

伯介壽 候補縣丞

叔純壽 庠生

兄安仁 安義 俱業儒

弟安道 太學生

妻張氏 誥封宜人

子宗武 幼

世居南城三十一都汾水文質鄉

永感下

都察院左副都御史陳薦

盧存心字玉巖一字敬甫行二浙江杭州府錢塘

縣人康熙辛未年四月二十二日生年四十六歲

治易經廩生

曾祖元和貢生鄉飲大賓

祖承芳貢生建平縣知縣

父之翰府學生

前母支氏

母楊氏

伯之謙貢生

兄堪

妻馮氏

張氏

子文弨原名嗣宗改今名中戊午舉人考授內閣中書文韶原名嗣德

世居仁和艮山門內東街批驗所前

慈侍下

浙江總督管巡撫事兵部右侍郎兼都察院右副都御史今署禮部侍郎事程　薦

厲鶚字太鴻一字樊榭行二浙江杭州府錢塘縣人康熙壬申年五月初二日生年四十五歲治詩經康熙庚子科舉人揀選知縣

高祖恭

曾祖子良

祖大俊
父奇才
前母孫氏
母何氏
伯奇雋　奇瑞　奇秀
兄士泰
弟鵑
妻蔣氏
姪志黼
世居杭城艮山門內千步廊
慈侍下
太子太保兵部尚書兼都察院右副都御史巡撫江蘇等處地方總理糧儲提督軍務高　薦

葉榮梓字孝常一字木君行一江南松江府青浦

縣人康熙壬申年九月十六日生年四十五歲拾

春秋縣學廩生

高祖國華明國學生湖廣荊州府江陵縣丞

曾祖向榮蘇州府學生

祖景和國學生

父張綏康熙己卯舉人揀選知縣

前母沈氏

母朱氏

繼母呂氏

伯啟泰　啟嘉　啟觀國學生　啟佑　啟照　啟厚

妻錢氏山東萊蕪縣知縣珂女

子祥芬 幼
世居洞庭東山今遷居青浦縣南門內駙馬橋
永感下
都察院左副都御史孫 薦
峻德姓納剌氏字克明一字慎齋行五正白旗滿
洲人康熙壬申年十二月二十七日生年四十五
歲治詩經歲貢生
現任戶部七品筆帖式
曾祖轟廓 烏拉人
祖山音達禮 驍騎都尉兼禮部頭等侍衛
父何索理 禮部祠祭司員外郎
母俞呼魯氏 誥封恭人

伯丹音達禮騎都尉兼三等侍衛參領

兄白珠內務府慶豐司員外郎　令德　明德　倘德兵科給事中

妻馬佳氏內務府員外郎□□女

李氏騎都尉兼佐領□□女

子艮明候補筆帖式　艮能　艮通　艮恆俱幼

姪艮誠候補志書館翻譯官

世居內城新簾子衚衕

永感下

浙江總督管巡撫事兵部右侍郎兼都察院右副都御史今署禮部侍郎事程　薦

周玉章字玫大一字葯欄行一浙江杭州府仁和縣人康熙壬申年十二月二十九日生年四十五歲治易經縣學生

今中乾隆丙辰科舉人

曾祖道隆

祖嗣昌

父鼎鈞 生廩

母金氏

黄氏

弟世珖

妻章氏

子相德 相綸

世居杭州城内大井巷環翠樓地方

永感下

戸部左侍郎陳薦

韓會宇纘古行六江南蘇州府長洲縣人康熙癸
酉年三月十九日生年四十四歲治易經雍正丙
午科舉人
高祖治明萬曆丙午舉人浙江黃巖縣知縣誥贈資政大夫經筵講官禮部尚書
曾祖翂稟生誥贈資政大夫經筵講官禮部尚書
祖菼康熙癸丑進士及第累官經筵講官禮部尚書兼翰林院掌院學士
父孝嗣康熙己丑進士候補內閣中書舍人
母王氏
叔孝基康熙庚辰進士翰林院庶吉士御李雍正甲午舉人現任內閣中書孝潔
雍正甲辰舉人現任四川遂寧縣知縣孝容庠生孝餘現以會典館議敘現署廣西崇善
縣知縣縣
兄景會歲貢生候選訓導守會履會直隸盧龍縣知縣命往河工委用

孚曾國學生

弟（甯）曾

姪承順 普邑庠生 雯國學生 禴順國學生 霈 倫順國學生

常順 備順 志順 來順 薪順 存順

俱幼

姪孫穀錫 穀宜 穀餘俱幼

妻王氏陝西榆林道英謀女

子佩祥庠生 習祥 彌祥

世居郡城水鼂鄉橋

永感下

太僕寺卿蔣薦

邵岷字百峰一字穀齋行三江南蘇州府元和縣

人康熙癸酉年六月十一日生年四十四歲武生

高祖英世襲浙江衢州衛指揮使

曾祖以憲

祖應曾

父弘謨

母梁氏

親母陸氏

繼母袁氏

妻周氏

劉氏

世居衢州龍游縣志棠村今遷居蘇州虎邱山塘

慈侍下

浙江總督管巡撫事兵部右侍郎兼都察院右副都御史今署禮部侍郎事程鵕

周珓字青瑤一字大璞行九浙江紹興府蕭山縣

人康熙癸酉年十二月初九日生年四十四歲治

書經縣學生

曾祖學武

祖至信

父宜生庠生

母黃氏

兄琬監生

妻陳氏翰林院編修至言女

子茂彥

世居蕭山縣南城外來蘇周東洲地方

慈侍下

都察院左副都御史、孫薦

王藻字載揚一字梅沜行一江南蘇州府吳江縣人康熙癸酉年十月二十一日生年四十四歲治

詩經監生

高祖所吉

曾祖世儁

祖時選

父允武

母吳氏

妻金氏

子學洙 景𣴎

世居平望鎮東乙字圩

永感下

兵部右侍郎署理湖北巡撫事務今仍管兵部事吳　薦

涟雲龍字耕石一字晴江行四江南蘇州府吳江

縣人康熙癸酉年十一月二十一日生年四十四

歲治書經雍正壬子科順天副榜貢生

高祖應中明國學生

曾祖翀原明崇禎舉人

祖嘉俊縣學生

父方煜

母吳氏

兄灝縣學生　宏業　宏範

妻沈氏

子齊瑚

姪齊垣　齊樞俱幼

世居吳江縣南門外蘆區

慈侍下

巡撫陝西等處地方提督軍務都察院右副都御史碩　薦

王起鵬字翺如一字谿堂行二浙江湖州府歸安

縣人康熙癸酉年十二月初一日生年四十四歲

治詩經康熙己酉科選拔貢生

現署陝西綏德州清澗縣知縣

曾祖繼齡

祖有德

父佳峻監生候選州同
母童氏
叔佳臻
兄蔭謙監生
妻孫氏
世居府城外南濤
具慶下
太子少保兵部尚書兼都察院右副都御史總督直隸等處地方軍務李　薦
閻介年字葆和一字靜齋行二直隸宣化府蔚州
人康熙甲戌年十二月二十日生年四十三歲治
易經雍正癸卯科選拔貢生己酉科舉人癸丑科
進士

高祖閔 明萬曆乙酉舉人直隸新城縣知縣

曾祖之奇 恩貢生中書科中書舍人

祖振穀 康熙辛酉舉人敕贈文林郎浙江衢州府龍游縣知縣

父曈 康熙戊寅選拔貢生直隸保定府慶都縣教諭

母賈氏

伯暲 廩生敕贈文林郎浙江衢州府龍游縣知縣

叔昱 廩生 曝 廩生 曉 乾隆丙辰舉人

兄象年 雍正丙午舉人山東東昌府博平縣知縣

弟沛年 浙江嘉興府嘉興縣知縣

妻郝氏

子栗 庠生 睿 麟 朗 俱儒業

世居蔚州城西門大街

具慶下

都察院左副都御史陳薦

桑調元字伊佐一字弢甫行一浙江杭州府錢塘

縣人康熙乙亥年□月□□日生年四十二歲治

書經康熙庚子科副榜貢生雍正丙午科舉人癸

丑科進士

現任工部屯田司額外主事

曾祖得祥

祖貴卿敕贈承德郎工部屯田司額外主事

父天顯敕贈承德郎工部屯田司額外主事

母張氏敕贈安人

王氏敕封安人

弟鼎元

妻汪氏

子繩鐘　繩球　繩琴　繩箎

世居杭州大樹巷內

慈侍下

太子太傅文華殿大學士兼吏部尚書朱　薦

張振義字麟趾一字省堂行一江西吉安府龍泉

縣人康熙癸酉年十二月二十五日生年四十二

歲治易經康熙庚子科舉人雍正癸丑科進士

現任直隸趙州甯晉縣知縣

高祖子惇廩生

曾祖之斑庠生

祖亘駿庠生

父履仁康熙甲子舉人揀選知縣

母康氏

生母彭氏

叔隨仁監生候選州同

弟抒義監生

妻呂氏

子敬忠 敦忠俱業儒 訓忠 秉忠俱幼

世居本縣東城內

永感下

浙江總督巡撫事兵部右侍郎都察院右副都御史今署禮部侍郎事程 薦

周長發字蘭坡一字石帆行四浙江紹興府會稽

縣人康熙丙子年三月二十八日生年四十一歲

治詩經康熙庚子科舉人雍正甲辰科進士

原任翰林院庶吉士改授江西建昌府廣昌縣知

縣現任浙江溫州府樂清縣儒學教諭

高祖如川

曾祖洪甯誥封奉直大夫陝西同州知州

祖樂生太學

父遷鎬國學生敕封修職郎浙江樂清縣儒學教諭

母商氏敕贈孺人

繼母孫氏敕封孺人

伯文隆國學生江西吉安府廬陵縣縣丞

叔亨隆

弟長春儒業長庚儒業

妻朱氏

子兆鯤儒業兆鱣儒業

世居紹興府山陰縣後馬村

具慶下

浙江總督管巡撫事兵部右侍郎兼都察院右副都御史今署禮部侍郎事程　薦

杭世駿字大宗一字堇浦行二浙江杭州府仁和

縣人康熙丙子年四月二十八日生年四十一歲

治詩經雍正癸卯科副榜貢生甲辰科舉人揀選

知縣

高祖新喬

曾祖文亮

祖士瑋

父機

母王氏

兄世祺國學生

弟世馨庠生 世融 世瑞庠生 世順

妻蔣氏

子安仁 守仁 寬仁

世居紹興府上虞縣荷花池今遷居省城大方伯

里

慈侍下

巡撫江西等處地方提督軍務都察院右副都御史常 薦

廖理字緒五一字悔園行一江西建昌府南城縣

人康熙丙子年十月初八日生年四十一歲治詩

經縣學廩膳生

高祖應星

曾祖大綸廩生

祖玕

父弘勳廩生

母王氏

弟量儒業

妻吳氏

子恆幼

世居可封鄉三十五都燒洲今遷居城内門頭嶺

下青雲街

慈侍下

刑部右侍郎辦理禮部侍郎事務王　　薦

李清藻字信侯行一福建泉州府安谿縣人康熙
丙子年十月二十四日生年四十一歲治易經康
熙丁酉科舉人揀選知縣

高祖先春誥贈光祿大夫吏部尚書文淵閣大學士

曾祖兆慶歲貢生誥贈光祿大夫吏部尚書文淵閣大學士

祖光地康熙庚戌進士累官吏部尚書文淵閣大學士贈太子太傅諡文貞

父鍾倫康熙癸酉舉人誥贈奉政大夫戶部四川司郎中

母黃氏誥贈宜人工科給事中熙纘孫女

繼母何氏誥贈宜人康熙辛酉舉人世烈女

生母莊氏

叔鍾修（太學生）　鍾佐（增生敕贈文林郎山東曹州府城武縣知縣）
弟清瑞（增生）　清馥（廩生現任戶部四川司郎中）　清泰（附生）
妻林氏
子榮倩　榮韡　榮騰　啟虹
世居安谿感化里河陽縣
慈侍下
巡撫江西等處地方提督軍務都察院右副都御史常　薦
張錦傳字興輝行七江西撫州府臨川縣人康熙丙子年十一月二十一日生年四十一歲拾禮記
臨川縣學附生
高祖志伊（府學生）
曾祖瑞生（縣學）

祖世美

父廷翰

母徐氏

兄祖文生府學

妻徐氏

子汝洸

世居九十七都長安鄉禮坊

承感下

盛京奉天府府丞管學政事王　薦

祝維誥字宣臣一字豫堂行一浙江嘉興府秀水

縣人康熙丁丑年三月十一日生年四十歲治書

經增監生

高祖守籌 大理寺評事

曾祖慈 廩生敕贈承德郎工部營繕司主事

祖翼權 康熙癸丑進士累官工部都水司員外郎

父大復 國學生

母柴氏

伯秉貞 歲貢生浙江處州府宜平縣教諭 燮元

弟維垣 重華

妻陳氏

子哲 静 俱幼

世居嘉興府西門內姚家帶

慈侍下

工部尚書涂薦

夏之蓉字芙裳一字醴谷行十二江南揚州府高
郵州人康熙丁丑年七月二十三日生年四十歲
治書經雍正丙午科舉人癸丑科進士
原任江南淮安府鹽城縣儒學教諭
高祖惟慶歲貢生累官光祿寺寺丞
曾祖宗尹庠生鄉飲大賓
祖聞政貢生貤贈文林郎翰林院庶吉士
父緜祚廩生貤贈文林郎翰林院庶吉士
母陳氏敕封孺人戶部山西司郎中瑄女
胞伯眉祚國學生
胞兄景萊國學生 之芳雍正癸卯進士現任浙江道監察御史 廷菼增廣生舉孝廉方正

胞弟廷芝癸丑進士翰林院編修　之蘭庠生　之藻壬子副榜

妻徐氏

子曉春業儒　煦春幼

世居高郵州北門外之通湖橋南

慈侍下

太子太保文華殿大學士兼吏部尚書管浙江總督事嵇　薦

沈樹德字申培行一浙江湖州府歸安縣人康熙

戊寅年十月初六日生年三十九歲習書經廩生

高祖儆炤明廩生以五世祖恭靖公恩任直隸大名府同知贈刑部廣東清吏司郎中

曾祖巘卿明浙江寧波府鄞縣教諭

本生祖麗生明庠

祖銓生明監

祖母姚氏明尚寶司卿祚端孫女欽旌節孝

父撤

母董氏

陳氏欽旌節孝

妻朱氏

徐氏

子煇祖　燿祖俱幼

世居本縣竹墩

慈侍下

太子太保兵部尚書巡撫江蘇等處地方總理糧儲提督軍務高　薦

吴龍見字㑺士一字辯帷行二江南常州府武進

縣人康熙己卯年七月二十四日生年三十八歲

治五經雍正乙卯科舉人

今中乾隆丙辰科進士現任戶部貴州司額外主

事

曾祖宗達 明萬(曆)甲辰進士及第累官少傅吏部尚書建極殿大學士加贈太傅謚文端

祖名思 廩生中書科中書舍人

父守相 廩生丙務府教習

母朱氏

兄偉立 庠生

弟儼立 業儒

妻徐氏

子端猷 端采 俱業儒 端彝 幼

姪端輔

世居宜興北渠里今遷府城東洗馬橋

慈侍下

巡撫湖南等處地方提督軍務禮部左侍郎兼都察院右副都御史鍾　薦

陳世賢字希魯一字魯齋行四湖南永州府祁陽縣人康熙己卯年閏七月十一日生年三十八歲

治易經縣學生

曾祖正麓

祖啟見

父洪生庠

母彭氏

叔琪　璨國學生候選州同　玲康熙戊子舉人候補守備　璣候補經歷

兄世俊雍正己酉舉人揀選知縣

弟世龍選拔貢生同舉博學鴻詞

娶汪氏

子上逵 幼

姪上訓 上掄 上詔 上謙 上理 俱業儒

世居

嚴侍下

兵部左侍郎鎮國將軍加一級宗室德 薦

陳景忠字又方一字橘州行三奉天府海城縣籍

鑲紅旗漢軍人康熙庚辰年十二月二十六日生

年三十七歲治詩經監生候選州同

高祖復陞誥贈榮祿大夫總兵官山東登州鎮

曾祖百勝中營遊擊

祖可宗 行人司行人

父獻德 浙江湖州府烏程縣知縣

母卞氏 敕贈孺人貴州按察司使三畏女

伯獻謨 附生

兄景元 候選主簿　景虞 監生

弟景王　景孝 俱業儒

妻王氏 永寧鎮總兵哆囉額駙麟孫女浙江上虞縣知縣國梁女

李氏 湖南茶陵州知州士芳孫女

子什 幼

世居京城宣武門外粉房琉璃街

承感下

巡撫安徽等處地方提督軍務都察院右副都御史今任禮部右侍郎王　薦

吳檠字青然號岑華行三江南滁州全椒縣人康
熙辛巳年六月十九日生年三十六歲治□經增
生
高祖沛明貢生以孫國對誥贈朝議大夫翰林院侍讀學士
曾祖國龍明崇禎癸未進士歷任禮科掌印給事中以孫昺誥贈翰林院侍講
祖晟康熙丙辰進士福建化縣知縣內陞主事
父雩澍縣學生
母王氏內閣中書舍人鎬女
妻□氏
世居全椒南城門外旌孝坊
永感下
通　政　使　司　通　政　使　趙　薦

趙信字辰垣今別字意林行六浙江杭州府仁和

縣人康熙辛巳年七月二十七日生年三十六歲

治春秋附監生、

高祖敏生明庠

曾祖燮英明授武德將軍今以曾孫殿最貴誥贈光祿大夫經筵講官戶部右侍郎

祖鶴庠生今以孫殿最貴覃恩誥贈光祿大夫經筵講官戶部右侍郎

父汝旭廩貢生浙江寧波府象山縣教諭

母朱氏

伯汝楫候選州同今以子殿最貴誥贈光祿大夫經筵講官戶部右侍郎　汝舟候選州同

兄昱歲貢生同舉博學鴻詞

弟殿景監生

妻倪氏

孫氏

子傳清　則清

世居省城褚塘

慈侍下

巡撫四川等處地方提督軍務都察院右副都御史楊　薦

劉暭澤字方九一字漁潛行二湖南長沙府長沙

縣人康熙辛巳年八月十五日生年三十六歲治

禮記雍正丙午科舉人庚戌科進士

現任四川敘州府宜賓縣知縣加一級

曾祖斯蘭

祖君甫

父或

母彭氏

伯伐　戚　戩　戳

兄暐潭　丙午庚戌同榜現任廣西桂林府同知

妻胡氏

張氏

子東之　棊之

世居長沙府城西門內

具慶下

太　僕　寺　卿　蔣　薦

金德瑛字汝白一字慕齋行二浙江杭州府仁和

縣人原籍江南徽州府休(寧)縣康熙辛巳年九月

初二日生年三十六歲治□經雍正丙午科舉人

今中乾隆丙辰科進士及第現任翰林院修撰

曾祖晉奇誥贈中大夫主事

祖敦順誥贈中大夫主事

父頎論貢生候補主事

母汪氏誥封孺人

兄德鈸貢生

弟德鐄監生 德璋 德璽 德珪 德球監生 德玗

妻汪氏 燻 虎

子泥 潮 亘田 士龍

世居浙江嘉興府桐鄉縣

□□下

浙江總督兼巡撫事兵部右侍郎兼都察院右副都御史今署禮部侍郎事程　薦

張懋建字介石行七浙江甯波府鎮海縣人康熙壬午年三月初四日生年三十五歲治易經雍正己酉科選拔貢生乙卯科舉人

曾祖鳴喈明縣學生

祖聖選監生

父學伊監生考授州同

母沈氏

劉氏

李氏禮部主事樹孫女

伯學濂貢生

叔學益縣學生
弟懋廸縣學生 懋延縣學生
妻謝氏康熙庚子舉人緒恆女
子志熊幼
世居城中鼓樓西
具慶下
都察院左都御史兼理吏部侍郎事務孫 薦
劉五教字敬敷一字蓮峰行四山西汾州府臨汾
縣人康熙壬午年八月初十日生年三十五歲治
詩經雍正乙卯拔貢
曾祖國士廩生
祖作乂庠生

父王偉庠生

母秦氏

胞伯王熙　王亮　王建　王載庠生

胞兄五端　五典庠生　五禮

妻薛氏

子介望幼

世居臨縣城東南鄉大禹莊

具慶下

巡撫山西等處地方提督雁門等關軍務兼理雲鎮都察院右副都御史加二級覺羅石　薦

王祖庚字孫同一字南汀行一江南松江府華亭

縣人康熙壬午年八月十四日生年三十五歲治

書經雍正丙午科舉人丁未科進士

原任山西太原府興縣知縣加一級紀錄二次今

在部候補主事

高祖典 廩生誥贈光祿大夫武英殿大學士崇祀鄉賢

曾祖廣心 順治己丑進士累官巡倉監察御史誥贈光祿大夫武英殿大學士崇祀鄉賢

祖項齡 康熙丙辰進士己未御試博學鴻詞第六名累官太子太傅武英殿大學士兼工部尚書贈少傳謚文恭

父圖焯 康熙辛卯舉人揀選知縣敕封文林郎山西太原府興縣知縣

母楊氏 敕封孺人昭武將軍提督飲壯孫女湖廣武昌等處驛鹽道懋紹女

繼母楊氏 敕封孺人內閣學士瑄女

繼母李氏 吏部掌印給事中錦女

伯圖炳 康熙壬辰進士累官禮部左侍郎

叔圖烺 康熙乙酉舉人候補中書 圖新 廩生候補員外郎 圖壽 歲貢生候補主

事

弟祖德　祖恩　祖興俱業儒

妻陳氏女翰林院檢討世倌女禮部尚書諡清恪孫

子紹曾　顯曾　耀曾俱幼

世居松江西關外竹竿匯今遷居金山縣之張堰

鎮

嚴侍下

兵部左侍郎今任戶部左侍郎楊　薦

沈廷芳字畹叔一字椒園行三浙江杭州府仁和

縣人康熙壬午年八月十九日生年三十五歲治

書經監生

高祖雲龍生員庠

曾祖輔民 明庠生

祖兆乾 敕贈文林郎廣東瓊州府文昌縣知縣

父元滄 康熙乙酉丁酉副榜廣東瓊州府文昌縣知縣

母查氏 敕封孺人詹事府少詹事昇女

兄延櫰 庠生 心 庠生

妻汪氏

子嘉 業儒

姪彭 業儒

世居省城內忠清里今遷居嘉善縣北門外沈家

圖

慈侍下

兵部右侍郎署理湖北巡撫事務今仍任兵部事矣　蕩

毛一驄字天選一字杏山行三湖北宜昌府東湖縣人康熙壬午年八月□□日生年三十五歲治易經雍正乙卯科選拔貢生

高祖艮棨庠生

曾祖鳳翔廩生

祖秉德

祖母周氏吳逆兵變殉烈特恩建坊旌表

劉氏

父呈瑞庠生

母董氏

白氏

叔獻瑞　聖瑞廩生　毓瑞庠生

兄一騏廩生 一驥庠生

妻覃氏

子文鳳 文雅 文頌俱幼

世居宜昌府鎮川門內節烈坊

繼慈侍下

巡撫湖南等處地方提督軍務兵部右侍郎兼都察院右副都御史鍾 薦

許伯政字惠棠一字石雲行五湖南岳州府巴陵縣人康熙癸未年四月十八日生年三十四歲治詩經雍正己酉科選拔貢生

高祖一萬廩生

曾祖化龍庠生

祖希臣監生考授州判

父時浩監生考授縣丞

母李氏

兄伯泰庠生伯甯監生伯禧縣丞伯治

妻向氏

費氏

子萬玠　萬玿　萬琇　萬瓚俱幼

世居本縣東鄉白箬村

永感下

總理北路軍需光祿寺卿劉薦

龔元玠字鳴玉一字畏齋行九江西南昌府南昌縣人康熙癸未年九月十一日生年三十四歲治易經縣學生

高祖一隆

曾祖仲慶

祖應璧

父國英

母朱氏

叔國雄

兄元璘

妻涂氏

子鴻紀　鴻綸　幼

世居會城南中洲西城地方

具慶下

兵部右侍郎署理湖北巡撫事今仍任兵部事吳　薦

南昌齡字念貽一字蘭田行一湖廣黃州府蘄水縣人康熙癸未年九月十四日生年三十四歲治春秋監生

高祖有杞 副榜貢生敕贈文林郎山東長山縣知縣

曾祖之傑 順治乙未召試歷任山東長山縣知縣誥贈奉政大夫江南淮安山清外河同知

祖夢班 誥授奉政大夫歷任江南淮安山清外河同知

父光發 康熙丁丑拔貢累官內閣中書舍人

前母李氏 四川洪雅縣知縣□□孫女

母王氏 禮部尙書澤弘孫女江西南康縣知縣材成女

妻徐氏 石首縣學教諭五宗孫女零陵縣學教諭源舒女

子興緒 興紱 俱幼

世居蘄水縣北楓樹灣今遷居縣城北關集善坊

永感下

浙江總督巡撫事兼都察院右副都御史今署禮部侍郎程　薦

李宗潮字坤四一字蕉畲行二康熙甲申年八月

十八日生年三十三歲治書經雍正癸卯科選拔

貢生甲辰科副榜貢生

今中乾隆丙辰科舉人

高祖輝嘉興縣學生

曾祖衷奇廩生誥贈中大夫監察御史

祖明鰲廩生誥贈中大夫監察御史

父陳常康熙癸未進士累官監察御史巡視兩淮鹽課

母陳氏

生母張氏

伯琇處州府學訓導我郊累官廣西鹽驛道

叔在辛康熙丙子副榜維鈞累官直隸總督

兄宗仁歲貢生

弟宗信廕生宗智監生

妻張氏兵部右侍郎集孫女太僕寺少卿棠女

子榮

世居嘉興府城南王店鎮

永感下

兵　部　尚　書　甘　薦

張星景字映薇一字岱崖行二江西南昌府奉新

縣人康熙甲申年八月二十八日生年三十三歲

治易經廩生

高祖𣗳

曾祖士前

祖應辰 敕贈文林郎翰林院檢討崇祀鄉賢

父懋能 康熙丙戌進士翰林院檢討改授行人司司副

母朱氏

伯懋忠　懋孝　懋廉　懋節

兄星仁 康熙甲午舉人

妻楊氏

子基兆　基寅

世居本縣南門內紅菱塘

慈侍下

浙江總督管巡撫事兵部右侍郎兼都察院右副都御史今署禮部侍郎事程　薦

汪沆字師李一字西顥浙江杭州府錢塘縣人康熙甲申年十月十二日生年三十三歲治書經附生

高祖世序縣學生

曾祖雲瑞

祖嘉祉國學生

父坤康熙甲午舉人揀選知縣

母顧氏

伯乾

叔震

兄浦縣學生

弟ts

妻吳氏

姪彭壽

世居杭城豐樂橋東大方伯里

慈侍下

巡撫山東等處地方提督軍務兵部右侍郎兼都察院左副都御史岳　薦

顏懋倫字樂清一字清谷行一山東兖州府曲阜

縣人康熙甲申年十二月二十四日生年三十三

歲復聖顏子六十九代孫治詩經雍正己酉科選

拔貢生

現任四氏學教授

高祖印紹明崇禎辛未進士累官河間府知府

壬午殉難贈光祿寺卿配享復聖廟

曾祖伯璟廩生誥贈大中大夫河東鹽運司使

祖光猷康熙癸丑進士累官河東鹽運司使

父肇廣貢生敕贈文林郎四氏學教授

母孔氏敕封孺人曲阜縣知縣興認女

伯肇康監生

弟懋价貢生

妻孔氏江西上猶縣知縣口女

世居曲阜縣城內

慈侍下

經筵講官戶部右侍郎兼管錢法事務趙　薦

全祖望字紹衣一字謝山行十四浙江甯波府鄞縣人康熙乙酉年正月初六日生年三十二歲治

易經雍正己酉科選拔貢生壬子科舉八
今中乾隆丙辰科進士改翰林院庶吉士
高祖天授明歲貢生湖廣德安府應山縣知縣
曾祖大和明庠生
本生曾祖大程明庠生
祖吾騏明庠生
父書庠生
母蔣氏翰林院庶吉士拭之妹
叔馥欽天監博士
妻張氏
曹氏
世居府城西月湖

具慶下

兵部右侍郎吳薦

姚世錸字念慈一字改之行二浙江湖州府歸安縣人康熙乙酉年三月初一日生年三十二歲治易經雍正乙卯科副榜貢生

高祖祚重 誥封中議大夫廣東嶺南道參政

曾祖延著 順治丁亥進士累官通奉大夫河南布政使司布政使

祖(淳)顯 歲貢生內閣中書舍人

父德里 雍正庚戌進士命往安徽試用知縣壬子江南同考官

母孫氏

繼母施氏

伯德至 歲貢生候選訓導

叔德主國學生候選州同

兄世鈵

弟世鎔邑庠生 世錞 世鉽 世鉦 世錕 世銑

俱業儒

妻孫氏

世居湖州府城白蓮花莊

繼慈侍下

巡撫湖南等處地方提督軍務兵部右侍郎兼都察院右副都御史鍾 薦

王元字瑋五一字濬軒行一湖南岳州府華容縣

人康熙己酉年三月二十二日生年三十二歲治

書經監生

高祖魯選拔貢生

曾祖佐臣歲貢生

祖正域廩生

父祚封康熙庚午舉人浙江金華府武義縣知縣

母張氏

繼母張氏

伯祚嶽廩生

弟師超庠生豫監生觀監生師軾業儒

妻劉氏

子先暉幼

世居本縣西關內

嚴侍下

浙江總督管巡撫事兵部右侍郎兼都察院右副都御史今署禮部侍郎事程　薦

齊召南字奕風一字一乾行二浙江台州府天台縣人康熙丙戌年正月十一日生年三十一歲治詩經雍正元年選拔貢生己酉科副榜貢生

高祖嘉逢庠生

曾祖之仲

祖化龍庠生

父鼒庠生

母張氏

叔祖尚　長庚　重光俱庠生

兄周南庠生

弟圖南　世南俱庠生　道南　指南俱業儒

妻張氏

子式丹

世居天台城内城隍廟巷東玉塘里

具慶下

鎮國將軍兵部右侍郎宗室德蘌

趙(甯)靜字方白一字黎村行二江西建昌府南豐縣人康熙丙戌年六月二十九日生年三十一歲

治五經布衣

高祖子鯉縣學生

曾祖有翼順治辛卯舉人

祖師沛

父希柱國學生

母余氏

伯希標縣學生

叔希俊國學生　希彬太學生　希梧國學生

兄與璧

妻魏氏

子孟基　孟培

世居本邑東隅

慈侍下

禮　部　左　侍　郎　王　薦

戴永植字于庭一字闇齋行八浙江湖州府歸安

縣人康熙丙戌年六月初十日生年三十一歲治

書經雍正壬子科舉人

高祖成立

曾祖珩

祖爲轂以孫永椿貴誥贈中憲大夫江西道監察御史署理山西按察司使

父浩歲貢生敕贈福建建甯府政和縣知縣

母汪氏敕封孺人

伯溶以子永椿貴誥贈中憲大夫江西道監察御史署理山西按察司使　淇監生　淏歲貢

生候選訓導

叔滋府學增生

兄永樸雍正癸卯舉人福建政和縣知縣　永樹雍正壬子副榜　永梅

妻鄭氏

子文默幼

世居湖州府城中駱駝橋東堍

慈侍下

浙江總督管巡撫事兵部右侍郎兼都察院右副都御史今署禮部侍郎事程　薦

孫貽年字穀仁一字壽門行一浙江湖州府歸安縣人康熙丙戌年七月初八日生年三十一歲治易經縣學生

高祖懋果　庠生誥贈通議大夫翰林院掌院學士兼禮部侍郎

曾祖焞　庠生誥贈通議大夫翰林院掌院學士兼禮部侍郎

祖在豐　康熙庚戌進士及第累官工部左侍郎

父載行　廩貢生候選教諭

母沈氏　掌河南道御史巡視兩廣鹽院愷曾妹

伯篤行　附監生　見行　貢生累官戶部山東司員外郎　學行　貢生河南魯山縣知縣　參行　康熙辛卯副榜候選知縣

弟貽駿　貽芬　元禮　繼叔人龍爲嗣　貽湲　貽謙　俱業儒

妻沈氏

子寶善　寶誠俱幼

姪廷宷幼

世居歸安菱湖

慈侍下

內閣學士兼禮部侍郎吳　薦

曹廷樞字古謙一字謙齋行二浙江嘉興府嘉善

縣人康熙丙戌年十一月初三日生年三十一歲

治詩經雍正癸卯科副榜貢生

高祖勳明崇禎戊辰進士累官禮部侍郎兼翰林院學士

曾祖爾功廩生誥贈內閣學士兼禮部侍郎

祖鑑倫康熙己未進士累官經筵講官吏部左侍郎

父源郁康熙癸酉副榜處州府慶元縣教諭
母陸氏江西上猶縣知縣鈞女
伯源祁歲貢生候選知縣
叔源鄴歲貢生 源郊康熙戊戌進士翰林院編修 源邦康熙甲午舉人四川雲陽縣知縣
兄廷棟廩貢
弟廷模
妻蔡氏
子煥 燦俱幼
世居嘉善東關內中河里
慈侍下
太子太保兵部尚書巡撫江蘇等處地方總理糧儲提督軍務高　薦

張鳳孫字少儀行一江南松江府華亭縣人康熙丙戌年十二月十六日生年三十一歲雍正壬子科副榜貢生

曾祖震敕贈文林郎浙江常山縣知縣

祖德純康熙庚辰進士浙江常山縣知縣

父之頊貢生貴州印江縣知縣候選主事

母顧氏以安女

叔之顥監生之頡監生之頤業儒之碩

弟麟孫庠生

妻□氏

世居蘇州府城內鸚哥巷

重慶下

太子太保文華殿大學士兼吏部尚書管浙江總督事嵇　　薦

申甫字及甫一字笏山行二浙江衢州府西安縣

人原籍江南揚州府江都縣康熙丁亥年十二月

二十四日生年三十歲治□經布衣

高祖在朝廪生

曾祖懿典

祖元會監生

父承宗庠生

母魯氏

本生父承德庠生

本生母卞氏

兄光顯監生

弟金 儒業

妻□氏

世居揚州新城內青蓮巷今遷居衢州府城內白

蓮池

嚴侍下

兵　部　尚　書　甘　薦

魏允迪字功夏一字懋堂行二江西建昌府廣昌

縣人康熙丁亥年五月十八日生年三十歲洽書

經雍正癸卯科舉人揀選知縣

高祖復禧 太學生誥贈通議大夫太常寺正卿

曾祖青 明恩貢考授中書誥贈通議大夫太常寺正卿崇祀鄉賢

祖方泰 康熙庚辰進士累官禮部右侍郎

父定國康熙丙戌進士現任陝西西安按察使
母曾氏誥贈淑人懷遠將軍約朋女
叔寶國康熙甲午舉人原任雲南永平縣知縣
兄涵暉康熙癸巳舉人現任河南臨潁縣知縣
弟淵映雍正丙午舉人
妻熊氏山西壽陽縣知縣應璜女
子紹會幼
世居文下里珠谿堡
嚴侍下
戶部左侍郎兼管三庫事務李薦
曹秀先字芝田一字冰持行七江西南昌府新建
縣人康熙戊子年四月二十三日生年二十九歲

治五經雍正己酉科選拔貢生又中副榜貢生壬
子科舉人
原任內閣中書舍人今中乾隆丙辰科進士改翰
林院庶吉士
曾祖建治 敕贈文林郎福建龍谿縣知縣
本生曾祖建節 敕贈文林郎福建龍谿縣知縣
祖家甲 康熙丁丑進士福建龍谿縣知縣奉旨內召誥贈奉政大夫湖廣道監察御史
父繩彬 歲貢生
母胡氏
叔繩植 康熙戊子舉人候選知縣 繩相 監生 繩淇 康熙癸巳舉人內閣中書舍人 繩
正 監生 繩桂 雍正庚戌進士浙江分巡甯紹台道 繩椿 廩生 繩榆 庠生
兄茂先 雍正己酉拔貢山西交城縣知縣 昌言 廩生 發先 雍正己酉舉人候選

知縣振先 經（雍正乙卯舉人）

弟揆先（儒業） 敬先（儒業）

妻劉氏

子（淳）祖

姪承祖 輝祖 念祖 敬祖 榮祖 琳祖

顯祖 循祖（俱儒業）

世居江西省城北門外十五里港口

重慶下

太子少保兵部尚書兼都察院右副都御史總督直隸等處地方軍務李

內閣學士兼禮部侍郎提督陝西等處學政王 薦

陸祖錫字念劬一字學箕行一浙江嘉興府平湖

縣人康熙戊子年正月十六日生年二十九歲治

詩經 雍正己酉科選拔貢生

曾祖 丞萱 監生

祖 士[illegible] 康熙甲子舉人

本生祖 士偉 監生

父 坦 縣學生

母 林氏

叔 培 雍正甲辰進士江南東流縣知縣

妻 馬氏

子

世居縣城北門

承感下

浙江總督巡撫事兵部右侍郎兼都察院右副都御史今陞禮部侍郎事程 薦

錢載字坤一一字根苑行七浙江嘉興府秀水縣
人康熙戊子年九月初八日生年二十九歲治書
經雍正壬子科副榜貢生
高祖嘉徵明天啟辛酉副榜貢生累官監察御史
曾祖泮明崇禎丙子舉人
祖檟初太學生
父炌太學生
母朱氏
生母陸氏
弟莊　星俱業儒
妻張氏
子世錫　夢錫

世居嘉興府東門內

具慶下

順天府府尹陳薦

甘禾字周書一字晴村行五江西南昌府奉新縣人康熙己丑年九月初二日生年二十八歲治易經雍正丙午年科舉人揀選知縣

高祖廷仕誥贈光祿大夫兵部尚書

曾祖應俊縣學生誥贈光祿大夫兵部尚書

祖顯祖雍正丙午舉人累官山東新泰縣知縣誥封光祿大夫兵部尚書

父汝來康熙癸巳進士現任兵部尚書

母彭氏誥封夫人

叔汝逢雍正丙午舉人揀選知縣

弟廣恩廕生候補員外郎

妻張氏翰林院檢討懋能女

子立德　立功　立言俱幼

世居縣城內種德坊

重慶下

宗人府左宗正多羅慎郡王　薦

長住姓王氏字松儕一字蘭谷行一正白旗包衣

漢軍人康熙己丑年九月十八日生年二十八歲

治詩經監生

今任

景陵八品茶上人

曾祖成公

祖花山敕贈文林郎七品官

父合立庫官七品

母劉氏敕封孺人

妻那氏文華殿大學士查郎阿妹

子志愈

世居遵化州馬蘭峪

具慶下

巡撫湖南等處地方提督軍務禮部左侍郎兼都察院右副都御史鍾薦

鄧獻璋字方侯一字念菴行一湖南永州府祁陽

縣人康熙己丑年九月二十三日生年二十八歲

治易經縣學生

曾祖應翼

祖竺生歲貢

父山鄉

母熊氏

伯山樸　山杰　山栻　山槐庠生

弟獻璟　獻荃　獻璪俱業儒

妻李氏

子謙　履坊

世居

具慶下

都察院左副都御史孫　薦

尙廷楓字嶽帥一字茶洋行二江西南昌府新建

縣人康熙壬辰年四月初二日生年二十五歲治

詩經廩生

現任戶部山西清吏司主事加一級

高祖高 明萬曆辛丑進士誥贈榮祿大夫廣東潮州總兵官

曾祖天祿 明崇禎己卯舉人誥贈榮祿大夫廣東潮州總兵官

祖一位 廩生誥贈榮祿大夫廣東潮州總兵官

父潆 康熙癸未武進士歷任浙江提督

母張氏 誥封夫人

張氏 誥封夫人

王氏 誥封夫人

伯潩 康熙己卯拔貢候選知縣

叔清 康熙乙酉舉人軍功授廣西思恩副總兵官

兄廷椿 監生

妻王氏康熙辛丑進士弼女

原籍陝西直隸興安州今入籍江西南昌府住居

新城門內射圃亭西巷

慈侍下

浙江總督管巡撫事兵部右侍郎兼都察院右副都御史程　薦

萬光泰字循初一字柘坡行二浙江嘉興府秀水

縣人康熙壬辰年八月初十日生年二十五歲治

易經增廣生

今中乾隆丙辰科舉人

高祖里鵬鄉飲大賓

曾祖人偉廩生

祖仞發

父朝棟生附

母張氏

兄光謙雍正甲辰舉人

弟光豫

妻曹氏

世居府城北門外月湖

慈侍下

巡撫廣西等處地方提督軍務兵部左侍郎兼都察院右副都御史金　薦

袁枚字子才一字簡齋行一浙江杭州府仁和縣

人康熙丙申年三月初二生年二十一歲治書經

廩生

高祖宏勳明天啟進士累官巡按山西監察御史

曾祖元龍廩生累官直隸大名府通判

祖錡廩生

父濱監生

母張氏

叔漸磐

妻

世居省城茶市橋

具慶下

公車徵士小錄

詞科之薦旁求至四年內外大臣亦有矜慎未及薦者其得薦者二百六十七人較之己未爲盛蓋翰詹則惟退閑舊臣豫之其餘內自曹郎舍人而下外而牧令以暨進士鄉舉明經上舍秀才布衣靡不有焉然其中有辭不至者有已升外吏四品以上免試者有已邀館選免試者有以例不符爲部議所格不果徵者有病逝者有雖赴徵而以病不試者有持服者其豫試者僅二百二十人爾其中又有以外吏蚤至不及待

臨軒之期而先試者有後期待續試者皆詳見予摭言中茲不能盡備也諸公雖或來或否而予及與通縞紵之驩者幾十之八其有予所不盡知或雖交而不能得其年齒世系之詳者則附見之於後昔巽巖李氏識禁

元翰所輯唐制舉科目圖祇據舊唐書爲底本不免脱遺古人之罔羅散失如此然則予之爲是録也豈徒以爲一時朋徒之職志其亦將來藝文簿目之一種也夫

丙辰九月之望祖望再書册末

公車徵士附録

戶部史薦 周 欽 宜興舉人

兵部甘薦 余騰蛟 武定拔貢

左都孫薦 劉始興 金壇舉人

左都孫光祿劉薦 劉斯組 新建舉人

左都孫薦 方貞觀 桐城生員

左都孫薦 車 文 太康拔貢

戶侍呂薦 方辛元 桐城生員

禮侍徐薦 金 鑑 江陰舉人

禮侍王薦 陳洪淡 高安廪生

禮侍王薦 盛 樂 生員

兵侍德薦 西成 滿洲進士

兵侍楊薦 汪芳藻 休甯原知江都縣

兵侍楊薦 史鳳輝 宜興舉人中書

兵侍楊薦 萬松齡 宜興舉人

兵侍吳薦 于梓 金壇原知東莞縣

兵侍王薦 黃濤楫 江甯廩生

刑侍勵薦 王世樞 寶山舉人

刑侍楊薦 蘇珥 順德廩生

刑侍楊薦 曹憒 副榜

工侍王薦 秦懋紳 武進舉人

閣學伊薦 褚菊書 嘉興舉人知上海縣

閣學伊薦 于栻 金壇舉人通州學正

閣學春薦　馮元溥　金壇舉人

閣學方薦　余華瑞

閣學吳薦　王霖　山陰舉人

閣學吳薦　聞元晟　嘉善舉人

閣學吳薦　周汝舟　吳江監生

閣學姚薦　周京　錢塘生員

副都陳薦　陸榮秬　華亭監生

副都陳蘇撫顧薦　胡二樂　歙縣生員

通政趙薦　凌之調　新建進士主事

詹事吳薦　李光國　興化拔貢

詹事王薦　方觀承　桐城中書

光祿那薦　宋士宗　星子舉人原南豐教諭

光祿劉薦　楊廷英　新建進士主事

光祿劉薦　夏之翰　新建舉人

太僕蔣薦　沈泳壺　山陰廩生

順天府尹陳薦　劉世基　贛州貢生

順天府尹陳薦　裘曰修　新建廩生

直督李薦　邊連寶　任邱拔貢

蘇撫高薦　孫天寅　常熟舉人

蘇撫高薦　朱厚章　長洲廩生

蘇撫高薦　倪承茂　吳縣監生

蘇撫高薦　姚　焜　桐城舉人興化教諭

蘇撫高薦　沈　虹　長洲舉人教諭

蘇撫高薦　王會汾　無錫舉人

蘇撫高薦　陳黃中　長洲生員

蘇撫高薦　張廷槐　江陰進士

蘇撫顧薦　周振采　山陽拔貢

蘇撫顧薦　許　鏘　上元生員

蘇撫顧薦　潘遇莘　寶應舉人

蘇撫顧薦　郭　束　寶應廩生

蘇學張薦　劉鳴鶴　陽湖廩生

蘇撫顧薦　陸桂馨　震澤貢生

江督趙薦　任　瑗　山陽監生

安撫王薦　程光祚　上元廩生

安撫趙薦　江其龍　桐城生員

安撫趙薦　梅兆頤　宣城生員

浙督程薦	程　川	仁和拔貢
江撫常薦	黃天策	
江撫常薦	李　灝	南豐生員
福撫盧薦	張甄陶	閩縣生員
福撫盧薦	陳繼善	閩縣生員
福撫盧薦	陳　繩	閩縣生員
湖撫鍾薦	段梧生	長甯監生
湖撫鍾薦	陳世龍	祁陽拔貢
河督王薦	萬邦榮	襄城舉人
河督王薦	閻式鑛	祥符舉人教諭
河督王薦	朱　超	祥符舉人濬縣教諭
東撫岳薦	耿賢舉	舉人

晉撫石薦　張廷奏 拔貢

晉撫石薦　葉鳳翥 荊谿監生

廣撫楊薦　何夢篆 江甯進士知新安縣

廣撫楊薦　施念曾 宣城拔貢試知興甯縣

廣撫楊薦　勞孝輿 南海拔貢

衍聖公薦　張　範 華亭監生

補遺

直督李薦　汪士鍠 休甯副榜

禮侍任薦　楊度汪 無錫拔貢

浙督程薦　陳士璠 仁和生員

公車徵士附錄

東林同難錄原序

今上登極手殲大憝九鼎晏然因追贈慘死諸臣恩命煌煌已復命部司呈請不盡待諸孤陳乞槩照贈銜給與三代誥命蓋曠典也諸孤以爲吾儕望恩原不在膺敘但祈有以光先世爲先人了人子事耳至是而聖明所以䘏忠與地下之因忠以盡孝者罔有弗竟矣遂各述先人受禍受恩始末名同難錄蓋以志其感恩亦自訂後期也梓成徵弁語於余余思諸臣受禍之慘振瑾時所未有天子聖明不難刱行前所未經有之典以當之自有此命令人曉然爲臣盡節受非常之禍者朝廷自有非常之報既以慰死兼以勸生或謂有待慰之魂則死者之忠亦僞有待勸之意則生者之忠不純以報

持論得無令死者不服生者不受乎嗟嗟論不期高期於中情使論忠者必不論報是爲忠臣者必生既備受荼毒死復備受蕭條天日空慘丘隴無光而後爲盡已忠而後爲朝廷之所以成人忠則忠義一路祇爲齏粉髮膚寂寞祖[redacted]之具此又與於不忠之甚者也夫忠義固出天性其萌甚微利害當前立喪所守況生死乎所以獻之使運養之使長全在君天下者故曰養天下而享天下之謂君然不經喪之者之毒深無以見養之者之功大前此善惡倒宇宙晦搢紳喪節亘古所無豈人性固然亦竊君權者之刑賞實能喪之日月幾何至今上而人復知善之不可泯惡之不可爲也亦豈人能遽復其性則今上之刑賞實養之耳刑以報惡賞以報善

報之一言持論不高舍此無以養天下而皇上神聖其
用意深遠每非臣下所能窺萬一如言及逆黨人孰不
恨之詈之欲食其肉未幾而漸平矣言及諸忠人孰不
憐之痛之至於下淚未幾而亦漸平矣漸平漸忘且詆
於見善不喜聞惡不怒之說而復厚誣吾君於逆案欲
從寬於褒忠欲從嚴也至欽定逆案凜然天討而三代
誥命之給即任此時然後知聖主善善惡惡不爲衆淆
不以久倦且不因煩生厭也肯持忠不望報之論使爲
惡者畢竟得利爲善者畢竟不利也耶余按是錄識諸
孤而與謀皇上既有以[redacted]諸臣諸孤能不爲先人報皇
上是時相期誰謂不切所貴者毋以久而亦平也今而
後並期自勵無墮家聲乃即所以報君恩爲諸臣請誥

命者係封司徐君主稿於例爲破格於事爲變體初亦
虞上慎重而竟不難得蓋徐實善體上意也余因序斯
錄而幷紀徐之憐痛未平如此崇正二年四月賜進士
第奉政大夫尚寶司卿范陽鹿善繼題

東林同難錄

活一

東林同難列傳目錄

楊忠烈公傳　左忠毅公傳

魏忠節公傳　臨清周忠毅公傳

袁忠愍公傳　顧裕愍公傳

萬忠貞公傳　趙忠毅公傳

繆文貞公傳　吳江周忠毅公傳

周忠介公傳　周忠惠公傳

高忠憲公傳　黃忠端公傳

左忠毅公傳　王心一傳

夏之令吳裕中丁乾學劉鐸蘇繼歐列傳

附傳

汪文言吳懷賢張汶列傳

魏子敬傳　周端孝傳

朱完天傳

周忠介公五友紀略　劉羽儀　沙舜臣

殷獻臣　鄒谷谷　王節節

五人傳　顏佩韋　楊念如　馬傑　沈揚

周文元

參校姓氏

楊　坤 乾一 應山
周旦齡 漢紹 吳縣
周宗濂 長洮 長洲
周用錫 晉蕃 吳縣
周用茲 晉徵 長洲
周用行 晉允 吳縣
周　京 含章 蘇州
魏爲堂 冠三 嘉善
高大酉 挾三 無錫
王熙載 資木 吳縣
劉　珖 黼臣 吳縣
繆思誠 聖木 江陰
繆思美 子苓 江陰
繆映台 雲峇 江陰
繆　誠 繩武 江陰
李迴瀾 禹烈 江陰
李　勤 大夏 江陰
李廷瑜 觀光 江陰

禮部署部事右侍郎兼翰林院學士管紹寧

題爲臣疏久稽未結乞

皇上敕下禮部速賜題覆以信前旨以昭大典事祠祭

清吏司案呈奉本部送准禮科鈔出工科都給事

李清題前事等因本年七月十一日奉

聖旨該部速與題覆欽此先是崇貞十一年九月十八

日本官題爲昭代有未表之三案乞敕部速議早

定謚典事二十三日奉

旨該部并與酌覆欽此欽遵鈔出到部送司奉此案呈

到該臣等看得自古人臣之以忠節著也方受禍

之時桁楊榜掠備受楚毒見者聞者罔不悽惻迨

夫事久論定公道大明不惟生者超擢死者優卹

而易名之典雖不過一字之褒而榮名耀於一時芳聲垂於千古顧不韙歟科臣李清之以慘死諸臣請謚蓋爲是也察正德年間言官蔣欽等凡數十人諫武皇南幸下詔獄死至嘉靖初或予祭蔭或加陞贈皆未及易名此詔款所爲饜謚未全者也又嘉靖年之沈鍊天啟年之楊漣等皆首觸逆燄誣死詔獄崇貞初楊漣等四人予謚餘則先予贈而謚尚有待也同事異録豈非鈌典乎若此數臣者或逆鱗於前代而碎首幾同膺滂或撩鬚於近朝而臥屍有同喬固心貞金石氣作山河用是細核生平擬謚上請以此風往勸來庶死骨既收棧驥胥奮矣伏候

聖裁

計開

南京御史蔣欽南直常熟人

擬謚忠烈　一擬忠愍

兵部主事陸震浙江蘭谿人

擬謚忠定　一擬貞愍

行人孟陽山西澤州人

擬謚忠定　一擬恭介

工部主事何遵南京欽天監籍

擬謚忠節　一擬肅愍

行人李紹賢南直盱眙人

擬謚忠端　一擬忠翼

行人余廷瓚江西鄱陽人

擬謚忠愍　一擬貞毅

刑部主事劉較河南郾城人

擬謚孝毅　一擬貞端

評事林公輔福建長樂人

擬謚忠恪　一擬節愍

行人詹寅福建泉州人

擬謚忠憲　一擬毅愍

行人李翰臣山東大同衞人

擬謚忠毅　一擬忠愍

行人詹軾江西玉山人

擬謚忠潔　一擬毅愍

行人劉平甫湖廣安陸人

擬謚忠質　一擬貞愍

給事中周璽南直合肥人

擬謚忠愍　一擬端毅

京衛指揮張英　人

擬謚忠壯　一擬烈愍

錦衣衛經歷沈鍊浙江會稽人

擬謚貞肅　一擬忠壯

工部郎中萬燝江西南昌人

擬謚忠貞　一擬貞毅

左春坊左諭德繆昌期南直江陰人

擬謚文貞　一擬文毅

左僉都御史左光斗南直桐城人
擬謚忠毅　一擬肅愍
御史李應昇南直江陰人
擬謚忠毅　一擬肅愍
御史黄尊素浙江餘姚人
擬謚忠端　一擬毅愍
御史周宗建南直吳江人
擬謚忠毅　一擬貞毅
應天巡撫周起元福建海澄人
擬謚忠惠　一擬忠毅
太僕寺少卿周朝瑞山東臨清人
擬謚忠毅　一擬貞毅

御史袁化中山東武定人

擬謚忠毅　一擬毅愍

按察司副使顧大章南直常熟人

擬謚裕愍　一擬毅愍

已上二十五臣雖事分兩朝而忠同一轍既荷

世廟及我

皇上首加褒贈則第予之以謚而兩字之榮千秋之芬

矣統候

聖俞遵行

葉廷甲案管少宗伯號誠齋常州武進人李給事清

號映碧先爲諸忠臣訟冤請謚而申請予謚一手主

稿者則吏部驗封司郎中徐公名大相故鹿乾嶽先

生序云徐公於十餘載後猶有餘痛豈非忠烈之感

通無閒於斯人也哉

崇正十三年九月十七日具題十九日奉

旨蔣欽等二十五臣准照正擬予謚

又案請謚疏余前所得本失載後得板片少去三葉

從徐蘿封人嶽萃編中錄出補鐫道光五年夏廷甲

識於棗門舟次

楊漣

湖廣德安府應山縣民籍字文孺號大洪
治詩行二隆慶五年辛未七月初十日生
萬(麻)癸卯鄉試四十六名丁未會試二百五十名廷試
三甲一百五十七名戊申授南直隸常熟縣知縣甲寅
考選己未授戶科給事中庚申陞兵科右本年陞本科
都天啟辛酉養病壬戌起禮科都給事中本年陞太常
寺少卿癸亥陞都察院左僉都御史甲子陞左副都以
二十四罪疏忤璫本年借會推削奪乙丑逆黨朋謀搆
陷四月同左魏周袁顧五公逮繫六月下詔獄誣贓二
萬五日兩比七月廿四日同左魏兩公謀故贓行撫按
嚴追敲吸株連如數完解崇正元年戊辰贈右都御史
廕子賜祭葬給贍銀本年加贈太子太保己巳恩封四

代謚忠烈
曾祖鐸
恩贈太子太保右都御
史
曾祖母　氏
恩贈一品夫人
祖萬春
贈左都御史恩贈太子
太保右都御史
祖母陽氏
贈淑人恩贈一品夫人
父彥翺

胞兄清
貢生任同知以瑺禍休致
仍計處傾家償贓戊辰昭
雪復原職
娶張氏
累封孺人淑人恩贈一品
夫人
繼娶詹氏
累封孺人淑人追贓時寄
居城樓恩封一品夫人
子之易

累贈知縣左給事都給
事左副都御史恩贈太
子太保右都御史
母劉氏
累封孺人淑人恩贈一
品夫人
繼母王氏
追贓時寄居城樓以憂
死

廩生監比兩年戊辰赴闕
訟冤承廕
之賦
廩生監比兩年戊辰同兄
伏闕訟冤承廕
之言
庠生監比兩年
之環
同孫楊苞寄養廬山瑠敗
取還
之才
繫獄驚死

侄之鼎
庠生監追

左光斗

直隸安慶府桐城縣籍涇縣人字遺直號浮丘治易行五萬曆三年乙亥九月初九日生庚子鄉試十一名丁未會試十一名廷試三甲九十一名十月授中書甲寅考選已未授浙江道御史印馬屯田天啟辛酉北直提學癸亥陞大理寺左丞本年陞左少卿甲子陞都察院左僉都御史以忤璫借會推削奪乙丑逆黨朋謀搆陷四月同魏楊周袁顧五公逮繫六月下詔獄誣贓二萬五日兩比七月廿四日同楊魏兩公謀故贓行撫按嚴追敲吸株連如數完解崇正戊辰贈右副都御史廕子賜祭葬已巳加贈太子少保

恩封三代謚忠毅

曾祖麒　　兄光霽

壽官
祖軫
鄉飲大賓恩贈太子少
保右副都御史
祖母章氏
恩贈夫人
父出穎
累封中書舍人御史大
理寺丞左僉都御史以
璫難累沒恩贈太子少
保右副都御史
母周氏

太醫院累死
光朝
禮部儒士
光前
武生累死
光啟
禮部儒士以上產俱沒官
光表
累助千金
光楚
追贓繫獄
光

封孺人宜人恭人卒於
悲痛特恩贈夫人

庠生急難倡助
光紳　光儒
俱結債援助
弟光裕　光先
甲子舉人瑺禍不敢會試
聞變雲游瑺䃲始還
光明
選貢瑺禍不敢廷試隨難
京中柩歸雲游瑺䃲始還
光弼
庠生藏密室中養親以上
產俱沒官

娶周氏
贈孺人宜人恭人特恩贈
夫人
繼娶戴氏
封孺人宜人恭人特恩封
夫人
子國柱
廩生監比兩年戊辰赴闕
訟冤承廕
國棟　國林
俱寄食外家
國林

謠傳爲奴嚴旨同孫左理
匿養寺院瑠敗取還
姪國寶　國史　國士
國器　國華　國寵
俱庠生
國韜　國略
俱守備
國典
庠生
國禎
庠生俱禁追
國定

國柱同繫獄
國相
累助千金
國魁
結債援助

魏大中 浙江嘉興府嘉善縣人軍籍原名廷鯁字孔時號廓園治詩行一萬㊀三年乙亥十一月十四日生己酉鄉試二十二名丙辰會試二百九名廷試三甲十三名大理寺觀政授行人司行人天啟辛酉考選授工科給事中巡視城工又巡視節慎庫癸亥陞戶科右給事中本年陞禮科左給事中巡青甲子陞吏科都給事中本年降三級調外乙丑四月被逮六月下鎮撫司誣坐贓銀三千三百餘兩五日再比七月二十四日卒九月長子學洢扶柩回十一月二十一日卒丙寅二月提家屬追贓本年報完縣令特報長子死於監比以解璫怒崇正戊辰追贈太常寺卿賜祭葬特祠廕長子弃奉旨祔祠葬已已給贈銜三代誥命謚忠

節
曾祖繼宗
祖祥
贈通議大夫太常寺卿
父邦直
累贈文林郎吏科都給
事中加贈通議大夫太
常寺卿
母薛氏
累贈孺人加贈淑人

兄廷相
甲辰進士考選四川道御
史
弟廷薦
庠生
娶錢氏
累封孺人加封淑人
子學伊
庠生詔旌孝子
學濂
庶吉士

搴洙

孫允祔

恩生周忠介公壻

允校

舉人

周朝瑞

山東東昌府臨清州籍江西建昌府南城縣人字思永號衡臺治書行四萬㊖八年庚辰十月初四日生庚子科舉人丁未科進士庚戌授中書舍人壬子順天同考丙辰留部暫擬兵部員外郎候考戊午授吏科給事中庚申命下本年八月建言被謫十月復原職天啟辛酉轉禮科右本科左癸亥陞太僕寺少卿乙丑以逆黨徐大化楊維垣等朋謀搆陷四月同楊左魏袁顧五公削奪逮繫本月下詔獄誣坐贓銀一萬兩許顯純等苦拷五日兩比八月二十八日謀斃崇正戊辰贈大理卿賜祭葬廕巳巳給贈官三代誥命謚忠毅

曾祖聰

兄朝鸞

祖郁
贈大理卿
父鉞
累贈太僕少卿大理卿
前母李氏
累贈太恭人加贈太淑人
生母倪氏
封太恭人累贈太淑人

序班
朝陽
署丞
弟朝彥
光祿
娶王氏
封恭人加封淑人
子命魯
舉人
命泰
平妖守備
命，甯

恩生

命寵

命亨　生員

命隆　命豐

孫延齡

永齡　生員

康齡　昌齡　裕齡

袁化中 山東濟南府武定州人字民諧號熙宇治書行一隆慶六年壬申六月十九日生萬曆庚子鄉試三十四名丁未會試二百三十三名廷試三甲二十九名禮部觀政六月授直隸大名府內黃縣知縣己酉丁外艱壬子補陝西涇陽縣知縣本年本省同考乙卯本省同考丙辰留部暫擬戶部主事戊午考選授河南道監察御史巡視東城天啟辛酉宣大巡按送母歸里丁內艱癸亥補浙江道監察御史纂修實錄侍經筵甲子巡青掌河南道印管大計率十三道御史共擊魏璫十一月降一級調外任乙丑春崔呈秀魏廣微李魯生等佐逆害正矯旨逮繫誣坐贓銀六千三百三十兩許顯純三日一比五日一奏八月二十一日命

斃崇正戊辰贈太僕寺卿贈祭葬廕己巳給贈官三代

誥命謚忠愍

曾祖琮　娶王氏

貢士任教諭　累封孺人淑人

祖繼　子勷

經魁知縣祀名宦贈太僕恩生

僕寺卿　聲

父汝霖　廩生

恩貢任司訓累贈文林　佐

郞河南道監察御史太　孫柷

僕寺卿

前母劉氏

累贈太孺人太淑人

生母張氏

累封太孺人太淑人

顧大章

直隸蘇州府常熟縣民籍字伯欽號塵客治禮記行一萬(麻)九年辛巳十一月二十六日生丁酉鄉試一百三十二名丁未會試一百五名廷試三甲十六名授福建泉州府推官辛亥改補常州府教授癸丑陞國子監博士戊午陞刑部福建司主事天啓辛酉廣西主考本年陞本司員外壬戌調武庫司甲子補祠祭司員外本年陞陝西副使乙丑爲逆黨徐大化楊維垣等羅織四月同楊左魏周袁五公逮繫六月下詔獄誣贓四萬五日兩比五公歿後矯旨下法司煅鍊爰書以欺天下後世仍限十日下鎮撫逆黨拷掠不減顯純義不受辱縊死贓行撫按嚴追敲骨吸髓如數解進崇正戊辰贈太僕少卿賜祭葬廕已巳恩封三

代謚裕愍
曾祖江
累贈太常寺卿
祖早
累贈太常寺卿
父雲程
丁丑進士南京太常寺
卿恩贈太僕少卿
母周氏
累贈淑人
生母張氏
累贈淑人

兄大任
儒士
大成
庠生
弟大韶
廩例
大英
大武　庠生隨難京中
大夏　大獲　大成
娶蔣氏
累封　人恩封恭人

子麟生
庠生禁追戊辰伏闕訟冤承
廕
孫宗峻
庠生

萬燝 江西南昌府新建縣籍南昌縣人字闇夫
號元白治禮記行七萬曆四年丙子三月
二十七日生壬子鄉試五名丙辰會試七十六名廷試
二甲六十五名吏部觀政戊午丁內艱庚申授刑部四
川司主事天啟辛酉調工部營繕司欽差督理南京銅
務壬戌陞虞衡司員外管寶源局甲子三月陞本部屯
田司郎中六月十五疏參魏忠賢十八矯旨廷杖一百
先是忠賢嗾牙爪百餘人各執短木梃叢毆體無完膚
骨節糜爛從容賦詩卒丙寅坐贓三百崇正戊辰贈光
祿寺卿賜祭葬廕仍給還原銀以旌忠直崇祀本府鄉
賢己巳封三代謚忠貞
曾祖文炳 兄焜

累贈通議大夫兵部左
侍郎欽賜祭葬
祖恭
嘉靖甲辰進士歷任兵
部左侍郎特贈尚書欽
賜祭葬祀鄉賢名宦
父安仁
庠生贈工部員外加贈
光祿寺卿
母羅氏
贈安人加贈淑人
生父義

庠生
娶張氏
封安人加封淑人
子堦
承曾祖廕
墀
庠生恩廕
垓
孫鐔

廩例贈刑部主事加贈
光祿寺卿
生母劉氏
封孺人加封淑人

趙南星　直隸眞定府高邑縣人字夢白號儕鶴治書行一嘉靖二十九年庚戌四月初三日生隆慶庚午舉人萬曆甲戌進士授河南汝寧府推官陞戶部主事調吏部　陞考功郎癸巳內察不畏强禦忤權削籍助教辟斅教疏諍亦謫林居三十年閉戶著書課子不問外事天啟辛酉起太常少卿　左通政太常卿工部右侍郎壬戌陞左都御史有申明憲職諸疏癸亥內察力絕情面作四凶議以處大猾十月改吏部尚書有再剖良心等疏推高公攀龍總憲楊公漣副院左公光斗僉院鄒公維漣夏公嘉遇程公國祥等入銓曹至魏公大中輩皆其厚善一時諸直臣俱魏廣微諸姦所忌甲子十月覆高公參崔呈秀貪污疏擬追贓遣戍爲姦黨魏廣

徵陳九疇等誣陷與高公同罷乙丑以張訥梁夢環疏
削籍提問坐贓一萬五千兩罄產外賴親友義助始完
丙寅戍山西代州子清衡戍陝西莊浪衛甥王鍾龐戍
陝西永昌衛父子甥各居一域而子與甥以撫按郭尚
友馬逢皐宿恨詬責枷號慘毒備常丁卯冬卒戍所崇
正戊辰復原官原廕己巳以閣部具疏特請贈太子太
保贈祭葬廕謚忠毅

曾祖存禮　娶馮氏
縣丞　累封夫人

祖澤民　子清衡
陝西武功知縣累贈都　廩生
察院左都御史吏部尚　孫暉

書　庠生
文汝彌　孫悅書
山東館　累贈都　恩生
察院左都御史吏部尚
書
母侯氏
累贈夫人

繆昌期

直隸蘇州府常熟縣人常州府江陰縣籍
字當時號西谿治易行一嘉靖四十一年
壬戌七月十五日生少負異才名滿海內為諸生即與
顧公憲成高公攀龍講學萬(麻)庚子鄉試二十一名癸丑會
試三十一名廷試三甲五十四名刑部觀政改翰林院
庶吉士丙辰授簡討直言招忌姦黨劉文炳劾歸養病
泰昌起官天啟辛酉三月補原職教內書堂本年差湖
廣主考所錄多名士程論譏切宦寺大璫時諱壬戌充
實錄纂修官管理誥敕經筵展書本年陞左春坊左贊
善差建德王府冊封邵王餽遺甲子陞左諭德與趙高
楊左魏諸公矢志除璫楊公二十四罪疏上璫以代草
銜恨切骨本年冠帶閒住乙丑削籍丙寅與周公宗建同

逮詣獄對簿侃侃不屈誣贓三千以代草故獨加一杻
備受酷刑十指墮落四月二十九日計斃獄中距下獄
僅十有八日崇正戊辰追贈詹事府正詹賜祭葬廕子
虛白詣闕謝恩以吏部驗封司郎中徐公大相疏特給贈
官三代誥命諡文貞

曾祖玉
祖桓
庠生贈詹事府正詹
父炷
累贈簡討贊善加贈詹
事府正詹
母夏氏

弟昌肩
前卒
娶李氏
累封孺人安人加封淑人
李忠毅公嫡姑
子虛白
恩廕

累贈孺人安人加贈淑人

純白

廪生

貞白

監生

太白

歲貢欽賜進士四川江安

知縣

堅白

庠生

姪尊素

廪生

孫峻　疇　識

俱庠生

周宗建 直隸蘇州府吳江縣人字季侯號來玉治書行五萬(麻)十年壬午六月十五日生丙午科舉人癸丑科進士選庶常已入穀爲強有力者所得授武康令丙辰大計舉卓異改調仁和戊午秋同考冬入覲再舉卓異暫擬工曹已未秋假歸泰昌庚申八月行取入京授福建道監察御史　臺中四載以抗疏論客氏及逆璫傳旨廷杖者三皆以閣臣救得免天啟癸亥冬奉命按楚歸市月丁外艱乙丑逆璫銜恨無隙可尋直以俸薪作贓懸坐公費一千二百五十兩罄產完納丙寅以曹欽程疏遂於三月初四日被逮四月十三日入都下南鎮撫司十五日下北鎮撫司嚴鞫遂拶十指夾一足杖八十笞四十慘酷備至懸坐贓銀五千

二百五十兩二十日復矯旨盡數窮追再坐銀七千兩
隨勒限比始而五日一比既而三日一比六月十七日
許顯純令鎖頭顔紫等二人取命以亥刻報亡崇正戊
辰贈大中大夫太僕寺卿恩封三代予祭葬廕一子謚
忠毅

曾祖用　娶申氏
弘治壬戌進士㊂官吏　封孺人加封淑人
部尚書太子少保贈太子廷祚　廷祉　廷禧
子太保謚恭肅　廷祺
祖式南　俱庠生
舉人累贈大中大夫太　廷祿　廷禥
僕寺卿　孫曙

父韓符
庠生累封福建道御史
恩贈大中大夫太僕寺
卿
母顧氏
孺人贈淑人

庠生
昉
舉人
曦　時
俱庠生
鈿
太學生
菁
貢生邳州訓導

周順昌

直隸蘇州府長洲縣人吳縣籍字景文號蓼洲治易行四萬曆十二年甲申八月十七日生壬子鄉試一百四名癸丑會試三十名廷試二甲二十名本年授福建福州府推官乙卯丙辰省同考己未行取暫擬禮部主事候考選泰昌庚申六月改授吏部天啟辛酉填補稽勳司三月調驗封司七月調考功司壬戌調文選司五月陞本司員外隨給假回籍乙丑倪文煥疏劾削奪丙寅李實疏劾被逮坐贓銀三千兩追比嚴酷於六月十七日斃獄崇正戊辰贈太常寺卿恩封三代賜特祠祭葬廕謚忠介

曾祖繼　　兄道通　道行　道祚

祖冠　　娶吳氏

平湖教諭陞任龍游知
縣贈太常寺卿
父可賢
累贈文選司員外郎加
贈太常寺卿
母張氏
累贈宜人加贈淑人

累封宜人加封淑人
子茂蘭
恩廕
茂藻　茂葵、茂葶
俱庠生
孫靖
庠生
廷耀
庠生
峻
旦齡　歲貢潛山訓導

周起元

福建漳州府海澄縣人字仲先號綿貞治易行一隆慶六年壬申四月二十八日生萬(麻)庚子鄉試一名辛丑會試八十二名廷試三甲三十四名本年授浮梁知縣捐俸清復侵占范文正夔谿書院癸卯本省同考乙巳調繁南昌戊申行取擬授禮部主事庚戌考選湖廣道御史壬子授職疏駁御史徐兆魁誣攻道學十一月督理漕儲癸丑劾給事亓詩教趙興邦等五人乞召還例推御史魏公雲中輩三臣罰俸甲寅巡視皇城四門巡視南城以總憲孫公瑋勘熊廷弼被逐濮公中王輩五人凊介被阻考選先後劾銓宰趙煥本年差陝西巡按請告丁巳出爲廣西參議天啟辛酉入賀陞四川副使未任値遼城告急陞通州兵備參

政壬戌陞太僕少卿十月陞左僉都御史巡撫應天五
疏劾織監李實甲子劾參政朱童蒙削職丙寅二月以
李實誣劾同高公攀龍輩被逮閏六月十六進北鎮撫司
魏忠賢顧秉謙矯旨照李實原參誣贓十萬許顯純崔
應元嚴刑勒限三日一比九月初十巳時卒前一日遺
書訓子崇正戊辰贈兵部右侍郎賜祭葬廕已已給贈
官三代誥命謚忠惠

曾祖必祥　弟起龍
祖一陽　考選通判丙寅隨難京中
儋州學正祀鄉賢名宦　琦
累贈通議大夫兵部右　舉人
侍郎　起潛　起紹

父學射
累贈通議大夫兵部右
侍郎
母洪氏
題奉旌節累贈淑人

娶郭氏
子彥陞
恩生
彥基
庠生
彥奎

高攀龍

直隸常州府無錫縣人字存之號景逸抬
書行二嘉靖四十一年壬戌七月十三日
生萬(麻)壬午舉人己丑進士本年丁憂壬辰授行人有
崇正闢邪疏第一要務疏癸巳建言忤權相謫廣東揭
陽典史錮籍二十九年杜門潛修復楊龜山東林書院
同志講學天啟辛酉起光祿丞壬戌陞少卿　太常大
理少卿陞太僕卿有力爭三案及講學用人諸疏揭癸
亥陞刑部右侍郎甲子陞都察院左都御史申嚴憲約
首參崔呈秀爲其黨魏廣微陳九疇搆陷與趙楊左魏
諸公同罷乙丑以游鳳翔疏削籍以張訥疏拆毀東林
書院罄產賠償丙寅以李實疏與周公起元輩同逮緹騎
未至前一夕屏人拜表焚香告天告君告祖宗整服沈

淵卒時三月十七日後緹騎逼賄洗家併勒解子世儒
因緹騎飽欲領文回復暫宥尋被逆黨矯旨提問强擬
坐徒瓚敗得釋崇正戊辰贈太子少保兵部尚書遣行
人造墳安葬賜祭廕已巳給贈官三代誥命謚忠憲

曾祖適
累贈資政大夫太子少
保兵部尚書
材
舉人知縣祀名宦鄉賢
累贈資政大夫太子少
保兵部尚書
父較

兄附鳳
庠生
弟附驥
庠生
如麒
武舉指揮
如麟
士鸞 附例

累贈資政大夫太子少
保兵部尚書
母朱氏
累贈太夫人
本生父德徵
太學累贈資政大夫太
子少保兵部尚書
本生嫡母陸氏
累贈太夫人
生母邵氏
累贈太夫人

士鶴
太學生敕封禮部主事崇
祀鄉賢
娶王氏
封夫人
子世儒
恩廕
世學
附例承廕
世㴭
庠生
姪世泰

崇正丙子經魁丁丑傳臚
廣東主試湖廣提學崇祀
名宦鄉賢東林書院道南
祠
孫永厚　永清
倶庠生
同生　陽生　我生
春生

黃尊素

浙江紹興府餘姚縣人字眞長號白安治易行一萬(曆)十二年甲申十一月十三日生乙卯舉人丙辰進士丁巳授(寧)國府推官天啟壬戌行取考選御史癸亥補山東道甲子連參魏忠賢四疏因薦高公攀龍鄒公維璉後高鄒兩公參覆崔呈秀追贓遣戍大忤姦黨十二月陝西巡茶乙丑二月曹欽程受馮銓李魯生指使上疏削奪丙寅二月被織監李實上疏與周公起元高公攀龍同逮緹騎至姑蘇激變問命卽親詣按臺齎疏投到五月二十日進北鎮撫司六月初二日許顯純同崔應元勘問一夾棍一百扛一桚百念攛打六十棍坐贓二千八百兩三日一比比即四十棍身無完膚血肉淋漓藉門生徐石麒多方設處同年洪公如鍾

虞公陛廷捐貲助贓闖六月初一日未時崔魏矯旨取命
即遺書賦詩詩云正氣長流海嶽愁浩然一往復何求十
年世路無工拙一片剛腸總禍尤麟鳳逆竄悲此際燕
鸚聲雜値金秋錢塘有浪胥門淚惟取忠魂泣鐲鏤沐
浴北向叩頭旋死崇正戊辰賜太僕寺卿賜祭葬廕已
巳恩封三代謚忠端

祖大綬
贈大中大夫太僕寺卿
祖母章氏
贈淑人
父曰中
庠生累封山東道御史

胞弟等素
京府經
符素
杭州府庠
葆素
庠生

加封太僕寺卿
母盧氏
累封孺人加封淑人

翁氏
贈孺人加贈淑人
繼娶姚氏
封孺人加封淑人
子宗義
庠生赴闕訟冤承蔭
宗炎　宗古　宗蘱
宗堯

李應昇 直隸常州府江陰縣人字仲達號次見治禮記行二萬(麻)二十一年癸巳十一月二十六日生乙卯鄉試十五名丙辰會試五名廷試三甲一百二十六名吏部觀政丁巳　江西南康府推官戊午本省同考天啟辛酉廣東同考司理五年士民稱頌修朱文公白鹿書院興賢育才壬戌行取考選癸亥授福建道監察御史巡視北城兼管九門鹽法鹽課餘金分毫不取悉以賑濟差滿管理章奏首參逆黨魏忠賢崔呈秀魏廣微乙丑三月五虎曹欽程誣論削奪丙寅二月以李實疏被逮欣然就道士民遮擁號呼毆逐旗尉曲諭令散子夜潛行五月赴北鎮撫司許顯純等誣坐贓銀四千兩勒限追比慘毒異常六月初四日命斃

崇正戊辰贈太僕寺卿賜祭葬廕己巳給贈官三代誥
命謚忠毅

曾祖詡
增例太學生
祖杲
贈通議大夫太僕寺卿
父鵬翀
庠生例授光祿寺監事
累封通議大夫太僕寺
卿
母孫氏
累封淑人

兄奕茂
光祿寺署丞管鴻臚寺序
班事
應炅
增廣生
弟應袞　應星　應會
俱庠生
娶錢氏　累封淑人
子遜之
恩生

夏之令河南汝(甯)府光山縣民籍字伯先號卲五
治春秋行一萬(麻)十一年癸未九月十七
日生癸卯鄉試二十三名丁未會試二十名廷試三甲
一百九十名授湖廣長沙府攸縣知縣戊申丁憂甲寅
補歙縣天啟辛酉考選授四川道御史癸亥忤璫請告
乙丑逆黨卓邁倪文煥搆誣獻媚矯旨逮下詔獄卒贓
行撫按嚴追敲吸進解崇正戊辰贈太僕寺卿廕子賜
祭葬給贓銀五百己巳恩封三代

曾祖孟
庠生
祖建寅
禮部儒士恩贈太僕寺

兄之啟　之漢
俱庠生
弟之鼎　之正
俱庠生

卿
父炳
累封四川道御史恩贈
太僕寺卿
母李氏
累封孺人恩贈淑人

之璽　之烈　之猷
之功　之勳
娶胡氏
累封孺人恩封淑人
子承
庠生繫獄追比戊辰伏闕
訟冤承廕
佑

卍

吳裕中

湖廣武昌府江夏縣人字幼益號磊石一號敬庵治易行四萬(麻)十三年乙酉三月二十二日生乙卯鄉試七十名己未會試九十五名廷試三甲一百五名工部觀政授廣東廣州府順德縣知縣天啟辛酉本省同考壬戌留覲首舉卓異兼攝新會縣乙丑復舉卓異題留行取充會試彌封官三月考選公擬首垣魏廣微奪私年姪授江西道監察御史七月差皇城巡視十二月二十五日抗疏論丁紹軾閣票已有旨了姑不究馮銓紹軾密嗾崔呈秀激怒魏忠賢二十八日矯旨削奪廷杖一百丙寅正月初二日卒崇正戊辰贈太僕寺卿廕一子賜祭葬恩封三代

曾祖昺

兄美中　黄中　超中

俱庠生
祖景賢
贈大中大夫太僕寺卿娶尹氏
父紀 累封孺人淑人
累贈江西道監察御史子繇
大中大夫太僕寺卿 庠生承膺
母徐氏 竆 瑢
累封太孺人太淑人 俱庠生
琮

東林同難列傳

東林後裔繆敬持謹輯

楊漣傳

楊漣字文孺應山人爲人磊落負奇節萬厤三十五年進士除常熟知縣舉廉吏第一擢戸科給事中轉兵科右給事中四十八年神宗疾不食且半月皇太子未得見漣偕諸給事御史走謁大學士方從哲御史左光斗趣從哲問安從哲曰帝諱疾卽問左右不敢傳漣曰昔文潞公問宋仁宗疾内侍不肯言潞公曰天子起居汝曹不令宰相知將毋有他志速下中書行法公誠日三問不必見亦不必上知第令宫中知廷臣在事自濟公

更當宿閣中曰無故事漣曰𡺸公不阿史志聰此何時
尚問故事耶越二日從哲始率廷臣入問及帝疾革太
子尚躊躇宮門外漣光斗遣人語東宮伴讀王安帝疾
甚不召太子非帝意當力請入侍嘗藥視膳薄暮始還
太子深納之無何神宗崩八月丙午朔光宗嗣位越四
日不豫都人喧言鄭貴妃進美姬八人又使中官崔文
昇投以利劑帝一晝夜三四十起而是時貴妃據乾清
宮與帝所寵李選侍相結貴妃爲選侍請皇后封選侍
亦請封貴妃爲皇太后帝外家王郭二戚畹徧謁朝士
泣愬宮禁危狀謂帝疾必不起文昇藥故也非誤也鄭
李交甚固包藏禍心廷臣聞其語憂甚而帝果趣禮部
封貴妃爲皇太后漣光斗乃倡言於朝共詰責鄭養性

令貴妃移宮貴妃卽移慈甯漣遂劾崔文昇用藥無狀
請推問之且曰外廷流言謂陛下興居無節侍御蠱惑
必文昇藉口以掩其用藥之姦文昇之黨煽布以預杜
外廷之口既損聖躬又虧聖德罪不容死至貴妃封號
尤乖典常尊以嫡母若大行皇后何尊以生母若本生
太后何請亟寢前命疏上越三日丁卯帝召見大臣幷
及漣且宣錦衣官校衆謂漣疏忤旨必廷杖屬從哲爲
解從哲勸漣引罪漣抗聲曰死卽死耳漣何罪及入帝
温言久之數目漣語外廷毋信流言遂逐文昇停封太
后命再召大臣皆及漣漣以小臣預顧命感激誓以死
報九月乙亥朔昧爽帝崩廷臣趨入諸大臣周嘉謨張
問達李汝華等慮皇長子無嫡母生母勢孤子甚欲共

託之李選侍漣曰天子（甫）可託婦人且選侍昨於先帝
召對羣臣時强上入復推之出是豈可託幼主者請亟
見儲皇即呼萬歲擁出乾清暫居慈慶語未畢大學士
方從哲劉一燝韓爌至漣趣諸大臣共趨乾清宫閽人
持梃不容入漣大罵奴才皇帝召我等今已晏駕若曹
不聽入欲何爲閽人卻乃入臨羣臣呼萬歲請於初六
日登極而奉駕至文華殿受羣臣嵩呼駕甫至中宫内
豎從寢閤出大呼拉少主何往主年少畏人有攬衣欲
奪還者漣格而訶之曰殿下羣臣之主四海九州莫非
臣子復畏何人乃擁至文華殿禮畢奉駕入慈慶宫當
是時李選侍居乾清一燝奏曰殿下暫居此俟選侍出
宫訖乃歸乾清宫羣臣遂退議登極期語紛紜未定有

請改初三者有請於卽日午時者漣曰今海宇清晏內無嫡庶之嫌父死之謂何含斂未畢袞冕臨朝非禮也或言登極則人心安漣曰安與不安不在登極早暮處之得宜卽朝委裘何害議定出過文華殿太僕少卿徐養量御史左光斗至責漣誤大事唾其面曰事脫不濟汝死肉足食乎漣爲竦然乃與光斗從周嘉謨於朝房言選侍無恩德必不可同居明日嘉謨光斗各上疏請選侍移宮初四日得俞旨而選侍聽李進忠計必欲皇長子同居惡光斗疏中武氏語議召皇長子加光斗重譴是日漣遇內豎於麟趾門內豎備言狀漣正色曰殿下在東宮爲太子今卽爲皇帝選侍安得召且上已十六歲他日卽不奈選侍何若曹置身何地怒目視之其

人退給事中惠世揚御史張潑入東宮門駭相告曰選
侍欲垂簾處光斗汝等何得晏然漣曰無之出皇極門
九卿科道議上公疏未決初五日傳聞欲緩移宮期漣
及諸大臣畢集慈慶宮門外漣語從哲趣之從哲曰遲
亦無害漣曰昨以皇長子就太子宮猶可明日爲天子
乃反居太子宮以避宮人乎卽兩宮聖母如在夫死亦
當從子選侍何人敢欺藐如此時中官往來如織或言
選侍亦顧命中人漣斥之曰諸臣受顧命於先帝先帝
自欲先顧其子何嘗先顧其嬖媵請選侍於九廟前質
之若曹豈食李家祿者能殺我則已否則今日不移死
不去一燝嘉謨助之詞色俱厲聲徹御前皇長子使使
宣諭乃退復抗疏言選侍陽託保護之名陰圖專擅之

實宮必不可不移臣等言之在今日殿下行之在今日
諸大臣贊決之亦惟今日其日選侍遂移宮居仁壽殿
明日庚辰熹宗郎位自光宗崩至是凡六日漣與一燝
嘉謨定宮府危疑言官惟光斗助之餘悉聽漣指漣鬚
髮盡白帝亦數稱忠臣未幾遷兵科都給事中御史馮
三元等極詆熊廷弼漣疏論中獨持平旋劾兵部尚書
黃嘉善八大罪嘉善罷去當選侍之移宮也漣即言於
諸大臣曰選侍不移宮非所以尊天子既移宮又當有
以安選侍是在諸公調護無使中官取快私讐既而外
廷惑流言謂選侍備受逼迫御史賈繼春上書內閣曰
天地之大德曰生帝王之立極曰孝未有當新君御極
之初首勸主上以違忤先帝逼逐庶母表裏交搆羅織

不休如李選侍之事者先帝彌留之日親諭諸臣選侍
曾產數胎育有幼女欷歔情事草木感傷而玉體未寒
遂不能保一姬女願委曲調護令選侍得終天年皇幼
女不虞意外於是光斗先上疏述移宮事而帝遂降諭
言選侍氣毆聖母及要挾傳封皇后與郎日欲垂簾聽
政語又言今奉養李氏於噦鸞宮尊敬不敢怠大學士
從哲封還上諭帝復降諭言選侍過惡而自白贍養優
厚俾廷臣知未幾噦鸞宮災帝諭內閣言選侍暨皇八
妹無恙而是時給事中周朝瑞謂繼春生事繼春與相
詆諆乃復上書內閣言當日移宮立刻驅逐伶仃之皇
八妹入井誰憐孀寡之未亡人雉經莫訴先帝一妾一
女遽不能庇通國嗟憤泣下霑衣朝瑞與辨駁者再漣

恐繼春說遂滋亦上敬述移宮始末疏且言選侍自裁
皇八妹入井蜚語何自臣安敢無言臣甯使今日忤選
侍無使移宮不速不幸而成女后獨覽文書稱制垂簾
之事帝優詔褒漣志安社稷復降諭備述宮掖情事繼
春及其黨益忌漣詆漣結王安圖封拜漣不勝憤冬十
二月抗章乞去即出城候命帝復褒其忠直而許之歸
天啟元年春繼春按江西還抵家見帝諸諭乃具疏陳
上書之實帝切責罷其官漣繼春先後去移宮論始息
二年起漣禮科都給事中旋擢太常少卿明年冬拜左
僉都御史又明年春進左副都御史魏忠賢用事羣小
附之憚衆正盈朝不敢大肆漣益與趙南星左光斗魏
大中輩激揚諷議務植善類抑僉邪忠賢及其黨銜次

骨遂興汪文言獄將羅織諸人事雖獲解然正人勢日
危其年六月漣遂抗疏力攻忠賢列其二十四大罪言
高皇帝定令內官不許干預外事祇供掖廷灑埽違者
法無赦聖躬在御乃有肆無忌憚濁亂朝常如東廠太
監魏忠賢者敢列其罪狀爲陛下言之忠賢本市井無
賴中年淨身竄入內地初猶謬爲小忠小佞以倖恩繼
乃敢爲大姦大惡以亂政祖制以擬旨專責閣臣自忠
賢擅權多出傳奉或徑自內批壞祖宗二百餘年之政
體大罪一劉一燝周嘉謨顧命大臣也忠賢令孫傑論
去急於翦己之忌不容陛下不改父之臣大罪二先帝
賓天實有隱憾孫慎行鄒元標以公義發憤忠賢悉排
去之顧於黨護選侍之沈潅曲意綢繆終加蟒玉親亂

賊而讐忠義大罪三王紀鍾羽正先年功在國本及紀
爲司寇執法如山羽正爲司空清修如鶴忠賢搆黨斥
逐必不容盛時有正色立朝之直臣大罪四國家最重
無如枚卜忠賢一手握定力阻首推之孫愼行盛以弘
更爲他辭以錮其出豈眞欲門生宰相乎大罪五爵人
於朝莫重廷推去歲南太宰北少宰皆用陪推致一時
名賢不安其位顚倒銓政掉弄機權大罪六聖政初新
正資忠直乃滿朝薦文震孟熊德陽江秉謙徐大相毛
士龍侯震暘等抗論稍忤立行貶黜屢經恩典竟阻賜
環長安謂天子之怒易解忠賢之怒難調大罪七然猶
曰外廷臣子也去歲南郊之日傳聞宮中有一貴人以
德性貞靜荷上寵注忠賢恐其露己驕横託言綵病置

之死地是陛下不能保其貴幸矣大罪八猶曰無名封也裕妃以有娠傳封中外方爲慶幸忠賢惡其不附己矯旨勒令自盡是陛下不能保其妃嬪矣大罪九猶曰在妃嬪也中宮有慶已經成男乃忽焉告殞傳聞忠賢與奉聖夫人實有謀焉是陛下且不能保其子矣大罪十先帝青宮四十年所與護持孤危者惟王安耳即陛下倉卒受命擁衛防維安亦不可謂無勞忠賢以私憤矯旨殺於南苑是不但仇王安而實敢仇先帝之老奴況其他內臣無罪而擅殺擅逐者又不知幾千百也大罪十一今日獎賞明日祠額要挾無窮王言累褻近又於河間毀人居屋起建牌坊鏤鳳雕龍干雲插漢又不止塋地僭擬陵寢而已大罪十二今日蔭中書明日蔭

錦衣金吾之堂口皆乳臭誥敕之館目不識丁如魏良
弼魏良材魏良卿魏希孔及其甥傅應星等濫襲恩廕
褻越朝常大罪十三用立枷之法戚畹家人騈首畢命
意欲誣陷國戚動搖中宮若非閣臣力持言官糾正椒
房之戚又興大獄矣大罪十四良鄉生員章士魁坐爭
煤窰託言開礦而致之死假令盜長陵一抔土何以處
之趙高鹿可爲馬忠賢煤可爲礦大罪十五王思敬等
牧地細事責在有司忠賢乃幽置檻阱恣意搒掠視士
命如草菅大罪十六給事中周士樸執糾織監忠賢竟
停其陞遷使吏部不得專銓除言官不敢司封駁大罪
十七北鎮撫劉僑不肯殺人媚人忠賢以不善鍛鍊遂
致削籍示大明之律令可不守而忠賢之律令不可不

遵大罪十八給事中魏大中遵旨莅任忽傳旨詰責及大中回奏臺省交章又再褻王言毋論玩言官於股掌而煌煌天語朝夕紛更大罪十九東廠之設原以緝姦自忠賢受事日以快私讐行傾陷爲事縱野子傅應星陳居恭傅繼教輩投匭設阱片語稍違駕帖立下勢必興同文館獄而後已大罪二十邊警未息內外戒嚴東廠訪緝何事前姦細韓宗功潛入長安實主忠賢司房之邸事露始去假令天不悔禍宗功事成未知九廟生靈安頓何地大罪二十一祖制不蓄內兵原有深意忠賢與姦相沈漼擲立內操藪匿姦宄安知無大盜刺客爲敵國窺伺者潛入其中一旦變生肘腋可爲深慮大罪二十二忠賢進香涿州警蹕傳呼清塵墊道人以爲

大駕出幸及其歸也改駕四馬羽幢青蓋夾護環遮儼然乘輿矣其間入幕效謀叩馬獻策者實繁有徒忠賢此時自視爲何如人哉大罪二十三夫寵極則驕恩多成怨聞今春忠賢走馬御前陛下射殺其馬貸以不死忠賢不自伏罪進有傲色退有怨言朝夕提防介介不釋從來亂臣賊子只爭一念放肆遂至不可收拾奈何養虎兕於肘腋間乎此又寸臠忠賢不足盡其辜者大罪二十四凡此逆跡昭然在人耳目乃內廷畏禍而不敢言外廷結舌而莫敢奏聞或姦狀敗露則又有奉聖夫人爲之彌縫甚至無恥之徒攀附枝葉依託門牆更相表裏迭爲呼應積威所劫致掖廷之中但知有忠賢不知有陛下都城之內亦但知有忠賢不知有陛下即

如前日忠賢已往涿州一切政務必星夜馳請待其旣旋詔旨始下天顏咫尺忽慢至此陛下之威尙尊於忠賢否耶陛下春秋鼎盛生殺予奪豈不可以自主何爲受制么麼小醜令中外大小惴惴莫必其命伏乞大奮雷霆集文武勳戚敕刑部嚴訊以正國法并出奉聖夫人於外用消隱憂臣死且不朽忠賢初聞疏懼甚其黨王體乾及客氏力爲保持遂令魏廣微調旨切責漣先是漣疏就欲早朝面奏値次日免朝恐再宿機洩遂於會極門上之忠賢乃得爲計漣愈憤擬對仗復劾之忠賢詗知遏帝不御朝者三日及帝出羣閹數百人裹甲夾陛立敕左班官不得奏事漣乃止自是忠賢日謀殺漣至十月吏部尙書趙南星旣逐廷推代者漣注籍不

與忠賢矯旨責漣大不敬無人臣禮偕吏部侍郎陳于
廷僉都御史左光斗並削籍忠賢憾不已再興汪文言
獄將羅織殺漣五年其黨大理丞徐大化劾漣光斗黨
同伐異招權納賄命逮文言下詔獄鞫之許顯純嚴鞫
文言使引漣納熊廷弼賄文言仰天呼曰世豈有貪贓
楊大洪哉至死不承大洪者漣別字也顯純乃自爲獄
詞坐漣贓二萬遂逮漣士民數萬人遮道攀號所歷村
市悉焚香建醮祈祐漣生還比下詔獄顯純酷法拷訊
體無完膚其年七月遂於夜中斃之年五十四漣素貧
産入官不及千金母妻止宿譙樓二子至乞食以養徵
贓令急鄉人競出貲助之下至賣菜傭亦爲輸助其節
義感人如此崇正初贈太子太保兵部尚書廕一子謚

左光斗傳

左光斗字遺直桐城人萬(歷)三十五年進士除中書舍人選授御史巡視中城捕治吏部豪惡吏獲假印七十餘假官一百餘人輦下震悚出理屯田言北人不知水利一年而地荒二年而民徙三年而地與民盡矣今欲使旱不爲災澇不爲害惟有興水利一法因條上三因十四議曰因天之時因地之利因人之情曰議濬川議疏渠議引流議設壩議建閘議設陂議相地議築塘議招徠議擇人議擇將議兵屯議力田設科議富民拜爵其法犁然具備詔悉允行水利大興北人始知藝稻閹人劉朝稱東宮令旨索戚畹廢莊光斗不啟封還之曰

尺土皆殿下有今日安敢私授閹人憒而去光宗崩李選侍據乾清宮迫皇長子封皇后光斗上言內廷有乾清宮猶外廷有皇極殿惟天子御天得居之惟皇后配天得共居之其他妃嬪雖以次進御不得恆居非但避嫌亦以別尊卑也選侍既非嫡母又非生母儼然尊居正宮而殿下乃退處慈慶不得守几筵行大禮名分謂何選侍事先皇無脫簪戒旦之德於殿下無拊摩育養之恩此其人豈可以託聖躬者且殿下春秋十六齡矣內輔以忠直老成外輔以公孤卿貳何慮乏人尚須乳哺而襁負之哉況睿哲初開正宜不見可欲何必託於婦人女子之手及今不早斷決將借撫養之名行專制之實武氏之禍再見於今將來有不忍言者時選侍欲

專大柄廷臣箋奏令先進乾清然後進慈慶得光斗箋大怒將加嚴譴數遣使宣召光斗光斗日我天子法官也非天子召不赴若輩何爲者選侍益怒邀熹宗至乾清議之熹宗不肯往使使取其箋視之心以爲善趣擇日移宮光斗乃免當是時宮府危疑人情恟懼光斗與楊漣協心建議排閹奴扶沖主俾宸極獲正宮府晏然兩人力爲多由是朝野並稱爲楊左選侍既移噦鸞宮帝所以奉養者備具而其宮奴劉遜劉朝田詔等以盜寶繫獄詞連選侍父諸閹計無所出則妄言選侍投繯皇八妹入井以熒惑朝士御史賈繼春信之上書內閣言帝不當薄待庶母光斗聞之即上言先帝晏駕大臣從乾清宮奉皇上出居慈慶宮臣等以爲不宜避選侍

故臣於初二日具愼守典禮肅清宮禁一疏宮中震怒禍幾不測賴皇上保全發臣疏於内閣初五日閣臣具揭再推奉旨移宮至初六皇上登極駕還乾清宮禁肅然内外甯謐夫皇上既當還宮則選侍之當移其理明白易曉惟是移宮以後自宜存大體捐小過若復株連蔓引使宮闈不安即於國體有損乞立誅逐等而盡寬其餘帝乃宣諭百官備述選侍淩虐聖母諸狀及召見又言朕與選侍有仇繼春用是得罪去時廷臣議改元或議削泰昌弗紀或議去萬厤四十八年即以今年爲泰昌或議以明年爲泰昌後年爲天啟光斗力排其說請從今年八月以前爲萬厤以後爲泰昌議遂定孫如游由中旨入閣抗疏請斥之出督畿輔學政力杜請寄

識鑒如神天啟初廷議起用熊廷弼罪言官魏應嘉等
光斗獨抗疏爭之言廷弼才優而識不弘言以守遼則
有餘令以復遼則不足已而廷弼竟敗三年秋疏請召
還文震孟滿朝薦毛士龍徐大相等并乞召繼春及范
濟世濟世亦論移宮事與光斗異者疏上不納其年擢
大理丞進少卿明年二月拜左僉都御史時與楊漣魏
大中繆昌期四人同心共以激濁揚清爲務天下號曰
楊左繆魏光斗與給事中阮大鋮同里招之入京會吏
科都給事中缺當選者首周士樸次大鋮次大中大鋮
邀中旨勒士樸不遷以爲已地趙南星惡之欲例轉大
鋮大鋮疑光斗發其謀恨甚熊明遇徐良彥皆欲得僉
都御史而南星引光斗爲之兩人亦憾光斗江西人又

以他故銜大中遂共嗾給事中傅櫆劾光斗大中與汪
文言比而爲姦光斗疏辨且詆櫆結東廠理刑傅繼教
爲昆弟櫆恚再疏訐光斗光斗乞罷事得解楊漣劾魏
忠賢光斗與其謀又與攀龍共發崔呈秀贓私忠賢暨
其黨咸怒及忠賢逐南星攀龍大中次將及漣光斗光
斗憤甚草奏劾忠賢及魏廣微三十二斬罪擬十一月
二日上之先遣妻子南還忠賢詗知先二日假會推事
與漣俱削籍羣小憾不已復搆文言獄入光斗名遣使
往逮父老子弟擁馬首號哭聲震原野緹騎亦爲雪涕
至則下詔獄酷訊坐贓二萬忠賢矯旨令許顯純五日
一比容城孫奇逢者節俠士也與定興鹿正以光斗有
德於畿輔倡議醵金諸生爭應之得金數千謀代輸緩

其獄而光斗與漣已同日爲獄卒所斃時五年七月二十有六日也年五十一光斗既死贓猶未竟忠賢令撫按嚴追繫其羣從十四人長兄光霽坐累死母以哭子死都御史周應秋猶以所司承追不力疏趣之由是諸人家族盡破及忠賢定三朝要典移宮一案以漣光斗爲罪魁議開棺戮屍有解之者乃免忠賢既誅贈右都御史錄一子已已再贈太子少保諡忠毅

魏大中傳

魏大中字孔時嘉善人自爲諸生讀書砥行從高攀龍受業家酷貧意豁如也舉於鄉家人易新衣冠怒而毀之第萬㈿四十四年進士官行人數奉使秋毫無所擾天啟元年擢工科給事中楊鎬李如楨既論大辟以僉

都御史王德完言大學士韓爌遽擬旨減死大中憤抗
疏力爭詆德完晚節不振盡喪典型語幷侵爌帝爲詰
責大中而德完恚甚言曩不舉李三才爲大中所怒兩
人互詆訐疏屢上爌亦引咎辭位御史周宗建徐揚先
張捷徐景濂溫臯謨給事中朱欽相右德完交章論大
中久而後定明年偕同官周朝瑞等兩疏劾大學士沈
㴶語侵魏進忠客氏及議紅丸事力請誅方從哲崔文
昇李可灼且追論鄭國泰傾害東宮罪持論峻切大爲
邪黨所仄目太常少卿王紹徽素與東林爲難營求巡
撫大中惡其人特疏請斥紹徽紹徽卒自引去再遷禮
科左給事中是時卹典冒濫每大臣卒其子弟賫緣要
路以請無不如志大中素疾之一切裁以典制四年遷

吏科都給事中大中居官不以家自隨二蒼頭給爨而已入朝則鍵其戶寂無一人有外吏以苞苴至舉發之自是無敢及大中門者吏部尚書趙南星知其賢事多咨訪朝士不能得南星意率怨大中而是時觝排東林者多屏廢方恨南星攻骨東林中又各以地分左右大中嘗駁蘇松巡撫王象恆䘏典山東人居言路者咸怒及駁浙江巡撫劉一焜江西人亦大怒給事中章允儒江西人也性尤忮嗾其同官傅櫆假汪文言發難會給事中阮大鋮與光斗大中有隙遂與允儒定計屬傅櫆劾文言并劾大中貌陋心險色取行違與光斗等交通文言肆爲姦利疏入魏忠賢大喜立下文言詔獄大中時方遷吏科上疏力辨詔許履任復賴廷臣論救獄詞

無所連文言廷杖褫職牽及者獲免大中乃遵旨履任
未幾楊漣疏劾忠賢大中亦率同官上言從古君側之
姦非遂能禍人國也有忠臣不惜其身以告之君而其
君不悟乃至於不可救今忠賢擅威福結黨與首殺王
安以樹威於內繼逐劉一燝周嘉謨王紀以樹威於外
近且斃三戚畹家人以樹威於三宮深結保姆客氏伺
陛下起居廣布傳應星陳居恭傅繼教輩通朝中聲息
人怨於下天怒於上故漣不惜粉身碎首爲陛下力陳
今忠賢種種罪狀陛下悉引爲親裁代之任咎恐忠賢
所得温旨卽出忠賢手而漣之疏陛下且未及省覽也
陛下貴爲天子致三宮列嬪盡寄性命於忠賢客氏能
不寒心陛下謂宮禁嚴密外廷安知枚乘有言欲人弗

知莫若弗爲未有爲其事而他人不知者又謂左右屏
而挈躬將孤立夫陛下一身大小臣工所擁衛何藉於
忠賢若忠賢客氏一日不去恐禁庭左右悉忠賢客氏
之人非陛下之人陛下眞孤立於上耳忠賢得疏大怒
矯旨切讓尙未有以罪也大學士魏廣微結納忠賢表
裏爲姦大中每欲糾之會孟冬時享廣微偃蹇後至大
中遂抗疏劾之廣微愠益與忠賢合忠賢勢益張以廷
臣交攻陽示斂戢且曲從諸所奏請而陰伺其隙迨吏
部推謝應祥巡撫山西廣微遂嗾所親陳九錫劾大中
出應祥門推舉不公貶三秩出之外盡逐諸正人吏部
尙書趙南星等天下大權一歸於忠賢明年逆黨梁夢
環復劾文言再下詔獄鎭撫許顯純自削牘以上南星

漣光斗大中及繆昌期諸正人無所不牽引而以漣光
斗大中化中朝瑞大章爲受楊鎬熊廷弼賄大中坐三
千矯旨俱逮下詔獄鄉人聞大中逮去號泣送者數千
人過蘇州周順昌盤桓舟中者幾日夜過無錫高攀龍
送之高橋而別至常州知府曾櫻見之潸然淚下大中
顏色不變慰之曰死於王家男兒常事何必爾爾櫻捐
俸金百金爲贈大中堅持不受曰譬如嫠婦孀居數十
年垂死中偶動一念便屬失節簣華而睆不敢以此易
也比入鎮撫司顯純酷刑拷訊血肉狼籍其年七月獄
卒受指與漣光斗同夕斃之故遲數日始報大中死屍
潰敗至不可識莊烈帝嗣位忠賢被誅廣微櫆九疇夢
環並麗逆案大中贈太常卿錄一子謚忠節

周朝瑞傳

周朝瑞字思永臨清人萬(麻)三十五年進士授中書舍人光宗嗣位擢吏科給事中疏請收錄先朝遺直俄陳慎初三要曰信仁賢廣德澤遠邪佞因請留上供金銀花以佐軍興詞多斥中貴中貴皆惡之激帝怒貶秩調外時列諫垣甫四日也未出都而熹宗立詔復故官疏請容納直言又陳考選諸弊日講將舉進君臣交警之規帝並褒納賈繼春之請安李選侍也朝瑞力駁之與繼春往復者數四天啟元年再遷禮科左給事中時遼事方棘朝瑞請於閣臣中推通曉兵事者二人專司其事而以職方郎一人專理機宜給事中二人專主封駁帝可之雄縣知縣王納諫爲奄人所誣中旨鐫秩給事

中毛士龍以糾駁奄人爲府丞邵輔忠所陷中旨除名
朝瑞並抗直論列十二月辛巳日上有一物覆壓忽大
風揚沙天盡赤都人駴愕所司不以聞朝瑞請帝修省
而嚴敕內外臣工毋鬬爭誤國更詰責所司不奏報之
罪帝納之時帝踐祚歲餘未嘗親政權多旁落朝瑞請
帝躬覽萬幾帝降旨言政委閣臣祖宗舊制不可紊然
其時政權故不在閣也明年二月廣甯失詔停經筵日
講朝瑞等上言此果出聖意輔臣當引義爭如輔臣阿
中涓意則其過滋大且主上沖齡志意未定獨賴朝講
不輟諸臣得一覲天顏共白指鹿之姦今當朝已漸傳
免倘併講筵廢之九閽既隔無論見時司馬門之報格
不入呂大防之貶不及知國家大事去矣會禮部亦以

爲言乃命日講如故已偕諸給事御史惠世揚左光斗
等極論大學士沈漼結中官練兵爲肘腋之賊漼疏辨
朝瑞等盡發其賄交李進中盧受劉朝客氏而末復侵
其私人邵輔忠徐大化語過激奪疏首世揚俸大化嘗
承要人指力攻熊廷弼朝瑞惡之無何王化貞棄廣甯
逃大化又請立誅廷弼朝瑞以廷弼才可用請令戴罪
守山海疏四上並寢不行大化遂力詆朝瑞朝瑞憤亦
醜詆大化所司爲兩解之朝瑞方擢太僕少卿而大化
爲魏忠賢腹心必欲殺朝瑞竄其名汪文言獄詞中與
楊漣等五人並逮下鎭撫獄坐妄議移宮及受廷弼賄
萬金五日再訊搒掠備至竟斃於獄崇正初贈大理卿
廕一子諡忠毅

袁化中傳

袁化中字民諧武定人萬(麻)三十五年進士歷知內黃涇陽有善政泰昌元年擢御史時熹宗沖齡踐祚上無母后宮府危疑化中上疏曰方今二帝見背兩宮早離母(儀)之選未行講幄之臣未列陛下寶子然孤立耳誰爲伺飲食而候興居誰爲屏治容而節勞逸輔臣方從哲占籍京師近習中涓皆其梓里賢愚邪正聞見必眞儻杜朋比而寄忠誠正老成之責任也乃從哲自柄政以來無一言不落人後無一事不來指摘者先皇帝晏駕衆議移宮從哲草一揭示衆欲廷臣共言及廷臣有言而從哲之揭反納袖中事在不疑猶懷觀望豈大臣之義李可灼輕進紅丸治以庸醫殺人罪彼亦何辭乃

始議賞金纔議養疾明明闕惡輕爲倒置總之從皆生
平以模稜廢軍國之務以委靡釀黨替之風自今諸老
多艱勿復仍前泄泄天下事尚可爲也報聞天啓元年
二月疏陳時事可憂者八曰官禁漸弛曰言路漸輕曰
法紀漸替曰賄賂漸章曰邊疆漸壞曰職掌漸失曰宦
官漸盛曰人心漸離語皆慨切出按宣大以憂歸服除
起掌河南道揚漣劾魏忠賢化中亦率同官上疏曰忠
賢障日蔽月逞威作福視大臣如奴隸斥言官若孤雛
殺內廷外廷如草菅朝野共危神人胥憤特陛下未之
知故忠賢猶有畏心今漣已侃詞入告矣陛下念潛邸
微勞或貸忠賢以不死而忠賢實自懼一死懼死之念
深將挺而走險騎虎難下臣恐其橫逞之毒不在搢紳

而飽在陛下陛下試思深宫之內可使多疑多懼之人日侍左右而不爲防制哉疏入忠賢大恨錦衣陳居恭者忠賢牙爪也爲漣所論及亦攻忠賢自解化中特疏劾之落其職毛文龍獻俘十二人而稚兒童女居其八化中力請釋之因言文龍敘功之濫忠賢素庇文龍益不悦崔呈秀按淮揚贓私狼籍回道考覈化中據實上之崔呈秀大恨會謝應祥廷推被訐化中與其事呈秀遂嗾忠賢貶化中秩調之外已竄入汪文言獄詞中逮下詔獄呈秀令許顯純坐以楊鎬熊廷弼賄六千酷刑拷掠斃於獄崇正初贈太僕卿廕一子謚忠愍

顧大章傳

顧大章字伯欽常熟人與弟大韶孿生並負異才大章

通經術諳掌故慨然有經世志萬曆三十五年舉進士
授泉州府推官移病免歸改常州府儒學教授時朝士
各持門戶相指摘大章慨然曰黨議已成須有以解之
昔賈彪不入顧廚之目西行以解其難吾忍坐視耶補
國子監博士廣文官冷非世所指名棋酒謔浪與朝士
相周旋天啟元年典試廣西還朝值葉向高與劉一燝
徵嫌大章及繆昌期卒善解之遷刑部主事歷員外郎
明習法律手批口決多老吏所不及時遼瀋相繼陷臺
省搜捕姦細棄市無虛日繫二百餘人飢寒瘐死存者
五十餘大章請於尚書王紀曰以一身易五十人命猶
甘之況一官乎卽日論讞罪三人餘皆移大理纔遣紀
歎息善之於是原參臺省皆不悅杜茂者故隸登萊巡

撫陶翺先麾下以冒餉逃匿僧舍爲邏卒所獲兵部尚
書張鶴鳴行邊劾茂與佟卜年約李永芳謀叛獄已具
矣紀以問大章大章曰招謂卜年令河間茂匿廨舍三
月偕卜年二僕往來永芳所具有本末顧不知二僕姓
名何也夫謀反大事同行數千里豈有不詢姓名者茂
之誣服無疑紀曰善然則何以處卜年大章曰卜年雖
非叛然與佟養眞同族坐叛族流三千里可也未幾紀
去官侍郎楊東明署事謂卜年實首惡每歲令人拜金
世宗墓當伏誅大章曰此語何從聞之東明曰聞之人
言大章曰刑部奏事有審得某人云云無聞得某人云
云也東明大驚方進奏急止之已而又欲坐卜年死大
章爭之曰律反族不同謀不同居者止杖流論斬餘不

坐東明作色曰謀反夷三族（甯）論持純大亶曰公所言者漢法員外所執者大明律也從容檢律以進東明默然慚媿而止後卜年竟以夜半內傳促死獄中至今冤之當廣（甯）之失也經略熊廷弼與巡撫王化貞議戰守不合致敗至是並逮下獄大亶時已調禮部王紀重其才留之屬以大獄大亶謂誅心則廷弼雖末減論事則化貞實罪魁兩人不當同科時以爲允楊漣等皆主之大亶意蓋惜廷弼之才議貰之以責後效然卒定廷弼辟者大亶也會王紀疏攻魏忠賢璫黨謂疏出大亶手思有以陷之御史楊維垣遂劾大亶受廷弼賄爲營脫大亶疏辨曰當時會鞫者二十八人各出已見始議定辟臣何嘗釋廷弼哉廷弼行賄應行於釋罪之人不應

行於定辟之人反覆論辨甚悉遂引疾歸羣小憾之次
骨嗾忠賢與大獄謀殺楊漣左光斗魏大中等逮汪文
言下獄以其言爲徵拷掠無所得聚而謀曰經撫之獄
顧大章引八議議熊廷弼廷弼楚人也大章楊左之黨
也以鬻獄坐顧以關通坐楊左則一網盡矣大章時已
出爲陝西按察司副使矯旨逮繫與漣等六人並下鎭
撫獄五人先後拷死移大章刑部議罪大章慷慨對簿
曰某奉旨送法司據招定罪豈容復辨辨則抗旨不辨
則欺本心欺法司且欺天下後世亦欺皇上也不抗卽
欺無一而可且五人者旣死矣借大章以實五人之招
是大章旣自誣服又代五人誣服何以見五人地下乎
明公能雪此案萬代瞻仰不然有鎭撫司原案在復何

言法司環坐愕眙莫敢異同也已而復移送北司大耷歎曰汪文言猶能爲貫高我獨不能乎吾不可再辱矣乃呼酒與弟訣别趣和藥飲之不死雉經而卒初六人下獄獄中神祠木忽生黄芝視之六瓣也獄卒以賀大耷歎曰芝瑞物也而困於獄吾六人其以此終乎卒之前數日手指重傷援筆作自敍筆記訣别書凡數千言酒酣慨然曰自唐虞至今纔四千年吾年五十巳得八十分之一不可謂不壽雖凶終不猶愈於死牖下乎又爲偶語曰故作風波翻世道長留日月照人心曰此他日祠聯也烈皇帝卽位戮逆璫更定先朝爰書白其冤贈太僕少卿廕一子謚裕愍

萬爆傳

萬燝字闇夫南昌人少好學砥礪名行舉萬(麻)四十四
年進士授刑部主事嘗疏論刑獄干和天啟初元兵事
棘工部需才調燝工部營繕主事督治九門垣墉市銅
江南皆勤於其職遷虞衡員外郎司鼓鑄時慶陵大工
未竣費不貲燝知內府廢銅山積可發以助鑄移牒內
官監言之魏忠賢怒不發燝遂具疏以請忠賢益怒假
中旨詰責燝旋進屯田郎中督陵務其時忠賢益肆廷
臣楊漣等交擊卒被嚴旨燝憤抗章極論略言龍不可
離淵虎不可離山人主不可離權夫人主有政權有利
權皆不可委臣下況刑餘寺人哉忠賢性狡而貪膽麤
而大口銜天憲手握王爵所好生羽毛所惡成瘡痏廕
子弟則一世再世賚廝養則千金萬金毒痛士庶斃百

餘人威加搢紳空十數署一切生殺予奪之權盡爲忠
賢所竊陛下猶不覺悟乎且忠賢固供事先帝者也陛
下之寵忠賢亦以忠賢曾供事先帝也乃於先帝陵工
略不措念臣嘗屢請廢銅靳不肯予閱過香山碧雲寺
見忠賢自營墳墓其規制弘敞擬於陵寢前列生祠又
前建佛宇璇題耀目珠網懸星費金錢幾百萬爲己墳
墓則如此爲先帝陵寢則如彼可勝誅哉今忠賢已盡
竊陛下權致內廷外朝止知有忠賢不知有陛下尚可
一日留左右耶疏入忠賢大怒矯旨廷杖一百斥爲民
執政言官論救皆不聽當是時忠賢惡廷臣交章劾己
無所發忿思借熛立威乃命羣奄至熛邸捽而毆之比
至闕下氣息纔屬杖已絕而復甦羣奄更肆蹴蹋越四

日卒時四年七月七日也忠賢憾猶不置羅織其罪誣以贓賄三百爆廉吏破產乃竣崇正初贈光祿寺卿廕一子謚忠貞

趙南星傳

趙南星字夢白高邑人萬麻二年進士除汝甯推官治行廉平稍遷戶部主事張居正寢疾朝士羣禱南星與顧憲成姜士昌戒弗往居正歿調吏部考功引疾歸起歷文選員外郎疏上天下四大害言揚魏乞休左都御史吳時來謀代之忌戶部尚書宋纁聲望連疏排擠副都御史詹仰庇力謀吏兵二部侍郎大臣如此何以責小臣是謂干進之害禮部尚書沈鯉侍郎張位諭德吳中行南京太僕卿沈思孝相繼自免獨南京禮部侍郎

趙用賢在詞臣黄洪憲輩每陰譏之言官屠堯欽孫愈
賢蔡系周復顯爲詆誣眾正不容宵人得志是謂傾危
之害州縣長吏選授太輕部寺二官計日而取郡守不
問才行而撫按論人贓私有據不曰未甚則曰任淺槩
止降調其意以爲惜才不知此乃惜不才也吏治日汙
民生日瘁是謂州縣之害鄉官之權大於守令橫行無
忌莫敢誰何如渭南知縣張棟治行無雙裁抑鄉官被
譏不獲行取是謂鄉官之害四害不除天下不可得治
疏出朝論嘩之而眾所抨擊悉時相所庇於是給事中
李春開起而駁之其疏先下南星幾獲譴給事中王繼
光史孟麟萬自約部曹姜士昌吳正志並助南星詆春
開且發時來仰庇洪憲譏諂狀春開氣沮然南星卒以

病歸再起歷考功郎中二十一年大計京官與尚書孫鑨秉公澄汰首黜所親都給事中王之餘及鑨甥文選員外郎呂廕昌他附麗政府及大學士趙志皐弟皆不免朝野方稱快而政府大不堪給事中劉道隆因劾吏部議留拾遺庶僚非法遂有專權植黨之旨貶南星三官俄因李世達等疏救斥南星爲民後論救者悉被譴鑨亦去位一時善類幾空南星里居名益高與鄒元標顧憲成海內擬之三君中外論薦者百十疏卒不起光宗立起太常少卿俄改右通政進太常卿至則擢工部右侍郎居數月拜左都御史慨然以整齊天下爲任天啟三年大計京官以故給事中亓詩教趙興邦官應震吳亮嗣先朝結黨亂政議黜之吏科都給事中魏應嘉

力持不可南星著四凶論卒與考功郎程正巳置四人不謹他所澄汰一如爲考功時浙江巡按張素養薦部內人材及姚宗文邵輔忠劉廷元南星劾其謬素養坐奪俸抵言故事訪之屬吏南星謂如素養言但置監司郡守足矣安事御史素養卒左遷先是巡方者有提薦之例南星已奏止之而陝西高弘圖山西徐揚先宣大李思啟河東劉大受復踵行如故南星並劾奏之巡方者始知畏法尋代張問達爲吏部尚書當是時人務奔競苞苴恣行言路橫尤甚每文選郎出朝輒邀之半道爲人求官不得則加惡聲或逐之去選郎即公正無如何尚書亦太息而已南星素疾其弊銳意澄清獨行己志政府及中貴亦不得有所干請有給事爲貴郎求鹽

運司即注貲郎王府而出給事於外知縣石三畏素貪
賁緣將行取南星亦注之王府時進士無爲王官者南
星不卹也魏忠賢雅重之常於帝前稱其任事一日遣
娣子傅應星介一中書贄見南星麾之去嘗並坐弘政
門選通政司參議正色語忠賢曰主上沖齡我輩內外
臣子宜各努力爲善忠賢默然怒形於色大學士魏廣
微南星友允貞子也素以通家子畜之廣微入內閣嘗
三至南星門拒勿見又嘗歎曰見泉無子見泉允貞别
號也廣微恨次骨與忠賢比而齕南星東林勢盛眾正
盈朝南星益搜舉遺佚布之庶位高攀龍楊漣左光斗
秉憲李騰芳陳于廷佐銓魏大中袁化中長科道鄭三
俊李邦華孫居相饒仲王之寀輩悉置卿貳而四司之

屬鄒維璉夏嘉遇張光前程國祥劉廷諫亦皆民譽中外方忻忻望治小人遂側目欲去南星給事中傅櫆以維璉改吏部己不與聞首假汪文言發難劾南星棄舊制植私人維璉引去南星奏留之小人愈恨會漣劾忠賢疏上宮府益水火南星遂杜門乞休不許攀龍之劾崔呈秀也南星議戍之呈秀窘夜走忠賢邸叩頭乞哀言不去南星攀龍漣等我兩人未知死所忠賢以爲然遂與定謀會山西缺巡撫河南布政使郭尚友求之南星以太常卿謝應祥有清望首列以請既得旨而御史陳九疇受廣微指言應祥嘗知嘉善大中出其門大中以師故謀於文選郎嘉遇而用之徇私當斥大中嘉遇疏辨語侵九疇九疇再疏力詆並下部參議南星攀龍

極言應祥以人望推舉大中嘉遇無私九疇妄言不可聽忠賢大怒矯旨黜大中嘉遇并黜九疇而責南星等朋謀結黨南星引罪求去忠賢復矯旨切責放之歸明日攀龍亦引去給事中沈惟炳論救亦出之外俄以會推忤忠賢意并斥于廷璉光斗化中引南星所擯徐兆魁喬應甲王紹徽等置之要地小人競進忠正胥斥天下大柄盡歸之忠賢矣忠賢及其黨惡南星甚每矯敕論必目爲元凶於是御史張訥劾南星十大罪并劾維璉國祥嘉遇及王允成得旨並削籍令再奏南星私黨訥復列上邦華及孫鼎相等十四人並貶黜自是爲南星擯棄者無不拔擢其素所推獎者率遭奇禍諸干進速化之徒一擊南星輒遂所欲而石三畏亦起爲御史

疏攻南星及李三才顧憲成孫丕揚王圖等十五人死
者亦削奪搢紳禍益烈尋以汪文言獄詞連及南星下
撫按提問適郭尙友巡撫保定而巡按馬逢皋亦憾南
星乃相與庭辱之詈其子清衡及外孫王鍾龐繫之獄
坐南星贓萬五千南星家素貧親故捐助始竣卒戍南
星代州清衡莊浪鍾龐永昌嫡母馮氏生母李氏並哀
慟卒子生七齡驚怖死南星抵戍所處之怡然莊烈帝
登極有詔赦還巡撫牟志夔忠賢黨也故遲遣之竟卒
戍所贈太子太保諡忠毅

繆昌期傳

繆昌期字當時江陰人少讀書每揚扢古人忠義事慨
然慕之曰豈有丈夫而死兒女子手者乎舉萬(曆)癸丑

進士擢入翰林乙卯五月挺擊事起東宮震驚御史劉廷元阿後宮以風癲蔽其獄提牢主事王之宷抉摘主謀御史劉光復主廷元議疏攻省垣之右提牢者有無貪首功覦爲奇貨等議昌期憤甚語人曰一御史以風癲二字出脫亂臣賊子一御史以奇貨元功四字抹殺忠臣義士言出而忌者耽耽矣遂嫉姦黨劉文炳劾歸以天啟元年辛酉三月補職六月奉命典試湖廣序論俱寓規諫論中有趙高仇士良語大觸時忌明年陞左春坊左贊善冊封建德王又二年陞左諭德是時逆璫勢燄熏天與楊漣左光斗相與痛憤曰不除此奴何以報國漣則顯任糾劾昌期則侍與相國葉向高師生將密詣政府動以外廷共憤乘機出逐計定遂創草而二

疏攻南星及李三才顧憲成孫丕揚王圖等十五人死者亦削奪擠紳禍益烈尋以汪文言獄詞逮及南星下撫按提問適郭尙友巡撫保定而巡按馬逢臯亦憾南星乃相與庭辱之𥳑其子淸衡及外孫王鍾龐繫之獄坐南星贓萬五千南星家素貧親故捐助始竣卒戍南星代州淸衡莊浪鍾龐永昌嫡母馮氏生母李氏並哀慟卒子生七齡驚怖死南星抵戍所處之怡然莊烈帝登極有詔赦還巡撫牟志夔忠賢黨也故遲遣之竟卒戍所贈太子太保謚忠毅

繆昌期傳

繆昌期字當時江陰人少讀書每揚扢古人忠義事慨然慕之曰豈有丈夫而死兒女子手者乎舉萬歷癸丑

進士擢入翰林乙卯五月挺擊事起東宮震驚御史劉廷元阿後宮以風癲蔽其獄提牢主事王之寀抉摘主謀御史劉光復主廷元議疏攻省垣之右提牢者有無貪首功覬爲奇貨等議昌期憤甚語人曰一御史以風癲二字出脫亂臣賊子一御史以奇貨元功四字抹殺忠臣義士言出而忌者耽耽矣遂嫉姦黨劉文炳劾歸以天啟元年辛酉三月補職六月奉命典試湖廣序論俱寓規諫論中有趙高仇士良語大觸時忌明年陞左春坊左贊善冊封建德王又二年陞左諭德是時逆璫勢燄熏天與楊漣左光斗相與痛憤曰不除此奴何以報國漣則顯任糾劾昌期則恃與相國葉向高師生將密詣政府動以外廷共憤乘機出逐計定遂削草而二

十四大罪疏上昌期隨謁向高正告以除君側之惡大
臣責也向高唯唯不決且曰楊大洪疏行難再得此小
心謹慎之人在上左右昌期勃然曰誰爲此言以欺老
師者可斬也向高色變而起號於人曰西谿殺我西谿
昌期號也自是口語籍籍流聞大內會漣疏有謂昌期
代草者璫銜之益切無何正人次第削奪昌期持具送
長班跪阻昌期曰人被逐可不送乎會推掌南院逆璫
遣小璫到閣厲聲曰繆昌期還留他送客昌期隨請告
璫旨閒住先是璫營墳於玉泉山碑石崢嶸倩所知說
昌期曰魏公生墓告成規模雄峙非榮也必得如椽一
言可垂千秋矣昌期瞋目而言曰吾生平恥爲諛墓客
曰身履虎尾不畏其咥耶壽(淸)事可鑒也昌期叱曰壽

(商)曾困李獻吉今日壽(商)安在瑠聞大怒丙寅三月矯旨削籍提問逮者至曰早知有此日矣與應山同事應與應山同禍應山謂楊漣也奮身就道逮至京下北鎮撫司許顯純嚴刑拷掠顯純咤曰你係江南第一才子何爲與楊漣同謀自取罪戾昌期曰楊漣職司風紀某係詞臣是是非非均爲分所應爾漣疏豈出漣手必謂某同謀某卽同謀何罪顯純作厲色筆楚交下幾不能支又內傳繆昌期可於手上另加一杻死狀祕斂時十指墮落捧掬置兩袖中年六十有五崇正初贈詹事府詹事兼翰林院侍讀學士予祭葬廕一子諡文貞

周宗建傳

周宗建字季侯吳江人舉萬(厤)四十一年進士除武康

知縣調繁仁和有異政入爲御史天啟元年首爲顧存
仁王世貞陶望齡顧憲成請謚追論萬(厤)朝小人厯數
錢夢臯康丕揚亓詩教趙興邦亂政罪幷詆李三才王
圖時遼事方棘上疏責備輔臣無何瀋陽破宗建責當
事大臣益急因請破格用人召還熊廷弼已論兵部尚
書崔景榮不當信姦人劉保輔臣劉一燝不當仰言路
因刺右通政林材光祿卿李本固材本固移疾去是歲
冬奉聖夫人客氏旣出宮復入宗建首抗疏極諫中言
天子成言有同兒戲法宮禁地僅類民家聖明舉動有
乖內外防閑盡廢此輩一叨隆恩便思踰分狎溺無紀
漸成驕恣釁孽日萌後患難杜王聖宋娥陸令萱之覆
轍可爲殷鑒忤旨詰責淸議由此重之二年京師久旱

四月雨雹宗建謂陰盛陽衰之徵歷陳四事一專譏大學士沈潅一請寬建言廢黜諸臣一言廷弼已有定案不當因此羅織朝士陰刺兵部尚書張鶴鳴給事中郭鞏一則專攻魏進忠略言近日政事外廷嘖嘖咸謂奥窔之中莫可測識諭旨之下有物憑焉如魏進忠者目不識一丁而陛下假之嚬笑日與相親一切用人行政墮於其說東西易向而不知邪正顚倒而不覺況内廷之借端與外廷之投合互相扶同離間之漸將起於蠅營讒搆之釁必生於長舌其爲隱禍可勝言哉進忠者魏忠賢故名也時方結客氏爲對食廷臣多陰附之其勢漸熾見宗建疏銜次骨未發也鄒元標建首善書院宗建實司其事元標罷宗建乞與俱罷不從巡視光祿

與給事中羅尙忠力剔姦弊節省爲多尋請核一上供
器物中官怒取旨詰責宗建等再疏力持中人滋不悅
給事中鞏者先以刼廷弼被謫廷弼敗復官遂深結進
忠知進忠最惡宗建乃疏詆廷弼因詆朝臣之薦廷弼
者而宗建與焉其鋒銳甚南京御史涂世業和之詆宗
建誤廷弼且誤封疆宗建憤疏駁世業語侵鞏抉其結
納進忠事鞏亦憤上疏數千言詆宗建益力并及劉一
燝鄒元標周嘉謨楊漣周朝瑞毛士龍方震孺江秉謙
熊德陽輩數十人悉指爲廷弼逆黨宗建益憤抗疏力
駁其謬且曰李維翰楊鎬袁應泰王化貞皆壞封疆之
人也亓詩教力主催戰趙興邦賄賣邊臣皆誤封疆之
人也其他薦維翰薦鎬薦應泰化貞者亦誤封疆之人

也羣胡不一擊之而獨苛求廷弼且詆薦廷弼者爲逆
黨哉當是時進忠勢益盛宗建慮内外合謀其禍將大
三年二月遂抗疏直攻進忠略言臣聞見邪不擊非忠
臣也畏死不言非勇士也今日衣冠之禍蔓衍將成狐
鼠之姦依憑難破臣安敢瞻顧七尺隱忍不言哉内臣
魏進忠者其威燄可以咳唾而成風雲其財力可以呼
吸而通神鬼其綫索可使愛者升天怒者墜淵臣義激
於中曾於去歲指名劾奏進忠無一日忘臣惟羣素相
暱可驅使於是乘羣入都嗾以傾臣并傾諸異己者羣
乃刱爲新幽大幽之説把持察典編廷臣數十人姓名
爲一冊思一網中之又爲匿名書羅織五十餘人投之
道左給事中則劉弘化爲首次及周朝瑞熊德陽輩若

而人御史則方震孺爲首次及江秉謙輩若而人而臣
亦其中一人也旣欲羅諸臣以快報復之私更欲獨中
臣以釋進忠之憾是察典也幸直道在人羣說不行始別借廷弼欲一阱陷
察典不出於朝廷乃羣及進忠之
之羣又因臣論及王安笑臣有何瓜葛陛下亦知安之
所以死乎身首異處肉飽烏鳶骨投黃犬古今未有之
慘也羣郎心　滅理且牽連劉一燝周
嘉謨楊漣毛士龍輩謂盡安黨請陛下窮究安死果何
人傾害則此事卽進忠一大罪案羣之媚進忠郎此可
爲證據矣先朝汪直劉瑾雖皆梟獍幸言路清明臣僚
隔絕故不久郎敗今權璫報復反借言官以伸言官聲
勢反借權璫以重數月以來熊德陽江秉謙侯震暘王

紀滿朝薦斥矣鄒元標馮從吾罷矣文震孟鄭鄤逐矣
近且扼孫愼行盛以弘而絕其援路摘瓜抱蔓正人重
足舉朝各愛一死無敢明犯其鋒者臣若尚顧微軀不
爲入告將內有進忠爲之指揮旁有客氏爲之羽翼外
有劉朝輩爲典兵示威而又有羣輩蟻附蠅集內外交
通驅除善類天下事尚忍言哉疏入進忠益怒率劉朝
等環泣帝前乞自髡以激帝怒乃令宗建陳交通實狀
將加重譴宗建回奏益侃直進忠議廷杖之閣臣力爭
乃止奪俸客謂宗建盍少休乎宗建奮曰幸不死杖下
此上恩也上實生我其敢不以死報是時劉朝典內操
遂謀行邊廷臣微聞之莫敢言宗建曰輩自謂未嘗通
內今誠能出片紙遏朝吾請爲洗交結之名輩噤不敢

發宗建乃抗疏極諫歷陳三不可九害疏入不報然其事竟寢其年冬出按湖廣以憂歸五年三月大學士馮銓御史張慎言嘗論己屬其門生曹欽程誣劾而以宗建爲首并及李應昇黃尊素忠賢遂矯旨削籍下撫按追贓明年以所司具獄濡緩遣緹騎逮治俄入之李實疏中下詔獄前後坐贓銀萬三千餘兩搒掠無虛日宗建偃臥不能出聲許顯純厲聲駡曰復能詈魏上公一丁不識否出片紙付獄吏殺之崇正初贈太僕寺卿廕一子謚忠毅

周順昌傳

周順昌字景文吳縣人萬㊣癸丑進士授福州推官捕治稅監高宷爪牙不少貸宷橫斂虐民激變劫辱巡撫

袁一驥質其二子幷質副使呂純如或議以順昌代順昌不可曰此身許國非許上官必君父有難方可身殉敢輕一死於鴻毛耶純如以此銜順昌然卒賴順昌仗義抗衆衆始解散上聞撤衆歸順昌以清宜得最擢吏部稽勳主事天啟中歷文選司員外郎署選事力杜請寄抑僥倖清操嚼如乞假歸順昌爲人剛方貞介疾惡如讐巡撫周起元忤魏忠賢削籍順昌爲文送之指斥無所諱魏大中被逮過吳門順昌出餞款語累日許以女字其孫買舟遠送旂尉呵止之順昌瞋目曰若不知世間有不畏死男子耶歸語忠賢我即故吏部郎周順昌也因戟手呼忠賢名駡不絕口旂尉歸以告忠賢御史倪文煥者忠賢義子也誣劾同官夏之令致之死順昌

譖語人他日倪御史嘗償夏御史命文煥聞大恚遂承
忠賢指劾順昌與罪人婚且誣以贓賄忠賢即矯旨削
奪先所忤副使呂純如順昌同郡人以京卿家居挾前
憾數譖於織造中官李實及巡撫毛一鷺已實追論周
起元遂誣順昌請囑有所乾沒與起元等並逮緹騎至
邑令陳文瑞其門人也懷牒詣順昌泣下順昌曰吾辦
逮久矣此特意中事毋效楚囚對泣顏色不變令請順
昌入治裝舉家號慟順昌笑曰無事亂人懷也顧案上
有素榜徐曰此龍樹庵僧屬吾書者吾向許之今日不
了亦一負心事乃題小雲棲三字投筆而起改囚服出
門順昌好爲德於鄉有冤抑及郡中大利害輒爲所司
陳說以故士民德順昌甚至是衆咸哀憤聚以萬計爇

香呼冤聲撤十餘里擁撫按車請䟽留旂尉素驕横擲
銀鐺厲聲曰東厰拿人鼠輩何敢爾於是顔佩韋等大
呼曰吾等謂天子詔耳東厰何得逮官即前奮擊尉斃
一人餘俱踰牆走順昌曰是益重吾罪也知府寇愼委
曲調護士民乃安或有勸順昌自裁者順昌歎曰予小
臣也豈敢引大臣不辱之義乎固知此行必死死見高
皇帝請殛元凶以肅清朝廷此願畢矣乃間行赴詔獄
拷掠慘毒抗詈不屈許顯純撾其齒盡落問曰復能駡
魏上公否順昌噀血濺其面駡益厲因觸石碎首其夜
爲獄卒顔紫所害崇正元年贈太常寺卿賜祭葬予特
祠廕一子謚忠介

周起元傳

周起元字仲先海澄人萬曆二十九年進士歷知浮梁南昌以廉惠聞四十年授湖廣道御史會攻東林講學之議起起元駁之大犯時忌四十五年出爲桂平道參議值柳慶大荒監司郡邑官皆罷去藩臬鈌員屬起元攝事言於上官曰荒盜並告先急救荒而徐議弭盜於是請動支次年兵餉之半分官買米水陸立兵民遞運法以米給其稍所過之地凡夫馬兵徒之費皆以米支給候扣工銀抵庫有饑民求食者即令保甲編號運米逐日給米於是兵民護官米不異已物猺獞賊夾岸眈視竟不敢肆掠復隨在設糜廠全活甚眾然後密除劇盜之不受撫者地方以寧顧單騎冒風霧染瘴疫垂絕士民皆爲祈祝或曰民之所祝天必祐之果愈四十八

年遷四川副使未任值議留邊道奉旨留用加參政銜
遷新設通州道時募兵出關又廣(甯)潰兵散歸節制撫
鎮監司卒被兵噪有客兵田景坤等擁衆相殺起元督
兵緝拿首凶戮地始安天啟三年陞太僕寺少卿尋陞
右僉都御史巡撫應天疏裁織造濫額歷參織監李實
酷取料銀踰冒四萬兩實又誣陷蘇州同知楊姜起元
三疏申救比璫燄方張矯旨削姜官而起元危矣四年
江南大水寸稼不登起元疏災傷之苦請行蠲振乃先
檄所屬設處官銀江楚貿米平糶濟饑又疏漕糧改折
均平之議吳民賴之後疏劾蘇松道臣朱童蒙會權璫
搆怒降旨削籍六年二月忠賢欲殺高攀龍周順昌繆
昌期黃尊素李應昇周宗建六人知實銜起元遣人取

其空印疏令其黨李永貞李朝欽誣起元爲巡撫時乾沒帑金十餘萬日與攀龍輩往來講學因行居間遂矯旨逮之許顯純酷加拷掠竟如贋疏懸贓十萬罄貲不足親故多破家其年九月斃之獄中吳士民及其鄉人無不垂涕者崇正元年贈兵部右侍郎廕一子謚忠惠

高攀龍傳

高攀龍字存之無錫人少讀書輒有志程朱之學舉萬㊣十七年進士授行人四川僉事張世則進所著大學初義其說一遵古本詆程朱章句之誤請頒天下攀龍抗疏力駁其謬其書遂不行二十年冬奉詔南京謁孝陵時大學士王錫爵再起當國癸巳京察孫鑨爲吏部尚書趙南星爲考功主計所排斥與相臣忤而臺省長

官恥不得與於是言者論謫南星孫鑨罷郎中于孔兼主事顧允成薛敷教等力諍皆謫而吏部侍郎趙用賢亦被論將併去之都御史李世達疏救復爲戸部郎中楊應宿所攻遂與用賢俱去吏部爲之一空明年攀龍使歸即上疏論其事語侵輔臣又言楊應宿借不附吏部之名致阿徇內閣之實反謂近世一種小人專以抗閣臣爲風裁附吏部爲得計其爲說愈佞而其爲害愈深閣臣不當陰除異己鋤善類以空人國疏入應宿再劾南星等贓私而言攀龍與選郎顧憲成爲姻此疏其阿吏部之實也時言官多佐內閣攻銓司御史吳弘濟獨抗疏謂攀龍爲君子正論應宿爲小人邪說有旨命勘弘濟遂奪職攀龍謫廣東揭陽典史二十二年七月

攀龍取道浙閩以達揭陽遂渡錢塘登嚴光釣臺所至亦講學不輟尋入武彝謁蔡元定祠憩朱熹精舍益以道學爲己任抵揭陽湖之人士皆從之游經其指授皆知向學及歸學益有得自築室漆湖之上曰水居時讀書習靜其中又與顧憲成修復東林書院祀宋儒楊時偕諸同志以道學相切劘海內士大夫之賢者聞其名皆尊東林從者日衆後邪臣遂指之爲門戶四十年憲成卒攀龍乃專講席家居三十年名益重天啟改元起爲光祿寺丞二年進本寺少卿時禮部尚書孫慎行追論紅丸歸罪舊輔臣方從哲下廷臣會議攀龍謂從哲交通國戚表裏爲姦心不知有君無逃首惡之罪議甚峻轉太常寺少卿復上疏略曰禮部尚書孫慎行論舊

輔方從哲一疏關係甚大隄防甚遠從哲之罪非止紅
丸其最大者交結鄭國泰父子所以謀先帝者不一始
以張差之挺擊繼以美姝之進終以文昇之藥從哲力
左右之培植其爲鄭者誅鋤其不爲鄭者一時若狂知
有鄭而已此賊臣也討賊則爲陛下之孝而說者乃曰
爲先帝隱諱則爲孝此大亂之道也又如戎政尚書黃
克纘論李選侍一事陛下念聖母則宣布選侍之罪念
皇考則優待選侍以禮義盡仁至而說者乃曰爲聖母
隱諱則爲孝明如聖諭以爲假託忠如楊漣以爲居功
人臣避居功必且甘居罪君父有急袖手旁觀此大亂
之道也若惑其說孝不知其孝不孝以爲大孝忠不知
其忠不忠以爲大忠事有不辨於至微貽禍於無窮者

皆如此類如方從哲鄭養性豈容一日不討尚令居輦轂下耶疏入傳旨高攀龍誣朕不孝當重譴閣臣葉向高力救免是時持異議者甚衆給事中王志道首疏附和攀龍又遺書責之曰人臣爲國當杜漸防微懲前毖後不宜爲亂賊追誅爲君父種禍也夫以青宮紫禁之中忽有荆軻聶政之人於飲食男女之內行其斧斤鴆毒之謀皆意想所不及而賓中外所共知此而諱之是爲亂賊設護身之符若更加之正人以誣謗不幾爲亂賊立箝口之法乎皇祖威福在手妙於調停是皇祖身上事皇考仁孝根心妙於隱忍是皇考身上事皇上祖考在念妙於處分是皇上身上事若夫執大義守法紀君仇必報君賊必討是臣子身上事上下相維並行不

悖今但言孝經尊親而不言春秋討賊言主上父子之親不言臣下君臣之義言主上一時之權不言宇宙萬世之經使亂臣賊子聞之而喜忠臣義士聞之而懼一喜一懼之間所係世道人心豈其微哉時從哲雖得免議而天下以爲三案是非非斯言不能折也五月陞太常寺少卿時御史鄒元標馮從吾建首善書院於京師攀龍時與講會方鄭之黨憎而且懼給事中朱童蒙因疏訐東林目爲朋黨於是元標等皆去位攀龍隨乞休不允進刑部右侍郎時魏忠賢用事羣小爭附而趙南星爲吏部尚書不附忠賢都御史鈇廷推屬攀龍攀龍謂師生不當分掌部院徙爲攻門户者藉口力辭不得既就職首劾罷忠賢私人崔呈秀先是副都御史楊漣

劾忠賢二十四大罪漣亦東林人於是羣小合謀嗾忠
賢曰東林必殺公適會推山西巡撫以謝應祥名上御
史陳九疇誣劾部院徇私有旨切責遂與南星俱罷歸
數月忠賢呈秀勢益張修怨益力五年四月詔獄起欲
以汪文言賍坐攀龍賴吳錦衣者持之得免八月又詔
毀東林書院攀龍乃移祀楊時於道南祠成南星逮楊
漣魏大中等殺之而削攀龍職方大中之就逮也過無
錫攀龍操舟送之高橋羣小知之益怒六年春織監李
實劾周順昌等攀龍與焉緹騎將至有偵其事以告者
是日攀龍謁道南祠作告龜山先生文焚之歸與二門
生一弟酌後園池上聞官旂已至吳門逮順昌笑曰吾
視死如歸今果然矣晚復與家人飲夜半信益急乃整

衣至書齋謂諸子曰吾稍料理爲就道計姑暫退遂作
字一紙鏁篋中復入與夫人語而出二孫侍取所封紙
置几上示之曰明日以此付官旂毋先發因扃戸潛赴
水死諸子拼戸入一鐙熒然發所封紙則遺表也云臣
雖削奪舊係大臣大臣受辱則辱國故北面叩頭從屈
平之遺則君恩未報願結來生臣垂絶書乞使者執此
以報皇上年六十五先是就逮諸臣皆具極刑甕詔獄
不辱者攀龍一人而已崇正元年詔褒䘏死事諸臣贈
太子少保兵部尚書廕一子謚忠憲

黄尊素傳

黄尊素字眞長餘姚人萬㊍四十四年進士授㊒國推
官精敏彊執天啟二年擢授御史謁假歸明年冬還朝

疏請召還余懋衡曹于汴劉宗周周洪謨王紀鄒元標馮從吾而劾尚書趙秉忠侍郎牛應元通政丁啟濬頑鈍秉忠應元俱引去山東妖賊既平餘黨復煽巡撫王惟儉不能撫馭尊素疏論之因言巡撫本內外兼用今盡用京卿不若敭歷外服者之練習又數陳邊事力詆大將馬世龍忤樞輔孫承宗意時帝在位三年未嘗一召見大臣尊素請復便殿召對故事面決大政否則講筵之暇令大臣面商可否帝不能用四年二月大風揚沙晝晦天鼓鳴如是者十日三月朔京師地震三乾清宮尤甚適帝體違和人情惶懼尊素力陳時政十失末言陛下厭薄言官人懷忌諱遂有剽切皮毛莫犯中扃者今阿保重於趙嬈禁旅近於唐末蕭牆之憂慘於敵

國廷無謀幄邊無折衝當國者昧安危之機誤國者護
恥敗之局不於此時進賢退不肖而疾剛方正直之士
如仇讐陛下獨不爲社稷計乎疏入魏忠賢大怒謀廷
杖之韓爌力救乃奪俸一年既而楊漣劾忠賢被旨譙
讓尊素憤抗疏繼之略言天下有政歸近倖威福旁移
而世界清明者乎天下有中外洶洶無不欲食其肉而
可置之左右者乎陛下必以爲曲謹可用不知不小曲
謹不大無忌必以爲惟吾駕馭不知不可駕馭則不可
收拾矣陛下登極以來公卿臺諫纍纍罷歸致在位者
無固志不於此稱孤立乃以去一近侍爲孤立耶今忠
賢不法狀廷臣已發露無餘陛下若不早斷彼形見勢
窮復何顧忌忠賢必不肯收其已縱之韁而淨滌其腸

胃忠賢之私人必不肯回其巳往之棹而默消其冰山
始猶與士大夫爲讐繼將以至尊爲注柴柵既固毒螫
誰何不惟臺諫折之不足卽干戈取之亦難矣忠賢得
疏愈恨萬燝既廷杖又欲杖御史林汝翥諸言官詣閣
爭之小黨數百人擁入閣中攘臂肆駡諸閣臣俯首不
敢語尊素厲聲曰內閣絲綸地卽司禮非奉詔不敢至
若輩無禮至此乃稍稍散去無何燝以創重卒尊素上
言律例非叛逆十惡無死法今以披肝瀝膽之忠臣竟
殞於磨牙礪齒之凶豎此輩必欣欣相告吾儕借天子
威柄可鞭笞百僚後世有秉董狐之筆繼朱子綱目者
書曰某月某日郎中萬燝以言事廷杖死豈不上累聖
德哉進廷杖之說者必曰祖制不知二正之世王振劉

瑾爲之世宗神宗之朝張璁嚴嵩張居正爲之簽人欲
有所逞憚忠臣義士掣其肘必借廷杖以快其私使人
主蒙拒諫之名己受乘權之實而仁賢且有抱蔓之形
於是乎爲所欲爲莫所顧忌而禍卽移之國家㷣今已
矣辱士殺士漸不可開乞復其故官破格賜䘏俾遺孤
得扶櫬還鄉㷣死且不朽疏入益忤忠賢意八月河南
進玉璽忠賢欲侈其事命由大明門進行受璽禮百僚
表賀尊素上言昔宋哲宗得璽蔡確等競言祥瑞改年
元符宋祚卒不競本朝弘治閒陝西獻玉璽止令取進
給賞五金此祖宗故事宜從事獲中止五年春遣視陝
西茶馬甫出都逆黨曹欽程劾其專擊善類助高攀龍
魏大中虐燄矯旨削籍明年忠賢取織監李實空印白

疏人尊素等七人姓名遂被逮使者至蘇州適城中擊殺逮周順昌旂尉其城外人并擊逮尊素者逮者失駕帖不敢至尊素聞卽囚服詣吏自投詔獄許顯純崔應元搒掠備至勒贓二千八百五日一比已知獄卒將害己叩頭謝君父賦詩一章遂死時六年閏六月朔也年四十三崇正初贈太僕卿廕一子謚忠端

李應昇傳

李應昇字仲達江陰人萬（麻）四十四年進士授南康推官出無辜十九人於死置大猾數十人重辟士民服其公廉爲之謠曰前林後李清和無比林謂晉江林學曾卒官南京戸部尚書以清愼著稱者也九江南康閒有柯楝二大族相傳陳友諒苗裔負固强梗常拒捕有司

議兵之應昇單騎往諭皆叩頭聽命出所匿彝人一方
以定天啟二年徵授御史謁假歸明年秋還朝時天子
闇弱庶政怠弛應昇上疏曰蘇軾有言天下非經營禍
亂之足憂而養安無事之可畏況以養安無事之習居
禍亂方興之會上淵默而闇聲下拱手以觀望巧者獵
榮名黠者避險難上下既睽憂患之來未可一二數也
方今遼士淪沒黔蜀用兵紅夷之燄未息西部之黨日
增逃兵肆掠於畿輔窮民待盡於催科逗留習慣大將
畏敵而不前法紀陵夷驕兵鼓譟而弗問在在增官日
日會議覆疏衍爲故套嚴旨等若空言陛下不先振竦
精神發皇志氣羣臣孰肯任怨以破情面之世界者祖
宗有早午晚三朝猶時御便殿咨訪時政願俯納臣言

奮然力行天下大事尚可爲也報聞頃之復陳時政略曰今天下敝壞極矣在君臣奮興而力圖之陛下振紀綱則片紙若霆大臣捐私曲則千里運掌臺諫任糾彈則百司飲冰今動議增官爲人營窟紛紜遷徙名實乖張自登萊增巡撫而侵目百餘萬增招陳監軍而侵目又十餘萬邊關內地將領如蟻剝軍侵餉又不知幾十萬增置總督何補寧垣增置京堂何裨政事樞貳添注矣孰慷慨以行邊司空添注矣孰拮据以儲備大將添注矣祇工媒孽而縱逋逃禮兵司屬添注二三十人矣誰儲邊才而精典禮濫開邊俸捷徑燃灰則吏治日壞白衣攘臂邪人入幕則姦弁充斥臣請斷自聖心一切報罷又言今事下部曹十九寢閣宜重申國典畀正將

領之罪錦衣旂尉半歸權要宜遣臣巡視如京營之制
衛官襲職比試不嚴宜申明舊章無使倖進將校蠹食
巡軍不招私募乞兒半分其饟宜力爲創懲窮民敲撲
號哭滿庭姦吏侵漁福堂安坐宜嚴其法制時不能用
俄劾南京都御史王永光庇部郎范得志顛倒公論永
光尋自引去四年正月疏陳外番內盜及小人三患議
切近習魏忠賢惡之已復疏陳民隱言有十害宜除五
反宜去帝爲戒飭所司京師一日地三震疏請保護聖
躬速停內操忠賢領東廠好用立枷有重三百斤者不
數日即死先後死者六七十人應昇極言宜罷忠賢大
恨應昇知忠賢必禍國密草疏列其十六罪將上爲兄
所知攘其疏毀之怏怏而止會楊漣劾忠賢得嚴旨應

昇憤郎抗疏繼之中言從來奄人之禍其始莫不有小
忠小信以固結主心根株既深毒手乃肆今陛下明知
其罪曲賜包容彼緩則圖自全之計急則作走險之謀
蕭牆之間能無隱禍故忠賢一日不去則陛下一日不
安臣爲陛下計莫如聽忠賢引退以全其命爲忠賢計
亦莫若早自引决以乞骸骨之恩不然惡稔貫盈他日
欲保首領不可得矣又曰君側不清安用彼相一時寵
利有盡千秋青史難欺不欲爲劉健謝遷者恐并不能
爲李東陽儻畫策投獻不幾與焦芳同傳耶時魏廣微
方深結忠賢爲之謀主知應昇譏已大恨萬爆之死也
應昇極言廷杖不可再士氣不可折譏切忠賢語甚至
已代高攀龍草疏劾崔呈秀呈秀窘昏夜款門長跪乞

哀應昇正色固拒含怒而去十月朔帝廟享頒曆廣徵
後至爲魏大中等所糾廣徵恚辨疏詆言者應昇復抗
疏論之且曰廣徵父允貞爲言官得罪輔臣以去聲施
至今廣徵奈何比言官路馬斥爲此輩夫不與此輩爲
伍者必別與一輩爲緣乞陛下戒論廣徵退讀父書保
其家聲毋倚三窟與言官爲難他日庶可見乃父地下
廣徵益怒謀之忠賢將鐫秩首輔韓爌力救乃奪俸一
年其月趙南星等悉被逐朝事大變明年三月工部主
事曹欽程劾應昇護法東林遂削籍忠賢憾未已六年
三月假李實劾周起元疏入應昇名遂逮下詔獄酷掠
坐贓三千尋於閏六月二日斃年三十四崇正初贈太
僕寺卿廕一子謚忠毅

王之寀傳

王之寀字心一朝邑人萬曆二十九年進士除清苑知縣遷刑部主事四十三年五月初四日酉時有不知姓名男子持棗木挺入慈慶宮門擊傷守門內侍李鑑至前殿檐下爲內侍韓本用等所執付東華門守衛指揮朱雄等收之慈慶宮者皇太子所居宮也明日皇太子奏聞帝命法司按問巡皇城御史劉廷元鞫奏犯名張差薊州人止稱喫齋討封語無倫次按其跡若涉風癲稽其貌實係黠猾請下法司嚴訊時東宮雖久定帝待之薄中外疑鄭貴妃與其弟國泰謀危太子意猶未息而方從哲輩亦頗關通戚畹以自固差被執舉朝驚駭廷元以風癲奏刑部山東司郎中胡士相偕員外郎趙

會楨勞永嘉共訊一如廷元指言差積柴草爲人所燒
氣憤發癲於四月內訴冤入京遇不知名男子二人紿
令執挺作冤狀乃由東華門入直至慈慶宮門按律當
斬加等立決藁定未上山東司主治京師事故署中侍
郎張問達以屬之而士相永嘉與廷元皆浙人士相又
廷元姻也風癲具獄之寀心疑其非是月十一日之寀
値提牢散飯獄中末至差私詰其實初言告狀抵死撞
進復言掠死罷已無用之寀令置飯差前吐實與飯否
則餓死差低頭已而云不敢說之寀麾左右出留二吏
扶問之始言小名張五兒有馬三舅李外父令隨不知
姓名一老公說事成與汝地幾畝比至京入不知街道
大宅子一老公飯我云汝先衝一遭遇人輒打死死了

我們救汝乃畀我棗木梃導我由後宰門直至宮門上擊門者墮地老公多遂被執又言還有柏木梃琉璃梃棰子梃梃多人衆之案備詰其語因問達以聞且言差不瘋不狂有心有膽乞縛凶犯於文華殿前朝審或敕九卿科道三法司會問疏入未下大理丞王士昌行人司正陸大受戶部主事張庭給事中姚永濟等連上疏趣之而大受疏有姦戚二字帝惡之與之寀疏俱不報廷元復請速檢諸疏下法司訊斷御史過庭訓言禍生肘腋宜亟翦亦俱不報庭訓遂移文薊州蹤跡之知州戚延齡具言其致瘋始末於是原問諸臣據爲口實矣二十一日刑部會十三司司官胡士相陸夢龍鄒紹光曾日唯趙會楨勞永嘉王之寀吳養源曾之可柯文羅

光鼎曾道唯劉繼禮吳孟登岳駿聲唐嗣美馬德澄朱
瑞鳳等再審差供馬三舅名三道李外父名守才不知
姓名老公乃修鐵瓦殿之龐保不知街道宅子乃住朝
外大宅之劉成二人令我打上宮門打得小爺喫有着
有小爺者內監所稱皇太子者也又言有姊夫孔道同
謀凡五人於是部行薊州道提馬三道等疏請法司提
龐保劉成對鞫而給事中何士晋與從哲等亦俱以爲
言帝乃諭究主使會法司擬罪是日刑部據威知州回
文以上已復諭嚴刑鞫審速正典刑時中外籍籍語多
上變言姦人孔學等爲巫蠱將不利於皇太子詞已連
侵國泰國泰自白士晋復疏攻國泰先是百戸王曰乾
劉成成與保皆貴妃宮中內侍也至是復涉成帝心動

諭貴妃善爲計貴妃窘乞哀皇太子自明無他帝亦數
慰諭俾太子白之廷臣太子亦以事連貴妃大懼乃緣
帝及貴妃意期速結二十八日帝親御慈寧宮皇太子
侍御座右三皇孫雁行立左階下召大學士方從哲吳
道南暨文武諸臣入責以離間父子諭令磔張差龐保
劉成無他及因執太子手曰此兒極孝我極愛惜既又
手約太子體諭曰自襁褓養成丈夫使我有別意何不
早更置且福王已之國至此數千里自非宣召能翼而
至乎因命內侍引三皇孫至石級上令諸臣熟視曰朕
諸孫俱長成更何說顧問皇太子有何語與諸臣悉言
無隱皇太子具言風癲之人宜速決毋株連又責諸臣
云我父子何等親愛而外廷議論紛如爾等爲無君之

臣使我爲不孝之子帝又謂諸臣曰爾等聽皇太子語
否復連聲重申之諸臣跪聽叩頭出遂命法司決差明
日磔於市又明日司禮監會廷臣鞫保成於文華門時
已無左證保成展轉不承會太子傳諭輕擬廷臣乃散
去越十餘日刑部議流馬三道李守才孔道帝從之而
斃保成於內廷其事遂止當是時帝不見羣臣二十有
五年矣以之案發保成事特一出以釋羣臣疑且調劑
貴妃太子念其事似有跡故不遽罪之案也四十五年
京察給事中徐紹吉御史韓浚用拾遺劾之案貪遂削
其籍天啟初廷臣多爲之訟冤召復故官二年二月上
復讐疏曰禮君父之讐不共戴天齊襄公復九世之讐
春秋大之聶李選侍氣毆聖母陛下再三播告中外停

其貴妃之封聖母在天之靈必有心安而目瞑者此復
讐一大義也乃先帝一生遭逢多難彌留之際飮恨以
崩試問李可灼之誤用藥引進者誰崔文昇之故用藥
主使者誰恐方從哲之罪不在可灼文昇下此先帝大
讐未復者一也張差持挺犯宫安危止在呼吸此乾坤
何等時乃劉廷元曲蓋姦謀以風癲具獄矣胡士相等
改注口語以賣薪成招矣其後覆讞差供同謀舉事内
外設伏多人守才三道亦供結黨連謀而士相輩悉抹
去之當時有内應有外援一夫作難九廟震驚何物凶
徒敢肆行不道乃爾緣外戚鄭國泰私結劉廷元劉光
復姚宗文輩珠玉金錢充滿其室言官結舌莫敢誰何
遂無復顧憚睥睨神器耳國泰雖死罪不容誅法當開

棺戮屍夷其族豬其宮而至今猶未議及此先帝大讐
未復者二也總之用藥之術即擊挺之謀擊不中而促
之藥是文昇之藥慘於張差之挺也張差之前從無張
差劉成之後豈乏劉成臣見陛下之孤立於上矣又言
鄭中胡士相等主風顛者也堂官張問達調停風顛者
也寺臣王士昌疏忠而心佞評無隻字頌多溢詞堂官
張問達語轉而意圓先允風癲後寬姦宄勞永嘉岳駿
聲等同惡相濟張差招有三十六頭兒則胡士相閣筆
招有東邊一起幹事則岳駿聲言波及無辜招有紅封
票高真人則勞永嘉言不及究紅封教今高一奎見監
薊州係鎮朔衛人蓋高一奎主持紅封教者也馬三道
管給紅票者也龐保劉成供給紅封教多人撒棍者也

諸姦增減會審公單大逆不道疏入帝不問而先生風
癲者恨次骨未幾之宗遷尙寶少卿踰年遷太僕少卿
尋轉太寺卿延元及岳駿聲曾道唯以之宗侵已先後
疏辨之宗亦連疏力折抃發諸人前議差獄時分金紅
廟中及居閒主名甚悉事雖不行諸人益疾之四年秋
拜刑部右侍郎明年二月魏忠賢勢大張其黨楊維垣
首翻挺擊之案力詆之宗坐除名俄入之汪文言獄詞
中下撫按提問岳駿聲復訐之且言其過取鄭國泰一
萬金有詔追治及修三朝要典其挺擊事以之宗爲罪
首府尹劉志選復劾之遂逮下詔獄坐贓八千之宗竟
瘐死崇正初復官賜卹

夏之令吳裕中丁乾學劉鐸蘇繼歐列傳

夏之令字伯先光山人萬(麻)丁未進士知攸歙二縣徵授御史嘗疏論邊事力詆毛文龍不足恃忠賢庇文龍傳旨削之令籍閹臣救免及巡皇城內使僞忠等犯法劾治之益爲忠賢所銜倪呈秀亦以事銜之遂屬御史卓邁劾之令黨比熊廷弼有詔削奪頃之御史倪文煥復劾之令計陷文龍幾誤疆事遂逮下詔獄坐贓拷死崇正初贈太僕少卿

吳裕中字磊石江夏人萬(麻)己未進士知順德縣徵授御史大學士丁紹軾陷熊廷弼死裕中有疏詆紹軾忠賢傳旨詰裕中爲廷弼姻戚代之報讐廷杖一百竟死闕下崇正初贈太僕少卿

丁乾學字天行山陰人萬(麻)己未進士官[illegible]

討爲人端方不苟言笑所往來皆東林賢士大夫在翰林中人以師範推之見逆璫勢燄而大臣若魏廣微者阿附特甚不禁太息流涕仰天哭嗚嗚不已家人不知以爲怨得狂疾也他日會於朝堂以正言諷廣微廣微怒謂其私人曰丁檢討舉動若此想不欲保首領耶天啟四年典試江西發策刺忠賢忠賢怒矯旨鐫三秩復除其名廣微乃密令錦衣僉事高守謙率中官數十人毆殺之崇正初贈翰林院侍讀學士

劉鐸字洞初廬陵人萬歷丙辰進士與萬燝同鄉同年燝遺書勸之東林會講時鐸知揚州得書即請假過東林還語其子及門人曰讀書自有向上路至於功名科第此其事之末者矣汝曹第以文辭爲進身之計而不

求聖賢至道縱富貴而至將相亦管晏之流耳烏能曳履而登孔孟之堂哉逆璫既殺六君子緹騎四出鐸憤甚作詩書僧扇有陰譏國事非句偵得之聞於璫逮下詔獄廷臣救免復官鐸候補京師番役誣以詛呪魏璫斬於西市揚民聞之爲之罷市巷哭者七日崇正初贈太僕少卿

蘇繼歐許州人萬(曆)癸丑進士歷知元氏眞定柏鄉入爲吏部稽勳主事累遷考功郎中有氣節徃來東林將調文選中旨謂爲楊漣私黨削籍歸時緹騎四出同里副使孫織錦素附忠賢遣人怵繼歐曰逮者至矣繼歐自經死崇正初贈太常寺卿

表忠錄卷中

東林同難附傳

東林後裔繆敬持謹輯

汪文言吳懷賢張汶列傳

汪文言字士光歙縣人初爲縣胥後援例入太學題授中書舍人游公卿間以節概著一時賢士大夫樂與之交曾客內監王安安固賢者光廟時凡善政舉行文言力贊之無不聽也僉邪搆釁欲借以羅織諸賢首以文言下鎭撫於是正人力爲調護得免及再下詔獄鍛鍊兩月餘弗屈有旨杖一百其甥悲失聲文言叱曰孺子眞不才死豈負我哉而效兒女子泣耶最後下獄嚴鞫者四酷刑備加弗屈如故顯純誣楊左諸賢之贓文言

蹶起曰天乎冤哉以此殲清廉之士有死不承顯純乃手作文言供狀文言垂死張目大呼曰爾莫妄書異時吾當與面質顯純卽日斃之諸賢逮至無可質者贓懸坐而已衣冠之禍由此徧天下云

吳懷賢徽州人嘉興籍由國子監生授中書舍人同官傅應星者忠賢甥也懷賢遇之無加禮應星憾之楊漣劾忠賢疏出懷賢擊節痛快書其上曰宜如韓魏公治任守忠故事卽時遣戍時工部主事吳昌期忤璫撤回懷賢服其不阿遺書稱之有物極必反反正不遠之句詞多激烈忠賢偵知之大怒曰何物小吏亦敢謗我遂矯旨下詔獄坐以結納汪文言爲左光斗魏大中鷹犬拷掠死崇正初贈工部主事

張汶邯鄲人尚書國彥曾孫也性嗜酒戇直磊落有奇氣喜面刺人過由廕敘爲後軍都督府經歷嘗被酒詆忠賢忠賢聞之大怒矯旨逮詔獄拷掠死崇正初獲贈䘏

魏學洢傳

魏學洢字子敬大中長子邑諸生性至孝十歲母病疽時學洢以赴館過橋爲鄉人負布花者擠墮橋下右股斷橋鄰負而歸父急叩之則曰當一意醫母勿醫我旣接骨仰臥者數十日睡中微有呻吟聲覺則愉愉如無病者以安父母心也日讀陶詩自娛長益沈研理學漁獵千古凡義利貞邪之辨斬然若別黔晳每遇古人奇節輒欣髯起舞獨羞私事刓裂皆垂罵斷斷不木嘗曰

今天下漸多故矣死忠死孝是男兒事學洢生平不可一世獨父子切劘同堂商推以爲笑樂其淵識沈幾輒濟大中所不及大中被逮學洢號慟欲隨行大中曰父子俱碎無爲也乃微服閒行刺探起居旣抵都邏卒四布變姓名匿旅舍晝伏夜出與二三道義商萬死一生計而獄益急搒掠益毒學洢度無生理欲撾登聞鼓上書自刎闕下已念徒死無益且萬里孤魂遑遑誰託於是匍匐飲血扶櫬歸歸而朝夕號咷未嘗入寢室哭而病病復哭每至丙夜淚盡舌爲枯家人以漿進則覆而泣曰詔獄中誰進一盃水者病且革進以藥餌則又覆而泣曰詔獄中更誰進一盞藥者竟號哭勺水不入口而死年三十崇正改元有司以狀聞詔旌爲孝子祔大

中祠葬

周茂蘭傳

周茂蘭字子佩號芸齋順昌長子順昌典銓曹時茂蘭年十六承庭訓志名節有以書幣至家者悉卻去順昌被逮時變起不意吳氓傾城號哭擁順昌順昌不得行稍閒閒行赴逮茂蘭不得從於是日夜徒行至京口始及順昌麾之曰吾此行必死復有此變禍益不測汝往俱死則誰爲我完未竟之事者汝其速返茂蘭哭絶於地良久乃甦而順昌舟已遠去矣歸而訛傳家將籍沒母吳淑人及諸妹日謀死所賴茂蘭調護以免順昌掠死詔獄喪還里門茂蘭泣血三年慘動行路思宗登極逆璫伏誅旋下優卹[illegible]

全給䘏諡建祠賜額茂蘭以父仇尚未報也伏闕鳴冤
刺指血上疏其略曰臣父始仕福州推官稅監高寀擅
作威福臣父不屑一見時有監司假名調停實左右寀
臣父每事相左幾爲所中入銓署十有五月弊絶風清
未嘗受人一緡一楮因銓政與一科臣弗愜拂衣歸半
刺不入公府正色力持者獨鄉紳大體至地方利弊不
憚嘔心區畫迨逆璫煽禍臣父攘眉搤腕恨不從楊漣
諸臣後請劍殺賊會科臣魏大中逮過吳門臣父痛其
介特孤蹤横罹羅綱遂與締姻緹騎具告逆璫痛恨臣
父不減漣與大中巨虎倪文煥矙璫微旨首先操戈而
臣父削奪矣撫臣毛一鷺多炎涼市態臣父微文譏刺
向之媚閹璫旋媚逆璫者挑闘其間一鷺遂從杭州敦

請李實至蘇促賕獻計更有同鄉破甑無恥之人借臣
父以媚文煥殺機既發罪罟斯張而臣父逮矣逮命既
至萬人悲憤緹騎大逞咆哮愈干衆怒臣父潛赴詔獄
訊鞫之日奮詞抗慨肌肉爲糜指脛俱裂立刻追命種
種楚毒獄吏傳示外人與臺省形之章奏皆云臣父氣
更揚語更烈死亦更慘尤可恨者臣父身故追贓藉親
朋捐俸捐貲勉完三千之數當年挑釁攢謀之人借桐
封以頌忠賢甘入幕以悅文煥者皆幸逃指摘臣三年
立庭寢苫嘗膽誓不與諸姦戴履天地聞文煥在鼎湖
之際首先勸進贊成不軌眞九廟神靈所必殛而一鷙
須璫建祠罪狀具在豈容以溘先首㊣免其追奪同日
又祇請合三代告命表各司大賚大明會典乙字字臣

全給卹諡建祠賜額茂蘭以父仇尚未報也伏闕鳴冤
刺指血上疏其略曰臣父始仕福州推官稅監高寀擅
作威福臣父不屑一見時有監司假名調停實左右寀
臣父每事相左幾爲所中入銓署十有五月弊絶風清
未嘗受人一緡一楮因銓政與一科臣弗愜拂衣歸半
刺不入公府正色力持者獨鄉紳大體至地方利弊不
憚嘔心區畫迨逆璫煽禍臣父攘眉搤腕恨不從楊漣
諸臣後請劍殺賊會科臣魏大中逮過吳門臣父痛其
介特孤蹤横罹羅網遂與締姻緹騎具告逆璫痛恨臣
父不減漣與大中巨虎倪文煥矙璫微旨首先操戈而
臣父削奪矣撫臣毛一鷺多炎涼市態臣父微文譏刺
向之媚閹璫旋媚逆璫者挑闘其間一鷺遂從杭州敦

請李實至蘇促膝獻計更有同鄉破甑無恥之人借臣父以媚文煥殺機既發罪晋斯張而臣父逮矣逮命既至萬人悲憤緹騎大遑咆哮愈干衆怒臣父潛赴詔獄訊鞫之日奮詞抗慨肌肉爲糜指脛俱裂立刻追命種種楚毒獄吏傳示外人與臺省形之章奏皆云臣父氣更揚語更烈死亦更慘尤可恨者臣父身故追贓藉親朋捐俸捐貲勉完三千之數當年挑釁攢謀之人借桐封以頌忠賢甘入幕以悅文煥者皆幸逃指摘臣三年立庭寢苫嘗膽誓不與諸姦戴履天地聞文煥在鼎湖之際首先勸進贊成不軌眞九廟神靈所必殛而一篇須瑞建祠罪狀具在豈容以濫先首(五)免其追奪同日

又疏請給三代誥命其略曰伏讀大明會典凡百官死

於忠諫已經贈䘏者其父母妻室不限存沒俱給與應得誥命臣父業贈三品例追三代皇上既䘏慘死諸臣之父母并及其妻豈獨靳於諸臣之祖并乞全賜三代誥命貤封九原使臣得奉明綸歸先隴世世輝映矣時任姚希孟官舍希孟見茂蘭疏血縷淋漓避席盥手而閱之愀然曰有未諳事非所宜言茂蘭曰易點黃何如希孟曰墨書易耳汝今十指枯矣奈何茂蘭俛而泣曰枯能鳴吾父冤糜骨無所恨於是復以刀刺舌取血再書以進得俞旨倪文煥即究擬正罪並準給三代誥命於是同難諸賢之贈䘏者咸得比例全給云文煥猶冀營救緩死茂蘭曰我歸必漏網矣日訟言於法司之堂遂決不待時而逆黨呂純如即疏所稱假名調停之監

司左右高宗復媚逆黨者也名在欽案列誑辨以思逃罪茂蘭復揭之謂其須璫原疏一則曰厰臣之選才良再則曰厰臣之率屬嚴於無可獻颺之中曲寫其赫聲濯靈讋攝於數千里之外既犯稱功頌德之條并廢君前臣名之禮此而以爲非須美毋乃雪消見晛之餘別有吐霧吞雲之術用是刊布原疏力破其惑亂之言揭上純如乃服罪茂蘭既歸遂竣兩世之葬爲順昌相擇賜塋殫力具禮敕建祠工亦成所居湫隘昆弟子姓聚居如故以固窮守約爲常既省試屢落或勸以廕入仕茂蘭曰父死之謂何又因以爲利繼有纂修國史館薦大僚薦及茂蘭終以毋老辭弗應鼎革時茂蘭避兵他徙三代誥命失其二越歲有武人挐而至曰募君義甚

高特歸而完之人皆以爲孝感年旣艾居毋喪毁不少
懈晚歲常喜靜坐讀先儒語錄尤邃於易閒及道書禪
乘洊登大耋精力矍鑠每朔望走謁順昌祠風雨寒暑
弗輟撫臣湯斌雅敬茂蘭式廬就見固請應賓筵講鄉
約爲國人矜式茂蘭亦上書力辭其始終一節如此年
八十二而終歿前數日謂子靖曰生平無不可對人言
者差可見先人於地下將屬纊惟語曰今日方閲同人
私謚曰端孝先生

朱祖文傳

朱祖文字叔經號完天世爲構李人祖先應募禦倭功
最累陞都督大將軍世襲蘇州衛指揮以廉勇聞祖文
幼孤毋劉厲節撫之備集荼苦長而端方韻異雅不好

武被服躬行有古人之風弱冠補博士弟子痛母志節未揚不遑寢食吏部周順昌初未識祖文會文太史震孟爲孝廉時與祖文習談其母貞操特詳吏部聞而憐之慨然爲白當道得類題取旨部牒下郡而祖文始知乃爲之感泣摶顙願爲吏部死無何吏部忤璫被逮變起倉卒都人士惶懼不知所爲祖文念此行必無全理願相隨視其後事以圖報慮家人或相勸阻遂不復歸與吏部同宿公所中夜從容謂吏部曰公灑然就道艮善然事未可知脫有緩急誰可告者吾當先往爲地吏部首肯良久曰徐銀臺諱如珂字念陽肝腸如雪必能相濟顧侍御諱宗孟字嚴叟新入臺中意氣不薄可與計事此外則定與之一死諱善繼字[illegible]諱景文[illegible]

生死不渝皆可告者祖文遂別去先走都下比吏部未
至有以減門事中吏部者得銀藥力辨而解至槖饘薄
嫣之事侍御已先爲之所矣已而懸贓數千祖文私幸
旦夕告完或得議獄緩死百計丐貸都門不足則走定
興定興不足則走吳橋阜城間關千餘里逐[illegible]拔
十日捃摭稍就而吏部已斃獄矣吏部畢命之日祖文
夜宿野店有聲䰟然精誠之感豈其誣耶祖文微服僻
處偵察動靜每一感慟問者悽惻凡往來津渡出入禁
門時遭邏卒儆倖獲免亦危矣然以身滯長途弗獲視
殮有違初心遂至鬱以死彌留之際猶以吏部後人爲
念嗟乎祖文之所以報吏部者不已至乎而總爲一念
孝思所激夫以祖文之至性篤行固足不朽矧其附青

雲之士哉
列傳刻於同難錄後都屬死事諸賢若魏孝子若五人等因璫禍而死孝死義者例亦得附其餘同黨而不同難者俱不與焉周芸齋朱完天兩先生雖未捐軀然周先生之刺血鳴冤朱先生之周旋艱險早置此身於度外千古之子道友道賴以不墜故幷梓之以媿後世之爲人子爲人友者繆敬持謹識

周忠介公五友紀略

劉羽儀字漸于私謚孝安吳縣人性孝友重節義能文章與周忠介公爲生死交當忠介公被逮先生挺身倡義不畏當事毛一鷺等爲之喪氣以明經老崇正元年舉鄉飲大賓三徵不就隱橫山其子姓與周氏世爲婚

姻雍正丁未冬予過蓼洲草堂先生之五世孫省號者在座捧先生遺像示予予肅然瞻仰見其廣額疏眉長身鶴緇宛然有道氣象其像贊云孝弟忠信禮義廉恥先生一生體此八字繁桃郁李蘭孫桂子生不負生死奚媿死天高地厚與之終始噫讀此贊可以見先生矣

沙舜臣字子升號西航道人蘇州郡庠生少擅文名長矜氣節排難解紛扶植宗黨周忠介公罹禍奮身徇之幾濱於死學士大夫咸推重焉

殷獻臣字汝劼號闇齋長邑諸生與周忠介公定交遂締朱陳忠介被逮士民攘臂呼冤幾成大獄先生周旋艱險奮不顧身忠介死詔獄先生痛不欲生爲忠介追憶生平行事作年譜數千言至今讀之猶凜凜有生氣

仲子佑甯忠介公壻也鼎革時匿影荻谿絕食死而周氏苦志守節澹庵湯公好風勵廉得其實上宣力請詔旌其廬嗟乎先生既死其子若婦一忠一節並耀千古夫孰非先生之遺也哉

鄒谷字虛王號日林吳邑諸生其至心至行大類周忠介與忠介最稱莫逆忠介既逮家酷貧諸子俱幼岌岌乎殆哉先生慨然曰吾既不能爲公死不當扶植其後耶向以其學教授四方一時公卿爭致之先生悉謝去獨設帳於蓼洲草堂朝齋暮鹽且泣且誨期不負公於地下以故煢煢孤雛俱克成立覆巢之後幸存完卵者先生左右之力居多予每過吳門欲訪求先生遺事而竟不可得其鄉人曰先生且無後矣嗚呼所謂天道是

耶非耶

王節字貞明號惕齋吳縣人生數歲而孤節母管宜人矢志冰操且撫且誨先生曲承母志讀書砥行終身孺慕自少從周忠介公游忠介被逮先生合同志數君子抗顏呼籲於當事時巡撫毛一鷺爲魏璫假子先生直前詰責無少諱且曰諸生誦法孔孟所重者名節廉恥今日之事目不忍覩何顏復列宮牆明公爲東南重臣不能回天意而慰民心諸生竊爲羞之言訖大哭一鷺勃然曰若等君臣之義全無耶先生曰明公父子之情何篤也一鷺銜之由是首羅黨禍幾陷不測攖難時管宜人慰之曰周公國士待汝自當國士報之汝能效范滂我獨不能爲滂母乎死且不恨青衫何足介意先生

號泣受教無何逆案定忠介得邀卹典而先生等五人並得復列黌序益折節讀書崇正己卯領鄉薦善自韜晦入國朝惟閉戶著述或勸之仕不應旣而部勒敦迫不得已秉鐸桃源士風丕變旋以病告歸一生敦友睦族凡孤寡無告者貧乏不能自存者傾囊無悔日惟詩文翰墨自娛不事生產以故子孫赤貧多硯田爲活先生沒五十餘年其孫熙載登賢書父老咸曰善人宜有後蓋先生沒世之後令人不忘如此

昔先文貞諭曾大父曰自古聖賢豪傑做一事未有不拌一死者如忠臣信友雖不必盡出於死然必能拌一死而後可以無死天啟乙丙之際諸君子可謂死忠周忠介公之五友實未嘗死然不死者幸也拌

一死者其志也可稱死友今年春周忠介公曾孫鸞
翔偕劉孝安公五世孫珖過予草堂相與道其先人
遺事凛凛如生閒語予曰同難錄之刻五友姓名亦
得附餚末乎一以發潛一以風世當亦諸君子之所
與也於是手授五先生大略而敬持爲之銓次并付
諸剞劂氏雍正戊申二月既望後學繆敬持謹識

五人傳

五人伊何皆吳門閭巷人死節殉周吏部者也吏部清
剛得人時有顏佩韋者家千金聽父兄賈已獨從諸少
年游遇不平事及豪惡有所魚肉輒代直之或率衆共
擊里中咄咄然未嘗習吏部也吏部被逮爲丙寅三月
望士民震駭喧聚競割貲贈行而緹騎因遲之以饜橐

自是衆日益聚十八日吏部因服出候宣詔佩韋傳香
盟衆涕於市曰欲衛周吏部者從我其素所與有力人
馬傑已每晨擊柝號召一時執香從者萬餘雨中如列
炬至西署見陳械具金吾氣張甚佩韋即率先向兩臺
使訟吏部冤願以身代而楊念如故業鬻衣及牙儈沈
揚雖素好義皆不習吏部并不習佩韋時亦偕衆求疏
免逮哭聲幾崩城隅跪乞至午不起緹騎怒傑復從旁
攘臂罵魏忠賢不去口緹騎叱曰斷而舌遂手鋃鐺擲
階作聲大呼囚安在衆大噪曰此東廠矯旨安得爾爾
緹騎猶以械擊沈揚而吏部與夫周文元闖難泣詈三
日不食至是直前奪緹騎復傷其額於是衆如山奔海
立競呼毆阜衣者而若輩出不意咸負傷鼠竄矣一八

匿署閣驚墮念如立格殺之一人踰垣仆或以屐蹴其腦亦斃中丞不能制至調兵自衞是日矯逮黃御史尊素者亦過吳門驛騷郵傳横攫民閒物河干闐城內之毆緹騎也亦毆緹騎鳥散燔其舟篤帖爐焉中丞毛一鷺飛章告變東廠刺事者言吳人盡反謀斷水道刼漕舟忠賢大懼傳票寬自論安而中丞獻媚不止捕諸無辜屬吏五人挺身自投曰渠魁爾從皆我也無妄波及已而一鷺言縛得倡亂者顏佩韋楊念如馬傑沈揚周文元等亂已定忠賢乃安然自是緹騎不出國門矣五人繫獄未幾吏部訃至五人哭失聲嗣後每聞啟獄鍵輒喜曰取吾輩赴市矣臨刑五人延頸就刃語知府寇慎曰公好官知我等好義非亂也監司張孝流涕而斬

之吳八隘其義合葬之處㊣旁題曰五八之墓其地卽一帶所建忠賢祠址也

表忠錄卷下

跋

同難錄桐城左氏刻距今百年余家有先民部所藏一本幾幾零落訪之他家鮮有存者未知桐城之刻猶完好否然當日余家藏本已近模黏今可知矣噫此非子孫之責而誰責歟諸君子品格可齊山岳心事可對日月言動可範百世爲之後者苟能濟美勿論如或不然庶幾人挾一編以爲感發興起之藉昔文文山跋彭和甫族譜舉唐柳玭之言曰門第高者一事墜先訓則無異他人清夜思之能無竦懼夫人之身祖宗之身也雖宗賢而子孫不肖是分祖宗之身爲兩截耳置此編於左右時目攝之默默點檢不敢有毫髮之辱其先其賢者又[redacted]光顯當亦諸君子在天[redacted]深願而繼

以慰者也況君子莫大乎與人爲善觀此書者頑可廉
懦可立於以風示天下豈不有餘也耶則此書之刻其
可已耶使他人觀之猶有動又況其一氣相感者耶桐
城之刻亦此志也不然諸君子之烈烈以死有青史在
何爲其家刻之也庚子歲之冬長兒敬持在吳門以余
意語周忠介公曾孫晉吉慶名用則同有槩於中謀重付
梓顧力弗逮告諸同輩鳩工有日矣用命余子訂補錄
中之闕並集諸君子列傳爲一書以便觀省雍正丁未
秋東林後裔繆思勃謹識

跋

余生平無他嗜好自乾隆壬子年起至道光二年壬午
三十年中積書計三萬餘卷史問樵有光曾贈余詩云
縹緗萬卷藏水心蟫紅蠹碧藜然青奇編刊校罔惜費
惟於桑梓情尤殷王儕嶠蘇題余擁書圖云葉公能藏
復能讀一生書僻人共知師承猶及見盧植抱經學士親串
尙喜愁趙岐甌北觀察尋求善本付剞劂獨於鄉土搜留遺
蓋余於邑前輩曾鐫[redacted]宮傅楊文定公全集又曾校補
明徐霞客游記又助刊元席帽山人梧谿集於叢書內
俱已行世甲申夏山朱君守簡寄來東林同難錄板片
一種係同邑耕學草堂繆氏刊於雍正丁未年者此書
余於二十年前已得之第不知板片之存亡乃今得之

豈非物必聚於所好歟然板片已殘闕模黏不便印行爰於乙酉之夏雇舟至蘇商之梓人闕者補之模黏者易之始可印行傳布編中文貞繆公忠毅李公皆余江邑東鄉人廷甲近二君子之居一在十里之内一在二十里之内每過舊里不勝撫膺憑弔覩此遺編忍使消沈而不傳於世乎是編也慘死諸君子罔不追贈䘏敘所以表忠也[redacted]易之曰表忠錄用以風示天下後世此亦諸君子暨范陽鹿公所深慰於九原者也道光五年乙酉四月邑後學保堂葉廷甲識於水心齋時年七十有二

煙畫東堂小品

第三册

〔清〕繆荃孫 編

中國書店

第三册

目録

西游録注……一
和林金石考……三九
朔方備乘札記……七三
稽瑞樓文草……一一九
吴山子文（輯本）……一四九
學宛堂詩稿……一八一
思庵閑筆……二〇五
京本通俗小説（殘本）……二四一

西游錄注

順德李文田注

中書令國初時扈從西征行五六萬里留西域六七年有西游錄述其事人所罕見因節略於此

公戊寅春三月

元太祖十三年也

出雲中

湛然居士集有過雲中贈李尚書詩

抵天山

漢書西域傳卑陸國王治天山東乾當國晉灼武帝紀注曰天山近蒲類國去長安八千餘里師古曰天

山卽祁連山　祁太史韻士西陲要略曰哈密之山卽天山山之北三百餘里爲巴里坤柳谷水在城東北源出天山藉資灌田焉

涉大磧

宋程大昌北邊備對曰大漠言沙磧廣莫望之漠漠然漢以後史家變稱爲磧磧者沙積也其義一也

踰沙漠

大唐西域記龜茲西行六百里經小磧至跋祿伽國祁韻士萬里行程記云安西州舊名大灣後復設安西府今改爲州出北門五里許過一涸河卽入沙磧土人呼爲戈壁卽古瀚海也地以沙石爲骨如鎔鍊而成膚

達行在所
此指元太祖和林之行在邱處機西游記所云皇帝
舊兀里多者也西游記辛巳六月廿八日泊窩里朶
漢語行宮也又稱爲乃滿國兀里朶蓋太祖滅乃蠻
後卽置行在於此以便西伐也
明年
已卯年也是爲元太祖十四年
大舉西伐道過金山
北邊備對曰金山隋唐閒突厥阿史那氏得古匈奴
北部之地居金山之陽案湛然居士集卷一有過金
山用人韻詩　西域釋地云烏魯木齊博克達山三
峰峭拔入雲山腰有潭周十餘里土人稱海子山南

有俗所呼七箇達坂者卽此按唐書西州交河縣北行經柳谷度金沙嶺至北庭都護城又按杜甫詩注自交河北行八十里至龍泉館北入谷百三十里經柳谷度臺沙嶺百六十里經石會漢戍至北庭都護府今烏魯木齊爲唐北庭都護故治土魯番爲西州古治以相距道里攷之此達坂卽所謂金沙嶺今嶺畔有陡坡沙子細碎滑馬足金沙臺沙之名當以此

皇輿西域圖志云按今阿勒坦爲古金山唐書稱阿史那氏居金山之陽裴羅西超金山者是也

時方盛夏雪凝冰積斵冰爲道松檜參天花草彌谷金山而西水皆西流入海

金劉祁北使記出北界行西北向地浸高並夏國前

七八千里山之東水盡東山之西水亦西地浸下祁韻士西陲要略云新疆諸水分流異趨南路之水皆東流出自南北山中若喀什噶爾之烏蘭烏蘇葉爾羌之玉河和闐之哈喇哈什玉隴哈什二河烏什之瑚什奇阿克蘇之渾巴什庫車之渭干喀喇沙爾之開都悉東會於土魯番之羅卜淖爾凡南北山積雪融化之水皆入之瀦㴫渟蓄伏流地中卽古蒲昌海也北路之水若伊犂諸河多西流塔爾巴哈台之額爾齊斯諸河多東流烏魯木齊之瑪納斯河多北流或歸入淖爾或流經葦湖或伏入沙磧以及雪融會合之水甚多

其南有回鶻城

元史西北地附錄曰畏兀兒地至元二十年立畏兀兒四處站及交鈔庫明世法錄曰火州元號畏兀兒東七十里距柳陳城西百里爲土魯番郎古高昌國治　案遼史兵衛志屬國軍有回鶻有甘州回鶻有沙州回鶻有和州回鶻此和州回鶻城也宋洪皓松漠紀聞曰回鶻甘涼瓜沙舊皆有族帳惟居四郡外地者頗自爲國有君長

名別石把

西使記曰龍骨河復西北行與別失八里南以相直近五百里　元史西北地附錄曰別失八里至元十五年授八撒察里虎符掌別失八里畏吾城子里軍站事十七年以萬戶綦公直戍別失八里十八年從

諸王阿只吉請自太和嶺至別失八里置新站三十
二十年立別失八里和州等處宣慰司二十三年遣
侍衞新附兵千人屯田別失八里置元帥府　明史
西域傳云別失八里西域大國也南接于闐西抵撒
馬兒罕東抵火州北連瓦剌元世祖設宣慰司　西
游記作鼈思馬大城　歐陽元高昌偰氏家傳北庭
者今之別失八里城

有唐碑

西游記曰北庭端府景龍三年楊河大都護有德政
有龍興西寺二石刻在功德煥然可觀寺有佛書一
藏唐之邊城往往尚存　槐西雜志特納格爾爲唐
金滿縣地尚有殘碑　西域釋地曰庫車丁谷山在

城北有古寺多唐碑浮圖高數十丈　西域水道記
巴爾庫勒淖爾四源東南源曰招摩多沙烏魯木齊
治曰鞏寧城城南阻阿拉癸山東阸博克達山山之
陰爲阜康縣又東並山行一百九十里爲唐沙鉢鎮
即阿史那賀魯所處之莫賀城又東五十里爲濟木
薩西突厥之可汗浮圖城唐爲庭州金滿縣又改後
庭縣北庭都護治也元于別失八里立北庭都元帥
府亦治于斯故城在今保惠城北二十餘里地曰護
堡子破城有唐金滿縣殘碑碑石立爲二俱高八寸
廣六寸一石七行一石六行
所謂瀚海軍
元劉郁西使記曰瀚海地極高寒雖酷暑雪不消今

之所謂瀚海者卽古金山也　唐書地理志北庭大都護府本庭州貞觀十四年平高昌置有瀚海軍長安二年置

瀚海去城數百里

西域釋地云哈密東至安西州西至土魯番俱有沙磧乏水草不毛之地數百里謂之瀚海今呼爲戈壁海中有嶼其上皆禽鳥所落羽毛

史記匈奴傳驃騎將軍去病封於狼居胥山禪姑衍臨瀚海而還如淳曰瀚海北海名張守節正義曰按瀚海自一大海名羣鳥解羽伏乳於石因名也　李光廷西域圖攷曰按文正西游錄云戊辰達行在所至卽唐之高昌云云此以今濟木薩爲瀚海與劉郁

西使記殊且言蒲類海亦未確也　西域釋地云巴里坤名會甯城有海子卽古蒲類海一名婆悉海俗呼爲海子在城北沙山之下東西袤一百餘里對岸廣數十里後漢書張璫言呼延王常展轉蒲類秦海之閒元和志言伊州納職縣北直抵蒲類海唐之伊州卽今哈密距巴里坤相近而巴里坤又爲漢蒲類國地是此海子爲蒲類海無疑

新唐書地理志庭州西延城西至輪臺縣共三百二十里　西游記鼈思馬大城其東數百里有府曰西涼其西三百餘里有縣曰輪臺師問曰有幾程得至行在皆曰西南更行萬餘里卽是

唐碑在焉

西域水道記有記

城之南五百里有和州

元史耶律希亮傳由苦先至哈剌火州　元史西北

地附錄阿里麻里之下有合剌火者

即唐之高昌

遼史兵衞志屬國軍有高昌　明史火州其地多山

青紅若火故名火州東有荒城卽高昌國都漢戊己

校尉所治西北連别失八里後爲土魯番所併

亦名伊州

湛然居士集十二懷古詩瀚海過西伊自注云伊州

之西北有瀚海伊州又謂之西州　西域釋地曰元

和志言伊州納職縣北直抵蒲類海唐之伊州卽今
哈密
高昌西三四千里有五端城卽唐之于闐國
元史西北地附錄作忽炭者是也曷思麥里傳作斡
端拜延八都魯傳亦作斡端憲宗紀則作擴端均此
五端二字之聲轉今稱和闐者是其地也明史作阿
端又沿古名作于闐均非兩地　西域釋地云葉爾
羌漢莎車國地唐以後併入于闐又曰和闐漢于闐
國唐置于闐都督府於此回人謂漢人爲黑台和闐
卽黑台之訛相傳漢任尚棄其眾於此
河出烏白玉
西陲要略云葉爾羌之山則有密爾迨山在城南二

百餘里產玉有瑪爾瑚廬克山在城西南四百餘里
產玉又有一大山在葉爾羌西南與密爾迪山相連
回人呼爲塔什達巴罕疑卽所謂葱嶺者是也水則
有玉河自密爾迪山流出南分支入和闐和闐境內
一帶山皆積雪水則有哈喇哈什河有玉隴哈什河
有哈瑣圭塔克河俱多產玉且資灌田

過瀚海千餘里有不剌城

西北地附錄作普剌　耶律希亮傳至不剌城　李
光廷西域圖考曰不剌城卽西使記孛羅城之轉音
城南有陰山卽松樹頭嶺山頂有池今賽喇木泊在
四山之中卽池也

不剌南有陰山東西千里南北二百里

西游記曰初在沙陀北南望天際若銀霞問之左右皆未詳師曰多是陰山翌日過沙陀遇樵者再問之皆曰然　湛然居士集卷一有過陰山和人韻詩六首

山頂有池周圍七八十里

西陲要略曰伊犂之水有賽里木淖爾在城東北隔山二百餘里凡境内之水皆朝宗於伊犂河惟賽里木淖爾不與焉　西域釋地賽里木諾爾在伊犂城東北二百餘里塔爾奇嶺之東其北有川名博羅塔拉

池南地皆林檎樹陰蓊鬱不露日色　出陰山有阿里馬城

西使記曰出關至阿里麻里城市井皆流水交貫
西使記云出關至阿里麻里城當云出關至阿里麻
城衍一里字此卽湛然集之阿里馬城非西北地附
錄之阿力麻里也
西人目林檎曰阿里馬附郭皆林檎園故以名附庸城
邑八九
至元譯語曰蒙古語梨曰阿里馬
多蒲萄梨果播種五穀一如中原　又西有大河曰亦
列
劉祁北使記曰興定四年十二月出北界行地浸高
前七八千里又前四五千里地甚燠歷城百餘皆非
漢名又幾萬里至回紇國之益離城卽回紇王所都

云云案益離即亦列之聲轉蓋以亦列水得名也西游記曰沿天池正南下阿里馬城又西行四日至荅剌速沒輦沒輦河也徐松跋云阿里馬城者即今西阿里瑪圖河在拱宸城東北出塔勒奇山口西南至阿里瑪圖河僅百里又西行四日至荅剌速沒輦是今伊犂河以西行四日計之當在今察林渡之西渡河　亦列河李光廷曰當是今瞻德城西之察罕烏蘇河以伊犂統名之耳　西域釋地伊犂河在伊犂城南一里許源出哈什空吉斯二河洪流深廣境內之水皆歸焉過城南折而西北流七百餘里入哈薩克界遇沙而伏按唐書貞觀中西突厥分其部為二以伊列水為界顯慶二年蘇定方為伊麗道行軍總

管討西突厥所稱伊麗卽今伊犂以麗水爲名犂與
同名列則音相近耳
其西有城曰虎司窩魯朶卽西遼之都
明陳士元諸史譯語云斡耳朶華言帳房也遼史稱
斡魯朶音之轉也西使記云過六堛兩山間土平民
夥溝洫映帶多故壘壞垣問之蓋契丹故居也計其
地去和林萬五千里而近遼史天祚本紀耶律大石
建都城號虎思斡魯朶又遼史兵衞志屬國軍有胡
母思山蕃胡母思卽本紀之虎思矣又部族表遼太
祖天贊二年破胡母思山蕃又諸部表有忽母思部
均卽此錄之虎思自大石建都後稱爲斡耳朶者也
遼史營衞志居有宮衞謂之斡魯朶　金史百官

志斡里朶官府治事之所也

附庸城數十　又西數百里有塔剌思城

西使記曰二十八日過塔剌寺案西游記有荅剌速

沒輦原注沒輦河也是塔剌思卽荅剌速之對音此

城以河得名其上游已名爲荅剌速河此錄稱爲亦

列河在西遼河中府都之東也此河西行數百里繞

此城卽此錄之塔剌思城又卽劉郁所過之塔剌寺

矣

又西南四百餘里有苦盞城

西使記曰四日過忽章河渡船如公鞋然土人云河

源出南大山地多產玉疑爲崑崙山

八普城

元史西北地理附錄有巴補卽此錄八普之音同字異也

可傘城

西北地附錄作柯散卽此錄可傘之異文也曷思麥里作何散城

芭欖城

西游記壬午春正月杷欖始華類小桃俟秋采其實食之味如胡桃　湛然集記西游事詩親嘗芭欖（甯）論價自饟蒲萄不納官其他詩言芭欖者不可枚舉

苦盞多石榴其大如拱甘而差酸凡三五枚絞汁盈盂渴中之尤物也

苦盞元史西北地附錄作忽氈明史西域傳作火占

元史薛塔剌海傳從征虎忽纏諸國卽此苦盞城地
矣　又元史郭寶玉傳曰收別失八里別失蘭等城
次忽章河據此傳知苦盞與忽章同音蓋以河得名
芭欖城邊皆芭欖園故以名　其花如杏而微淡葉如
桃而差小冬季而花夏盛而實　八普城西瓜大者五
十斤
松漠紀聞曰西瓜形如匾蒲而圓色極青翠經歲則
變黃其瓞類甜瓜中有汁尤冷明張翼清賞錄引耶
律楚材西游錄云八普城西瓜大者重五十斤可以
容狐今此文無可以容狐四字爲老學叢錄删節
長耳僅負二枚　苦盞西北五百里有訛打剌城
元史本紀十四年取訛苔剌城卽此訛打剌三字之

對音也西北地附錄作兀提剌耳　又本紀十五年秋攻斡脫羅兒城克之與此亦音近疑所釆不一書故致重複且西域强悍未必非取後復叛故兩次征克也　李光廷西域圖考云龜兹入元爲別失八里西境城曰苦先卽今庫車之對音元史耶律希亮傳云從征至渾八升城今阿克蘇南有渾巴什莊世祖自二王所召還由苦先城至哈剌火州出伊州涉大漠還亦曰苦盞文正西游錄云苦盞西北五百里有訛打剌城皆是地也

附庸城十數此城渠酋常殺命吏數人商賈百數盡掠其財貨西伐之舉由此也

元史本紀太祖十四年夏六月西域殺使者帝帥師

親征取訛荅刺城禽其酋哈只兒只蘭禿
訛打刺西千餘里有大城曰尋斯干
西使記曰過尋斯干城大而民繁元史太祖本紀曰十五年克尋思干城又曰十六年攻薛迷思干城今案太祖克此城後復叛故十六年再攻之薛迷思干即尋斯干也西北地附錄作撒麻耳干　元史按竺邇傳曰太祖西征尋斯干郭寶玉傳曰下撏思干城又曰引兵據撏思干入鐵門屯大雪山耶律阿海傳曰下尋思干等城明世法錄曰撒馬兒干古罽賓國在懸度山西唐以其地爲修鮮都督府拜其五都督元駙馬帖木兒主其國東有養兒沙鹿海牙賽蘭達失干西有渴石迭里迷諸城並隸焉

尋斯干者西人云肥也以地上肥饒故名

西游記曰尋思干城萬里外回紇國之最佳處　杜

環經行記曰薩末建土沃人富小有神祠名拔諸

湛然集十二懷古詩感恩承聖敕寄信到尋思自注

尋思虔西域城名西人云尋思肥也虔城也通謂之

肥城

甚富庶　用金銅錢無孔郭　環城數十里皆園林

飛渠走泉方地圓沼花木連延誠爲勝槩　瓜大者如

馬首　穀無黍糯大豆盛夏無雨　以蒲萄釀酒　有

桑不能蠶　皆服屈眴

湛然集卷七戲作二首屈眴輕衫裁鴨綠蒲萄新酒

汎鵝黄　卷五乞扇詩屈眴圓裁白玉盤幽人自翦

素琅玕　元史輿服志曰質孫華言一色服也勳戚
大臣近侍賜則服之下至樂工衞士皆有此服精麤
之制不同總曰質孫
以白衣爲吉以青衣爲喪服故皆衣白
陳誠使西域記哈烈國主以白布纏頭辮髮後髠男
子髠首纏以白布婦人以白布蒙首
尋思干西六七百里有蒲華城土産更饒城邑稍多
元史太祖本紀十五年克蒲華城耶律阿海傳下蒲
華城西北地附錄忒耳迷之下有不花剌似卽本紀
之蒲華明世法錄曰卜花兒在撒馬兒罕西七百里
以道里計之撒馬兒干卽尋思干則卜花兒卽蒲華
矣　耶律阿海傳從帝攻西城下蒲華尋斯干等城

湛然集卷五贈蒲察元帥詩其七閑乘羸馬過蒲華又到西陽太守家又卷六有蒲華城夢萬松老人詩

尋思干乃謀速魯蠻種落梭里檀所都

北史記曰有沒速魯蠻回紇者性殘忍肉必手殺而噉雖齋亦酒脯自若西游記曰至阿里馬城鋪速滿國王來迎宿於西園鋪速滿及沒速魯蠻皆謀速魯蠻之轉聲也　又按遼史諸部表有普速完部金史羣牧十二處有蒲速斡此云謀速魯蠻種似一類也

湛然集卷十二懷古一百韻注云大石林牙遼之宗臣挈衆而亡不滿二十年克西域數十國幅員數萬里傳數主凡百餘年頗尚文教西域至今思之廟

號德宗　卷五河中春游詩注云尋斯干有西域樓

里檀故宮在焉

蒲華苦盞訛打剌城皆隸焉

西域圖考云元太祖紀十四年己卯西域殺使者帝親征訛荅剌城訛荅剌卽阿克蘇城也石的石河卽烏什之畢底爾河也

蒲華之西有大河入於海

太祖本紀十五年夏五月駐蹕也石的石河但是時克蒲華城及尋思干城此大河非也石的石河郤是今阿母河以元祕史及西游記知之矣

其西有玉里犍城

元史本紀十六年秋皇子朮赤察合台窩闊台分破

玉龍傑赤等城下之玉里犍卽玉龍傑三字之對音蒙古謂官曰赤故名玉龍傑赤也　元祕史曰過阿梅河至兀籠格赤城下營兀籠格尤與玉里犍聲近矣　元史曷思麥里傳作月戀揭赤之地　耶律希亮傳五月西行至孛劣撒里六月至換札孫又西行九百里至也里虔城又從二王還至不剌城桑孛劣撒里卽不剌城換札孫卽虎司之聲轉此西遼都也九百里至也里虔城卽玉龍傑之轉聲此卽玉龍傑赤也又卽玉里犍三字之對音還至不剌城又卽孛劣撒里蓋翻譯本一人而前後不相照作傳者又不相照作傳者又不識蒙古語故使讀者茫然耳

梭里檀母后所居富庶又盛於蒲華

此母后當是直魯古之妻其時乃纂直魯古之國
而尊其后爲皇太后也
又西瀕大河有班城
元史本紀十六年辛巳夏四月駐蹕鐵門關秋帝攻
班勒紇等城　自察罕傳察罕西域板勒紇城人初
察罕生于河中其夜天氣清肅月白如晝西域謂白
爲察罕故名察罕案河中卽尋思干城板勒紇卽班
城也
又西有塼城
西游記曰鐵門南岸西有山寨名團八剌山勢險固
此塼城與團城聲轉也故記云由此東南行三十里
過班里城則此城在班里之西故知塼城卽彼記之

圖八剌也　大唐西域記曰羯霜那國西南行二百餘里入山山路崎嶇谿徑危險既絶人煙又少水草東南山行三百餘里入鐵門鐵門者左右帶山山極峭峻雖有狹徑加之險阻兩旁石壁其色如鐵既設門扇又以鐵錮多有鐵鈴懸諸門扇因其險固遂以爲名出鐵門到覩貨羅國云云此塼城蓋唐之吐火羅國故也

自此而西直抵黑色印度城亦有文字

劉祁北使記曰有印都回紇者色黑而性愿其書契約束並回紇字筆䕺其管言語不與中國通　西使記曰印毒國去中國最近軍民一千二百萬戸郇漢身毒也　艾儒略職方外紀曰中國之西南曰印弟

亞卽天竺五印度也在印度河左右　漢書西域傳
無雷國北與捐毒接師古曰捐毒卽身毒天篤也本
皆一名語有輕重耳齊召南案天篤卽天竺後漢書
傳之天竺卽此傳之捐毒而後世又曰印度國也
與佛國字體聲音不同佛像甚多
西使記曰乞石迷西蓋傳釋迦氏衣鉢者松漠紀聞
曰回鶻奉釋氏最甚共爲一堂塑佛像其中每齋必
刲羊或酒酣以指染血塗佛口或捧其面鳴之謂之
親敬誦經則衣袈裟作西竺語　大唐西域記迦溼
彌羅國舊曰罽賓訛也
不屠牛羊但飲其乳　土人不識雪歲二熟麥　盛夏
置錫器於沙中尋卽鎔鑠　馬糞墮地沸溢月光射人

如夏日　其南有大河冷如冰雪湍流猛峻注於南海

新唐書地理志曰天竺西境小國五至提颶國其國有獨蘭大河一曰新頭河自北渤崑山來西流至提颶國北入于海　職方外紀曰東印度有大河名安日國人謂經此水一浴所作罪孽悉得消除

土多甘蔗取其液釀酒熬糖　印度西北行有可弗叉國

元史郭寶玉傳辛巳可弗叉國惟算端罕破乃滿國據尋思干聞帝將至棄城南走入鐵門屯大雪山寶玉追之遂奔印度　舊唐書西戎傳波斯國東與吐火羅康國接北鄰突厥之可薩部按所云可薩者蓋即今俄羅斯之可薩斯克此錄之可弗叉國也

數千里皆平川無復丘垤不立城邑
職方外紀曰亞細亞西北之盡竟有大國曰莫斯哥未亞東西徑萬五千里南北徑八千里中分十六道有窩兒加河最大支河八十皆以爲尾閭而以七十餘口入北高海　大唐西域記從信度國西南行千五六百里至阿點婆翅羅國國周五千餘里自阿點婆翅羅國北行七百餘里至臂多勢羅國屬西印度境國周三千餘里從此東北行三百餘里至阿軬荼國屬西印度境國周二千四五百里國大都城周二十餘里無大君長役屬信度國從此東北行九百餘里至伐刺拏國周四千餘里復從此西北踰大山涉廣川歷小城邑行二千餘里出印度境至漕矩吒國

民多羊馬以蜜爲釀　此國晝長夜促羊膊熟日已復
出正符唐史所載骨斡國事
元史土土哈傳欽察去中國三萬餘里夏夜極短日
暫沒卽出　地理志西北地附錄曰卬可剌者因水
爲名附庸吉利吉思去大都二萬五千餘里晝長夜
短日沒時炙羊肋熟東方已曙卽唐史所載骨利斡
國也　新唐書地理志曰仙娥河北岸有富貴城又
正北如東過雪山松樺林及諸泉泊千五百里至骨
利斡又西十三日行至都播部落又北六七日至堅
昆部落有牢山劍水骨利斡都播二部落北有小海
冰堅時馬行八日可渡海北多大山其民狀貌甚偉
風俗類骨利斡晝長而夜短　又回鶻列傳骨利斡

處瀚海北勝兵五千草多百合產良馬首似槖駝馳
數百里其地距海去京師最遠又北度海則晝長夜
短日入烹羊胛熟東方已明蓋近日出處也
但國名不同豈非歲時久遠語音訛舛
庶齋老學叢談曰許獻臣僉事說盎吉剌日不落只
一道黑氣遮日煮羊膊熟日又出也保定劉敬之往
任斷事官親見之此亦符唐史骨利幹國事但地名
又不同或有沿革覩此則日月不出入乎地中繞北
極之下以爲晝夜信而有證
尋思干去中國幾二萬里　印度去尋思干又等可弗
又去印度又等
西使記曰新唐書載拂菻去京師四萬里在西海上

所產珍異之物與今日道里正同蓋無疑也
雖縈迂曲折不爲不遠不知幾萬里也
雙谿集丁晉詩注聖朝太宗嘗詔和瑞等入北海往
復數年得日不落之山
俞浩西域考古錄引西游錄一
戊寅春三月出雲中抵天山涉大磧踰沙漠達行在所
明年大舉西伐道過金山時方盛夏雪凝冰積斲冰爲
道松檜參天花草彌谷金山而西水皆西流入海其有
有回鶻城名別石把有唐碑所謂瀚海軍也 卷十引
俞注云唐書回鶻傳云回鶻之亡其遺帳伏山林間
狙盜諸蕃以自給懿宗時大酋僕固俊自北庭擊吐
蕃斬尙恐熱傳首京師於是西庭二州俱恢復遣使

請命於朝其後史亡其傳然其國卒不振時以羊馬
至邊互市云此回鶻五城之所由也瀚海軍在北庭
景龍初郭元振所置別石把卽別失八里之轉元有
別失八里行中書省
瀚海去城數百里海中有嶼其土皆禽鳥所落羽毛城
西二百里有輪臺縣唐碑在焉城之南五百里有和州
卽唐之高昌亦名伊州
李注云西域圖志曰唐伊州爲今哈密又曰今鎮西
府古伊州闢展古高昌
考元和郡縣志太平寰宇記唐北庭都護府所管三軍
防制突騎施堅昆統瀚海天山伊吾瀚海軍在城內兵
一萬二千人是也同上

西游錄注

和林金石攷序

自元運告終南朔分畫雖明初李文忠常遇春諸人亦嘗一至和林而永樂以後直以丁零北海視之嘉靖以後學者幷上都而不知何論和林哉

聖朝奄有中原北奠朔漠

聖祖親征噶爾旦

駐蹕克魯倫河其距元代大斡耳朵相去非遠於是承學下士得聞靈臺測量及職方圖繪然後讀元史者知攷和林所在然史稱和林以合剌和林河得名則久無此名矣徒影響於土兀剌鄂勒渾辟涼格三河之閒而卒無定在即天台齊次風宗伯大興徐星伯編修其於朔漠語言文字皆突過往古然隱約方位曾不能有一

定之據蓋和林之汨沒不獨漢人爲然卽蒙古人亦昧昧久矣以明初所共知之地不及三百年間而康熙中如顧景范亦皆不能舉一確證以爲一統志之按語乾隆中館臣修書從永樂大典得耶律鑄雙谿醉隱集於是方知和林者卽唐回鶻建牙之舊庭顧集無擺本但尊藏

文淵五閣中學者無繇窺見至所云闕特勤乃兩唐書之誤當從石本改正則康雍兩朝鴻博之彥所未聞也千年之石萬里之荒卽好古如阮儀徵好事如劉燕庭聽之而已比年士大夫多好鑿空致遠之學冀有裨於實用風氣所沾漑遂能變化四裔今之有影拓和林唐代及元人諸碑不可謂非物聚所好也按試餘暇小憩

都寓以此代投壺雙陸焉豈可以來自殊族而忽諸他日中邦有能宣力遐荒犂庭掃穴然後建一陪都於和林備
今上之巡狩未必非此區區玩好引起端也是則予之夙志云爾

和林金石攷

選一

順德李文田撰

苾伽可汗碑

右唐苾伽可汗碑。苾伽可汗名默棘連，突厥骨咄祿可察之子，默啜可汗之姪也。默啜歲入邊，晚年部落怨叛。開元初年爲九姓拔野古斬死，其兄子闕特勤攻殺其子，匐及宗族略盡，立其兄默棘連，即此碑之苾伽可汗也。但新書作毗伽，文稍異耳。默棘連盡有突厥舊部，用其弟闕特勤爲左賢王，用舊臣暾欲谷謀國，乞和於唐，請父事天子，遣大臣頡利發從封禪泰山。開元十九年其弟闕特勤卒，廿二年爲其下梅祿啜毒死，帝

爲發哀遣宗正卿李佺弔祭因立廟碑中使佺立象于廟卽史所據也詔史官李融文其碑卽此碑矣

元耶律鑄雙谿集取和林詩注曰和林城苾伽可汗之故地也歲乙未太宗皇帝城此作萬安宮城西北七十里有苾伽可汗宮城遺阯是此碑所在卽唐突厥宮城碑東南七十里卽元和林城也

舊唐書突厥傳突騎施蘇祿自立爲可汗乃詔默啜時衙官暾欲谷爲謀主初默啜下衙官盡爲闕特勒所殺暾欲谷女爲小殺可敦免死廢歸及復用年已七十餘新書之默棘連卽舊書之突騎施蘇祿也元史岳璘帖穆爾傳云岳璘帖穆爾回鶻人畏兀國相暾欲谷之裔也云云案默棘連之英武皆得暾欲谷

之助當時唐人比之李靖李勣此見之兩唐書突厥
傳者而其子孫乃稱爲回鶻國相竊疑突厥回鶻乃
其一時之號本無甚分異卽碑旁之書亦無突厥回
鶻之分也

故闕特勤碑

御製御書

下有回鶻字兩行

九姓回鶻愛登里囉汨沒蜜施合毗伽可汗聖文神武

碑

復葛祿新書作葛邏祿

吐蕃大軍攻圍鼊玆　天可汗須兵援救吐蕃率

口奔入于術四面合圍一時撲滅　按新書吐蕃傳

咸亨元年入殘羈縻十八州殘于闐取龜茲撥換城

西域傳龜茲王訶黎布失畢

天可汗躬總師旅大敗賊回奔逐至眞珠河　按新

地理表頓多城烏孫所作赤山城又三十里至眞珠

河又西北度乏驛嶺又五十里度雪海又西域傳

石國眞東北距西突厥

和林兵馬劉公去思碑并碑陰題名

右劉天錫去思碑篆額九字爲番僧鑱梵文六字於

其上故有缺字年號至下缺順字是年太歲辛未也

元史本紀大德七年始立和林兵馬司是此官建於

成宗以後非太祖皇弟斡赤斤卽有之也張思明元

史卷六十四有傳

按元史宰相年表張思明以仁宗延祐七年三月官中書左丞明年爲英宗至治元年又一年如故三年正月速速爲左丞八月以後爲善僧自至治二年至至順二年先後凡十年而張思明至是爲和林兵馬司儒學正此元制之當攷者

兵馬司達魯花赤亦思馬因等題名

右題名其中周元叟溫曹政皆已見於劉天錫去思碑張思明卽撰天錫碑之人然則此石亦當刻於至順間是時天錫尙居官未去和林則在至順二年以前矣碑有兵馬劉天錫名

德政殘碑

按元史孛朮魯翀傳文宗親祀天地社稷宗廟翀爲

禮儀使竣事上天歷大慶詩會立太禧院除僉大禧宗禋院兼祇承神御殿事云云則此碑禋院上乃宗字無疑

和林倉題名

右和林倉碑按和林之倉當置於世祖之時以世祖本紀攷之至元十一年徙生券軍八十一人屯田和林十七年命沿途廩食和林回軍十八年遣兀良合帶運沙城等糧六千石入和林蓋旣屯田廩食運糧則必有倉以儲可知矣是和林倉之設在世祖時則和林路未改和甯以前蚤有倉而和甯路則仁宗皇慶以後以和林路改稱耳

延祐七年紀命儲糧于宣德開平和林諸倉

元史鐵木兒塔識傳請別輸京倉米百萬斛儲于和林

嶺北省和甯路和林倉題名

石嶺北省和甯路題名碑二通按元史仁宗本紀皇慶元年改和林省爲嶺北省和林路爲和甯路和甯路達魯花赤之兀都蠻卽元史泰定帝本紀泰定三年遣指揮使兀都蠻鐫西番咒語于居庸關崖石者也

明人朔漠圖旺吉河東北流徑和林豬爲一湖河之南有禿忽思卽涼樓之謂也禿忽思亦曰圖蘇故太宗紀作圖蘇湖城迎駕殿也又南有臺又西南有札古刺倉此不知卽和林倉否但和林之有倉決在太

宗以後世祖以前阿里不哥及海都叛命正事屯田

之際不始於中葉也

三靈侯廟耆老等題名

按三靈侯廟碑攷下有蘭慶甫彼立於至元五年則

此亦順帝時物也

別兒怯不華德政刻石記

右元大司農平章政事別兒怯不花刻石名字殘缺

以元史攷之則別兒怯不花也丙戌秋者至正六年

歲在丙戌也以表核之別兒怯不花於至正三年癸

未十二月拜左丞相至明年爲至正七年正月拜右

丞相計其位較平章政事爲尊是年平章政事見表

者五人曰鐵木耳塔識曰鞏卜班曰納麟曰教化曰

帖木哥蓋別兒怯不花以順帝至正年拜嶺北行省平章政事故與宰相表不符表所列乃大都之中書省也

別兒怯不花順帝至正七年拜太保見元史三公表碑中伯述者李伯述也官嶺北行省參知政事

嶺北省右丞郎中總管收糧記

右元嶺北省右丞郎中總管收糧記後有蒙古字五行　別有一幅作西番字似刻於此碑之陰然揆其文意似不相屬蓋蒙古喇嘛鐫佛咒於此耳

元史鐵木兒塔識傳舊法細民糴於官倉出印券日給之者其直三百文謂之紅帖米賦籌而給之盡三月止者其直五百文謂之散籌米貪民買其籌帖以

爲例

三皇廟碑

右廟碑詳其文義似三皇廟碑也三皇廟而題名於碑者有惠民局官有省醫有醫學教授醫學正者此主醫之神而廟亦爲醫藥所建也輟耕錄歷代醫師託始於三皇有僦貸季岐伯鬼臾區少師少俞伯高桐君太乙雷公馬師皇此元代醫家崇三皇之義

三皇廟殘碑

右殘廟碑佚去上半碑亦三皇廟碑也此與三靈侯廟碑皆有嶺北行省左右司都事李塔失帖木兒結銜彼碑立於至元已卯此碑亦當在順帝至元中也

咬哥等題名

右題名供去年月以元史宰相年表考之鐵子以元順帝至正十五年拜中書右丞至二十六年二十七年均官平章政事其官嶺北平章不知在何年然必順帝中葉也

木八剌沙嘗爲南臺監察御史許有壬父熙載任長長沙歿諸生思之爲立東岡書院木八剌沙以睚眦怨言書院不當立有壬兄弟遂稱病歸見元史有壬傳

義冢碑

右義冢碑有額二字冢上似漢字蓋碑文云和林去漢地之遠知其葬漢人於此故曰漢冢也輟耕錄漢人八種契丹高麗女直竹因𣗥里闊歹竹謳竹亦歹

渤海而南宋人稱南人不與焉然則云漢者對蒙古
色目而言也

詩

題俄人和林圖印本

托勒聲諾特里河

圖說有托勒河似卽祕史薎兒乞之塔勒渾河以水
道提綱求之色楞格河之旁本有特里河東南流注
之又元史明宗本紀潔堅察罕南有朵里伯眞疑亦
以此河得名也

當年朵里未全訛明宗本紀分明在地旁和林鄂爾多
右一圖俄人以爲最古之蹟蓋卽漢匈奴之龍庭也
鬱督軍山起夕嵐

唐書突厥傳處頡利之衆於鬱督軍山　欽定一統志謂卽杭愛

王庭于載𪸩伽藍

今其地有額爾德尼詔廟俄人稱爲額爾得呢足者也

仙娥河繞金狼纛

唐書之仙娥河一統志謂卽色楞額河今俄人譯爲謝淩戈河

當日旃廬記賈躭

元耶律鑄雙谿醉隱集引唐賈躭地志之富貴城謂卽元之和林城　右一圖俄人以爲突厥朝古蹟者也

娑陵水上故庭遥

唐書回鶻庭初在薛延陀北娑陵水上案薛延陀所居即今和林是回鶻初居當在今喀爾喀部之北

南從昆河水草饒

唐書回鶻傳昆河即嗢昆河一統志謂嗢昆即鄂勒昆河故突厥舊庭

烏德鞬山高闕北

唐書回鶻從牙烏德鞬山南距西城千七百里西城漢高闕塞也案元史太祖本紀中有阿闌塞今大漠之阿勒察圖山元代阿闌塞也漢高闕塞在和林南似即此

舊時沆海駐天驕

杭愛山在和林元史稱曰沆海杜詩以天驕指回鶻故襲用之　右一圖俄人稱爲烏依古爾朝古蹟卽畏吾兒三字也

禿忽思樓夏納涼

元耶律希亮生於涼樓故名曰亮蒙古語曰禿忽思故渾都海呼希亮曰禿忽思太宗作圖蘇湖殿圖蘇二字卽禿思之對音然則圖蘇湖殿卽涼樓之別名

新和林省舊元昌

和林初定都名元昌路後降行省改和甯蓋以諸王海都等不靖也

埽鄰城裏茶寒殿

太宗本紀築埽鄰城作迦堅茶寒殿案輟耕錄內八

府宰相條有云埽鄰者宮門外院官會集處也元周
伯琦近光集云察罕者白海也苶蹇同義

北去龍庭百里强

元太祖太宗本紀皆言龍庭耶律鑄雙谿集詩注云
龍庭在和林北百里據雙谿所云則漢時匈奴舊龍
庭當在此地　右一圖俄人稱成吉思京都圖卽元
和林也今爲額爾德尼昭廟者是

斷瓦殘當歲月深沿河翁仲草森森

圖中所稱方石岡圖石岡大率皆蒙占鄂博所云石
人像者古翁仲也

殘碑滿地無人拾太息圭塘許翰林

許有壬至正集中大元敕建興元閣記近千字今截

爲石紮存百字耳　右一圖俄人名爲蒙哥汗時代

仆碑

過街石塔儘欹岑

過街塔見錄于昌平山水記

泰定三年鑿字深

泰定本紀遣兀都蠻刻經呪于過街塔事在三年本

紀中余親至其下則至正丁酉不云泰定三年也

書法畏吾兼蒙古

楊士奇東里集扈從詩盡是前朝蒙古書注讀去聲

今蒙古人讀上聲音如猛古

眼明猶有顧亭林

右過街塔圖俄人以爲萬里長城門額

金石詩

處月穹碑接暮雲眩靄介弟舊能軍因思移刺雙谿集

字字分明闕特勤

闕特勤碑

遺阯荊榛默棘連大唐祠像舊香煙李融文字分書在

擬共冰潮較極妍

苾伽可汗碑

安史邪氛鼎未移晚唐回鶻費操持嗢昆河外眞珠水

此語還應醉隱知

九姓回鶻可汗

百字殘碑識有王長篇磨滅草深深圭塘小槀勝金石

閣記與元許翰林

許有壬敕建興元閣記
兵馬劉公德政存
名天錫
碑刊至順尙巎峴左丞十載遷儒學
撰人張思明元史有傳宰相表前十年巳爲中書左
丞至是乃學正
此事教人耐討論
和林兵馬劉公去思碑
直疑東漢建㊅中背相勳名杜伯功作手離奇靈恍惚
幾人黃絹識文雄
三靈侯廟記
丙戌秋剛至正逢平章光祿大司農別兒怯不花名字

強半消磨亂草縱

大司農保釐朔方殘石記

經世空聞大典誇典章通制半麻茶一朝食貨多良法

誰補和中入史家

嶺北省右丞郎中收糧記中述和事頗悉

惠民良局有官方羲后黃神廟額彰不讀天台皴耕錄

元醫誰悟祖三皇

三皇廟殘碑二

殘文八九失名稱

存字七十二

勝槩淵潛想矩繩孛兀魯翀全傳任宗禋院事有旁徵

淵潛勝槩殘碑以孛朮魯翀傳攷之知元制有宗禋

院
和林倉在定都年朔漠遺圖跡未遷札古剌倉河旺吉
事當嶺北改名前
和林倉碑順帝時立然倉甚古
行省多官有伯顏和林嶺北總堪觀孛羅帖木兒何物
此是元家斷送官
嶺北省和(甯)路題名二碑
卜兆誰從漢俗求韓陵片石朔方留千秋掛劍高情在
碑言徐君於和林東北得小山
禪智山光此首丘
漢家石
四世同居義可欽洛陽門第重和林尋思奇渥温家事

至竟華風未造深

四世同居立石

萬安宮遺阯詩

阿爾臺山白草肥萬安宮殿舊都畿

回鶻故宮即在鄂爾昆河左岸蒙古名喀喇闊木魯

城

當年突厥兼迴鶻兩代牙庭化夕暉

迴合山川勢不虛

水道提綱言和林城山水迴合亦以和林在此間也

格堅叉罕定都餘

伽堅荼寒殿元史亦作格堅叉罕

圖蘇河畔涼樓地

圖蘇蒙古語涼也耶律希亮生于涼樓故名曰禿忽
思漢語涼也亮涼對音字禿思圖蘇同音
當日雙谿此著書」
鄂勒昆河足射雕
今洋人作額爾歡河不知卽鄂勒昆也
昔令哥水綠迢迢
祕史薛涼格河今作色楞額河明人朔漠圖作昔令
哥
金蓮池醉溫泉獵
和林有金蓮池見雙谿集又有溫泉見朔漠圖
誰管元昌王氣銷」
元太宗詩和林名元昌路見地理志

附癸巳雜詩

自古北口入關經居庸至宣化府雜詩

漁陽東部古藩屏城闕蒼茫鎖朔漠風氣胥深連海白
燒痕春暖入關青天歸碣石星分尾地接巫閭屋建瓴
且喜興中烽火靜麥疇霽雪潤郊坰

永平都樓作

牛頭山畔石槽西放鷹當時化樓提因重盃泡營第宅
勒銘街搭紀招提傳聞白游屯軍盡想像紅橋戰馬嘶
重向隴羅臺上望翠岑千疊總迷

順義縣懷古

左臨虎北右飛狐舊國千年憶霸圖絕塞關山秦上谷
極天庸宋漢軍都明昌廢苑生禾黍統漢荒臺長樺榆

樵牧不知兵燹事沙陀斜日覓甚盧

宣化道中作

上都宮殿槩煙霞巡幸年年說帝家龍虎平臺稱捺寶

鴛鴦名濼近亭嘉陪京四達興和路恨事千秋晃忽叉

惆悵聲明剛未造鋪張文集徧中華

雜詩

一統皇元志不虛熱河入到朵無餘當年傳是樓中物

世上還疑有此書

興中故郡令公祠苦被㊖人笑十姨郤有錢唐厲樊榭

爲𥳑原父集中詩

昌平山水記堪徵斷甃殘當十四陵南北並時論紀載

千秋文集有崑繩

說與憑誰更不疑倒流山水太離奇元明兩代扈行錄
異事無人解入詩
倒流水在懷來縣東十里
冶鐵關門布蒺藜銜枚胥戢大金知甲申三月居庸道
不用紆途札入兒
萬口喧傳土一坏東西青冢各千秋豹房內傳凋零盡
延慶州志引武宗外紀李鳳葬居庸關土人名白墓
不怪人疑綴白裘
灤陽試院題畫詩
熱河秋景總如春綠意紅情色色新衙署上頭　行殿
近消閒誰似畫中人
虎北嚴關斗可摩難逢皴法小坡陀灤平縣側灤河畔

一幅橫屏似此多
德勝峰頭十八盤宋人行記歎巑岏　熙朝驛路紆徐甚新館雕甍景一般
前明猶有舊墩臺千里松林嶺路迴今日昇平無界限行宮深處萬山開
題沙南侯拓本
煥彩嘉名紀石文
煥彩溝本名官材溝岳威信公改名
煞風景事有將軍
本一漢碑陰亦有字今刻煥彩溝三大字
百年斷作羊溝木壽過當年闕特勤
兩唐書皆云闕特勤元耶律鑄雙谿醉隱集云唐太

宋有闕特勤碑在和林東七十里係作勤懇之勤字也

侯爵敦煌字尙存雲中半泐手堪捫

雲中雲字缺上半此二字在彩字之右上

因思碑面沙南獲

碑陽有永和沙南侯字舊俱稱沙南侯碑

未定監門直下孫

近張香濤制帥釋爲侯獲碑侯姓獲名今碑陰侯字

又非姓矣舊說是

唐年儀鳳太凋零

末行有唐儀鳳字

亦有輪台照眼青髮鬚屯田金滿日

有田輪二字
盍毛疑讀蔡邕經

朔方備乘札記 選二

順德李文田

卷十五

尼布楚卽林木中百姓攷○於是自失必兒等種以南失必兒卽鮮卑二字之對音今俄羅斯錫伯利卽此失必兒之對音也

至乞兒吉思卽吉利吉思

原文作萬乞兒吉思萬乞卽靺鞨及勿吉之對音此處脫萬字而以爲吉利吉思非也

卷十六

波蘭路總載○西北界寒牙里

寒牙里卽控噶爾

卷二十四

額爾古納河○一曰臚朐河

一曰龍居河一曰班朱納海見元史速不台傳一曰

巴渚納海子見元祕史

一曰陸局河

見西游記

有孫可勒河亦曰僧庫勒河卽僧庫爾河也

元祕史之桑沽兒河卽此對音

一作闊濼海子

元祕史作闊連海子

鄂爾順河

元祕史作兀兒失温河卽鄂爾順對音
卽古捕魚兒海
見元祕史
呼倫貝爾城總管
當云因地名設總管
又西南流百餘里
喀爾喀河
又西分爲二支
喀爾喀河
又西流與北一支復合
喀爾喀河
又西流

喀爾喀河
又西南
喀爾喀河
又西
喀爾喀河
又西
喀爾喀河
折西北流
喀爾喀河
又西北百餘里
喀爾喀河
又西北二百里

喀爾喀河
其支河七曰阿母巴哈爾渾
即阿母巴哈兒渾
曰伊蘭色楳
即衣藍塞漠
曰喀爾札布魯克圖
即鳴兒查布魯克圖
曰訶爾訶齊
即活爾活
曰呼魯思泰
即呼魯思太
曰喀爾喀

卽提綱之喀爾喀

黑龍江○又東南齊母爾喀河自南來

元祕史作乞沐兒合河

卷二十五

色楞格河○復從鄂模西北溢爲昂噶拉河

元史之昂可剌河其上流卽色楞格河

鄂爾坤河○東南流曰姑洛河

輟耕錄曰虞文靖公集撰高昌王世勳碑曰畏吾兒之地有和林山二水出焉曰虎忽剌曰薛靈哥按薛靈哥卽色楞格河其虎忽剌卽姑洛之對音

一自北麓東南流曰阿木勒稽烏芬塔河

明鄭大郁四夷攷曰和甯卽哈剌禾林元初建都於

此名元目路

哈拉河上源曰通克拉河

元祕史統格黎河卽此通克拉河

東北自阿卽肯特山之西麓

阿卽二字似衍　再攷之下頁楚庫河亦出阿卽格

肯特山卽此山也此二字非衍　又攷土拉河源所

出水道提綱謂一源出於小肯忒山然則阿卽格者

小也

楚庫河○又西北流有齊蘭河自南來入之

元祕史作勤勒豁河

克穆河○又西哈爾吉河入之

元史速不台傳癸未年奏請討欽察引兵繞寬田吉

斯海轉至太和嶺出不意至則遇其部長方聚於不
祖河遂收其境又至阿里吉河與斡魯思部遇一戰
降之大掠阿速部而還所云阿里吉河卽此哈爾吉
河也
經札薩克圖汗部所屬烏梁海一佐領境
明鄭大郁四夷攷圖說曰自和甯北行三千里名阿
只星海子自此又行五百餘里至欠欠州乞里吉里
田地又行千里大澤云
卷二十八
俄羅斯奉天主教之始○大將緬標
原注一作潘沛
往勳

志略西班牙國篇云其地爲加爾達額人所據漢初

意大里大將奔彪師師征服之奔彪卽綳標

唐初回回教之摩哈默與於阿剌伯

摩哈默卽舊唐書大食國之摩訶末也

卷三十

烏孫部族攷○最奉佛

此說誤

奉者天主

此說是

從安西西北千餘里有敎達嶺

今博完達山

西南至葱嶺二千餘里

此似指木素爾嶺

卷三十一

匈奴傳○徙關東貧民處所奪匈奴河南地新秦中以實之

今河套內阿拉善旗

呼韓邪單于兄左賢王呼屠吾斯

呼韓二字其音近可汗當卽可汗稱號之始

鮮卑傳○別依鮮卑山

今興安嶺

柔然傳○於是自號丘豆代可汗

可汗二字與漢書之呼韓對音

投𠩄䧲

嘁噠卽元史之按荅謂交友也卽友邦之義

高車傳○有突越失國

突越失卽突騎施對音

奄蔡傳○西與大秦接

今土耳其　既云西與大秦接是時大秦全有今土耳其地則北臨大澤洪爲裏海可知

臨大澤涯蓋卽北海也

此今黑海

烏洛侯傳○其國西北有貌水

秋濤案北史作完水　北史作完水是也此必由完譌兒由兒又譌貌

突厥傳○菴邏降居獨洛水

獨洛水卽土拉河之對音

頡利以什鉢苾爲突利可汗

什鉢苾卽上文之室鉢苾乃始畢可汗吐吉之子也

伊吾城

今哈密

靈州

今靈夏

竄金山之北

今阿勒坦山譯言金山也

詔建狼山都督府統之

狼山卽漢狼居胥山

張仁愿於河北築三受降城

今河套之北

戰獨樂河

獨樂河即獨洛水今之土拉河也

抜悉密今在北庭

唐北庭都護府在今濟木薩之北

西突厥傳○其國居烏孫之故地

今伊犂

西至雷翥海

今鹹海

東至金山

今阿勒坦山

西臨西海

今裏海

遂與北突厥爲敵

今俄羅斯

乃建庭於龜茲北三彌山

龜茲今庫車

西拒波斯

今白西

南接罽賓

今克什米爾

又移庭於石國北千里

今塔什罕

自伊列河以西屬咄陸

伊列今伊犂

突騎施傳○突騎施烏質勒者

突騎施卽度爾格及土耳其之對音

初隸在斛瑟羅下

瀛環志略云土耳其西土古希臘十二國之地希臘

卽瑟羅之對音然則斛瑟羅卽希臘也

常屯聚碎葉西北界

志略云土耳其東界黑海然則碎葉川似卽黑海

鐵勒傳○鐵勒之先匈奴之苗裔也

鐵勒卽韃靼之聲轉宋人稱元人爲韃靼元人自稱

日達達似卽此二字

伊吾以西
哈密
焉耆之北
喀喇沙爾
金山西南
阿勒坦山
鞞延陀傳○東蘇羯
今盛京
北俱倫水
今枯倫湖
獨邏水
今土拉河

西金山

阿勒坦

經臘河

今土拉河

度諾眞水

今鄂勒昆河

大漢傳○劍海蓋卽劍水所瀦之泊也

劍海當卽元史之謙河及欠河也劍謙欠皆對音字

也

結骨傳○當在今阿勒坦山之北

阿勒坦山卽唐之金山

大食傳○大食國本在波斯之西

以唐書所謂大食國攺之元以後之地名蓋卽今西人所稱阿剌伯也　瀛環志略云阿剌伯東界波斯及阿勒富海西抵勒爾西海亦稱紅海産名馬駝尤

良

有波斯牧駝胡人於俱紛摩地那之山糾衆起兵

俱紛當卽阿非利加也阿非卽俱紛對音也摩地那志略作麥地拿明史藁作默德那　瀛環志略卷三波斯西界東土耳其南抵阿勒富海與阿剌伯毗連唐初回教興於阿剌伯波斯與之鄰國爲所奪由是爲回回大部　又曰唐初阿剌伯人摩哈麥㭊立回教因起兵攻阿剌伯奪其國時波斯衰弱爲摩哈麥所兼并

其姓大食氏名噉密莫末膩

噉密卽馬哈默亦卽穆罕默德末膩卽牟尼亦卽末尼此卽天主教之祖也末尼蓋教主之稱猶曰和尙耳舊唐書憲宗紀元和二年正月回紇請於河南府太原府設摩尼寺摩尼卽末膩對音

土多沙石不堪耕種

志略云阿剌伯中央皆戈壁

擊破波斯又破拂菻始有米麪之屬又將兵南侵婆羅門

志略云摩哈麥據阿剌伯全土嘗翦滅波斯薦食羅馬據阿非之北境裂甌羅之西垂云云然則唐書所云波斯是今波斯拂菻今土耳其法蘭西也云南侵

婆羅門今西人以意大利國爲古之羅馬故都也是
西人羅馬二字卽唐代羅門二字之對音　志略又
云唐初摩哈麥興回教於阿剌伯阿非利加之尼日
多與之接壤遂爲所奪云云此卽唐書所謂南侵婆
羅門者也唐人所謂婆羅門卽今西人之阿非利加
洲
東與突騎施相接焉
突騎施其國在西突厥之西卽職方外紀之度爾格
今西人所謂土耳其也度與土卽突字對音格與其
騎字對音矣
其奚深後有摩訶末者
摩訶末卽馬哈默亦卽穆罕默德此與噉密莫是一

人非兩人但譯字不同而修舊唐書者不悟耳故以爲又一說也

兼尅夏臘

夏臘卽希臘

有呼羅珊木鹿人並波悉林舉義兵應者

土耳其之北卽俄羅斯地此呼羅珊三字當卽俄羅斯三字之對音其又云木鹿者似卽阿母河母與木同音鹿與楚同音西域以河爲楚也若今布壘楚河卽佛書縛芻河是其證也

生禽末換殺之

志略云摩哈麥後爲土耳其所攻屬藩盡失日就衰微卒乃納貢於土耳其卽此禽末換之事

大食盛時併石國康國直接堅昆

案食石同音蓋其來中國自稱大石而譯者書石爲食故與石國爲二在彼國中祇有阿剌伯之名而已今西人並無稱唐時大食國者以此也然唐時安史之亂汾陽實藉黑衣大食之力以收兩都其烜赫如此不應西人不知其所以不知大食國者以中國所謂大食即大石而西人所謂阿剌伯即石國故也

元初尚有大石國耶律純口當遼亡西走即於大石立國謂之西遼此亦大食即石國之證蓋阿剌伯滅石國而來中土遂冒其名自稱大石國而譯者書作大食耳　許克勤按純下原空一字疑當作達實耶律達實一作大石見歷代統系錄

卷三十三

乃蠻部傳○也兒的石河

今額爾斯河

阿速傳○至孛子八里城

孛子八里卽別失八里

報達傳○報達國卽唐波斯國也

案元祕史云拙赤得了兀籠格赤城斡兒馬罕等三人說這西邊有巴黑塔惕種的百姓合里伯王巴塔二字卽報達對音故劉郁西使記以此稱曰報達國然則報達兼有今之波斯阿里伯

卷三十四

元諸王朮赤傳

元史一百十七

元諸王旭烈兀傳○自此而西伐木剌奚國

秋濤案郎木乃兮國今之布哈爾國地　元祕史太祖命馬思忽惕與鎮守官一同管不合兒城郎布哈爾之對音也

又西破阿剌汀國

阿剌汀郎波斯國王之名非國名也元史太祖紀曰十七年西域主札拉丁出奔與密里汗合帝自將擊之禽密里札拉丁遁去

又取賓鐵國

賓鐵郎西遼蓋遼初起時以賓鐵喻其堅其地在東方遼亡耶律大石西奔尋思干郎今撒馬兒罕地也

仍襲遼號置河中府及元太祖滅西遼巳隸版圖此

云取者當是再叛再討耳

建庭於忽里模子之地

忽里模子今作忽魯謨斯即俾路芝也

元諸王土哇傳○土哇遣其子寬闍來賀聖誕節

寬闍傳爾忽傳作款徹

元諸王脫忽傳○葉兒的石河即今之額爾齊思河此

說是

元太祖自西域班師於葉兒的石河過夏

說本元祕史

次年乃歸土拉河地在金山之北

此說非　案願船以土拉河有二其說娓娓可聽以

予攷之則非也試以元祕史證之祕史卷二云他如今在土兀剌河邊黑林子裏住此土拉河爲王罕所居卽今圖拉河發源喀爾喀忒勒兒嶺者也祕史卷十三云太祖遂回至額兒的石地面過夏第七年雞兒年秋回到禿剌河黑林的舊營內是由額爾齊斯河行八箇月後始回和林舊營則非俄羅斯地且前後之土拉河皆有黑林二字黑林卽和林本王罕舊居時已有此號也安得有兩土拉河乎

昔里吉之刦北平王也

北平王名那木罕

卷三十五

元博爾忽月赤察兒傳○博爾忽

祕史謂之孛羅忽勒征禿馬惕之役爲其截殺
吐麻部主都剌莎合兒既附而叛
吐麻部卽今之土默特也元祕史謂之禿馬惕　都
剌莎合兒祕史作歹都禿勒
元速不台傳
元祕史作速別額台
大軍至蟾河與戰獲其二將部主霍都奔欽察
蟾河卽元祕史之勤勒豁河對音今齊蘭河亦其對
音也然則欽察在今恰克圖北耳
其主滅里委國而去
滅里卽上文蔑里乞部之對音非部主之名也其部
主名脫黑脫阿見元祕史

元祕史征札剌丁時太祖於王籠傑赤下營此月亦
地
元曷思麥里傳○與其主札剌丁戰於月亦心揭赤之
色楞格河源流攷
阿里吉河似即哈爾吉河其下流入克魯河見本書
又至阿里吉河
一盤云云此似即太和嶺事
除去行至山頂下視禿馬惕地面如天窗上看下面
不合斷行的小徑行去每人又帶着斧鋸鑿將樹木
先行把路截殺孛羅忽勒處處張聲勢卻從忽剌安
元祕史太祖命朵兒伯朵征禿馬惕種朵兒伯朵於
轉至太和嶺鑿石開道

心揭赤帥玉龍傑赤地無可致疑也亦心乃戀孚之
誤分可見明人作元史之麤疏
既而憨顏城亦下
今安集延是其對音
及阿速部
今哈薩克
令領奧魯事
元祕史成吉思與塔塔兒四種對陣戰勝了遂至兀
勒灰河并四種奧魯擄盡則奧魯似是白韃靼
元土土哈傳○其主火都
秋濤案一作霍都
奔欽察

速不台傳作霍都

尋敗之於斡歡河

歡是難字之誤

敗諸兀魯灰

兀魯灰元祕史五卷有兀勒灰河七卷作浯泐灰河

故塔塔兒地也

卷三十六

郞坦傳○賀蘭山

賀蘭山卽今阿拉善旗之本音

卷三十七

俄羅斯互市雜記○入海船而載至中國計無不朽敗

者通市之在陸而不由海職是故也

此語殊不的確蓋陸運近便故不勞海運也　通市

在陸而不在海蓋　列聖隱寓防維界畫之意績谿

程秉釗庶常說

卷三十九

俄羅斯國進呈書籍總目○第六十一號平定空谷爾

國方略二本

此卽控噶爾也

第百三十三號莫斯廓瓦南都誌一本

明艾儒略職方外紀不列俄羅斯而有莫斯哥未亞

國者蓋莫斯廓瓦爲俄羅斯舊都故也

卷四十

俄國鄰紅孩兒○此言俄羅斯之鄰國有紅孩兒卽控

噶爾乃土耳其之别名也

控噶爾即紅孩兒此在俄羅斯進呈書籍有之非土

耳其

海國聞見錄語多可采○民呀國

此書云民呀者孟加拉之對音乃印度一小地方是

時英吉利已據孟加拉其種類已坌集於此故反以

孟加拉爲印度之總名也印度之東即緬甸暹羅等

國

民呀之北接哪嗎

哪嗎木意大里亞古名此以印度之地稱羅馬者當

是明萬(歷)後意大里及荷蘭等國已窟穴於此直至

國朝以後英佛遂亦盤踞之此所以有哪嗎之埔

頭也
曰網買
網買即孟買
南接那嗎
那嗎即意大里亞本國之地
俄國爭北印度○阿付顏尼
即阿富罕
木哈臘
即孟加拉
那波利稔攻俄國○都耳基
即土耳其
破魯斯

即普魯士

阿里曼

即日耳曼

綏林那威二國與俄國交涉事略○都魯機

即土耳其

卷四十二

奉使俄羅斯行程錄○入城觀甸有碑記

元代以漠北爲甸故曰甸城長春西游記稱曰白骨

甸

其所居地名土辣必喇

此見六月初九日注　土辣必喇者土拉河也蒙古

語謂河曰必拉

柏海兒湖○色楞格河自西南流入其巴爾古西穆河自東南流入

元祕史脫黑脫阿順著薛涼格河走入巴兒忽真地面巴兒忽真既在色楞格河下流當卽巴爾古西穆河上之岸也

秋穆演斯科○空科爾汗

此空科爾卽匈牙利國又卽七十一聞見記之控噶爾國又卽俄國進呈書籍中之平定空谷爾方略者也

托波兒○有一種人俄名之曰搭搭拉原係庫程汗之人

元史地理志西北地附錄有苦先耶律希亮傳亦到苦先語解改庫克新皆蒙古黑韃靼族庫克新卽庫程之對音也元祕史稱元太祖亦曰韃韃乃蠻云莫不是達達予的氣運來了是元亦韃靼不獨太祖所征之塔塔兒而已也

齊爾給斯等打牲人

齊爾給斯亦作克爾給斯此部以額爾齊斯河得名亦名額爾齊斯城者是也

卷四十四

費耶爾和土爾斯科佛落克嶺○自嶺東流出者謂之土拉河

此土拉河在俄羅斯境入額爾齊斯河與蒙古之土

拉河入鄂勒昆河者同名而異地

卷四十五

龍沙紀略方隅○元入中土沿腦温江黑龍江置驛歲與察罕汗通問慰江岸殘阯猶有存者其王都曰脫搏斯奇城近邊曰泥撲處城

秋濤謹案卽尼布楚城

色楞額城尼爾苦斯城尼爾苦斯有總管駐守入通市者皆泥撲處人

明神宗萬㬟時俄方得西皮里半地又明末造方全有西皮里然則當元時又安得在嫩江與俄人通問慰於泥布楚通商乎誤矣區錺艮誌

卷五十二

俄羅斯盟聘記○莫斯克窪斯科其新都也

案俄國志略宋嘉定閒元太祖命其子拖雷等滅俄羅斯仍立一人爲主是時所都卽今莫斯科窪也並無北海之說此默深之想當然語也職方外紀稱俄國曰莫哥斯未亞此卽明萬(麻)閒都城未改之證乾隆中圖理琛撰異域錄亦云其都在莫斯科窪則自元至　國朝未有改也其遷彼得羅堡則乾隆中葉以後事耳新都二字不確

然自準噶爾爲中國所滅俄羅斯亦震我兵威故二百載無邊患

彼自與歐洲各國戰無虛日非畏我也和我爾

上爾扈特方恨其上國征役之迫播遷之勞故其愬告

中國也皆貶察罕而張控葛謂控葛爾汗國在俄羅斯之北征討俄羅斯察罕汗幾爲其所覆城環萬里富雄八溟而中國搢紳亦輒信之筆諸載籍荒矣哉

貶察罕而張控葛之說則是但謂控葛爾國語屬荒唐則殊不然徐松龕魏默深何願船三君子均不詳攷匈牙利本末耳三君子之書皆往往談及匈牙利國之事匈牙利卽控葛爾對音也以子之矛擊子之盾何如

徐繼畬以控噶爾爲土爾其國都城之名亦非也

卷五十四

元代北方疆域攷上〇由布罕川必里罕城追之所歷

皆無水之地旣度川先發千人爲游騎繼以大軍晝夜
兼進至則蔑里已逃入海盡獲金寶以獻癸未速不台
奏請討欽察許之遂引兵繞寬田吉斯海展轉至太和
嶺

元史太和嶺有二一在開平一在欽察

鑿石開道出其不意遇其酋長玉里吉及塔哈爾方聚
於布祖河

必里罕城似卽長春西游記之阿不罕山所歴無水
之地卽西游記白骨甸所謂古戰場凡疲兵至此十
無一還之死地乃滿大勢亦敗於是者也度川者度
今額爾齊斯河也逃入海者今鹹海卽唐代雷翥海
也寬田吉斯海者大滕紀斯海則今裏海也太和嶺

者今俄羅斯之佛洛克嶺布祖河者今俄羅斯托波爾河出佛落克嶺東流入額爾齊斯河此爲欽察地也阿里吉河者俄國志略之卡爾夏河異域錄之佛兒格河其水西流入滕紀斯海者也此爲阿速部地也

至阿速滅怙思城

俄國志略成吉思之孫將兵伐俄大獲全勝所有人民盡殺之其時無人主國至正閒封地密致第二爲王遷於馬司孤城作都按馬司孤即滅怙思城之對音

惟額納噶泊最北可當寬田吉斯海

寬田吉斯海疑即今滕紀斯海子之對音即裏海也

俄國志略云成吉思之子拖雷率兵至俄國西鹹海旁之地後又帶兵至裏海繼又至尼泊河征服小國無算俄國率衆小邦戰於卡爾戛河之土該河入於阿薩夫海是阿薩夫海卽元史寬田吉思海無疑今按入裏海之水異域錄圖名曰佛兒格河康熙內府圖有地名薩拉托付乾隆內府圖有地名薩拉多傳西人雅裨理圖作薩拉德夫地理備考作薩拉德夫此卽卡爾戛河入裏海者也裏海卽薩拉夫海則拖雷所至之地卽滕紀斯海可知又卽寬田吉斯海可知矣然則卡爾戛又卽阿里吉河對音也阿速部亦可卽此而識矣

元代北方疆攷下○又曰謙州以謙河得名

元史謙州亦名欠欠州有一極佳之證佐焉西游記長春往時至阿不罕山北選地爲觀榜曰棲霞觀是時長春未至科布多尚在今阿爾泰山東大幹之東則棲霞觀當在此處可知計其道里祇和林西一日程東至陸局河五千里有奇耳及歸途住棲霞觀則觀之西北千餘里有儉儉州出良鐵漢匠千百人居之織綾羅錦綺儉儉州卽欠欠州又卽謙州也

附魏源元代疆域沿革圖說○或謂裏海中有島疑卽寬田吉思海者非也

此說證以俄羅斯人自述則至塙何說反非

卷五十五

康輶紀行○北有個拉散似卽陳圖之噶爾丹也

此喀三及柯傷對音卽碣石渴石

卷五十六

西域聞見錄○無跪拜揖讓之儀惟接吻以爲禮

接吻爲禮泰西諸國頗有之鄂羅斯或亦有此俗續

谿程秉釗庶常說

卷六十

辨袁枚新齊諧記鄂勒素北海之誤○從者五十八凍

死者五十有二

從者五十八人死者五十二若必吹毛何氏獨無誤乎

此順德李仲約師讀朔方備乘卽校注於書眉及旁注者甲午春從師假得乙未秋長沙試畢屬吳縣孫伯南茂才宗弼條最而錄之得一卷亟付繡梓以餉同好師精究朔方輿乘尙有元祕史注元史地名攷耶律楚材西游錄注和林金石攷皆見傳鈔本他日當彙而刻之以視今之好譚方輿知今而不知古者相去奚如

光緒二十一年十月受業元和江標謹記

陳君子準傳

子準諱揆系出前明昌邑令啟元之後邑陳氏著族有六子準爲子游巷陳氏獨以爲善績學見稱里黨祖丞復父瑩並諸生君生而羸弱讀書氣不自勝能默識成誦弱冠補博士弟子員省試對策纚纚數千言以踰格被斥遂絕意進取購訪古籍窮日夕讀之目短視鐙下則倩人讀而聽之每得一書手自讎勘丹黃爛然遇前人校本必羅致之嘗論書貴舊本非獨校勘之爲貴也夫古人遠矣今得其所讀之書如接其謦欬而見其手澤展卷以思古人之所學如彼而我何以不能也其論如此即其用心可知矣所藏書尤備於地志嘗以酈氏水經注詳於北而略於南著六朝水道疏鉤稽精密惜

末之竟幼失怙恃遇前人孝義事尤流連不置嘗輯宋躬孝子傳蕭廣濟孝子傳於應齋雜著中得邑中孝子二人爲自來志乘所未載狂喜累日而終以未得謝諤孝史爲恨平生不妄交一人往還惟吳卓信張金吾三數輩卓信死爲刻其遺文君自念無用世之志惟文章一道猶得盡志於鄉邦凡邑中著述自宋元迄今搜羅殆徧皮諸破山寺之救虎閣不下四百餘種輯琴川志注以每句爲綱蠶眠細書條繫於下搜采贍博較原書倍之其有原志缺略者別采明初諸志及碑記文集作琴川續志十卷又蒐輯自唐迄元邑中文字及佗文集之有關吾邑者爲虞邑遺文錄十卷補集五卷又欲盡搨邑中宋元金石作虞陽金石錄未就君之孳孳桑梓

可謂盡心矣所居曰稽瑞樓日手一編足不履戶限稽瑞樓者君嘗於書舶得唐劉賡稽瑞一卷爲向來藏書家未經著錄者因以名其樓君於唐以上諸書儲蓄略備方欲取其傳本較稀而有裨學問者刻爲稽瑞樓叢書草刱甫就而君死矣爲文宗法震川不苟作作亦不存存者說經之文數篇而已

孫原湘曰予之識君也由卓信每爲文輒就商兩君而君少予二十歲每見執禮甚恭獨論文不少假借今人中直諒如君者葢僅見矣君嘗語予少時專肆力於考據之學考據之得失於身心無與焉文章則吾所自得方思從容含咀以蘄至於古人而天遽奪之年不逮中壽可悲也已

賜進士出身翰林院庶吉士兼　武英殿協修官邑人

孫原湘頓首拜譔

稽瑞樓文草目錄

論唐宋文
論書貴舊本
題張氏新編金文
跋久芳居學吟
亡室張氏述
仲姊哀辭
被褎公贊
毛民贊
麟之趾說
不瓜說
緇衣說

伐檀說

菁菁者莪說

稽瑞樓文草

卷一

海虞陳揆著

論唐宋文

古之爲文者未嘗徇時而亦不能違時世之論文必曰唐宋諸名家而諸家之文未嘗不因其時也唐之文莫盛於元和之閒韓李之徒以明道復古爲任能力去偶儷之習然昌黎所爲碑誌酬應之作時或出於好奇至皇甫持正孫可之繼之益務奇異而追琢其詞若樊宗師輩又不勝其怪矣歐陽子之文出於昌黎其在韓門與李習之爲近而世之論者以爲韓歐之文有古今格制之不同何也當宋慶厤嘉祐之際世運休明人材之

盛軼於前代一時文章炳焉追盛漢之隆而海內學者莫不從而化此唐之君子韓李之徒所爲日月以幾而不幸不遇其時者也而世之論者以爲歐蘇之文力不逮韓豈其然哉蓋嘗論之唐人之文詞勝於意而宋人之文意勝於詞此時勢使然不可强也以昌黎之力去陳言而碑誌酬應之作不能不以詞勝其爲順宗實錄規橅史漢而世遂以爲譏然則皇甫孫氏之以文名世又安得不爲彼之文乎且夫偶儷之辭韓子所謂近於俳者也而如樊宗師所爲與其所謂俳也亦何以異而韓門諸子猶未免爲此至歐曾蘇氏出而後廓然一掃之也由此觀之有宋之文實韓門諸子所欲爲而未及者時使然也昔韓子送孟郊序獨稱李習之之文在當

時則知者尠矣而廬陵得之遂能和其聲以鳴國家之
盛豈不係於所遇耶

論書貴舊本

餘姚盧太史好校書嘗亟稱舊本之書其言曰凡書所以貴舊本者非謂舊本無一誤也近時之本曾經校勘者非不賢於舊本而專輒妄改者不少矣舊本之誤猶可循其字之形與聲而得其眞若近時本則率意而竟改之矣此舊本所以可貴也蓋近時校勘之學盛行盧氏之書稱爲至精而其論如此予少喜聚書生平無他嗜好常汲汲於此顧尤喜舊本書每用以是正文字略識一二而予性既魯學問未至荏苒歲月精力蚤衰近年來頗深悔之然於舊本書則猶好之不厭斤斤愛惜

不能自釋豈非所性之僻不可强耶因思人之嗜好固
有不同而古之君子亦有類乎是者以歐曾之學而惓
惓於金石文字雖殘碑斷碣猶有取焉若以舊本書例
之亦不爲媿矣然自校勘之學盛行於世世皆知舊本
爲可貴藏書之家爭羅致之以相誇而鬻書者又因以
爲利如予之無力又安能攘臂其閒自附於當世好古
之士耶猶幸一二零落篇籍多藏之家以爲無足重而
予之鄙陋得稍聚之以適吾所好爾然而書所以貴舊
本者非獨校勘之爲貴也夫古人遠矣而古人所讀之
書與今人不甚相遠也而今又得其所讀之書如接其
謦欬而見其手澤展卷以思古人之所學如彼而今之
人何以不能及也且思此書之傳閱幾百年異時學者

幾經沈潛反復而獲此書之益至其聚散往來零落殘缺又知身外之物不能自必而古人所以長存者則有在矣是故予所以喜舊本者以爲好古之士其情當然而不必爲校勘者貴之也

題張氏新編金文

月霄年甫冠卽留意金代之文歷覽奇書探討靡倦聞吳興舊家有未見圖籍欣然往觀盛暑之月挈友至金陵僦居老氏宮繙閱經藏錄金文數十篇而歸其精勤如是予觀元世修金史蘇伯修著三史質疑稱金之儒士蔡珪鄭子聃翟永固趙可王庭筠趙渢皆有文集行世而是時俱不復存因欲訪京畿諸大姓墳墓碑文以供采擇則知金人之文散佚久矣又觀姚牧菴集當元

遺山編中州詩同時有馮渭清甫者嘗蒐輯金代遺文積若干百卷清甫生於金末與遺山李欒城輩往來當時諸儒之文疑其猶可考而是書元代即已無聞故伯修與修史諸公亦未之見也月霄此編蒐羅廣矣以數百年散佚之餘而綴緝如此世之君子論次歷代文章其必於是焉取之矣月霄好學多藏書予嘗得其書目時時從之借閲因復見此編而樂爲一言

跋久芳居學吟

右予姑丈李君遺詩予從李氏假閲稍猶數首益以吳項儒先生所述事略附於後仍繕錄藏之李丈之殁年甚少未竟其學故所存詩無幾然其性情氣誼已自可見而予獨重有感者方項儒先生館於吾家李丈與之

善每昕夕過從流連信宿一時親戚往來之樂屢見於詩自李丈沒吾家日以多故當年景況遂不可再得撫茲遺編不能不爲之歎也道光二年端午後一日

亡室張氏述

室人張氏諱昭容昭文人明建甯守文麟之後父諱彬諸生蚤卒母陳孺人守節　旌表予從姑也室人始孕母氏夢至月宮見水晶宮闕異香紛郁心異之及生而質性嫻雅美姿容益鍾愛焉七歲喪父有遺腹弟一人族人利其產屢搆釁家遂中落年十三許字於予暨昏禮有期而吾先妣卒既免喪室人來歸事吾祖祖以爲賢既而以吾祖命迎養母氏未幾吾祖卒母遂往來吾家母性峻潔婢媪鮮當意室人善事之朝夕致甘毳必

精以潔母意安焉嘉慶二十一年春里中有痧瘮之病偏相濡染其病多猝起不救時吾家一婢病而母繼之室人驚駭不知所措是夜目不交睫其明日清晨設香案中庭向天默禱俯首竊淚下及黃昏母病危殆羣醫束手家有小樓奉佛室人謂予曰事亟矣我且求於佛以香湯進之可乎遂隨一小婢往久之不下樓予固心訝之俄持一紅紙函至取淨水屏左右跪而煮之進之母時倉猝未喻其故也中夜母病益亟室人亦病熱不能起予以鐙視之痧瘮徧體涕泣交頤呼母而已及黎明母歿伏地慟哭左右曳之起哭不能出聲頃之遂不語延醫視之則瘮已內陷不可爲矣自是日向午至翌日日暮臨終手足震悸如小兒失驚狀終無一語其晡

時母大斂家人哭猶似注耳聽之者悲夫室人既歿子
啟其兩手有絳色綢纏右腕解之則中傅香灰血殷然
剜肉一片始知前所進香湯者刲臂以救母也其綢則
是月朔日命母侍嫗進香錢塘用以裹香者家人猶識
之室人之歿爲三月十二日距生於乾隆四十四年三
月十日得年三十八歲治家寬而有禮左右使令從無
疾言遽色予好聚書每減衣節食以佐其費遇姻黨賙
恤之事未嘗不贊成之予頻年患目疾爲之日夜不安
慰藉備至及母氏之病病既猝起未可動又念母以節
行膺　旌歿於壻家於母心有大不安者以故搶地呼
天莫可奈何割臂救母而母終不可救以至心驚膽裂
從母而死亦可悲矣室人之歿也戚里之間莫不驚歎

痛惜悲其行一時搢紳之士多爲詩若文以嘉之予故稍次當日所述者庶後之子姓有以考焉

仲姊哀辭

仲姊諱淑嫁里中曾氏爲曾君福謙之配享年四十有四以道光元年正月四日卒姊少有婉嫕之行既嫁事舅姑能致其孝中年艱於子嗣質其釵珥爲夫君置簉室視之甚厚相夫治家內外戚屬僉稱其賢不幸善病有瘀眩之疾所生女子一人早慧又天死姊以是恒自悼傷竟至不起疾革之際神明不變其所以爲予言及所以慰其夫子其言尤可愍惻既卒之踰年將葬於北山之兆日月有時因爲之辭以誌予哀其辭曰

獻歲之始日初昕兮洎吾往視慘離分兮氣息惙惙至

苦辛兮猶有遺言黯傷神兮瞻懷弱弟念良人兮遼迢委婉臨死而不失其眞兮嗟姊之賢著里鄰兮胡德之厚命則迍兮憂傷憔悴及玆辰兮顧我睘然淚盈巾兮嗚呼哀哉

被裘公贊

被裘公之事諸書所載不同藝文類聚引魏隸高士傳云被裘公者吳人也按魏隸之書他書無所見以太平御覽考之藝文所引十數人並見嵇康高士傳中此魏隸名姓蓋字形之誤疑卽嵇氏書也嵇之時典籍猶多其言被裘吳人當有據云被裘之行高矣以延陵季子之賢猶以爲不知己者而遠去之然季子不以爲非且與之爲禮從而謝焉如斯人者潛形匿跡甘於枯槁而

邂逅之閒猶能自見如此不可謂之不幸矣方季子歷
聘諸侯所至之國交其賢士大夫傾蓋如舊其於吳國
之士豈獨無所取耶抑君子取士必先於一鄉而後推
之一國及於天下倘鄉國之士猶有所遺何暇及於天
下之賢耶昔太史公敘游俠稱四公子之徒招致賓客
而以延陵並言或者疑其說以被裘之事觀之其殆信
矣噫被裘之行高於侯嬴世之君子過延陵故墟其亦
有佇想夷門者夫按中散敘聖賢高士八系以贊今其
書散佚廑有存者予吳人也竊感被裘之事而補其辭

曰

句吳之鄉爰有畸人時維五月被裘而薪飲冰厲操衣
褐懷珍彼地之金孰非埃塵貴不如賤富不如貧延陵

所見可媿買臣

毛民贊

郭景純山海經注曰今去臨海郡東南二千里有毛人在大海洲島上爲人短小面體盡有毛如豬能穴居無衣服晉永嘉四年吳郡司鹽都尉戴逢在海邊得一船上有男女四人狀皆如此言語不通送詣丞相府未至道死惟有一人在上賜之婦生子出入市井漸曉人語自說其所在是毛民也大荒經云毛民食黍者是矣予按宋書州郡志南沙縣本吳郡司鹽都尉署晉咸康七年始立爲縣此事在永嘉中當得之吾邑境內是時暨陽以東通謂之海蘇峻旣平庾亮欲遁逃山海自暨陽東出斯其證也予旣錄此事補邑志所未備暮春之日

閒居多暇檢閲景純舊贊曠懷物表欣焉樂之又系之

辭曰

沙中之邑司鹽舊治渺渺滄溟紛紛詭異維時永嘉衣

冠漂寄彼獨何人矜其門地我懷柴桑讀書娛志泛覽

山經述兹遺事

麟之趾説

麟聖王之瑞獸世不常有以不常有之物而周南詩人

再三詠歎疑文王時麟獸嘗至故其辭云爾然麟之來

至可謂瑞矣而詩人無所言獨侈言子孫之美公族之

賢長言不足嗟歎無窮何也推詩人之意豈不以爲聖

王在上諸福之物可致之祥固無所不有而惟是子孫

濟美公族多賢有未易得者今以文王后妃德化之盛

而子姓振振無不一出於信厚公子如是公姓如是推之公族莫不如是一門之內毓秀鍾靈此誠可謂周室禎祥爲希有之瑞矣歐陽子釋此詩謂宗族同姓有信厚之行以輔衞公室如麟有足有額有角以輔衞其身黃氏櫄非之以爲詩人但言公子信厚未有輔衞之意今按此詩雖無輔衞之意然其言公族公姓則固推及宗室非獨謂文王孫子也竊謂文王之時周室懿親莫如太伯虞仲方句吳之始端委開基荆蠻百姓從而歸者千餘家是此詩所謂麟之角振振公族者自汝墳江漢以及句吳之民莫不同此慨慕矣吾黨之士生太伯端委之鄉而登覽虞仲之山當知古之人所謂希有之瑞者非有他也有關雎之德致麟趾之美而子孫族屬

無不一出於信厚古之人所以爲瑞者蓋無大於此也

木瓜說

木瓜之詩諸家多從序說而朱子非之慶源輔氏誦法朱子其於此詩獨以集傳爲疑謂若只據詩文爲尋常問遺之意以明先施雖薄而後報者厚是亦忠厚之情也及觀賈子禮篇引此詩而釋之云上少投之則下以軀報矣弗敢爲報願長以爲好古之蓄其下者其施報如此按賈誼此篇所引騶虞之說本於魯詩此木瓜之義疑亦魯詩說也賈子之說今雖不能詳考而爲下報上之義則無疑矣輔氏所解亦可發明然未若誼之書本於古訓尤可據也而或者以爲上施其下止於木瓜桃李而下之報上乃以瓊瑤佩玉疑其言爲過不知上

之所施雖有不貲之費其實惠及民常不過斗升之微
下報其上雖無珍異之物而竭蹶以供則奚啻瓊琚之
重也雖然詩人之意猶以爲未也以爲報施者尋常問
遺之禮而下之事上則何敢以爲報也弗敢爲報而欲
報之意終不能已故曰非報也永以爲好也因思衛人
作此詩蓋本於武公之言抑之篇曰投我以桃報之以
李言報施往復理之必然也而此詩則變易其辭爲瓜
瓊不等之喻又曰無言不讎無德不報惠于朋友庶民
小子子孫繩繩萬民靡不承言君民上下報施無窮也
而此詩又深答其情有永以爲好之言蓋衛國雖衰而
康叔武公之澤在人盛德至善終不可忘故其君子猶
能誦習先公之遺訓而曲致其愛上之忱播於里巷歌

謠者如此此亦可見民情之厚矣愚故取賈子之書以備詩之一說

緇衣說

緇衣之序云國人宜之而美其德毛傳則云諸侯入爲天子卿士受采祿是謂周人美之矣凡後序之說有毛公所未見者此類可證也正義述毛之意云采祿王之所授衣服王之所賜而言予爲予授者其意願王爲然非民所能改授之也今以其說考之武公爲周司徒當平王之世於時周室道衰葛藟興刺如武公之賢善於其職而王之恩遇未可知也卽一時委任之隆而君臣始終之際又未可知也緇衣之敝誠恐其不能改爲不能改造不能改作也此詩人所以爲憂而述其私願之

情反復而不能自已歟宋慶曆中進用韓范諸大臣石介作詩頌之而當時或以爲非及建炎播蕩李綱爲汪黄所逐陳東發憤上書遂及於禍當周之東遷艱難倥偬大抵猶建炎之際而鄭武之賢爲國重臣周人愛之與宋人之歌詠韓范諸公及南渡之民冀李綱之再相其情亦曷有異乎雖然詩人之辭優柔不迫非如石守道陳少陽之徒詆訐叫號徒足以激時君之怒而無救於用人之失觀此詩所稱敝衣授粲殷勤繾綣情溢乎辭使人主聞之將油然生其好賢之心而言之者無罪百世而下讀其詩者猶將如見其愛慕之忱也

伐檀說

伐檀之詩序以爲刺貪朱子集傳以爲此君子自勵其

志而詩人歎之二說不同今考諸詩文以推作者之意如序之說嫉世人之溷濁而慕君子之潔清一薰一蕕反復相形集傳所謂感歎者固在其中如集傳之說美君子之勵志恥爲衆人之苟得不耕不獵終無妄取此序所謂刺時者亦在言外然即二說較之主文而譎諫擧彼以形此固詩人常情也刺小人在位而傷君子在野此詩之序似得其旨矣且詩人所以深刺夫貪者非徒刺在位之貪亦所以悲民之窮也試思魏國之民方崎嶇十畝之閒而在位者顧侈其百廛之富世族之子或不免於釆其爲生而食祿之家乃競以懸貆爲奉此時之民何以堪之彼君子稍知禮義又豈忍因緣附會苟旦夕之食而無槩於心乎此詩所謂不素餐兮者誠

見義不可餐而欲潔身明之者也抑嘗考之古詩遺音至兩漢時尚有存者故杜夔在漢末傳雅樂四曲並古聲辭而伐檀其一也又司馬相如上林賦亦有悲伐檀之語蓋據其聲而言之由是論之此詩之音節必有憫時病俗感慨無聊者詩人之意當如序說又可證也

菁菁者莪說

詩序云菁菁者莪樂育材也君子能長育人材則天下喜樂之矣正義釋之曰南有嘉魚言樂與賢南山有臺言樂得賢彼謂在位之人樂得賢者本在上之心此則下之所樂樂君子之能育材與彼別也又曰經言喜樂者謂被育而喜序之所言謂他人見其如是而喜樂之非獨被育者也按如正義之說是此詩所謂喜樂者詩

人所稱與序異指而此序所稱與餘詩之序又異也竊
惟成周盛時教化明而和氣洽思皇多士蒙國家之養
育禮儀有叙寵錫便蕃旣見君子而樂可知已夫國家
之養士所以爲民也賢人用而億兆之人並受其福古
之人無斁譽髦斯士卽他人見之而樂可知已抑所謂
君子在位之人獨無樂於是乎得天下之英才而教育
之而藹藹吉士維君子使藹藹吉人維君子命卽君子
之樂亦可知已於是之時海内之士莫不喜悅如詩人
所稱菁菁之莪逢時而向榮汎汎之舟乘流而自在見
君子而所値之物無不可喜者周道之隆其斯謂至樂
乎吾獨感夫莪之爲物託於阿陵洲沚得其所養則有
菁菁之茂彼蓼莪之詩所謂匪莪伊蒿匪莪伊蔚者猶

是昔日之芳草也而榮華之與憔悴其異如此此菁莪之詩所以尤可樂歟

吴山子文（輯本）

吴山子文（辑本）

吳山子遺文

舞二

吳江　吳育

岱頂看雲圖賦

崚極崔嵬兮穆崇巄以造天嶕嶤巀嵲兮又峛崺而連延肅嶟以臨夫勃海兮揖嵩華乎雲間大哉不可爲狀兮神功亦烏可得而言聿游兆之清秋兮有逍霞之仙人乘一氣而覽登兮乃經造與天齊之淵顧山靈之欣茲兮蒼雲起乎封中曠獨立於崖巔兮覩銀海之容容然輪囷其翕艴兮漸滃渟以豐隆芒洋瞢騰倏忽變幻不知其故兮亦霏豐氛氳奄靄乎庭除嶔嶔嵚嵚兮嶷嶷皚皚沈沈兮裔裔眺碧樹之四合兮與羣峰而交翠

蟜若蛇龍蜿蜒而上隮兮崒若鷗鷺羣飛而下墜澹兮
㩿㩿森兮㠑㠑紛紜積嶺沓瞭斷岡倏若來而無際忽
有去而相徉歷日觀而經天關兮隱阿閣而出神房撫
新徂於腕底兮曦巖嶅之濯濯矗欑森之搶攘兮眇巑
岏之鹿鹿幌搖搖以上下兮翼雰雰其左右縹翩翩之
無紀兮泛淫淫其待族羌憑高而遠矚兮逴千里之曇
曇猗生平之大觀兮𦙶以盪夫幽襟吾將攜之以雨天
下兮不崇朝而徧之信膚寸之神奇兮奚假夫風力而
運之乃爲歌曰山岑㟥兮物資生兮雲歕薄兮雨流形
兮光光之業參天地兮雷霆曦旭唯所施兮乘物以游
宣陽發滯兮顧瞻周道將以爲類兮
讀禹貢

夫言賦之法莫詳於禹貢而禹貢列九州之賦不過
九等其它山澤之所出鹽鐵皮革金錫之屬後世以爲
莫大之利者則不在於賦而皆在於貢豈不以天之生
物本以利民是數者民生日用之所需而爲用至博與
絲麻布帛不可一日闕者也天生之而君專之是奪天
之利也奪天之利不忠閼民之用不仁然無取焉則上
用闕上用闕則下不安故制以爲貢取足以供六府三
事之用而以九州之民貿遷有無一從其便而不課其
所息是以民生厚而風俗純則用充而天下安嘗考以
區區之齊權輕重之利建伯王之業因勢利導之未嘗
與民爭利也而變詐以起陵夷至於戰國秦漢之際上
下相冒名利其有往而不反能者或至鉅萬不能者致

無宿食而國用亦匱桑弘羊之徒乃以其心計置均輸平準而法令益擾不可復整所謂輓近世塗民耳目幾無行者聖人其見之矣故既序九等之法復嚴列之曰咸則三壤成賦中邦錫土姓（馬鄭讀咸則三壤成賦句中邦錫土姓句史記同）蓋貢賦者經天下之大本貢必不可入於賦而賦則咸則三壤以治之不可變變之則生亂無窮也中邦錫土姓說者曰中九州也天子建其國諸侯祚之土錫之姓命之氏蓋所以著繫姓之別嚴種族之防也烏虖微矣哉亦嚴矣哉

游金粟泉記

循瓊州府城東南行三里所有泉出平地甃石爲池深不五尺方廣四尺水清而甘與江南諸泉相類郡中居

民食飲咸取給焉大旱不竭大浸不溢曰金粟泉或曰
浮粟泉蓋士人往往見衆浮其上昔東坡先生謫儋耳
初至海南飲斯泉而甘之泉於是乎斯出不知天之生
此泉以養賢者歟儻本有之而土人不之知也其旁爲
洞酌亭亭久廢矣凡今之存者皆前明以來所剏造也
而此亭則翁學士方綱取先生詩以名之亭之北爲東
坡書院其西爲觀稼亭亭之北爲金粟菴浮屠居之浮
屠跣足布衲貌樸而率屋宇蕭寥荒荒蔓蔓可容四五
席背平岡面平野無可觀覽予以雷瓊觀察之招同事
六七人從觀察渡海而來十月朔日與李君心蘭嵇君
雲濤往游焉徘徊泉周摩挱石壘緣岡而上觀于高菴
釆五稜洋桃屬浮屠拓先生遺像與書及暮而歸夫余

輩數人生長中華山水之區朋友之樂臨觀之美極天下之適矣至於是乃以此游爲最得平居悄焉寡儔渺焉悽懷狂狂汲汲各抱不可終日之志先生以謫居此歟處三年怡然浩然若將終身豈天人也歟

訪蘇泉記

既游金粟泉之兩月嘗求其合於雙泉者而未得也一日與心蘭過吾郡張星濤於旅寓緣仄徑窮高阜望州城東門其下水芹數畝古木數章叢篁帀地蕭疏瀍遠異趣天出有汲者絲鬟布衫擔甬循阜而北僕人曰從此北去城隈有蘭若焉至則朱扉晝扃僕先入曰比丘尼所居也遂去北行得一泉石闌光潔圍五六尺旁一碑前明萬厤時重刻洞酌亭詩序心蘭捫其文讀之余

曰此殆雙泉之一者歟然序曰相去咫尺而異味何不侔也乃乘墉而瞰之適直閒不過三十步心藟曰噫是矣夫余輩所汲汲求者以坡仙之風概太守之好事欲一覽其遺跡以盪羇孤萬里之思乃不意得諸荒城之麓因歎古人所以上下荒墟草莽以爲樂亦好事之難遇也

游峽山寺記

清遠峽崇山峻峙匯水貫之水蕩石罅削若無垠地稍開得峽山寺寺最高處曰帝子舊居曰歸猿洞卽道書所謂第十九福地也余以足疾未能至聞之奇花異草五色耀豔香氣掩冉苾苾芬芬殆非人境意始灑然入門左不半里曰如來坐禪處有圓石如案曰釣魚臺屈

右行依崇岡緣石磴約三百級逾小橋坐淙碧軒觀瀑布瀑所從來者高飛流下頹陸乎軒側下流成池爲東坡洗墨池求東坡書不可得復屈東西行數百步懸崖岸然蒼黝一色隱隱沈沈若動若靜卽之復開者凝碧灣也是山之峰巒皆隱而南嚮諸峰相對出高起天際其岸然者列若屏嶂陵檻遠矚江波澹澹日光不到飛鳥無迹煙縷浮起蕩爲輕雲顧視衣袂凝若生翠意授神悅嗒焉忘言蓋天地之氣日與形搆忽不自知於此見太古之容色渾茫之精神乃儻然遇之矣

慎吾李公祠記

李公申耆曰予本無錫夾山王氏宋沂國文正後也當前明萬厤時我六世祖慎吾爲武進輞川李氏所自出

孤貧無依育於李遂冒李氏再傳至我高祖明之公有兄弟三人家室雖稍稍立而當明之將亡崎嶇患難弗獲定居逮晚歲而少安其與王氏闊絶者已數十年不復知本支所系欲復姓而無由遂隱忍[redacted]志以終其身而名其五子曰玉名其堂曰景沂所以志也嗚呼我王氏之宗其終不可復矣乎吳育曰余嘗觀古之君子其或以遭難播遷流移轉徙或以孤貧無依至從母再適失其宗族而冒居他姓者何限至於近世尤不爲少其訪求而得其本支而卒復之者幸也其或不幸而竟不可得或徒得其姓氏而不得本之所系不能自復吾不知其窮感如何也如愼吾先生者亦不幸焉者矣爲之子孫者以憂患終其身耳已如明之先生之所爲者是

也以至於今遭歷七世積年二百一旦而復其姓難哉難哉今自愼吾先生以下別爲世系而不附於輞川其氏則李其宗則別以示於子孫俾王之與李雖百世而婚姻不得通亦明之先生之意也嗚呼世徒知子之先人之爲李氏而不知本之爲王也久矣其尙能復

不復能復乎固非予之所敢知矣申耆曰唏今大人方命某兄弟於居室之西偏別構愼吾公祠宇乞卽書此記之記曰祠創於嘉慶十九年正月堂三閒中一龕四級祀愼吾以下四世東西室各一龕以昭穆配焉寢如堂之數前後臨池旁植以木水清蔭茂神其樂只

碑陰

余記以語申耆卽書之石或有疑於是非古之道古

之道復之宜也承之非也余曰然難言之矣前人之不復也以世之無所系也無所系而復之其與冒焉者何異後人之不復也懼變其初也苟得其系而復之不爲變是眞先人之志矣不得則其甚也故其承也賢其復也

黄徵君傳

徵君武進人名乙生字小仲父景仁字仲則負軼才奇氣嘗游大興朱公筠安徽學使幕公以三月三日屬諸名士會於采石之太白樓酒酣賦詩仲則年最少衣白袷衣持酒立日景中頃刻數百言擲筆豪飲諸公皆爲束手樓以下觀者謂千一百年來殆無是會云君年十三孤賴父時故人周卹以成立二十南游廣東廣中風

氣淫靡游客無不挾女妓窮飲博目夜號呶而不屑事
事君孤介絶俗以爲怪物既而大興弟文正公爲巡撫
惡其習斥言於衆曰數千里大小郡縣數十幕中竟無
一人自愛者或以君聞乃大喜叩其世曰吾故也乃益
喜以此知名久之歸益刻苦於學治鄭氏禮無節目無
所不詳無奥窔無所不闢講説一篇貫穿諸經如鑿趨
海又好楊曾之書凡廋詞隱語彼術中所謂秘而不洩
者皆發其蒙嘗以語世之號爲知地者知地者不能解
也唯吾友董士錫晉卿善之晉卿好精思通虞翻氏易
於陰陽五行家言發揮古義錯縱變化歸於自然亦絶
學也余交君二十年見君苦心壹志一字不釋於胸至
廢寢食而盛暑披絮衣冬則重襲敝裘擁鑪尙畏其寒

曰君病矣盍少休君曰然然不自止以至於死道光元年詔舉孝廉方正同縣以君名上君辭不獲將應召用乃竟不遂年五十三有一子目重瞳子聰穎特異將冠而天遂無子

吳育曰或悲君之無後或以爲其行子然有以致之余謂昔友莊傳永惲子居其使人之氣爕然如春炎然如夏而亦無後何哉士焦身苦思以致其學自治而已在我者我庸克之其不於我者我何庸心焉

鄧生傳

鄧生字石如安慶懷甯人也不詳其世所出亦不讀書初學刻印忽有悟放筆爲篆書視世之名能篆書者已乃大奇遂一切以古人爲法放廢俗學其才其氣能悉

赴之歙金修撰榜方家居生挾其書踵門上謁不得見
償書於市翰林張先生時尚未第館於金所出見生書
善之謂門者通焉鄧生雖能書然不識字體多謬張先
生爲討論六書之旨生大好之爲書益放雲行風止初
若不經意脫手視皆殊絶其後張先生赴禮部試留都
下生亦來將以書傭衣食京師貴人多俗書鄧生辭闗
之皆失其意劉文清公頗知之然不能勝衆口竟歸又
嘗游巡撫畢沅幕府無所知名往來揚州上下二十餘
年益工各體書無不得神詣然鄧生布衣不能奔走天
下之士而士多俗學知鄧生者鮮故得大肆其力於古
以成一世之業也初生之歙不得志乃飄囊游於黟山
三月而後出尋幽涉深無所不到到輒題數字手自刻

石其上其情縱情獨往如此張先生名惠言

吳育曰蒼史不作天地芒昧聖雖制經安從而備俗學棼緼往而不反六書已淆斯文不墜鄧生生百世之下奮好古之力起絶學紹秦漢之迹焉張先生探制作之原而年力弗逮悲夫

僕射山樵傳

僕射山樵姓錢氏名伯埛字魯斯常州陽湖人國子監生以善書名天下稱曰魯斯先生先生平所至京師山東湖南北浙江揚州宣歙之閒書迹皆徧其處善爲詩好飲酒體貌魁梧瞻視不羣登望賦詩自謂一時豪士先生初至京師四庫書館方開天下寒畯競奔走求試謄錄斯滿得以丞簿進身其族叔父文敏公欲爲之

地一試不入格先生亦去不屑也先生書初學董文敏後學顔魯公旁及徐季海李北海諸大家旣沈浸數十年復歸之宋四家蔡蘇黃米其爲書若風雨驟至颯然有聲縱横馳驁頃刻數十紙放筆豪飲一坐盡暢朋舊親故貧而求佽者輒書與之唯所欲其不合者雖彊之不顧內行篤修多識前言往行事母夫人至孝年逾六十若嬰兒子然娶妻不育或勸置妾先生曰弟有子郎吾有子也何妾爲年及五十弟死其子亦皆死不得已置妾焉連舉三子山簡小晉又男先生年七十喪母夫人精力驟衰喪數畢亦卒所著僕射山莊詩若干卷藏於家

吳育曰余來常州見先生先生年六十矣視之若四十

許人善談說酒後述百數十年事往往終日夜或未竟明日復之一字不遺惜乎無有能就而記之者今則已矣悲夫

北東湖縣知縣洪君傳

君諱飴孫字孟慈一字祐甫姓洪氏常州陽湖人北江先生長子也先生乾隆五十五年以第二人及第有大名於天下之士想望其風采執經請業且乞爲天下銘誄之文日不暇給君承閒輒代爲之而人不能辨焉君幼從莊珍藝達甫兩先生受經而與同縣莊曾儀傳永丁履恆道久黃載華璞山乙生小仲陸繼輅祁生燿適劭文莊綬[redacted]彰叔枚劉逢祿申甫爲文學之友年二十六江南鄉試中式屢上春官不第以　國史館[redacted]

錄議敘選授湖北東湖縣知縣東湖故夷陵宋歐陽文
忠公舊治也然當楚蜀之交水陸商賈輻輳號稱難治
君至之日修六一書院節養廉爲膏火召諸生自課之
民復之學日坐堂皇泱遣諸事用法常嚴曰楚人畏威
而不能懷德吾不敢博寬厚之名也有武生王某者爲
邑大猾姦胥蠹役與爲耳目前事每欲禽治輒聞風遁
去事已爲患如故更數官莫能得君至卽捕論如法夷
陵總兵官縱兵入市强奪商民前事卒不可問君怫然
曰兵以衞民豈還爲民害哉犯者遽責治之而兵民始
安堵在官十月年四十四卒卒之日邑人相弔曰吾賢
令死矣吾何恃而安乎皆哭君狀貌敦厚而性冷峻雖
久與相處未嘗見其喜愠之色其學博聞彊識於經通

小學於史通地理氏族目錄職官而於亡書之學尤精
拾遺補闕足以成一家惜乎其未遂也往時友朋相聚
處好辨論古今一言不合至負氣相爭而酒酣以往每
每痛哭以舒其鬱勃慷慨之氣君溫溫然未嘗出一言
或詰之曰口舌何爲顧力行何如耳今傳永璞山叔枝
皆已死而君又死其餘諸君或出或處既不得志亦且
垂老矣雖然祁生道久方以校官保升縣令其所樹立
未可知而君則年不及中壽方試以事不期年而竟卒
其所謂力行者止於如此官學皆未充其量也其所著
有世本輯補十卷補續漢書藝文志三卷三國志職官
表三卷史目表二卷毘陵經藉志四卷青摙山人詩十
卷隋書經籍志考證諸史考略世本識餘皆未成其世

本輯補爲他人所刻後之讀是書者當知爲君所輯也子穀曾君仲符孫以余與君久故屬爲之傳以列於譜云

李景昉傳

道光二年冬余歸自清河過大甯鄉送留耷先生之葬其次子寶璐方病甚被麻衣呻吟牀褥余入其室問之噭然而哭曰璐病勢如此先人之葬其不能送矣夫已而曰旦夕耳相從於地下亦安用此一送耶余將起則又曰璐旦暮死矣子知我者我生平無所長課田授徒而已嘗薄暮周行田塍之間悠然有遺世之想而獨好書畫故時時爲之雖未嘗與世爭名竊自謂適也於是氣咽不復能出聲余亦盡然而退蓋余與君交二十三

年於茲往茀庭留葬兩先生在歲時請起居退而與五
初申耆及君兄弟游處最久相習其性行動作皆能道
之以爲有平居求志横經負耒之風君長身鵠立貌古
淡如山僧野老中心誠然無所愛慕善飲酒能奕碁書
模歐陽信本褚登善亦時擬南田老人畫山水以薑思
白爲宗生氣坌湧神采秀逸嘗自恨限於方域不得縱
覽天下名山大川而信手揮霍無祟巖峻嶺[redacted]奇瑰偉
之勢使天假之年遂其所欲未知於石田石谷爲何如
也年二十餘補博士弟子三應鄉試不遇留葬先生殁
後絕意進取且不入城市七年矣卒年四十七字景昉
姓李氏
論曰士而躬耕卽家給足家給足卽廉恥之心生而興

行矣如君之家世爲農亦世爲儒恂恂循循比屋之人
皆知禮節此余所以每過其鄉徘徊歎息而欲卜居者
也

例封文林郎國子監生李君墓碣

君諱康齡字五初姓李氏武進大甯鄉人　誥封奉直
大夫茀亭先生諱徵蘭之長子也性謹厚處事必衷於
理初奉直君以弘毅之資行敦敏之教所居去城四十
里既耕以讀一鄉之人有善唯恐弗聞有不善唯恐其
聞知學者稱之以爲王彥方君成政家督者垂四十年
先人而起後人而息綜理出內酬應往來自農夫竈婢
以至親朋孤穉手指數百飢而食寒而衣田疇菽稷雞
豚畜牧門庭坐宇鐍潔埽除指撝左右纖屑不遺統計

歲月靡有暇時又以其閒學書作文益勤不懈以國子
生十應南北闈試不得解及弟兆洛申耆發明成業乃
絕意科舉焉余以嘉慶五年來居常州獲交於申耆重
之以昏姻初至其家謁奉直君如千尺長松磅礴磥砢
氣完力厚蔭蓋不少君如澂波百頃其流自長無不容
内退而坐辨志書塾與申耆講論文章繙閱載籍浹日
移月而不能去申耆方篤志詩書[illegible]徒考業誦讀之聲
洋洋盈耳不知米鹽淩雜之爲何等事也余因以難奉
直君之道爲不可幾及而君能篤之申耆之學君能成
之肫肫然熙熙然内外完好歸於大順洵生人之至樂
而家室之至肥也既而奉直君老申耆宦游家亦中落
然屢遭歉歲方數十里閒無飢者唯君之力耳奉直君

歿申者歸君亦垂老矣猶經理不怠蓋奉直君平生所行利桑梓者無弗力爲而加之以精密雖弘闊深遠不如而勤懇過之年六十二道光八年　月　日卒卽以是年十月　日祔葬孔山奉直君之阡配趙氏例封孺人子毓華嘉慶己卯順天舉人大挑一等分發廣東知縣孫岳生余觀家之興替若大木然豫章生七年而才見得滋培而後長其顛也烈風推之不頃刻而旋折矣如君之終世勤動承保先人之業殆將與其家者也而弟與子先後繼起亦如君志矣乃君之歿余方游南楚申者赴之曰門祚所繫不知心之所處嗚呼何其悲也蓋謂與之實難而替之易也可不深長思哉又謂君於友[redacted]與余最相知俟爲狀以乞銘毓華之赴亦云悕

余安能知君然君弟畜我前歲度地將以葬我先人得君營求方有成說及先人尙淹淺土而君歿矣適以滋余之戚也何忍銘君惟君之行弗彰則無以慰三十年之知我而葬又不及歸未遑掩諸幽乃書而揭於墓上以諗夫後之人且志余戚其世系已詳奉直君墓志故不著

祝炳季墓志銘

嘉慶三年冬十一月余客丹陽丞署寒風淒然獨坐無偶有客儼然攜丁君道久書以造余者祝君炳季也書言炳季今孝友奇傑之士吾子方求友於天下不可以失此君余因論交友之道君言去古日遠友道亦日廢徒以標榜徵逐爲事安見所謂交益者歟遂極言其兄

子常先生之美余心識之明年遂來常州獲交於子常
陰察其行誼與炳季之言無弗合也於是知炳季固確
乎不拔非獨不欺於友且不敢以誣其兄丁君眞知人
也旣而不得相見者數年戊辰廬州同守薛晝水邀余
課其子晝水固[redacted]之姊夫子常則時去時來而君常在
爲課讀之暇每與君論議旣酣適好譏切當世君曰毋
然彼固不足與譏也且若者爲有道若者爲有德而東
服馳驟之使不得遑其意雖吾子處之詎知有勝於
不亦有嘔然而笑者時余心頗不平及今思之君信可
謂直諒多聞者矣前年余在長沙聞晝水告歸心怦怦
念君俄聞君至武昌又憫君垂老涉江擬勸君還就道
久於肥城書不果達而君亦遂以病歸君本善病多愁

加以怫鬱常凄凄若不勝衣至子常既殁閑居寡歡益復無聊每謂余幾乏生人之趣乃遂至於死也悲夫其子長庚以遺詩乞申耆點定余亦與爲排次追念往還縱跡夜參半不能寐因序而銘之以待葬日君姓祝氏諱百五號瘦丰炳季其字常州府歲貢生屢應舉不售初客懷遠繼客咸甯後依畫水於無爲州曾一至武昌不久而歸歸病逾年遂卒道光十年二月二十六日年六十四配湯氏子五人星槎長庚斌思辱九來斌出嗣女二人皆嫁士族銘曰

翳夫君翳夫君道與之貌天與之形乃竟爲世羈人亦足以傷情

祝聘君墓志銘

道光七年正月九日江陰祝聘君卒申耆以狀來乞銘
且告葬鳴呼昔蔡中郎爲人作碑銘惟郭有道碑則自
以爲無媿色焉余豈能爲聘君之中郎者哉聘君事親
曲當信於朋友朋友有善必以告有不善必相規其培
養少俊護持善類中心誠然日皎火熱雖欲自解而不
能讀史不喜臧否人物曰才之大小情之厚薄爲之也
尚友者當求其情耳讀書有殷勤之思不拘守章句當
其意之所得超然遠寄古人可得而親也幹質清岸視
瞻不羣飲酒數斗不亂興酣以往抗聲誦孟子或唐人
歌詩伉爽勃鬱神明挺動聽者奮袖起舞不能自止其
所爲詩含豪緜邈一往而深至其投贈之作懷舊之篇
言哀巳歎挹之不盡蓋其生平所不可解不能解之情

不得已而有言耳其所交四方之士不啻數十人皆有
得於君而同縣張惠言臯文惲敬子居則君之所取正
者也嘗斐然有發名成業之志及臯文沒於京師喟然
歎曰天其無意於吾黨乎何奪斯人之速也蓋累歎而
興悲焉卒年六十二諱百十字筱山又字子常姓祝氏
江陰縣學生道光元年舉孝廉方正以衰病辭不果遂
不赴　廷對給六品冠服曾祖錦中州同知補河南祥
符縣河工主簿祖景淵例贈儒林郎考士模國子監
授職州同知例授儒林郎服膺程朱操履嚴正妣姚氏
例封安人君娶陳氏生子一騏女三長適余從姑之孫
費毓葵次適劉廷植次字李兆洛申耆之子願未嫁而
夭侍姬周生子一女二皆在襁保騏卜以是年十一月

日葬君於　鄉　原銘曰

矯乎其氣之不可蓋也廓乎其志之不可隘也軒軒乎其清舉也脈脈乎其行類也是惟孔文舉黄叔度之流而范史雲梁伯鸞非其槩也

序　　吳唐林

余少識子中見其瓌質內異瑤光外鮮丰華高騫文采煥發心傾葵藿神儀蕙茎洒以投轄無定埽門未能慨霜鐘之忽鳴極河鼓之相望申寅之秋復晤於楊園之道於是解帶寫誠班荆坐語握手若舊暴腮竟登淩西山之巔高挹爽氣讀東林之籍侈爲大觀公讌屢從騰吹互荅相呼盟心屬爲弁首夫詩列四始士名九能體備漢魏律窮晉唐里呈謳吟家結鉛槧然而選采善雜行氣易靡少川岳之助則言不長淆淵源之分則體不定子中夙有仙骨少飲香名方壺濯神圓鏡鑑魄揮灑一氣飄然淩雲汪洋萬言朗如止水秋影垂露春光在花裁長楊之葉刻蒻刀而最工采靈芝之香入筐筥而

皆豔旣乃游心韶鈞叶律競病呉歈閒作燕歌獨悲對
酒灑泣橫槊醉呼伏几狂歌抽刀夜起扶風豪士養氣
十年韓陵文亶騰燄萬丈作出塞之曲衰草淒迷爲變
徵之聲流水嗚咽於是淩九夷浮三江策杖洪山之陽
刺舟渭水之上溢浦日落亶門風生湘漢一席自成行
歌匡廬兩山矗此健筆煙霞盪胸奇氣斯逸雲水洗眼
清光大來東游海岱訶詩境之忽奇北過崆峒歎史書
之獨絕至其家學久富巨編盛傳佩過庭之訓接連牀
之吟文燕之樂侍於七子冠冕之承及於四代館開棣
華壎篪各調庭詠柳絮珠玉競起龍門疏河則萬水皆
注鶺綍連象則三蹕效明是能絕四病獨成一家辭不
工於祭獺聲不斷於續鳧宗琴軫揮衆影呈響陸海波

澈羣言會流冀北之羣遂空江東之集獨秀也已

學宛堂詩稿

陽湖子中董威

寶劍

金精成百鍊神氣歷千秋紫氣搖星斗青鋒泣髑髏風塵空浩劫人世幾恩仇便合長虹化光芒夜夜浮

駿馬

生死真堪託馳驅爾最勤為誰爭捷足幾輩策殊勳得主（甯）辭瘁論才況絕羣九邊兵未息努力埽煙氛

抵開封哭玉椒兄

死盡勞臣事生慳聚首歡我來君不見慟哭一憑棺許國心今遂投艱力已殫飄飄丹旐影歸去大河干

秋夜

涼風動羅幕，白露橫階除。起行望青天，哀雁聲相呼。我游未有時，冉冉歲云徂。中夜獨徘徊，孤懷何鬱紓。欲取鳴琴彈，卻手還躊躇。

消寒分韻

西風一雁送新涼，金柝聲中客夢長。大地山河生肅氣，九天星斗動寒芒。板橋人去朝留跡，古寺鐘鳴夜泊航。笑我鬢絲猶似昔，不堪明鏡憶高堂。寒霜

簾夜瀟瀟百感生，飄來細雜霰縱橫。疏籬別館懷人淚，孤艇空江送客情。隔院殘蕉心共碎，到窗更鼓濕無聲。銷金帳裏微醺候，可識寒衾夢不成。寒雨

吹徹蘆笳鼓動歌，椎牛射虎意如何。干營飛雪傳箭

萬馬馳冰嶢渡河遼海寒威侵鐵甲金微落日冷雕戈
只憐明月流黃夜機杵聲中暗淚多 寒塞

幾日裁量苦未成縫來密密最關情風生冰剪鐙無影
怨入霜砧夜有聲古塞夢回人萬里空閨淚盡月三更
刀環一枕渾難卜辛苦年年寄遠征 寒衣

避丸繞樹總堪傷得路應隨彩鳳翔永夜機聲催落月
中天日影帶朝陽摩風也許親霄漢反哺何曾畏雪霜
千古軍威誰足數江東代北鐵衣涼 寒鴉

征騶繡轂兩無痕曾送王孫酒一尊天外疾風標勁節
人閒生意託孤根翠華空墮長門淚青冢誰招絕塞魂
一寸丹心容認取歲寒留報夕陽溫 寒草

墨

蓬萊陳百匣製自古松煙刼閱寒灰後㊣通造物先銷磨歸萬卷光氣定千年此日徂徠下新枝色又妍

秋夜

吹破樓頭夢誰家玉笛寒不知今夜月幾處倚欄看高樹明河瀉空庭白露團中宵凝佇久星斗欲闌干

中元節赴武昌哭亡兄子遠

中元又屆客心摧節物悤悤首重回一別生死驚半載扁舟今夜爲君來

別院蕭條屋數椽小窗開處劇悽然一棺冷落無人到三寸塵埃壓素氈

艱難一第亦堪嗟五度春官感鬢華淚跡半生緣底事可憐旅櫬尚天涯

怕傳惡耗慘慈幃一紙親封促早歸目斷倚閭人不到

蕭蕭白髮愴斜暉

機中誰慰膝前歡孤影三更淚不乾吳楚迢迢山萬疊

深閨夢斷大江寒

青娥憔悴感朝雲燕子樓空泣錦裙繡佛臺前經萬卷

爲君持誦爲君焚

獨客光陰病裏過夜臺旅況近如何青衫灑徧羈人淚

祇恐重泉淚更多

弱齡撫我感恩勤親授遺經到夜分孤露恃君君比父

可堪今日更悲君

昔年此地共句留裂茗題詩遣客愁今日喚君君不起

荒荒殘月一庭流

淹留暫得哭君靈孤棹江干一日停客裏去留難自主亂愁如雨落前汀

東歸留別張孟緹從母

去年官舫來樊口阿兄拜前弟拜後棣萼花開照畫堂一時羣從羅尊酒屬我佳兒列講帷（謂仲起景行輩）聽雞刻燭無嫌猜驚飆慘慘來天末玉樹高枝一夕摧濃春三月何蕭索從此江山多落寞舉步誰憐形影孤登堂無復提攜樂幾疊鄉關入夢秋大江煙水接滄洲茫茫鄂渚羈魂慘歷歷晴川獨客愁丹旐悲風愴東去倚閭目斷天涯路倦鳥辭巢竟不還驚鴻覓侶嗟何處江樹含愁望欲迷樓頭怕聽落梅詩招魂天際空回首淒絕扁舟日暮時

東望

東望吳關萬里遥天涯鬢影欲飄蕭空江砧杵秋聲早短褐乾坤壯志銷大野悲風嘶牧馬荒臺斜日下寒鵰我來棲鳳山前路無數哀笳伴寂寥

感事

獵獵悲風卷大旂鬱孤山畔羽書飛萬方多難徵兵急一代聲威撻伐稀避弋鵁鶄爭遠舉處堂燕雀昧先機兵戈蔽眼愁凝望慟哭江關淚滿衣

旌旆百粤徙巖疆天狗如雷夜隕芒辛亥四月天狗隕於西南萬里烽煙通嶺嶠三秋樓艣走荆襄青楓江上援師絶黃鶴磯頭戰血涼西塞地形天下險貔貅十萬又移防石頭城傍暮雲開建節虛傳遜抗才玉帳乍聞書奏捷

長江忽駭敵飛來三山草木迷兵氣六代鶯花付劫灰
莫問秦淮舊時月凄笳冷角不勝哀
青衫醉倒古揚州芳草平山繫玉騮一炬新塘餘燼火
萬家野哭走江頭畫樓人去拋金粉故苑燐飛葬玉鉤
我欲逍遥翔物外江天何處覓漁舟
懷張石鯨儀徵
窮海飄零酒一尊登壇心事竟難論隆中日月龍仍卧
關內功名蝨倦捫十萬心兵韜將略三千死士待酬恩
不堪重話蕪城事烽火空江萬里昏
歸途
莽莽風沙匹馬行馬頭白骨慨縱横鵰盤古戍天無影
鬼哭春江夜有聲幕府何心輕挾策故人此去半躬耕

青山萬疊江南路又指迷茫墩火明

和葉子音述懷韻

天空木落起悲笳萬樹銀河一道斜小院無人聊獨立
仙源何地泛全家微茫烽火連江表飄泊親朋各海涯
只有忘機鷗鷺好一溪煙水臥蘆花
勞勞鞍馬偶停鞭迢遞關河慘夕煙千古功名悲草露
一時浩劫感桑田狗屠名重酬知日燕領人輕鬻字年
寂寂霜宵愁舉目欃槍猶亘斗牛邊
風雪連宵閉草廬清寒一榻擁琴書聊憑竹葉消涼夜
惟有梅花伴索居十載星霜爲客早數椽煙雨故人疏
年年菽水嗟貧薄欲報春暉劇愴予
一笛扁舟感釣蓑江湖滿地動悲歌凌秋俊鶻爭舒翮

小隱神龍亦化梭夜雪樓船瓜步冷霜天鼓角蒜山多
書生空抱安邊志長劍低昂意若何

武林旅次

一別邗溝月飢驅又武林此行直自苦多病況秋深煙
水明湖舫風雲越壘陰故園書久斷歸夢萬山沈

寄陸彥頎汪恩輔

烽火仍江表勞人又浙西萬言餘慟哭一旅竟難提天
地悲蓬梗年華閲鼓鼙蕭條眠客館誰與聽荒雞

南墅書懷

錦纜霜蹝到處家玉簫金管醉流霞江山羈旅窮游屐
花月逢迎换歲華畫棟香巢嬉燕雀秋風大澤起龍蛇
笙歌轉眼軍書急滿目弓刀咽塞笳

誰擁湖湘十萬兵誰拋鐵鎖縱長鯨千重戰艦飛天塹
一夕欃槍墮石城樓觀燒焚余闕墓烽煙夜逼呂蒙營
夫椒山外孤村路小住全家亦愴情

十載斑衣負膝前高堂明鏡雪盈顛機聲鐙影懷髫歲
荼苦蘗甘到暮年薄祿未酬毛掾檄空囊羞詠杜陵錢
春暉寸草無他祝但祝羲和暖著鞭

甥館簫聲駒影催雀屏射後首重回埽眉合作貧家婦
坦腹曾憐快壻才多病年光慵舉案無聊歡笑强銜杯
温郎綠鬢渾非昔羞照當年玉鏡臺

骨肉滄桑歷百憂斷鴻聲裏又驚秋三年襟染樊山淚
（辛亥春子遠兄病歿武昌）千里書沈皖國愁（伯姊從宦皖江久無音耗）意氣弟兄
曾爛熳詩篇姊妹互賡酬誰知今夜疏燈話風雨三人

共一樓

比屋何期遇賞音寒宵風雪酒同斟仲文雅擅多才譽

謂錢滌卿叔度能銷鄙吝心謂黃席珊終古海萍悲聚散幾人車

笠感升沈當年傾蓋今何在極目關山慘不禁

豈將通塞問前因虀粥原甘耐苦辛一代司衡關氣數

千秋名業幾傳人贊皇自抱安邊志李白何傷欲殺身

寄語羣公須努力中原此日正風塵

一醉居然百慮寬山河歷歷月中看夜深鈴柝千村警

江上烽煙萬竈寒身外浮名空得失鐙前絮語動悲歌

青冥萬里愁搔首莫向高秋問羽翰

秋夜示內

冰簟清如水蟲聲破夢醒起來搴繡箔小立數疏星光

逗秋螢碧煙銷篆縷青閒階悄攜手風露下空庭

別汪思輔

思輔人中豪身手萬人敵束髮攻韜鈐餘事精技擊蕭齋寂寞時過予談兵說劍心胷抒男兒豈肎居人下長嘯欲奪狼居胥吾年十二三悍挾輕鄉里偶聞不義心難平夜深往往抽刀起吾年十五六折節親師儒讀書恥談章句學下帷自惜年華徂十八事客游東息泰山巔日觀峰頭看日出海水搖空赤於血三秋嘶馬走大梁夷門日落吹臺凉十年江漢復淮海往來壯士多軒昂朔風十月圍場緊萬騎縱横馳電影射虎山前雪羽飛呼鷹臺下風竿冷歸來解衣血滿袍酒家縱飲恣歡號酣然大醉當鑪臥不知天外朝暾高轉眴煙雲塵事

改萬事蹉跎亦何悔當年傾蓋滿東南此日分飛復誰
在在昔歲癸丑幕府爭獻書奈何有才不能用羣雄歸
去爲樵漁嗟予捐棄百無惜黃金散盡空陳跡一臥空
山歲月更束書不讀弓刀擲毘陵城頭蘆笳吹側身西
望中心悲國恩未酬恥未雪我輩何以堪家爲秋風大
地何毿毿雙鬢星星換年少風塵俊眼恐辜君夜半愁
聞玉龍嘯極目燕臺隔萬山蕭蕭落木冷吳關人生聚
散尋常事揮手何須别淚潸

由滬歸里賦示同人

一谿新漲送歸橈綠滿煙村柳萬條小别兼旬如隔歲
故人絮語又今宵青山挽鹿身宜隱碧海屠鯨志欲銷
翦盡殘鐙眠不得簷前夜雨正瀟瀟

呈宋于庭丈
昔年曾别子雲亭此日江城感聚萍海內名流公健在故人兒輩我飄零青山扶杖添游興白髮看花慰暮齡垂老煙霞足供養林泉深處學鴻冥
獨客心情百不如風塵滿地欲回車十年幕府容揮盩一刺朱門倦曳裾故里空留元亮宅移家難覓伯通居道旁尚有王尼宿處處橫流劇愴予
疏風楊柳噪鳴鴉畫角聲中日又斜紓難更無家可毀請纓何地願徒賒萬夫睥睨雄心在一飯艱難末路嗟獨上吳山凝眺望鄉關深處亂雲遮
贈莊婉嫺內表姊
翛然標格絕纖埃姑射仙姿謝女才碧玉釵頭敲韻緩

青綾帳底解圍來萬端哀樂中年逼十載滄桑百念灰
忍憶華堂開夜宴萬花影裏射屏回王子歲君表妹字予
妖星夜照石頭城風鶴千山草木兵一夕分飛鄉井散
全家轉徙夢魂驚可憐紅燭催妝夜難遣青廬倚玉情
癸丑夏避地南墅入贅從此鹿車容並挽不知烽火隔江明
清秋城郭爨煙微亂後重逢淚滿衣甲寅秋姊歸自江陰節予同居話
到飄零翻慰籍歸來風景未全非畫梁輭語新雛囀繡
輦驕嘶駿馬肥纔得相依又離別驪歌聲裏暗魂飛
別路西來此繫車故人悵望各天涯筱甫約偕赴江右旋以事不果章
江烽火移戎壘越國山川怨暮笳倦客有愁銷竹葉疏
鐙細雨落簷花五湖一舸何時去莫問谿頭舊浣沙

將赴楚中留別同人

減盡風前兩鬢青江湖依舊感飄零家貧轉覺狂游好
多難誰憐早歲經敝到貂裘仍逆旅傾來別酒又旗亭
無端蜀魄聲聲訴多少離人帶淚聽
飢驅十載走天涯蒿目塵寰事事嗟激憤仲連甘蹈海
蕭條張儉本無家江山六代空芳草風雨三春又落花
好挂一帆湘漢去離愁無數付悲笳
壯懷空奮魯陽戈白日堂堂感逝波絶島鯢鯨排浪出
中原虎豹負隅多生涯依舊悲長鋏國是何人倒太阿
慨我傷時兼惜別尊前臏有涕滂沱
抵衡州贈陸子受觀察
曉日嚴城鼓角哀鸞旂獵獵陣雲開干山鄉夢兼天遠
萬里秋聲逐客來古戍簫笳陶侃壘空江煙雨楚王臺

鯉魚風裏帆初卸倦向青衫拂故埃
湖海蹉跎亦自憐登堂話舊一潸然惜陰我自慚分寸
廣厦公原庇萬千家學久傳雙燕集循聲爭誦去思編
荆州猶記兒時識回首悤悤二十年
錦幃銀鐙白玉欄金尊初洗月初殘當筵看劍心仍壯
越座論兵淚共彈四海倦遊鞍未息一家待哺歲將闌
不知今夜門閭望多少霜華上鬢端
一聲哀雁送新涼木落羣山闊大荒湘水遠浮三楚盡
嶽雲寒接九嶷蒼星辰斗北搖芒儼羆虎天南老雪霜
一任中原爭捷足龍媒祗合屬孫陽
蕃劍
三尺晴虹影遥從絶域來莫生遷地感自有倚天才笑

斫珊瑚樹閒揮碧玉杯邊烽猶未靖長鋏漫徘徊

銅瓶

銅瓶遭棄擲珍惜憶當時曾藉美人力誰爲碧井悲升沈皆得所汲引未遑辭今日出荒土千年起遠思

偕周敬甫避地海濱

不獻軍門策相攜海上來書生空許國羣帥況多才瘴雨連天暗濤聲入夜哀聊將兩行淚遙上魯連臺

歲晚

歲晚天涯百感侵宵寒風雪洒初斟江山自下勞人淚簫筑空餘弔古心射古更誰占寶氣繞枝何處息驚禽茫茫大地家安在滿目烽煙慘不禁

湘江迻次懷鄂中諸友卻寄

記得輕帆卸武昌故人相見鬢初霜漢南楊柳桓生淚
江上梅花太白鷃彈指又成千里別相思欲斷九回腸
秋心合藉微波訴零落芙蓉泠沅湘

思菴閒筆

舞四

明萬㊣末上倦於勤不坐朝不閱章奏輦下諸公亦泄泄然間有陶情花柳者一時教坊婦女競尚容色投時好尙以博貲財後且聯佈黨羽設局誆騙妙選姿色出衆者一人爲囮名曰打乖兒其共事者男曰幫閒女曰連手必擇見景生情撮空立辦者乃與之共事事成計力分財而爲囮者獨得其半於是搆成機巧往往變幻百出不可究詰時鄭貴妃嵩寵兄國泰倚皇親勢烜赫都中諸樂戸婦女率以承應至其家遂熟悉其內眷子弟輩思欲一試其術而懾於皇親勢未敢也有徐少司空者南直揚州人自都曹歷職卿貳久宦京師晚年

於邸中置妾生少子甚愛之司空家富乃以本籍田產撥付長子而以燕京市廛租及古玩寶器等并宦囊所蓄授之少子復以所應得廕職予之爲出身地司空歿少子依其母以居不願歸里遂土著都中其居書屋有小樓二閒牖外爲鄰家内院適有沈姓嫗者移居於此一日嫗詣徐宅徐生母子與之款洽嫗自言一子爲國學生因善鑒古董客於鄭皇親門下皇親信任吾子待之異於他客吾因是亦得往來其家其家正夫人爲某氏副夫人爲某氏女曰賽姑年十八矣尚未字其正夫人云必擇名宦子貌美才豐且有官職者方與婚因笑指徐生曰郎君應中其選我爲媒可乎徐生母曰齊大非吾耦巷業已謝之矣他日其子沈瑀來拜人物俊偉談

吐閒雅徐生一見甚歡恨相見之晩知其善鑒古玩也悉出其珍藏羅列示之瑪咋舌曰君家寶玩若此可謂傾崑山之玉役鬼工而彫琢之矣除是滎陽府中天下誰有如君家者然如雙玉獅環一事世所罕有即鄭府無可爲敵徐曰鄭係貴戚寶玩必多其最珍者何物瑪曰別無他異唯前日貴妃所賜賽姑數種內有四物眞罕世奇珍有「玉如鷺鷥卵曰煖手寒時兩手握之掌中溫氣欲汗有鑪曰自然香木質而中空臥時以體相偎香氣𥳑然環繞被中一是臂釧白玉爲質而以金刻花鳥形嵌其面細巧不可名狀又一是碧藍寶石簪黑夜中亦有碧光激射人目其餘珠珥服餙尚有價可許未足言也徐生因問曰賽姑者何人曰鄭之嫡女也與老母極

親厚老母嘗言賽姑妙麗神仙中或有塵世間絕無鄭
夫人愛之視珍寶萬萬倍故前後求婚者奚止百倍倍
數而皆不見允想享此福者自有人在特良緣未遇耳
徐生聞其語信之獨耿耿於所謂賽姑者恨未一遇也
至中秋夕徐生母子登樓賞月忽聞鄰外女聲紛紛因
俯下瞰見沈家庭中婦女擠擠皆豔妝共圍一美姝於
階前小立玉容姣好與月色相映照珠光翠彩閃爍於
烏攏綠鬢間沈嫗倉皇晉接驚喜若狂攜一坐具與美
姝曰盍少坐且玩此清皎月色因仰視天上笑指曰彼
中嫦娥不意今夕降寒家也俄而茶至姝出纖手略舉
杯沾脣旋立辭出嫗執手挽留姝微吐一二語音細不
甚悉遂與兩保姆分攜左右手率眾婢婦而出其豔治

之容幽閒之態徐生母子從樓上細窺且莫定其何等
貴家淑媛也次早沈嫗來欲借朱紅盒子自白云昨宵
忽蒙一貴人過舍倉卒不及款待欲盛果品數種聊申
意耳徐生母曰得毋昨夜坐汝家庭內觀月之嬌姝耶
嫗驚曰太君何以知之因作回想狀忽拍手笑曰吾知
之矣在尊府樓窗中窺見之耶徐生母曰然也嫗乃曰
太君前吾不敢祕此娃實鄭皇親親女賽姑昨宵往大
興隆寺燒香畢遂經此一過寒舍外人皆不知徐生母
曰曾字人否嫗曰未也吾向固言之可爲郎君佳耦奈
太君意過謙何徐生母曰姑試言之亦可但費必多金
恐力不支嫗曰何哉以太君家財萬金唾手可辦尋常
婚禮卒以數百金爲至今與皇親婚縱不容過吝然統

前後而許問名若干納采若干吉期若干不過一二三干
金止矣倘是夕大陸續付去不必一朝罄而輸異日
新人至日纏實金堆緝殆盡儀更多萬倍小往大來何必
目前者此區區者爲哉況東海宗世不亞榮膺郎君以
妙齡指日援職若借泰山力倚爲奧援行將躐五馬登
凡塵金章紫誥榮及所生此豈世間常有之福吾以鄰
比美情欲成此佳事非有厚望但冀郎君得氣後念我
老婦微笑一垂青盼於吾子可耳時徐生在旁不覺飫
聽其母亦心動遂囑之求婚日將暮爐忽至面色酡然
行動皆有醉容戲拉徐生手頓諸地大呼曰速揖謝我
母迎而問之爐曰事諧矣但鄭夫人欲一見貌約來月
初一日我往神木廠女貞菴游玩須郎君午晌到彼

一面以鄭君貌定然入觳至日整容而出車中果方擲
滿鄭夫人必大悅事何慮不諧徐生母子皆大喜於是
待至是日徐生盛服乘馬僕從衣服皆新整至菴門蒼
頭數十人坐於門外見生至頗倨不爲起生欲入一蒼
頭呵止曰家太在何物書生乃擅入耶徐之紀綱爲道
來意蒼頭曰果爾亦須入報乃令一小僮入須臾抗嫗
出胳生曰相待久何故遲遲亟攜手偕入至客坐少頃
一小鬟出招嫗令引生入內生至後堂立階下遥望簾
內一麗人珠襦繡帔莊嚴若神徐生爲鞠躬拜手睨視
簾內彷彿爲荅嫗引至客坐款茶坐良久有秀麗小鬟
兩人自內各持一金絲盒出向嫗云太太贈公子者徐
生向盒揖謝令僕從挈之趨出則諸蒼頭皆肅立叩送

絕非向時踞坐呵叱態矣徐生揚揚馬上至家喜極如
從天上來亟欲啟盒視所贈物及啟視有金扇及佩囊
等皆宮中式意其爲貴妃所賜轉贈愛壻者喜極逾倍
於是擇日發柬邀沈之母子款以盛筵令往鄭府議聘
禮嫗述滎陽夫人意遂議定聘金二千兩綵幣四百端
泰山泰水各以古玩寶器爲壽兩舅兄亦如之徐生母
獨留古玩中雙玉獅銜環不列禮目沈瑀有難色語徐
生曰諸古玩中惟雙玉獅銜環差足博皇親歡餘雖足
珍彼直視作尋常物倘無以得其歡心事無乃多齟齬
生曰此器乃百世寶環有血皴兩玉獅色微青其銜環
於口中宛轉盤旋疑是天工琢成吾家世代珍藏外無
人知者惟吾兒一觀之家母意欲存留奈何嫗從旁笑

日太君計左矣鄭府中寶玩何一非賽姑所掌者異日
止須吾一言盡數納諸匳中隨新人至仍是君家物何
損毫髮乎徐生母不得已亦以列之禮單乃行聘禮金
都五十兩一錠每盤雙錠兩人舁之古玩皆盛錦匣襲
以繡㡘每盤二事亦兩人舁之綵幣每盤二十端佐以
簪環小件亦兩人舁之使從百餘人鼓樂鬧其中炫煌
道路臨行媒者謂衆曰昨日皇親諭意已在上東門別
第受禮行事不必詣府第也已而至別第高門華棟蒼
頭蹡濟凡陳設器皿悉有公侯家氣象事事合款帖書
忝眷榮陽字樣其大如拳使從多於徐人盡簪花披紅
衣裳鮮耀一時喧闐街巷都中人咸知徐鄭結秦晉好
也沈嫗索媒金徐與之四鎰不受加以綾緞四端猶不

受更贈以寶簪一對乃受翌日其子來謝不言所事而去數日後嫗來盛言皇親家爲賽姑治裝已遣人往各省采辦絨則往陝翠則往廣珠則往遼東綾緞則往蘇杭令吾子持千金已往蘇杭矣撫掌而談歷歷可聽閱月餘嫗足音杳然徐生母乃從樓牖覘之庭中寂無一人怪之乃使人至皇親第訪之則從無監生沈姓者在門下亦無老嫗沈姓者往來復至上東門向時受禮行事處則門封扃閉諸旁鄰皆云此是王閣老家空宅人或宴會或結姻則賃以壯觀耳僕奔告徐生母子不勝忿恨相對而泣而生之兄手札忽自南來內云沈君來而知弟將補官欲移我五百金恐我見卻將先世所遺雙玉獅衘環爲信同胞兄弟乃作如此計較何耶某日

勉集五百金并雙玉獅銜環交付沈君來北想已檢入
但此寶不宜輕露人目亦不當輕託人手也徐生得兄
書恚媿更倍徐母歎曰吾偶昏迷受此大創致乃兄亦
墮其術然不意一老醜婦乃刁詭至此真神姦手遂出
千金爲徐生謀陞職未幾得某州通判隱忍前事而去
後諸樂戶中有洩其事者知是役也主謀者爲樂婦駱
四娘其假賽姑則京師羅小鳳名妓之尤物也爲假鄭
夫人者則小鳳之嫂羅二娘也其餘若沈嫗沈瑪及蒼
頭婢婦等則所謂幫閑人連手人也紛紛若此者不可
勝記至崇禎中一御史風聞其狀奏請裁汰在京樂戶
於是散入各省而流寓揚州者獨多有陳錫元者本徽
人至揚依富商趙昌祺司質庫中奔走事陳與趙爲表

親而陳素愿慤趙信任之乃令往來鹽廠課竈戶司鹽
務出納歲得幹金視他同事爲獨厚中年未娶無家室
累積金至五百餘兩以百金買房屋一所爲弛擔時居
停地時海濱出鹽倍多於常歲綱而外諸竈戶尙委積
如山錫元與同事各出銀若干賤價而買囤儲規利適
海泛鹽竈盡沒價忽踊貴所獲利子多於毋陳橐中頓
長千金自謂一生喫著不盡洋洋如濠上魚矣錫元之
同事曰吳子甯錫元早起往候之見其西鄰有浣衣於
門者鬒髮堆雲皓腕佯雪羅裙輕颺纖履微露時婦方
彎腰煩撋陳從後竊窺尙未望見顏色既至吳居主人
他往不値而出見婦方攬衣起立仰面看日日光照處
如初出芙蓉凝露鮮豔眉目秀媚頰輔豐勻陳爲之心

動歸至家適子(甯)來坐談良久忽問曰兄居向無西鄰今移居者何等人家子(甯)曰吾亦不知其何自來前從廠中歸內子語余曰三日前有新鄰馮二娘者挈其子小哥來拜自云北京人夫主物故孤貧無依來維揚欲倚一至戚徧訪帀月杳無蹤影不得已與乾父及此子僦居於此聞吳君善經紀欲令此子追隨撈澄練習貨殖爲衣食計否則同業中或有求螟蛉者仰仗高義望爲先容因戲錫元曰兄未有子盍撫之錫元沈吟曰吾止一身故得於親友家隨處寢食若撫一子則如駢拇之指動輒牽連計惟先有中饋主乃爲處置得所又恐隔腹所生啟家庭嫌釁反足爲累獨此際正待躊躇子(甯)解其意乃攘臂起戲捶其背曰無恥老兒乃作假途

取號計耶然此事彼未嘗出諸口吾不便與之言無溷
乃公遂拂衣去他日馮又至吳家申前言力懇爲小哥
地子甯丙子知厥夫之會言於錫元也爲言陳某處頗
有機緣聊慰其來意馮遂歸具榼酒治盤飧令其乾父
李老者率小哥遂至錫元家錫元愕然既而思其故意
此舉必子甯爲之作合非無因而至者又見所饋諸品
烹調精腆滋味馨香糕餌諸式玲瓏新巧皆非市肆中
可辦不欲拂其情遂坐受百拜行父子禮竟夙似有成
議者小哥年十五炊汲灑掃朝夕恪勤不辭勞勩暇則
依依膝下聽使令無頃刻離錫元愛之挈往鹽廠吳子
甯見之則亦意此舉必錫元自爲招徠故不問其所以
也已而錫元挈小哥返揚小哥歸而其母忽偕李老來

錫元延之坐既坐似有言仍止既而曰勢必爾無嫌直告也因語錫元曰有極無理事欲向君緩頰又恐瀆君聽致君怒然忝在愛末我不容默此事必如老人意則可兩全否則必致兩失姑妄言之可乎余家北京姪爲司禮監太監頗得氣老人在京差具饘粥前因吾女隻身遠出必欲老人作旅伴不得已來揚月內家司禮已兩次飛書促我北歸老人不日言别所惓惓者吾女孤羈一子已爲君嗣隻身單影萬不能自活若令此子歸宗養母不特負君德亦且反傷君心愛逾親子無端取之膝下而欲之去殊覺不情老人之意莫如令吾女繼君室爲君操井臼君儻居吾女家爲吾女持門戶在小哥離母而仍依母稍盡烏私在君無妻而適得妻幸成

佳耦衣綻則縫服污則洗飢則飯至渴則茶來試問老
鰥夫曾有此樂事否所謂必如余意則兩全否則必至
兩失者老人之說如此明哲如君請事三思錫元喜曰
事固善但誰爲主婚者李老拍胸起曰我便是有家司
禮在敢誰何我者乃急索柬及筆硯親書生庚雙手遞
陳陳捧持之如獲拱璧已而就馮居成婚則李老已北
上錫元心感其玉成美意悵悵如有所失比入內則几
席器皿事事精緻繡幃錦被璀璨耀目鑪內香氣芬郁
繚繞䙓袂雖劉阮之入天台其樂不是過也自是燕爾
之情堅如膠漆主人以鹽廠事屢促之殊有此間樂不
思蜀意二娘盡態極妍曲媚之中間以詼浪一日錫元
過其前忽以足鉤之擁而致之膝揶揄之曰霜後葫蘆

中乾外强又一日忽謂錫元曰只聞夫養婦不聞婦養
夫汝囊中羞澀何以處我錫元曰無恐有八百金貯主
典中汝日夜坐啖亦只是羨餘微利耳二娘眉忽縐故
爲沈思狀忽作咄咄聲伸兩指指錫元曰眞懞懂漢多
金貯彼無片紙隻字付汝執據主人年邁倘一旦不測
伊郎君豈善良者欲强索難矣前無室家故作此淺計
今守舍有人急宜索歸何物有賤微居奇可獲大利何
寄人籬下仰人鼻息爲錫元心以爲然乃向昌祺索取
所貯金昌祺年老而智深者語錫元曰銀便如數取去
但此物當念自辛苦中來貯諸典利雖少幸是獲之意
中若貯之家利或多宜防失之意外勿以吾言爲耄錫
元不之省遽持歸二娘取櫃貯之付其鑰於陳陳欲挈

其銀往鹽廠爲經營計與二娘商之二娘曰固善但須
先至彼一觀其大勢必利餘倍蓰然後歸取未遲萬一
利無可弋勢必復挈之歸舟車中行李淺露道路往返
八百金豈八百京錢不足動人耳目哉錫元又心以爲
然已而主人促之急諸同事又接踵於門苦爲勸駕纔
定行期二娘爲錫元計曰盍向店中挪移二百金以足
千數異日獲利以償此二百金卽是汝物經紀家固多
多益善也錫元從之於鹽課項中移二百金併之櫃中
托櫃於馮藏鑰於己囑之曰昏夜謹閉戶宜抱此櫃而
眠二娘曰前何太疏今何太密汝物卽吾物尚煩過慮
哉空手而出腰纏十萬而返是汝男子事吾女流何能
爲相汝成家耳又與錫元曰汝舊居房屋値百金空置

無益盍售之歸價於我我此處所居亦百金儻者願以
歸汝我年未四十尚有孕道倘得子則此居爲我兩人
偕老之處授之汝子小哥則別處之他所宜早爲計我
亦欲附汝橐中求微息也錫元又從之且喜其有遠慮
精心計也臨行二娘問歸期錫元曰吾久不入廠此番
一往諸務叢積多則三月少則一二月二娘曰期何遠
也天氣將暑汝父子須涼衣行囊中尚無半襲數日後
當遣小哥歸取服之垢者攜歸浣濯彼處齏菜豆豉等
物或不堪入口此閒當製就令小哥挈至錫元頷之又
心感其愛我之情篤也既至廠閱數日錫元果遣小哥
歸囑以五六日急至廠逾期不至延候二旬仍不至錫
元至是乃訝甚遂棄廠務兼程而返至門則已屆戌守

之乃排而入室中蕩然急往詢屋主人主人曰渠計月出賃錢居三月出錢若干欲去則聽其去耳又安知其所之錫元於是知所居亦非百金餽者不覺魂膽俱喪謀之吳子甯子甯曰兄已墮彼術中奈何爲訴趙昌祺欲擬遣多人蹤跡之昌祺搖手曰何益彼有如此手段而爲人蹤跡耶所惜者八百金貯諸家欲得重利今竟何如錫元慙悔莫及既而主人知鹽課中虧二百金爲陳所浪擲不迫索第好言遣之錫元無所歸窮困每爲人言受誑狀輒搥胸頓足悔恨欲泣人有知之者此北京黠妓羅二娘也特詭姓馮耳一日錫元閒步雷塘適畫舫中一貴公子擁數麗妓歡飲二娘在焉始知其行蹤不遠又抱琵琶渡別船矣因徘徊岸側忽爲二娘所

見乘間以手招之竊語曰陳郎耶向日無情實爲李老
所誤彼搆成此局許我百金倩我爲媒非我本懷也明
日可俟我於集慶巷王姥家其繼女小鳳我姑也爲白
我意留彼處片時我乘閒郎來晤時當有以報乃出袖
中碎金五六兩予之郎揮之去翌日錫元依言至彼則
王門已爲邑令封扃所云王姥及小鳳者被逐境外久
矣陳知復爲此婦所紿遂憤極歸嶽爲僧云是時流賊
破陝西蹂河南勢逼畿南淮揚諸郡人無甯士兼値歲
饑民半流亡至弘光立四鎮爭揚州繁華都會幾爲戰
場於是隋隄翠館蛛網塵封吳地妖姬風流雲散矣揚
州西郭有種蔬人蔣老者所居茅屋一椽四壁傾敗値
世荒亂所種蔬常不足自給飢則掘江干苿薺充腹往

十二

往數日不能舉火然勤於操作年五十餘精力强健揮
鋤畦町閒雖折膝裂膚之辰爍石流金之候自朝至暮
絕無所苦歲乙酉大兵南下將至維揚蔣之鄰里皆率
妻子逃避蔣獨無妻遂不作逃避想仍棲茅屋中自分
無食逃亦死不逃亦死死是意中事也既而大兵圍揚
州其駐西城者爲滿洲都統某其隊長號曰披甲一披
甲搜村落獲蔣解至都統營都統見其身無寸布僅以
敗蓑蔽下體乃問曰蠻子是鄉農乎蔣股栗不能對都
統命剪其髮令給各營擔水之役蔣荷擔往來諸營蹻
捷若飛蔣素性習勤力作不敢片刻閒暇擔水至各營
畢即爲析薪炊爨秣馬掃溲隨手作勞事事周至諸披
甲悅其人甚相與語曰聞說南人耽情逸樂日日啖爛

肉飲苦茗日高三丈猶未起何此蠻恪勤乃爾一日擔水至都統大營其掌馬務者牽令蔣至茭草場剉馬芻都統閱馬見馬芻問何人所辦掌馬者恐有罪責鞭撻及己舉蔣以對都統忽色喜曰彼鄉農乃辦事精細夏日茭根有蛭截去其根令馬不病滿人生長北方未知南方茭草夏月不宜連根飼馬遂令給蔣步兵牌隸正藍旗下未幾揚州破史可法殉難太守任民育死之闔城受屠婦女老醜者皆被殺獨留少美者給有功披甲諸披甲恐售主揀擇致價不均各以巨囊裝諸婦女固結囊口負至通衢插標於囊上求售甚迫大率皆為留揚鎮守北方人買去本城人靡有子遺更無人問買矣

一披甲售至三日囊中人仍在忽發怒拽囊而起欲投之江同伍力阻之曰旗主所賞何可輕棄且無端戕一命不更殘忍耶披甲曰然則將付之何人一同伍曰此間有蔣鸞子者在我營中勞苦久彼固無偶盍以此賞之諸同伍曰善卽呼蔣老至披甲指囊示之曰闆爾無夜伴任爾取去蔣老茫然不識所謂夜伴者何物諸滿兵語之曰賞汝老婆耳蔣老恐甚遽頓首於地且哀懇曰一身不能自活不敢從命披甲怒曰南人刁詐信然白手得百金貨乃假意耶遂拔刀而前欲斫之一滿兵急從後抱持衆同伍舉囊置蔣老背叱令速走蔣老不得已負而歸入茅屋中釋所負囊於地倘恍久之莫知所措已而念是中人必被擄受困極頓背負之絕無聲

息似欲垂斃者不勝心惻乃解囊啟視則一美婦也疲
極神昏奄奄一息果垂斃矣急抱持起臥於敗板牀中
罄其瓶得米合許拾蘆枝煮粥用蜆殼就其口灌之灌
已婦乃昏昏睡去蔣老復至大營供役諸滿兵見其容
蹙戲語曰新郎君宜有喜色何不豫爲蔣老曰吾自分
將作溝中餓殍何忍更累一婦俟其稍甦詢其親戚行
將完璧歸趙耳諸滿兵憐其誠贈以蚊帳被褥等又與
黑豆乾糧各斗許蔣老拜謝攜歸視婦則已轉動頗爲
心慰復煮乾糧爲粥抱起進之爲張蚊帳鋪被褥於鄰
人空舍中覓一便器置寢所己則用蘆簾攤於門外臥
於茅舍之檐下次日復煮乾糧爲粥食之時大營已啟
行蔣老無所事仍執鋤往畦種菜日午恐婦飢欲食舍

鋤而歸婦已起兩手支敗牀而坐見蔣老忽張目微聲
問曰此何處曰西城外小村落也曰我何以至此曰滿
洲兵令我負歸曰去錢幾何曰貧人無錢婦沈吟曰無
錢安得以我與爾曰當日實以不能相活力辭奈彼拔
刀欲殺我幸同伍中力救勸我負歸語未畢婦忽昏倦
仍倒身下睡閱兩日婦神氣漸爽蔣老以乾糧爲飯佐
以園蔬與之食食已蔣老故南望微示以意曰此地離
城不遠半里婦聞潸然淚下蔣老恐婦有遲留意遽至
前猝問曰爾有夫乎其誰也婦曰我揚州太守妻也蔣
老駭甚曰是官太耶因頓足曰太守已殉難奈何婦曰
非也乃前任太守某也蔣老喜曰若然則太守固在可
相聞也婦悲泣曰前月往金陵謀復官遇盜殺之江中

矣蔣老曰太守獨無親戚乎婦又曰陝西殘破太守久
無親戚蔣老復問曰汝或有父母兄弟亦可相依我當
爲汝徧訪可示知婦大泣曰吾止一養母城破日目擊
爲韃兵所殺因號慟不止蔣老亦爲流涕慰之曰且無
悲終當歸依有所此雖茅舍缶中尚有半月糗糧遲遲
以待亦可婦曰感爾厚意但爾貧困至此食不能常繼
奈何蔣老姑慰之曰世亂已平謀生自易婦隱頷之一
日婦見蔣老以菜根雜黑豆中煮以自食而獨以乾糧
煮飯食婦又時已秋涼蔣老仍露宿簷下而已寢帳中
擁被藉茵竊念此老誠慤男子豈可多得遂有倚託終
身之意呼至前問曰汝得進城否蔣老曰日來爲訪官
太親戚入城奚啻數十次但徧走空城絕無人蹤惟屍

骸滿地耳曰滿兵守城門得免盤詰否曰守門兵皆我熟識誰相詰者且吾有正藍旗步兵腰牌往來原無所阻婦喜曰果爾吾有事相委此去入西城有董公祠祠左側第三家門首一大陰溝中有木匣二具可爲我取至蔣老遽諾郎行婦喚回語曰匣不可露人目守兵見之奈何蔣老計曰是矣置匣於土簏底而以亂薪覆其上可也須臾擔而至問婦曰此中何物鎮肩沈沈婦曰銀也爲破鎖示之約千金婦曰更有一處乃集慶巷中第四家屋頗卑小門有雙環入此門過第二進至東側廂廚下積灰中藏銀兩大包今已及四年餘未知爲何人所得也蔣老曰吾姑一往遂如言至其處則門首已陳弓刀爲滿洲兵舍館矣蔣老方徘徊門外一滿兵出

見之遽趨而前拍其肩曰老斃子何事至此蔣老視之乃其熟識者答曰拾糞釀田其人曰甚善此間有多年積灰爲我除之乃引蔣老至灰所指曰幸除淨他日酒肆中勞汝也語畢卽去蔣老抉灰得大包二各以布厚裹而以細繩緊縛比前兩匣中物更重乃置之籠底以灰覆其上竟擔而歸婦大喜次日婦復語蔣老曰汝年非壯年膽則壯膽玉帶橋北有一大第汝識之乎蔣老曰識之我前爲官太訪親屬屢至其處向爲滿洲一大帥所據今大帥移營南去此宅空洞無居人莫是尚有物藏彼處否婦曰此宅中有板房一所下有銀窖其左邊板末有一鐵環隱記拽環起板卽可得蔣老曰倘已爲滿帥所得則奈何婦曰吾決之一生所夢知汝此番

往亦必如意蔣老於是復荷土簏入城至其處果有板房一所半爲滿兵拆毀獨有鐵環處一半安然未動如言啟視則下皆纍纍白鏹砌滿窖中運之簏依前覆物於上擔重而出荷虛而入如是者數四守門者謂曰老蠻子直欲勞死種菜獲利幾何何作苦至是蔣老姑答曰窮人不勞不活耳於是舉窖中銀盡運之歸卽於婦所寢旁累土爲炕爲婦藏金其中喜謂婦曰頃聞進城見揚人紛紛返舊居鋪家亦有開張者大勢已甯靜人間夫妻子女骨肉相聚有期吾自明日始逢人便爲官太訪親屬倘有天幸可挈此多金歸搬運之勞吾力猶能爲役婦曰吾何歸歸汝耳蔣老大驚辭曰茅舍餓夫忽得貴人妻萬不作此想婦遂訴之以情其言曰我固

北京樂戶女羅小鳳也出自青樓慚非白璧髮方覆額偎以姿容邀諸貴人欣賞奈慈母即世見妒悍嫂繼爲此地洪生所憐挈我南來別居我於董公祠左側又遭洪妻統率健婦捽我痛毆隨扃我於一小樓中我憤極自縊不死繼歸我於集慶巷王家爲妓幸義母加恤恩同己出安處數年忽爲諸惡少圖詐未遂首之公庭倍極榜笞逼令歸籍我與義母行至山東適太守朝覲回南娶我爲繼室侍寢三年迨太守解任居揚玉帶橋邊尚相依一載不料江中之慘計旋聞城外之殺聲踵至霜顛老母魂逐江流翠黛嬌兒身羇毳幕忽又東縛囊中委棄道旁暴露經三晝夜飢渴莫我聞知神魂飄渺其無依氣息綿延而垂絕當此時也早知死有定期安

望生仍故土誰實脫我於死誰實食我而生私心竊幸
爲自此已得所天君意云何乃令我終身失所耶言訖
悲咽不自勝蔣老爲之憐惻知情不能卻遂與同枕席
蓋此老混沌初開時也時南北雖通商賈往來絕少兩
地所出貨物各苦積滯蔣老與婦謀先營草房百間於
是持千金往南千金往北各賤販其地所出之貨而歸
草房百間積儲殆滿一時南北賈人樂其便近悉至維
揚貿易不數年取利幾十餘萬乃營大第畫棟雕甍以
居婦於中羅列珍饈以養之凡婦意所指揮無不屏息
聽命至是猶呼婦爲官太家人亦不知此稱何自來也
一日蔣老語婦曰賴太力得起家吾欲施舍作善事當
以萬金相還婦曰是我還汝物何待汝還我也因自言

少時在北京母將死私舉遺資五百金授之是夜夢金
甲神指五百金諭曰留以償債已而攜至揚州得拱生
厚贈亦五百金又夢金甲神來云速藏償債金禍且至
驚寤如神言匿之門首溝中已而受拱妻苦辱以練自
絞其頸魂離形矣忽見金甲神叱云債未償乃欲逃乎
揮手作刀劍聲樓下一嫗驚而救我得甦已而入妓館
積金二千餘靜夜與義母共包裹又夢金甲神如前語
曰速藏償債金禍且至寤而泣告義母母不信黎明隸
役持牒來拘母迫乘間匿之廚下灰中房屋卽爲縣官
封閉已而入太守署專寵宦囊若千委積藏弆悉令我
獨主之又夢金甲神曰償債金已足汝可自繳令各處
所藏金汝往輒獲金甲神亦不復見夢豈非原是汝物

兆由前定乎蔣老聞亦心異焉婦乃立誓茹修廣行善事爲蔣老置妾生一子撫之如已出年逾六十先蔣老而卒小鳳之晚節如此而羅二娘則不知其所終

連宵積雪飲南酒數杯紙窗淅瀝聲不止一鐙相對不覺旅懷巠集適主人出縱談維揚坊曲間軼事主人揚人也聲口閒頗足爲一邦奇優孟曲暢情節巧摹入神一時唱噱差慰寂寥早起呵凍筆書之敗紙

庚寅仲冬燕邸思菴閒筆

思菴閒筆一卷常熟嚴虞惇撰虞惇字寶成思菴其別
號也庚寅爲康熙四十八年其以大理在京服官時與
末世人情譸張爲幻誠有匪夷所思者稍不自持即受
欺騙雖得思菴以猶龍之筆狀鬼蜮之情神姦巨蠹歷
歷如繪先生砦主人曲暢情節巧摹入神殆即自評其
書予從虞山叢書抽出別行與馮長之虞山妖亂志亦
可謂兩奇書矣

京本通俗小說第十卷

碾玉觀音 上

山色晴嵐景物佳煖烘回雁起平沙東郊漸
覺花供眼南陌依稀草吐芽堤上柳未藏鴉
尋芳趁步到山家隴頭幾樹紅梅落紅杏枝
頭未着花

這首鷓鴣天說孟春景致原來又不如仲春詞
做得好

每日青樓醉夢中不知城外又春濃杏花初
落疎疎雨楊柳輕搖淡淡風浮畫舫躍青驄

小槗门外绿陰籠行人不入神仙地人在珠
簾第幾重
這首词説仲春景致原来又不如芸夫人做着
季春词又好
先白春光似酒濃时听燕語透簾櫳小槗楊
柳飄香絮山寺緋桃散落紅鶯漸老蝶西東
春歸难覓恨无窮侵堦草色迷朝雨满地梨
花逐曉凤
這三首词都不如王荆公看見花瓣兒片〻凤
吹下地来原来這春歸去是東凤断送的有詩
道

春日春凤有时好　春日春凤有时恶
不得春凤花不開　花開又被凤吹落
蘇東坡道不是東凤断送春帰去是春雨断送
春帰去有詩道
雨前初见花間蕋　雨後全无葉底花
蜂蝶紛〻過墻去　却疑春色在鄰家
秦少游道也不干凤事也不干雨事是柳絮飄
将春色去有詩道
三月柳花軽復散　飄颺澹蕩送春帰
此花本是无情物　一向東飛一向西
邵尭夫道也不干柳絮事是胡蝶採将春色去

有詩道

花正開时當三月　胡蝶飛来忙劫〻

搡将春色向天涯　行人路上添淒切

曾两府道也不干胡蝶事是黄鶯啼得春歸去

有詩道

花正開时艷正濃　春宵何事老芳叢

黄鸝啼得春歸去　无限园林轉首空

朱希真道也不干黄鶯事是杜鵑啼得春歸去

有詩道

杜鵑叫得春歸去　物边啼血尚犹存

庭院日長空悄〻　教人生怕到黄昏

蘇小妹道都不干這幾件事是燕子啣將春色
去有蝶戀花詞為證

妾本錢塘江上住花開花落不管流年度燕
子啣將春色去紗窗幾陣黄梅雨斜插犀梳
雲半吐檀板輕敲唱徹黄金縷歌罷綵云无
覔處夢回明月生南浦

王岩叟道也不干風事也不干雨事也不干柳
絮事也不干胡蝶事也不干黄鶯事也不干杜
鵑事也不干燕子事是九十日春光已过春歸
去曾有詩道

怨風怨雨俱非　風雨不来春亦歸

腮边红褪青梅小　口角黄消乳燕飛
蜀魄健啼花影去　吴蚕强食柘桑稀
直恼春帰无觅処　江湖辜負一蓑衣

說話的因甚說這春帰詞紹興年間行在有个關西延州延安府人本身是三鎮節度使咸安郡王当时怕春帰去将帶着許多鈞眷遊春至晚回家来到分堦门裏車橋前面鈞眷轎子过了後面是郡王轎子到来只听得橋下褾褙鋪裏一个人叫道我兒出来看郡王当时郡王在轎裏看見叫帮總虞候道我從前要尋這个人今日却在這裏只在你身上明日要這个人入

府中来当时虞候声諾来尋這个看郡王的人
是甚色回人正是
塵随車馬何年尽　情繫人心早晚休
只見車橋下一个人家门前出着一面招牌寫
着璩家裝裱古今書畫鋪裏一个老兒引着一
个女兒生得如何
云鬟輕籠蟬翼蛾眉淡拂春山朱脣綴一顆
櫻桃皓齒排两行碎玉蓮步半折小弓〻鶯
囀一声嬌滴〻
便是出来看郡王轎子的人虞候即时来它家
对门一个茶坊裏坐定婆〻把茶点来虞候道

啓請婆〻过对门裱褙鋪裏請璩大夫来说话婆〻便去請到来两个相揖了就坐璩待詔问府幹有何見諭虞候道无甚事閑问則个適来叫出来看郡王轎子的人是令爱麽待詔道正是拙女止有三口虞候又问小娘子貴庚待詔应道一十八步再问小娘子如今要嫁人却是趋奉官員待詔道老拙家寒那讨銭来嫁人将来也只是献与官員府第虞候道小娘子有甚本事待詔说出女孩兒一件本事来有詞寄眼兒媚爲證

深閨小院日初長嬌女綺罗裳不做東君造

化金針刺綉群芳様斜枝嫩葉包開蘂唯只
欠馨香曾向园林深処引教蝶乱蜂狂
原来這女児會綉作虞候道適来郡王在轎裏
看見令愛身上繫着一條綉裡肚府中正要尋
一个綉作的人老丈何不献与郡王璩公帰去
与婆〻説了到明日寫一紙献状献来府中郡
王給与身價因此取名秀〻养娘不則一日朝
廷賜下一領团花綉戰袍当时秀〻依様綉出
一件来郡王看了歡喜道主上賜与我团花戰
袍却尋甚麽奇巧的物事献与官家去府庫裏
尋出一塊透明的羊脂美玉来即时叫将门下

碾玉待詔道這塊玉堪做甚麽内中一个道好
做一副勸盃郡王道可惜恁般一塊玉如何將
来只做得一副勸盃又一个道這塊玉上尖下
园好做一个摩侯罗兒郡王道摩侯罗兒只是
七月七日乞巧使得尋常間又无用処数中一
个後生年紀二十五步姓崔名寧趋事郡王数
年是昇州建康府人当时叉手向前对着郡王
道告恩王這塊玉上尖下圓甚是不好只好碾
一个南海观音郡王道好正合我意就叫崔寧
下手不过两个月碾成了這个玉观音郡王即
时寫表進上御前龍颜大喜崔寧就本府增添

請給這遇郡王不则一日时遇春天崔待诏遊
春回来入得钱塘门在一个酒肆与三四个相
知方纔吃得数盃则听得街上闹炒〻連忙推
開楼窗看时見乱烘〻道井亭橋有遗漏吃不
得這酒成慌忙下酒楼看时只見
初如螢火次若灯火千条蠟燭焰難当万座
糝盆敵不住六丁神推倒宝天炉八力士放
起焚山火驪山會上料应褒姒逞嬌容赤壁
矶頭想是周郎施妙策五通神牽住火葫芦
宋无忌趕番赤騾子又不曾瀉燭澆油直恁
的烟飛火猛

崔待詔望見了急忙道在我本府前不远奔到
府中看时已搬挈得罄尽静悄〻地无一个人
崔待詔既不見人且循着左手廊下入去火光
照得如同白日去那左廊下一个妇女摇〻摆
摆從府堂裏出来自言自語与崔寧打个胸厮
撞崔寧認得是秀〻養娘倒退两步低声唱个
喏原来郡王当日尝对崔寧許道待秀〻満日
把来嫁与你這些衆人都撺掇道好对夫妻崔
寧拜謝了不則一番崔寧是个单身却也痴心
秀〻見恁地个後生却也指望当日有這遺漏
秀〻手中提着一帕子金珠富貴從左廊下出

来撞见崔宁便道崔大夫我出来得迟了府中
养娘各自四散管顾不得你如今没奈何只得
将我去躲避则个当下崔宁和秀〻出府门沿
着河走到石灰橋秀〻道崔大夫我脚疼了走
不得崔宁指着前面道更行几步那裏便是崔
宁住处小娘子到家中歇脚却也不妨到得家
中坐定秀〻道我肚裏饥崔大夫与我买些〻点
心来吃我受了些〻惊得杯酒吃更好当时崔宁
买将酒来三盃两盏正是

三盃竹葉穿心过　两朵桃花上脸来

道不得个春爲花博士酒是色媒人秀〻道你

記得当时在月台上賞月把我許你〻兀自拜
謝你記得也不記得崔寧又着手只应得喏秀
秀道当日衆人都替你喝采好对夫妻你怎地
到忘了崔寧又則应得喏秀〻道比似只管等
待何不今夜我和你先做夫妻不知你意下何
如崔寧道豈敢秀〻道你知道不敢我叫將起
来教坏了你〻却如何將我到家中我明日府
裏去説崔寧道告小娘子要和崔寧做夫妻不
妨只一件這裏住不得了要好趂這个遺漏人
乱时今夜就走開去方纔使得秀〻道我既和
你做夫妻凭你行当夜做了夫妻四更已後各

帶着随身金銀物件出门离不得飢飡渇飲亱
住曉行迤逦来到衢州崔寧道這裏是五路揔
頭是打那條路去好不若取信州路上去我是
碾玉作信州有幾个相識怕那裏安得身即时
取路到信州住了幾日崔寧道信州常有客人
到行在往来若說道我等在此郡王必然使人
来追捉不当穩便不若离了信州再往别処去
两个又起身上路径取潭州不则一日到了潭
州却是走得远了就潭州市裏討间房屋出面
招牌寫着行在崔待詔碾玉生活崔寧便对秀
秀道這裏离行在有二千余里了料得无事你

我安心好做長久夫妻潭州也有幾个寄居官
員見崔寧是行在待詔日逐也有生活得做崔
寧密使人打探行在本府中事有單到郡下的
得知府中当夜失火不見了一个养娘出賞尒
尋了幾日不知下落也不知道崔寧將他走了
見在潭州住时光似箭日月如梭也有一年之
上忽一日方早開门見兩个着皂衫的一似虞
候府幹打扮入来鋪裏坐地问道本官听得說
有个行在崔待詔教請过来做生活崔寧分付
了家中隨這兩个人到湘潭縣路上来便將崔
寧到宅裏相見官人承攬了玉作生活回路歸

家正行間只見一个㑇子頭上帶个竹絲笠兒
穿着一領白叚子兩上領布衫青白行纏扎着
褲子口着一双多耳麻鞋挑着一个高肩担兒
正面来把崔寧看了一看崔寧却不見這㑇面
貌這个人却見崔寧從後大踏步尾着崔寧来
正是

誰家稚子鳴榔板　鷩起鴛鴦兩处飛

碾玉觀音下

竹引牽牛花滿街疎籬茅舍月光篩琉璃盞
内茅柴酒白玉盤中簇豈梅休懊惱且開坯
平生贏得笑顔開三千里地无知已十万軍

中掛印来

這隻鷓鴣天詞是関西秦州雄武軍刘两府所作從順昌入戰之後閒在家中寄居湖南潭州湘潭県它是个不愛財的名将家道貧寒時常到村店中吃酒店中人不識刘两府譏呼嘮叨刘两府道百万番人只如等閒如今却被它們誣罔做了這隻鷓鴣天流傳直到都下当時殿前太尉是阳和王見了這詞好傷感原来刘两府直恁孤寒教提轄官差人送一項分与刘两府今日崔寧的東人郡王听得說刘两府恁地孤寒也差人送一項分与它却经由潭州路过

見崔寧從湘潭路上来一路尾着崔寧到家正
見秀〻坐在櫃身子裏便撞破他們道崔大夫
多时不見你却在這裏秀〻養娘它如何也在
這裏郡王教我下去来潭州今遇着你們原来
秀〻養娘嫁了你也好当时諕杀崔寧夫妻兩
个被它看破那人是誰却是郡王府中一个排
軍從小伏侍郡王見它朴实差它送錢与刘兩
府這人姓郭名立叫做郭排軍当下夫妻請住
郭排軍安排酒来請佗分付道你到府中千万
莫說与郡王知道郭排軍道郡王怎知得你兩
个在這裏我没事却說甚麼当下酧謝了出门

回到府中叅見郡王納了回去看〻郡王道郭
立前日下去回打潭州过却見两个人在那裏
住郡王问是誰郭立道見秀〻养娘并崔待詔
两个請郭立吃了酒食教休来府中説知郡王
听説便道叵耐這两个做出這事来却如何直
走到那裏郭立道也不知它仔細只見它在那
裏住地依旧掛招牌做生活郡王教幹办去分
付臨安府即时差一个緝捕使臣帶着做公的
備了盤纏径来湖南潭州府下了公文同来尋
崔寧和秀〻却似

皂鵰追紫燕　猛虎啖羊羔

不两月捉将两个来解到府中报与郡王得知即时陞厅原来郡王杀番人时左手使一口刀叫做小青右手使一口刀叫做大青這两口刀不知剁了多少番人那两口刀鞘内藏着掛在壁上郡王陞厅众人声喏即将這两个人押来跪下郡王好生焦躁左手去壁牙上取下小青右手一掣〻刀在手睁起杀番人的眼兒咬得牙齒剥〻地响当时諕杀夫人在屏风背后道郡王這裏是帝輦之下不比边庭上面若有罪过只消解去临安府施行如何胡乱凯得人郡王听説道叵耐這两个畜生逃走今日捉将来

我惱了奴何不凱疣煞夫人来勸皿提秀〻入
府后花园去把崔寧解去臨安府断治当下喝
赐分酒賞犒提事人解這崔寧到臨安府一一
從頭供説自從当夜遺漏来到府中都搬尽了
只見秀〻养奴從廊下出来揪住崔寧道你奴
何安手在我怀中若不依我口教坏了你要共
逃走崔寧不得已与它同走只此是实臨安府
把文案呈上郡王〻〻是个剛直的人便道疣
然恁地寬了崔寧皿与從輕断治崔寧不合在
逃罪杖發遣建康府居住当下差人押送方出
北関门到鵞项頭見一顶轎兒两个人抬着從

后面叫崔待詔且不得去崔寧認得像是秀〻
的声音趕將来又不知恁地心下好生疑惑傷
弓之鳥不敢攬事且低着頭只顧走只見后面
趕將上来歇了轎子一个婦人走出来不是别
人便是秀〻道崔待詔你如今去建康府我却
如何崔寧道却是怎地好秀〻道自從解你去
臨安府断罪把我捉入后花园打了三十竹篦
遂便趕我出来我知道你建康府去趕將来同
你去崔寧道恁地却好討了船直到建康府押
發人回若是押發人是个多舌的就有一場
是非出来因曉得郡王性如烈火惹着它不是

輕放手的它又不是王府中人去管這间事怎
地況且崔寧一路買酒買食奉承得它好回去
时就隱惡而揚善了再說崔寧两口在建康居
住既是问断了如今也不怕有人撞見依旧開
个碾玉作鋪渾家道我两口却在這裏住乃好
只是我家爹媽自從我和你逃去潭州两个老
的吃了些苦当日捉我入府时两个去尋死覓
活今日也好教人去行在取我爹媽来這裏同
住崔寧道最好便教人来行在取它丈人丈母
寫了它地理脚色与来人到臨安府尋見它住
処问它隣舍指道這一家便是来人去门前看

时只見兩扇门関着一把鎖〻着一条竹竿封
着問隣舍它老夫妻那裏去了隣舍道莫說它
有个花枝也似女兒献在一个奢遮去処這个
女兒不受福德却跟一个碾玉的待詔逃走了
前日從湖南潭州捉将回来送在臨安府吃官
司那女兒吃郡王捉進后花园裏去老夫妻見
女兒捉去就当下尋死覔活至今不知下落只
恁地関着门在這裏来人見說再回建康府来
兀自未到家且說崔寧正在家中坐只見外面
有人道你尋崔待詔住処這裏便是崔寧叫出
渾家来看时不是别人認得是璩公璩婆都相

見了苦歎的做一処那去取老兒的人隔一日
纔到說如此這般尋不見却空走了這遭兩个
老的且伯来到這裏了兩个老人道却生受你
我不知你们在建康住教我尋来尋去直到這
裏其時四口同住不在話下且說朝廷官裏一
日到偏殿看玩宝器拿起這玉觀音来看這个
观音身上当时有一个玉鈴兒失手脫下即时
問近侍官員却如何修理得官員將玉观音反
覆看了道好个玉观音怎地脫落了鈴兒看到
底下〻面碾着三字崔寧造恁地容易既是有
人造只消得宣這个人来教它修整敕下郡王

府宣取碾玉匠崔寧郡王回奏崔寧有罪在建
康府居住即時使人去建康取得崔寧到行在
歇泊了当時宣崔寧見駕将這玉观音教它領
去用心整理崔寧謝了恩尋一塊一般的玉碾
一个鈴兒接住了御前交納破分請給養了崔
寧令只在行在居住崔寧道我今日遭際御前
爭得氣再来清湖河下尋間屋兒開个碾玉鋪
須不怕你們撞見可煞事有鬭巧方纔開得鋪
三兩日一个漢子從外面过来就是那郭排軍
見了崔待詔便道崔大夫恭甘了你却在這裏
住抬起頭来看櫃身裏却立着崔待詔的渾家

郭排軍吃了一驚拽開脚步就走渾家說与丈夫道你与我叫住那排軍我相問則个正是

平生不作皺眉事　世上应无切齒人

崔待詔即时赶上扯住只見郭排軍把頭只管側来側去口裏喃〻地道作怪〻沒奈何只得与崔寧回来到家中坐地渾家与他相見了便問郭排軍前者我好意留你吃酒你却歸来說与郡王壞了我兩个的好事今日遭際御前却不怕你去說郭排軍吃它相問得无言可荅只道得一声得罪相別了便来到府裏对着郡王道有鬼郡王道這漢則甚郭立道告恩王有

鬼郡王问道有甚鬼郭立道方纔打清湖河下
过見崔寧開个碾玉鋪却見櫃身裏一个婦女
便是秀〻養娘郡王焦躁道又来胡説秀〻被
我打殺了埋在后花园你須也看見如何又在
那裏却不是取笑我郭立道告恩王怎敢取笑
方纔叫住郭立相问了一回怕恩王不信勒下
軍令狀了去郡王道真个在时你勒軍令狀来
那漢也是合苦真个寫一紙軍令狀来郡王收
了叫两个当直的轎番抬一顶轎子教取這妮
子来若真个在把来凱取一刀若不在郭立你
須替它凱取一刀郭立同两个轎番来取秀〻

正是

麦穗两歧　農人難辨

郭立是関西人朴直却不知軍令狀如何胡乱勒得三个一迳来到崔寧家裏那秀〻兀自在櫃身裏坐地見那郭排軍来得恁地慌忙却不知它勒了軍令狀来取你郭排軍道小娘子郡王鈞旨教命取你則个秀〻道旣如此你们少等待我梳洗了同去即时入去梳洗换了衣服出来上了轎分付了丈夫兩个轎番便抬着逕到府前郭立先入去郡王正在所上等待郭立唱了喏道巳取到秀〻養娘郡王道着他入来

郭立出来道小奶子郡王教你進来掀起簾子
看一看便是一桶水傾在身上開着口則合不
得就轎子裏不見了秀〻养娘问那两个轎番
道我不知則見他上轎抬到這裏又不曾轉動
那廝叫将入来道告恩王恁地真个有鬼郡王
道却不叵耐教人捉這廝等我取过軍令状来
如今凱了一刀先去取下小青来那廝從来伏
侍郡王身上也有十数次官了蓋緣是粗人只
教它做排軍這廝慌了道見有两个轎番見證
乞叫来问即时叫将轎番来道見他上轎抬到
這裏却不見了說乃一般想必真个有鬼只消

乃叫将崔宁来问便使人叫崔宁来到府中崔
宁從頭至尾説了一遍郡王道恁地又不干崔
宁事且放它去崔宁拜辞去了郡王焦躁把郭
立打了五十背花棒崔宁听乃说渾家是鬼到
家中问丈人丈母两个面〻厮覷走出门看着
清湖河裏撲通地都跳下水去了当下叫救人
打捞便不见了尸首原来当时打杀秀〻时两
个老的听乃说便跳在河裏已自死了這两个
也是鬼崔宁到家中沒情沒绪走進房中只见
渾家坐在床上崔宁道告姐〻饒我性命秀〻
道我因為你吃郡王打死了埋在后花园裏却

根郭排軍多口今日已報了寃仇郡王已將它
打了五十背花棒如今都知道我是鬼容身不
得了道罷起身双手揪住崔寧叫得一声四肢
倒地隣舍都來看時只見
　兩部脉尽總皆沉　一命已歸黄壤下
崔寧也被扯去和父母四个一塊兒做鬼去了
後人評論得好
　咸安王捺不下烈火性
　郭排軍禁不住閑磕牙
　璩秀娘捨不得生眷屬
　崔待詔撇不脱鬼寃家

京本通俗小說第十卷

京本通俗小説第十一卷

菩薩蠻

利名门路两无凴　百步风前短焰灯
只恐爲僧〻不了　爲僧乃了尽输僧

話説大宋高宗紹興年間温州府樂清県有一秀才姓陳名义字可常年方二十四歩生得眉目清秀且是聰明无书不讀无史不通紹興年間三举不第就于臨安府衆安橋命鋪筭看本身造化那先生言命有華蓋却无官星只好出家陳秀才自小听得母亲説生下它时夢见一

尊金身罗漢投坯今日功名蹭蹬之際又聞星
家此言忿一口氣回店歇了一宿早起算还了
房宿分房人挑了行李迳来灵隐寺投奔印鉄
牛長老出家做了行者這个長老博通经典座
下有十个侍者号爲甲乙丙丁戊己庚辛壬癸
皆讀书聰明陳可常在長老座下做了第二位
侍者紹興十一年间高宗皇帝毋舅吴七郡王
时遇五月初四日府中裹粽子当下郡王鈞旨
分付都管明日要去灵隐寺斋僧可打点供食
齐備都管領鈞旨自去関支銀两買办什物打
点完備至次日早飯後郡王点看什物上轿帶

了都管幹办虞候押番一干人等出了尒培门
过了石涵橋大佛頭逕到西山灵隐寺先有报
帖报知長老引衆僧鳴鐘擂鼓接郡王上殿燒
香請至方丈坐下長老引衆僧叅拜獻茶分立
兩傍郡王說每年五月重五入寺斎僧解粽今
日依例布施院子抬供食献佛大盤托出粽子
各房都要散到郡王间步廊下見壁上有詩四
句

斉国曾生一孟嘗　晋朝鎮悪又高強
五行偏我逥时蹇　欲向星家问短長

郡王見詩道此詩有怨望之意不知何人所作

回至方丈長老設宴管待那王問長老你寺中
有何人〻作乃好詩長老覆启王懺寺僧多座
下有甲乙丙丁戊己庚辛壬癸十个侍者能〻
作詩那王说与我唤来長老覆启王止有两个
在懺寺這八个教去各庄上去了只见甲乙二
侍者到那王面前那王叫甲侍者你可作詩一
首甲侍者宣乙題曰那王教就將紬子為題甲
侍者作詩曰
四角尖〻草縛腰　浪蕩鍋中去一遭
若还撞見唐三藏　將来剐了赤条〻
那王听罢大笑道好詩却少文来再唤乙侍者

作詩乙侍者問訊了乞題目也交將粽子爲題
作詩曰
香粽年年祭屈原　齋僧今日結良緣
滿堂供尽知多少　生死工夫那个先
郡王听罷大喜道好詩問乙侍者廊下壁間詩
是你作的乙侍者覆恩王是侍者做的郡王道
既是你做的你且解与我知道乙侍者道齊国
有个孟嘗君养三千客他是五月五日午時生
晋国有个大將王鎮悪此人也是五月五日午
時生小侍者也是五月五日午時生却受此窮
苦以此做下四句自歎郡王問你是何處人氏

侍者答道小侍者温州府樂清県人氏姓陳名
义字可常郡王見侍者言語清亮人才出衆意
欲抬举它当日就差押番去臨安府俺録司討
一道度牒將乙侍者剃度爲俺就用它表字可
常爲佛门中法号就作郡王府内门俺郡王至
晚回府不在話下光阴似箭不覔又早一年至
五月五日郡王又去灵隐寺斋俺長老引可常
并衆俺接入方丈少不得安办斋供欵待郡王
坐间叫可常到面前道你做一篇詞要見你本
身故事可常问讯了口念一詞名菩薩蛮
平生只被今朝誤今朝却把平生補重午一

年朔斋僧只待时　主人恩义重两载蒙恩
寵清净乃為僧出间度此生
郡王大喜尽醉回府将可常带回见两个夫人
说這个和尚是温州人氏姓陳名义三举不第
因此弃俗出家在灵隐寺做侍者我见它作乃
好诗就剃度它爲门僧法号可常如今一年了
今日带回府来參拜夫人夫人见说十分歡喜
又见可常聰明朴实一府中人都歡喜郡王与
夫人解粽就将一个与可常教做粽子詞还要
菩薩蛮可常问訊了乞紙筆寫出一詞来
包中香黍分边角綵絲剪就交絨索樽俎泛

首蒲年〻五月初　主人恩义重对景承歡
寵何日玩山家葵蒿三四花
郡王见了大喜傳言唤出新荷姐就教它唱可
常這詞那新荷姐生得眉長眼細面白唇紅舉
止輕盈手拏象板立于筵前唱起遶梁之声衆
皆喝采郡王又教可常做新荷姐詞一篇还要
菩薩蛮可常执筆便寫詞曰
天生体態腰肢細新詞唱徹歌声利出口便
清奇揚塵簌〻飛　主人恩义重宴出紅粧
寵便要賞新荷时光也不多
郡王越加歡喜至晚席散着可常回寺至明年

五月五日郡王又要去灵隐寺斋僧不想大雨
如倾郡王不去分付院公你自去分散衆僧斋
供就教同可常到府中来看〻院公领旨去灵
隐寺斋僧说与長老郡王交同可常回府長老
说近日可常乃一心病不出僧房我与你同去
问它院公与長老同至可常房中可常睡在床
上分付院公拜覆恩王小僧心病发了去不乃
有一柬帖与我呈上恩王院公听说带来這封
柬帖回府郡王问可常如何不来院公告恩王
可常連日心疼〻病发来不乃教男女奉上一简
它亲自封好郡王折開看又是菩薩蛮词一首

去年共飲菖蒲酒今年却向僧房守好事更
多磨教人沒奈何　主人恩义重知我心頭
痛待要賞新荷爭知疾愈麽
郡王隨即喚新荷出来唱此词有觉家婆禀覆
恩王近日新荷眉低眼慢乳大腹高出来不乃
郡王大怒將新荷送交府中五夫人勘问新荷
供說我与可常奸宿有孕五夫人將情詞覆恩
王郡王大怒可知道這禿驴词内皆有賞新荷
之句它不是害什麽心病是害的相思病今日
它囬竟心虧不敢到我府中教人分付臨安府
差人去灵隐寺拏可常和尚臨安府差人去灵

王念平日錯愛之情可以饒恕一二郡王請二位長老回寺次日分付臨安府量輕發落印長老開言覆息王此事日久面見郡王開言心中不苦退入后堂再不出来二位長老見郡王不出也走出府来禀長老説郡王嗔怪你説日久面見它不肯認錯便不出来印長老便説可常是个有德行的日常无事山门也不出只在佛前看经便是郡王府裏唤去〻了半日便回又不曾宿歇此好從何而来故此小僧説日久面見必有寃枉禀長老道貧不与富敵賤不与貴爭僧家怎敵与王府爭乃是非這也是宿世寃

了供招是实将新荷勘问一般供招焰安府将
可常新荷供招呈上郡王〻〻本要打杀可常
因它满腹文章不忍下手监在獄中却説印長
老血思可常是个有德行和尚日常山门也不
出只在佛前看经便是郡王府裏唤去半日未
晚就回又不在府中宿歇此奸從何而来内中
必有蹺蹊連怹入城去傳法寺央住持稟大恵
長老同到府中与可常討饒郡王出堂賜二長
老坐待茶郡王開口便説可常无礼我平日怎
麽看待它却做下不仁之事二位長老跪下再
三稟説可常之罪僧輩不敢替它分辨但求恩

此處原書有缺頁

業皿得它量輕发落却又理會説罷各回寺去
了不在話下次日郡王將封倘子去臨安府即
將可常新荷量輕打斷有大尹稟郡王待新荷
產子可斷郡王分付便要斷出府只乃將倜
可常追了度牒杖一百发灵隱寺轉发寕家当
差將新荷杖八十发分塘縣轉发寕家追原分
一千貫還郡王府却説印長老接乃可常滿寺
倜衆教長老休乃安着可常在寺中玷辱宗凤
長老对衆倜説此事必有蹺蹊夂后皿洞長老
令人山后搭一草舍教可常將息棒瘡好了着
它皿回鄉去皿説郡王把新荷发落寕家追原

分一千貫新荷父母对女兒説我又无分你若有私房積蓄將来凑还府中新荷説這分自有人替我出張公罵道你這賤人与个窮和尚通好它的度牒也被追了却那門分来替你还府中新荷説可惜屈了這个和尚我自与府中分原都曾有奸它見我有孕了恐事發到郡王面前只供与可常和尚有奸郡王苦勸可常必然饒你我自来供養你家并使用分物説过的話今日只去問它討分来用并还官分我一个身子被它騙了先前説过的話如何賴門他若無心不招架时左右做我不着你兩个老人家將

我去府中等我郡王面前实訴也出脱了可常
和尚父母听乃女兒說便去府前伺候外都管
出来把上项事一一說了外都管到傢𥹋起来
罵道老賎才老无知好不識廉耻叵家女兒偷
了和尚官司也問結了却說這般鬼話来啚賴
人你欠了女兒身價外没処措办时好言好語
告个消乏或者可怜你的一兩貫外助了你也
不見乃你却說這樣没根蒂的話来傍人听見
时教我怎地做人罵了一頓走將去了張老只
乃忍氣呑声回来与女兒說知新荷見說兩淚
交流乃言爹妳放心明日却与它理會至次日

新荷跟父母到郡王府前連声叫屈郡王即时
叫人拏来却是新荷父母郡王罵道你女兒做
下迷天大罪到来我府前叫屈張老跪覆恩王
小的女兒没福做出事来其中屈了一人望恩
王做主郡王問屈了何人張老道小人不知只
問小賤人便有明白郡王問賤人在那裏張老
道在门首伺候郡王喚它入来問它詳細新荷
入到府堂跪下郡王問賤人做下不仁之事你
今說屈了甚人新荷告恩王賤妾犯奸妄屈了
可常和尚郡王問缘何屈了它你可实說我到
饒你新荷告道賤妾犯奸却不干可常之事郡

王道你先前怎地不說新荷告道妾实被幹办
分原奸騙有孕之时分原怕事露分付妾如若
事露千万不可說我只說与可常和尚有奸因
郡王苦勸可常必然饒你郡王罵道你這賤人
怎地依它說害了這个和尚新荷告道原說你
若无事退回我血养你一家老小如要原分还
府也是我出今日賤妾寧家息王責取原分一
时无措只得去问它討分还府中以此父亲去
与它說到把父亲打罵被害无辜妾今訴告明
白情原死在息王面前郡王道先前它許供养
你一家有甚表记爲證新荷告息王分原許妾

供养妾亦怕它番悔已拏了它上面朱红牌一
面為信郡王见説十分大怒跌脚大駡潑賤人
屈了可常和尚就着人分付临安府拏犯原到
所審问拷打供認明白一百日限滿脊杖八十
送沙门島牢城营料高新荷寧家饒了一千貫
原犯随即差人去灵隐寺取可常和尚来却説
可常在草舍中将息好了又是五月五日到可
常取紙墨筆来寫下一首辭世頌

生时重午為僧重午得罪重午死时重午為
前生欠它債負若不当时承認又恐它人受
苦今日事已分明不若抽身回去

五月五日午时书　赤口白舌尽消除
五月五日天中節　赤口白舌尽消滅
可常作了辞世颂走出草舍边有一泉水可常
脱了衣裳遍身抹净穿了衣服入草舍结跏趺
坐圓寂了道人报与長老知道長老将面已龕
子粧了可常抬出山顶長老正欲下火只见郡
王府院公来取可常長老道院公你去禀覆恩
王可常坐化了正欲下火郡王来取今且暫停
待恩王令旨院公說今日事已明白不干可常
之事皆因屈了教我来取却又圓寂了我去禀
恩王必肰亲自来看下火院公急〻回府将上

项事并辞世颂呈上郡王看了大惊次日郡王同两国夫人去灵隐寺烧化可常衆僧接到后山郡王与两国夫人親自拈香罢郡王坐下印長老带领衆僧看经毕印長老手执火把口中念道

留乃屈原香粽在　龍舟競渡尽争先
從今剪断缘絲索　不用来生復结缘

恭惟圓寂可常和尚重午本良辰誰把蘭湯浴角黍漫包金菖蒲空切玉須知妙法華大乘俱念是手不折新荷枉受攀花辱回下事分明唱徹阳関曲今日是重午帰西何太速

寂滅本来空發甚时辰毒山俺今日来睜与

光明烛凴此火光三昧要見本来面目咦

唱徹当时菩薩蛮　撒手便帰兜率国

衆人只見火光中現生可常向訊謝郡王夫人
長老并衆僧只因我前生欠宿債今世轉来还
吾今帰仙境再不往人間吾是五百尊罗漢中
名常欢苩尊者正是

從来天道豈痴聾　好醜難逃久照中

說好劝人帰善道　算来修德積陰功

京本通俗小說第十一卷

京本通俗小說第十二卷

西山一窟鬼

杏花过雨，漸殘紅零落胭脂顏色。流水飄〻，人漸远，難托春心脉〻。恨別王孫，墻陰目斷，誰把青梅摘？金鞍何处？綠楊依旧南陌。消散云雨須臾，多情因甚有輕離輕拆？燕語千般，爭解說些〻子伊家消息？厚約深盟，除非重見，〻了方端的。而今无奈，寸腸千恨堆積。

這隻詞名喚做念奴嬌，是一个赴省士人姓沈名文述所作。原来皆是集古人詞章之句。如何

見乃従頭与各位説開第一句道杏花过雨陳
子高单有寒食詞寄謁金门
柳丝碧柳下人家寒食鶯語匆〻花寂〻玉
階春草濕　閒凭熏籠无力心事有誰知乃
檀炷繞窗背壁杏花残雨滴
第二句道漸残紅零落胭脂顔色李易安单有
暮春詞寄品令
零落残紅似胭脂顔色一年春事柳飛軽絮
笋添新竹寂寞幽对小园嫩绿　登临未足
悵遊子帰期促它年清夢千里犹到城阴溪
曲应有凌波时為故人凝目

第三句道流水飘〻〻延安李氏单有春雨词寄
浣溪沙
无力薔薇帶雨低多情胡蝶趁花飛流水飘
〻〻乳燕啼　南浦魂銷春不管東阳衣减鏡
先知小楼今夜月依〻
第四句道人漸远離托春心脉〻宝月禅师单
有春词寄柳梢青
脉〻春心情人漸远離托离愁雨后寒輕風
前〻軟春在梨花　行人倚棹天涯酒醒処
残阳乱鴉门外秋千墙頭紅粉深院誰家
第五句第六句道根别王孫墙阴目断歐阳永

紫萸有清明词寄一斛珠

伤春怀抱清明过后莺花好劝君莫向愁人道又被𫐌𫐌轮辗破青青草　楦来凤月連䝧晓墙阴匝断无人到恨别王孙愁多少犹赖春寒未放花枝老

第七句道谁把青梅摘鼍无咎萸有春词寄清商怨

凤摇動雨濛鬆翠条柔弱花頭重春衫窄嬌无力记得当初共伊把青梅来摘　都如夢何时共可怜歆損釵頭凤闵山隔暮云碧燕子来也全然又无些子消息

第八句第九句道金鞍何処緑楊依旧南陌柳

耆卿单有春詞寄清平樂

阴晴未定薄日烘云影金鞍何処尋芳径緑

楊依旧南陌静　厭〱幾許春情可怜老去

難成看取鏺残霜鬓不随芳艸重生

第十句道消散云雨須臾晏叔原单有春詞寄

虞美人

飛花自有牽情処不向枝边住晓風飄薄已

堪愁更伴東流〱水过秦樓　消散須臾云

雨怨闲倚闌干見远弾双淚湿香紅暗恨玉

颜光景与花同

第十一句道多情因甚有輕离輕折魏夫人㫜
有春词寄捲珠簾
记乃来时春未暮执手攀花袖染花梢露暗
卜春心共花語争𡬶双朶争先去　多情因
甚相辜負有輕折輕离向誰分訴淚𣿬海棠
花枝処東君空把奴分付
第十二句道燕語千般康伯可㫜有春词寄減
字木蘭花
楊花飄尽云壓绿阴風乍定簾幕閒垂弄語
千般燕子飛　小樓深静睡起残粧犹未整
夢不成帰淚滴斑〻金縷衣

第十三句道爭解說此〻子伊家消息奏少遊曲
有春詞寄桓遊宮
何事東君又去空滿院落花飛絮巧燕呢喃
向人語何曾解說伊家此〻子 况是傷心緒
念個人兒成暌間一餉無相思夢回處連宵雨
更那堪聞杜宇
第十四句第十五句道厚約深盟除非重見莫
魯畫曲有春詞寄擷練子
梅潤粉柳搓金縷雨輕風斂陌塵厚約深盟
何處訴除非重見那人〻
第十六句道見了方端的用羨成曲有春詞寄

滴〻金

梅花漏洩春消息柳丝長草芽碧不奄星霜鬢白念时光堪惜　蘭堂把酒思佳客黛眉顰愁春色音书千里相踈隔見了方端的

第十七句第十八句道而今无柰寸腸千根㽵積歐阳永㶣曽有詞寄蝶恋花

簾幕東風寒料峭雪裏梅花先报春来早而今无柰寸腸思㽵積千愁空懊惱　旋煖金炉薰蘭澡悶把金刀剪彩呈纖巧繍被五更香睡好罗幃不竟纱窓曉

話說沈文述是一个士人自家今日也說一个

士人因来行在臨安府取選变做十数回蹺蹊
作怪的小说我且问你這个秀才姓甚名誰却
说紹興十年间有个秀才是福州威武軍人姓
吴名洪离了鄉里来行在臨安府求取功名指
望

一斈首登龍虎榜　十年身到凤皇池

争知道时運未至一斈不中吴秀才悶〻不已
又没甚麽盤纏也面羞歸故里且只乃胡乱在
今时州橋下開一个小〻斈堂度日等待后三
年春榜動選場開再去求取功名逐月却与幾
个小男女打交撚指開斈堂后也有一年之上

也罪过那街上人家都把孩兒們来与它教訓頗自有些々趲是当日正在李堂裏教出只听得青布簾兒上鈴声响走将一个人入来吴教授看那入来的人不是别人却是十年前搬去的隣舍王婆元来那婆子是个撮合山専靠做媒爲生吴教授相揖罷道多时不見而今婆々在那里住婆子道只道教授忘了老媳婦如今老媳婦在分塘門裏沿城住教授問婆々高寿婆子道老媳婦夫馬之年七十有五教授青年多少教授道小子二十有二婆子道教授方纔二十有二却像三十以上人想教授每日價費多

少心神攧我媳婦愚見也少不得一个小娘子
秈伴教授道我這裏也幾次問人来却没這般
頭惱婆子道這个不是冤家不聚會好教官人
得知却有一頭好亲在這裏一千貫分房臥帯
一个從嫁又好人材却有一床樂器都會又寫
得弄得又是唓嗻大官府第出身只要嫁个讀
書官人教授却是要也不教授听得說罷甚從
天降尖逐顏開道若还真个有這人时可知好
哩只是這个小奶子奶今在那里婆子道好教
授得知這个小奶子從秦太师府三通判位下
出来有两个月不知放了多少帖子也無有肯

部院裏当戢事的来説它也曾有内諸司当差
的来説它也曾有门面鋪席人来説它只是高
来不成低来不就小奻子道我只要嫁个讀书
官人更兼又没有爹奻只有一个從嫁多喚錦
兒因它一床樂器都會一府裏人都叫做李樂
奻見今在白雁池一个旧隣舍家裏住两个兀
自説犹未了只見凨吹起门前布簾兒来一个
人從门前过去王婆道教授你見过去的那人
麽便是你有分取它做渾家王婆出门赶上那
人不是别人便是李樂奻在它家住的姓陳喚
做陳乾奻王婆厮赶着入来与吴教授相揖罷

王婆道乾奶宅裏小奶子說親成也未乾奶道
說不得又不是沒好親來說它只是吃它执拗
的若口々声々只要嫁个讀书官人却又沒這
般巧王婆道我却有个好親在這裏未知乾奶
与小奶子肯也不乾奶道却教孩兒嫁兀誰王
婆指着吳教授道我教小奶子嫁這个官人却
是好也不好乾奶道休取笑若嫁得這个官人
可知好哩吳教授当日一日教不得李把那小
男女早放了都唱了諾先帰去教授却把一把
鎖々了门同着两个婆子上街免不得買些々酒
相待它們三盃之后王婆起身道教授既是要

這頭亲事却问乾㚢覔一个帖子乾㚢道老媳
婦有在這裏側手從抹胸裏取出一个帖子来
王婆道乾㚢真人面前饒不得假話早地上打
不得拍浮你便約了一日帯了小㚢子和從嫁
錦兒来梅家橋下酒店裏等我便同教授来过
眼則个乾㚢应允和王婆謝了吴教授自去教
授还了酒分歸家把閒話提过到那日吴教授
換了幾件新衣裳放了斈生一程走将来梅家
橋下酒店裏时远〻地王婆早接見了两个同
入酒店裏来到得樓上陳乾㚢接着教授便问
道小㚢子在那裏乾㚢道孩兒和錦兒在東閤

兒裹坐地教授把三寸舌尖舐破窓眼兒張一
張唱声采不知高低道兩个都不是人奴何不
是人元来兒它生得好了只道那婦人是南海
观音兒錦兒是玉皇㕑下侍女玉女恁地道它
不是人看那李樂外时
水剪双眸花生丹臉云鬓輕梳蟬翼蛾眉淡
拂春山朱唇綴一顆夭桃皓齒排兩行碎玉
意態自然迥出倫輩有如織女下瑶台渾似
嫦娥离月㕑
看那從嫁錦兒时
眸清可爱鬓聳堪观新月籠眉春桃拂臉意

恖幽花未艷肌膚嫩玉生香金蓮着弓〃扣
繡鞋兒螺髻揷短〃紫金釵子如撚青梅窺
小俊似騎紅杏出墻頭
血從当日揷了釵离不乃下財納礼奠雁傳书
不則一日吴教授取过那婦女来夫妻兩个好
說乃着
云淡〃天边鸞风水沉〃交頸死央寫成今
世不休书結下来生双綰帯
却說一日是月半李生子那来乃早要拜孔夫
子吴教授道媳〃我先起去来那灶前过看那
從嫁錦兒时脊背后披着一帯頭髮一双眼揷

将上去胈项上血污着教授看見大叫一声匹
然倒地即时渾家来救乃甦醒錦兒也来扶起
渾家道丈夫你見甚麽来吴教授是个养家人
不成說道我見錦兒恁地来血已也認做眼花
了只乃使个脱空瞞过道婳〻我起来时少着
了件衣裳被冷風一吹忽然頭暈倒了錦兒慌
忙安排些个安魂定魄湯与它吃罷血没事了
只是吴教授肚裏有些疑惑話休絮煩时遇清
明節假李生子却都不来教授分付了渾家换
了衣服出去閒走一遭取路过万松嶺出今时
淨慈寺裏看了一回却待出来只見一个人看

着吴教授唱个喏教授还礼不迭却不是别人是净慈寺对门酒店裏量酒说道店中一个官人教男女来请官人吴教授同量酒入酒店来时不是别人是王七府判兒唤做王七三官人两个叙礼罢王七三官人道適来見教授又不敢相叫特地叫量酒来相请教授道七三官人如今那裏去王七三官人口裏不说肚裏思量吴教授新娶一个老婆在家不多时你看我消遣它则个道我如今要同教授去家裏墳頭走一遭早间看墳的人来说道桃花發杜醞又熟我们去那裏吃三盃教授道也好两个出那酒

店取路来蘇公提上看那遊春的人真个是
人烟輻輳車馬駢闐只見和風扇景麗日增
明流鶯囀緑柳阴中粉蝶戲奇花枝上管絃
動処是誰家舞榭歌台語笑喧时斜側傍春
樓画閣奂車競逐玉勒争馳白面郎敲金鐙
　响紅粧人揭繡簾看
南新路口討一隻船直到毛家步上岸迤邐过
玉泉龍井王七三官人家裏墳直在西山駝献
嶺下好座高嶺下那嶺去行过一里到了墳頭
看墳的張安接見了王七三官人即时叫張安
安排些点心酒来側首一个小〻花园内兩个

入去坐地又是自做的杜醞吃的大醉看那天色时早已

紅輪西墜玉兎東生佳人秉烛歸房江上漁人罷釣漁父賣魚歸竹院牧童騎犢入花村天色却晚吴教授要起身王七三官人道再吃一盃我和你同去我们过駝献嶺九里松路上妓弟人家睡一夜吴教授口裏不説肚裏思量我新娶一个老婆在家裏干顩我一夜不歸去我老婆須在家等如何是好便是這时候去赶外塘门走到那裏也関了只得与王七三官人手厮挽着上駝献嶺来你道事有湊巧物有故

然就那嶺上雲生東北霧長西南下一陣大雨
果然是銀河倒瀉滄海盆傾好陣大雨且是没
躲処冒着雨又行了数十步見一个小〻竹门
楼王七三官人道且在這裏躲一躲不是来门
楼下躲雨却是

猪羊走入屠宰家　一脚〻来尋死路

两个奔来躲雨时看来却是一个野墓园只那
门前一个门楼兒裏面都没甚麽屋宇石坡上
两个坐着等雨住了行正大雨下只見一个人
貌類獄子院家打扮從隔壁竹笆裏跳入墓
园走将去墓堆子上叫道朱小四你這厮有人

請喚今日須当你這厮出頭墓堆子裏謾应道阿公小四来也不多时墓上土開跳出一个人来獄子厮赶着了自去吴教授和王七三官人見了背膝辰丶两股不摇而自顫着那雨却住了两个又走地下又滑肚裏又怕心頭一似小鹿兒跳一双脚一似鬪败公雞后面一似千軍万馬赶来再也不敢回頭行到山顶上侧着耳朵听时空谷傳声听得林子裏面断棒响不多时则見獄子驅将墓堆子裏跳出那个人来两个見了又走嶺侧首却有一个败落山神廟入去廟裏搲扢把两扇廟门閂了两个把身軀抵

着庙门真个氣也不敢喘屁也不敢放听那外边时只听得一个人声唤过去道打杀我也一个人道打脊魍魉你這厮许了我人情又不还我怎的不打你王七三官人低〻说与吴教授道你听得外面过去的便是那獄子和墓堆裏跳出来的人两个在裏面颤做一团吴教授却埋怨王七三官人道你没事教我在這裏受驚受怕我家中渾家却不知怎地盼望兀自说言未了只听得外面有人敲门道开门则个两个问道你是谁仔细听时却是妇女声音道王七三官人好也你却将我丈夫在這裏一夜直教

我尋到這裏錦兒我和你推開门兒叫你爹〻
吴教授听乃外面声音不是别人是我渾家和
錦兒怎知道我和王七三官人在這裏莫教也
是鬼两个都不敢則声只听乃外面說道你不
開庙门我却從庙门縫裏鑚入来两个听乃恁
地說日裏吃的酒都变做冷汗出来只听乃外
面又道告媽〻不是錦兒多口不奶媽〻且歸
泪日爹〻自歸来渾家道錦兒你也說乃是我
且歸去了却理會却叫道王七三官人我且歸
去你明朝却送我丈夫歸来則个两个郝裏敢
应它婦女和錦兒說了自去王七三官人說吴

教授你家裏老婆和後錦鋪兒都是鬼這裏也不是人去處我們去休拔開廟門看時約莫是五更天氣兀自未有人行兩个下門領來尚有一里多路見一所林子裏走出兩个人來上手的是陳乾娘下手的是王婆道是教授我們等你多時你和王七三官人却從那裏來吳教授和王七三官人看見道這兩个婆子也是鬼了我們去休直入便是獐奔鹿跳猿啼鶴飛下那領來后面兩个婆子兀自慢〻地趕來一頭執亂不曾吃一些物事肚裏又飢一頭見這許多不祥怎地門小生人來衝一衝正怪地說則見

嶺下一家人家门前掛着一枝松柯兒王七三官人道這裏多則是賣茅柴酒我们就這裏買些酒吃了助威一道躲那两个婆子恰待奔入這店裏来見个男女

頭上裹一顶牛胆青頭巾身上裹一条猪肝赤肚带旧瞞裆袴脚下草鞋

王七三官人道你這酒怎地賣只見那漢道未有湯哩吴教授道且把一碗冷的来只見那人也不則声也不則氣王七三官人道這个開酒店的漢子又蹺蹊也是鬼了我们走休几句説未了就店裏起一陣風

非干虎啸不是龍吟冽不㐌谢柳開花暗藏
着山妖水怪吹開地獄门前土惹引酆都山
下塵
凨过処看时也不见了酒保也不见有酒店两
个立在墓堆子上諕得两个䰟不附体急急取
路到九里松麴院前讨了一隻船直到乄塘门
上了岸王七三官人自取路帰家吴教授一径
先来乄塘门城下王婆家裏看时见一把锁锁
着门问那隣舍时道王婆自死五个月有零了
諕得吴教授面睁口呆罔知所措一程离了乄
塘门取今时景灵宫贡院前过梅家橋到白雁

他边来问到陳乾娘门首时十字兒竹竿封着门一椀官灯在门前上面寫着八个字道人心似鉄官法如炉问那裏时陳乾娘也死一年有余了离了白雁池取路归到州橋下見伯已屋裏一把鎖〻着门问隣舍家裏拙妻和粗婢那裏去了鄰舍道教授昨日一出门小娘子分付了我们伯和錦兒往乾娘家裏去直到如今不歸吴教授正在那裏面〻厮覷做声不得只見一个癩道人看〻吴教授道觀公妖氣太重我与你早〻断除免致后患吴教授即时請那道人入去安排香烛符水那个道人作起法来念

念有詞唱声道疾只見一員神将出現

黄罗抹額錦帯纒腰皂罗袍袖繡團花金甲束身徽穿地劍横秋水靴踏狻猊上通碧落之間下徹九幽之地業龍作祟向海波水底擒来邪祐為妖入山洞穴中捉出六丁壇畔权為符吏之名上帝階前次有天丁之号

神将声喏道真君遣何方使令真人道在吴洪家裏與妖併駝献嶺上為祐的都与我捉来神将領旨就吴教授家裏起一陣風

無形無影透人懷　二月桃花被綽開

就地撮将黄葉去　入山推出白云来

起法來那些鬼个丶把頭寳貝投入葫芦中分
來人見時便道是葫芦鬼見時便是酆都獄作
鬼道人一番問明白去腰边取出一个葫芦
病死的鬼那个領下開酒店的是害伤寒死的
子叫開墓拌跳出来的朱小四在日看墳害勞
边洗衣裳落在池裏死的鬼在駝獄領上被獄
是宝水蠱病死的鬼保杀陳乾初因在白雁池
了一頓因怪把伯割杀它伯弓害杀的鬼王婆要
身産亡的鬼從嫁錦児因通判夫人妬色吃打
樂崇是秦太師府三通判小判子因与通判極
風过及投將錢个為惟的来是教授的運家李

付吴教授把来埋在駝献嶺下癲道人將拐杖
望空一撇变做一隻仙鶴遊人乗鶴而去吴教
授直下拜道吴洪肉眼不識神仙情願相随出
家望真仙救度弟子則个只見道人道我乃上
界甘真人你原是我旧日採藥的弟子因你凡
心不淨中道有退悔之意因此堕落今生罰為
貧儒教你備嘗鬼趣消遣色情你今既已看破
便可離塵辦道直待一紀之年吾当度汝說罷
化陣清風不見了吴教授從此捨俗出家云遊
天下十二年后遇甘真人于終南山中從之而
去詩曰

一心办道絶九塵　衆魅奴何敢觸人
邪正尽從心剖判　西山鬼窟早翻身

京本通俗小説第十二卷

陶子鑫梓

京本通俗小說第十三卷

志誠張主管

誹言今古事難窮　大抵榮枯揔是空
筭得生前隨分过　爭如云外指溟鴻
暗添雪色眉根白　旋落花光臉上紅
惆悵淒涼兩回首　暮林蕭索起悲風

這八句詩乃西川成都府華阳県王処厚年紀将及六旬把鏡照面見鬢髮有幾根白的有感而作世上之物少則有壯〻則有老古之常理人〻都免不得的原来諸物都是先白后里惟

有髭鬚却是先黑后白又有戴花刘使君对鏡
中見這頭髮斑白单作醉亭楼詞
平生性格随分好些々春色沉醉恋花陌鮏[illegible]
年老心未老滿頭花壓巾帽側々鬂如霜鬚似
雪白嗟惻　幾个相知劝我染幾个相知劝
我摘染摘有何益当初怕成短命鬼如今已
过中年客且留些粧晚景伀教白
奶今説東京汴州開封府界有个員外年踰六
旬鬚髮皤然只因不伏老兀自貪色蕩散了一
个家计幾乎做了失鄉之鬼這員外姓甚名誰
却做出甚麽事来正是

塵隨車馬何年尽　事繫人心早晚休

話說東京汴州開封府界身子裏一个開線鋪的員外張士廉年过六旬媽〻死后孑然一身並无兒女家有十万貫財用兩个主管營運張員外忽一日拍胸長嘆对二人說我許大年紀无兒无女要十万家財何用二人曰員外何不取房娘子生得一男半女也不絕了香火員外甚喜差人隨即喚張媒李媒前来這兩个媒人端的是

開言成匹配舉口合姻緣医世上凤隻鸞孤管宇宙单眠独宿傳言玉女用机関把臂拖

来侍案金童下説詞攔腰抱住調唆織女害
相思引乃嫦娥离月房
員外道我因无子相煩你二人説亲張媒口中
不道心下思量道大伯子許多年紀如今説亲
説甚麽人是乃教我怎地应它則見李媒把張
媒推一推便道容易熇行又叫住了道我有三
句話只因説出這三句話来教員外
青雲有路番爲苦楚之人白骨无墳化作失
鄉之鬼
媒人道不知員外意下何如張員外道有三件
事説与你兩人第一件要一个人材出衆好模

好樣的第二件要門戶相当第三件我家下有十万貫家財須着个有十万貫房奩的亲来对付我兩个媒人肚裏暗笑口中胡乱荅应道這三件事都容易当下相辭員外自去張媒在路上与李媒商议道若説乃這頭亲事成也有百十貫分撰只是員外説的話太不着人有那三件事的他不去嫁个年少郎君却肯随你這老頭子偏你這几根白髭須是沙糖拌的李媒道我有一頭到也湊巧人材出衆門戶相当張媒道是誰家李媒云是王招宣府裏出来的小夫人王招宣初娶时十分寵幸后来只爲一句話

破綻些〻失了主人之心情愿白〻裏把与人只
要个有门風的便肯随身房計少也有幾万貫
只怕年紀忒小些〻張媒道不愁小的忒小还愁
老的忒老這頭亲張員外怕不中意只是嘝兒
心下必然不美奶今对嘝兒説把張家年紀瞞
过了一二十年两边就差不多了李媒道明日
是个和合日我同你先到張宅講定財礼随到
王招宣府一説便成是晚各帰无話次日二媒
約會了双〻的到張員外宅裏説昨日員外分
付的三件事老媳尋得一頭亲難得恁般凑巧
第一件人材十分足色第二件是王招宣府裏

出来有名声的第三件十万貫房奩則怕員外
嫌它年小張員外問道却幾岁張媒應道小奴
員外三四十岁張員外滿臉堆笑道全仗作成
則个話休緊煩当下兩边俱説允了少不得行
財納礼奠雁已畢花烛成亲次早叅拜家堂張
員外穿蟒罗衫新頭巾新靴新襪這小夫人着
乾紅鞘金大袖團花霞帔銷金盖頭生得
新月籠眉春桃拂臉意態幽花殊麗肌膚嫩
玉生光説不尽万種妖嬈畫不出千般艷冶
何須楚峽云飛过便是蓬萊殿裏人
張員外從下至上看过暗〻地喝采小夫人揭

起盖頭看見貟外鬚眉皓白暗〻的叫苦花烛夜过了張貟外心下喜歡小夫人心中不樂过了月余只見一人相揖道今日是貟外生辰小道送疏在此原来貟外但遇初一月半本命生辰湏有道疏那时小夫人開疏看时撲簌〻两行淚下見這貟外年已六十埋怨两个媒人将我悮了看那張貟外时這幾日又添了四五件在身上

腰便添疼　　眼便添淚

耳便添聾　　鼻便添涕

一日貟外对小夫人道出外薄幹夫人耐静小

夫人勉強应道負外早去早帰說了負外自出
去小夫人自思量我恁地一个人許多房奩却
嫁一个白湏老兒好不生烦惱身边立着從嫁
道夫人今日何不门外看〻消遣小夫人听說
便同养奶到外边来看這張負外门首是胭脂
絨線鋪兩壁裝着厨櫃当中一个紫絹沿边簾
子养奶放下簾鈎垂下簾子门前兩个主管一
个李慶五十来步〻个張勝年紀三十来步二
人見放下簾子问道爲甚麽养奶道夫人出来
看街兩个主管躬身在簾子前叅見小夫人在
簾子底下啟一点朱唇露兩行碎玉說不乃数

句言語教張勝惹傷煩惱
　遠如沙漠何殊没底滄溟重若丘山难比无
　穷泰華
小夫人先叫李主管問道在員外宅裏多少年
了李主管道李慶在此三十余年夫人道員外
尋常照管你也不曽李主管道一飲一啄皆出
員外却問張主管張主管道張勝從先父在員
外宅裏二十余年張勝随着先父便趋事員外
如今也有十余年小夫人問道員外曽管顧你
麽張勝道夆家衣食皆出員外所賜小夫人道
主管少待小夫人折身進去不多时遞些物与

李主管把袖包手来接躬身谢了小夫人却叫
張主管道終不成与了它不与你這物件雖不
直分也有好処張主管也依李主管接取躬身
謝了小夫人又看了一回面入去两个主管各
自出门前去持買賣原来李主管得的是十文
銀分張主管得的却是十文金分当时張主管
也不知道李主管得的是銀分李主管不知張
主管得的是金分当日天色已晚但見
野烟四合宿鳥帰林佳人秉烛帰房路上行
人投店漁父負魚帰竹徑牧童騎犢返孤村
当日晚算了帳目把文簿呈張員外今日壹錢

文買幾文人上欠幾文都僉押了原来两个主管各輪一个在店中当直其日却好正輪着張主管值宿门外是一間小房点着一盏灯張主管間坐半晌安排歇宿忽听得有人来敲门張主管听得問道是誰应道你快開门却説与你張主管開房门那人蹌将入来闪身已在灯光背后張主管看时是个婦人張主管見了一驚慌忙道小娘子你這早晚来有甚事那婦人应道我不是私来早間与你物事的教我来張主管道小夫人与我十文金分想是教你来討还那婦女道你不理會得李主管得的是銀分如

今小夫人又教把一件物来与你只見那婦人
背上取下一包衣服打開来看道這幾件把与
你穿的又有幾件婦女的衣服把与你娘只見
婦女留下衣服作別出门復回身道还有一件
要紧的到忘了又向衣袖裏取出一絞五十两
大銀撇了自去当夜張勝无故得了許多東西
不明不白一夜不曾睡着明日早起来張主管
開了店门依旧做買賣等得李主管到了將舖
面交割与它張勝自歸到家中拿出衣服銀子
与奶看奶問這物事那裏来的張主管把夜来
的話一一說与奶知婆〻听得說道孩兒小夫

人它把金錢与你又把衣服銀子与你却是甚
麽意思奶奶今六十已上年紀血從没了你爺
便滿眼只看你若是你做出事来老身靠誰明
日便不要去這張主管是个本分之人況又是
个孝順的听見奶說便不往鋪裏去張員外見
它不去使人来叫问道奶何主管不来婆〻应
道孩兒感些風寒這幾日身子不快来不得傳
語員外得知一好便来又过了幾日李主管見
它不来血来叫道張主管奶何不来鋪中没人
相帮老奶只是推身子不快這兩日反重李主
管血去張員外三五遍使人来叫做奶的只是

説未了好張貟外見三回五次叫它不来猜道
必是別有去処張勝回在家中时光迅速日月
如梭撚指之间在家中早过了一月有余道不
了坐吃山崩雖然了這小夫人許多物事那一
錠大銀子容易不敢出觞衣裳又不好变賣不
去營運日往月来手内使了没了却来问妳道
不教児子去張貟外宅裏去閒了经紀如今在
家中日逐盤費如何措置那婆〻听了説用手
一指〻着屋梁上道孩児你见也不見張勝看
时原来屋梁上挂着一个包取将下来道你爺
养了你這等大則是這件物事身上打開紙包

看时是个花栲〻兒婆〻道你如今依先做這
道路胥爺的生意賣些胭脂絨線当日时遇元
宵張勝道今日元宵值端门下放灯便问妳道
兒子欲去看灯则个妳道孩兒你許多时不行
這条路如今去端门看灯從張員外门前过又
去惹是招非張勝道是人都去看灯說道今年
好灯兒子去〻便帰不從張員外门前過便了
妳道要去看灯不妨则是你伯去看不乃同一
个相識做伴去幾好張勝道我与王二哥同去
妳道你兩个去看不妨弟一莫乃吃酒弟二同
去同回分付了兩个来端门下看灯正撞着当

时賜御酒撒金分好热鬧王二哥道這裏雜看灯一来我们身小力怯着甚来由吃挨吃撓不如去一処看那裏也抓縛着一座鰲山張勝問道在那裏王二哥道你到不知王招宣府裏抓縛着小鰲山今夜也放灯两个便復身回来却到王招宣府前原来人又热鬧似端门下就府门前不見了王二哥張勝只叫得声苦却是怎地歸去臨出门时我妳分付道你两个同去同回如何不見了王二哥只我先到屋裏我妳便不焦燥着是王二哥先回我妳定道我那裏去当夜看不得那灯独自一个行来行去猛省道

看时是个花栲〻兒婆〻道你如今依先做這道路買爺的生意賣些胭脂絨線当日时遇元宵張勝道今日元宵夜端门下放灯便问奶道兒子欲去看灯則个奶道孩兒你許多时不行這条路如今去端门看灯從張員外门前过又去惹是招非張勝道是人都去看灯說道今年好灯兒子去〻便帰不從張員外门前過便了奶道要去看灯不妨則是你自去看不乃同一个相識做伴去繞好張勝道我与王二哥同去奶道你两个去看不妨第一莫乃吃酒第二同去同回分付了两个来端门下看灯正撞着当

时赐御酒撒金分好热闹王二哥道這裏雖看
灯一来我们身小力怯着甚来由吃挨吃撓不
如去一处看那裏也抓縛着一座鰲山張勝问
道在那裏王二哥道你到不知王招宣府裏抓
縛着小鰲山今夜也放灯两个便復身回来却
到王招宣府前原来人又热闹似端门下就府
门前不見了王二哥張勝只叫得声苦却是怎
地帰去臨出门时我妳分付道你两个同去同
回如何不見了王二哥只我先到屋裏我妳便
不焦燥着是王二哥先回我妳定道我那裏去
当夜看不得那灯独自一个行来行去猛省道

前面是我那旧主人張貟外宅裏每年到元宵
夜歇浪線鋪添許多烟火今日想它也未收灯
迤逦信步行到張貟外门前張勝吃驚只見張
貟外家门便閑着十字两条竹竿縛着皮革底
釘住一碗泡灯照着门上一張手榜貼在張勝
看了諕得目睁口呆罔知所措張勝去這灯光
之下看這手榜上寫着道開封府左軍巡院勘
到百姓張士廉爲不合方幾譹到不合三个字
元自不知道因甚罪則見灯籠底下一人唱声
道你好大胆来這裏看甚的張主管吃了一驚
拽開脚步便走那唱的人大踏步赶將来叫道

是甚麽人恁憑大胆夜晚间看這榜做甚麽諕
得張勝便走漸次间行到巷口待要轉彎歸去
相次二更見一輪明月正照着当空正行之间
一个人從后面趕將来叫道張主管有人請你
張勝回頭看时是一个酒博士張勝道想是王
二哥在巷口等我置些酒吃歸去恰也好同這
酒博士到店内随上樓梯到一个閤兒前面量
酒道在這裏撒開簾兒張主管看見一个婦女
身上衣服不堪齊整頭上鬉鬆正是

烏云不整啡思昔日豪華粉淚頻飄為憶当
年富貴秋夜月蒙云籠罩牡丹花被土沉埋

這婦女叫張主管是我請你張主管看了一看
雖有這面熟却想不起這婦女道張主管如何
不認得我〻便是小夫人張主管道小夫人如
何在這裏夫人道一言難盡張勝問夫人如何
恁地小夫人道不合信媒人口嫁了張員外原
來張員外因燒煅假銀事犯把張員外縛去左
軍巡院裏去至今不知下落家計並許多房產
都封估了我如今一身无所歸着特地投奔你
你看我平昔之面留我家中住幾時則个張勝
道使不得第一家中母親嚴謹第二道不得瓜
田不納履李下不整冠要來張勝家中斷然使

不乃小夫人听乃道你将爲常言俗語道呼蛇
容易遣蛇難怕日久步深盤費重大我教你看
用手去拯裹提出件物来
闻鐘始覺山藏寺　傍岸方知水隔村
小夫人将一串一百单八顆西珠数珠顆〻大
如雞荳子明光燦爛張勝見了喝采道有眼不
曾見這宝物小夫人道許多房奩尽被官府籍
没了則藏乃這物你若肯留在家中慢〻把這
件宝物逐顆去賣僫可过日張主管听乃說正
是
帰去只愁紅日晚　思量犹恐馬行遲

楼財紅粉歌樓酒　謊爲三般事不迷
当日張勝道小夫人要来張勝家中也乃我奶
肯時方可小夫人道和你同去問婆〻我只在
对门人家等回报張勝回到家中将前后事情
逐一对奶说了一遍婆〻是个老人家心慈听
说奶此落雛連声叫道苦惱〻〻小夫人在那
裏張勝道见在对门等婆〻道請相见〻〻礼
畢小夫人把適来说的話從頭细说一遍奶今
都无亲戚投奔特来见婆〻望乞容留婆〻听
乃说道夫人暂住数日不妨只怕家寒怠慢思
量别的亲戚再去投奔小夫人便從怀裏取出

数珠遞与婆〻灯光下婆〻看見就留小夫人
在家住小夫人道来日剪顆来貨賣開起胭脂
绒線鋪门前挂着花栲〻兒為記張勝道有這
件宝物胡乱賣動便是若干分況且五十两一
錠大銀未動正好收買貨物張勝自從開店接
了張員外一路買賣其时人唤張勝做小張員
外小夫人屢次来纏張勝〻〻心坚似鉄只以
主母相待並不及乱当时清明节候怎見得

清明何処不生烟　郊外微風挂紙分
人尖人歌芳草地　乍晴乍雨杏花天
海棠枝上綿蛮語　楊柳堤边醉客眠

紅粉佳人爭㕍板　　綵丝摇曳孛飛仙

　滿城人都出去金明池遊玩張小貟外也出去遊玩到晚回来却待入万勝门则听乃后面一人叫張主管当时張勝𦊱思道如今人都叫我做小張貟外甚人叫我主管回頭看时却是旧主人張貟外張勝看張貟外面上刺着四字金印蓬頭垢面衣服不整齐即时邀入酒店裏一个穩便㕑兒坐下張勝問道主人縁何如此狼狽張貟外道不合成了這頭亲事小夫人原是王招宣府裏出来的今年正月初一日小夫人𦊱在簾兒裏看街只見一个安童托着盒兒打

從面前过去小夫人叫住問道府中近日有甚
事説安童道府裏别无甚事則是前日王招宣
尋一串一百单八顆西珠數珠不見带累乃一
府的人没一个不吃罪責小夫人听乃説臉上
或青或紅小安童自去不多时二三十人来家
把它房奩和我的家私都搬將去便捉我下左
軍巡院拷問要這一百单八顆數珠我從不曾
見回説没有將我打一頓毒棒拘禁在监到虧
当日小夫人入去房裏自吊身死官司没决撒
把我斷了則是一事至今日那一串一百单八
顆數珠不知下落張勝聞言心下自思道小夫

人也在我家裏数珠也在我家裏早尅動幾顆了甚是惶惑劝了張員外些酒食相别了張勝沿路思量道好是惑人回到家中見小夫人張勝一步退一步道告夫人饒了張勝性命小夫人问道怎恁的説張勝把適来大張員外説的話説了一遍小夫人听乃道却不作怪你看我身上衣裳有縫一声高似一声你豈不理會乃它道我在你這裏故意説這話教你不留我張勝道你也説乃是又过了数日只听乃外面道有人尋小員外張勝出来迎接便是大張員外張勝心中道家裏小夫人使出来相見是人是

鬼便明白了教养奶請小夫人出来養奶入去只没尋討処不見了小夫人当时小貟外冼知小夫人真个是鬼只乃将前面事一一告与大張貟外问道這串数珠却在那裏張勝去房中取出大張貟外叫張勝同来王招宣府中说将數珠交納其余剪去数顆将外取赎訖王招宣赎免張士廉罪犯将家私給还仍旧開胭脂絨線舖大張貟外仍請天慶观道士做醮追荐小夫人只因小夫人生前甚有張勝的心死后犹然相從虧杀張勝立心至诚到底不曾有染所以不受其禍超然无累如今財色迷人者紛紛

皆是如張勝者万中无一有詩賛云

誰不貪財不愛淫　始終難染正心人
少年得似張主管　鬼禍人非兩不侵

京本通俗小說第十三卷

京本通俗小説第十四卷 [矣]

拗柤公

乃岁月延岁月乃欢挠且欢挠万事乗除揔

在天何必愁腸千万结放心宽莫量窄古今

兴廢言不徹金谷繁華眼底塵谁家事業鋒

頭血癌撞会上胆氣消丹阳県裏蕭声绝时

来弱草勝春花運去精金遜頑鉄逍遥抉樂

是便宜到老方知滋味别粗衣淡飯足家常

养乃浮生一世拙

闲话已畢未入正文且説启詩四句

周公恐惧流言日　王莽谦恭下士时
假使当年身便死　一生真伪有谁知
此诗大抵说人品有真有伪须要恶而知其美好而知其恶第一句说周公那周公姓姬名旦是周文王少子有圣德辅其兄武王伐商定了周家八百年天下武王病周公为册文告天愿以身代藏其册于金匮无人知之以后武王崩太子成王年幼周公抱成王于膝以朝诸侯有庶兄管叔蔡叔将谋不轨心忌周公反布散流言说周公欺侮幼主不久篡位成王疑之周公辞了相位避居东国心怀恐惧一日天降大风

疾雷擊開金匱成王見了冊文方知周公之忠
迎归相位誅了管㸚蔡㸚周室危而復安假如
管㸚蔡㸚流言方起説周公有反叛之心周公
一病而亡金匱之文未開成王之疑未釋誰人
与它分辨后世却不把好人当做惡人第二句
説王莽〻〻字巨君乃西漢平帝之舅為人奸
詐自恃椒房寵勢相国威权陰有篡漢之意恐
人心不服乃折節謙恭尊礼賢士假行公道虛
張功業天下郡県称莽功德者共四十八万七
千五百七十二人莽知人心归已乃酖平帝迁
太后自立為君改国号曰新一十八年直至南

阳刘文牀起兵復漢被誅假如王莽早死了十
八年却不是完全名节一个贤宰相垂之史冊
不把恶人当做好人麽所以古人説日久見人
心又道盖棺論始定不可以一时之誉斷其爲
君子不可以一时之謗斷其爲小人有詩爲證

毀誉從来不可听　是非終久自分明
一时輕信人言語　自有明人話不平

如今説先朝一个宰相它在下位之时也着实
有名有誉的后来大权到手任性胡爲做錯了
事惹得万口唾罵飲恨而終假若有名誉的时
节一个瞌睡死去了不醒人还千惜万惜道国

家沒福恁般一个好人未能大用不尽其才却
到也留名於后世及至万口唾罵时就死也遲
了這到是多活了幾年的不是那位宰相是誰
在那一个朝代這朝代不近不远是北宋神宗
皇帝年间一个首相姓王名安石临川人也此
人目下十行書穹万卷名臣文彦博歐阳脩曾
鞏韓絳等无不奇其才而称之方及二旬一舉
成名初任浙江慶元府鄞県知県與利除害大
有能声轉任揚州僉判每讀書達旦不寐日已
高闘太守坐堂多不及盥漱而往时揚州太守
乃韓魏公名琦者見安石頭面垢汙知未盥漱

疑其夜飲劝以勤孳安石謝教絶不分辨後韓
魏公察听它徹夜讀书心甚异之更誇其美陞
江寧府知府賢声愈著直達帝聰正是
只因前段好　誤了后来人
神宗天子励精圖治聞王安石之賢特召為翰
林学士天子問為治何法安石以尧舜之道為
对天子大悦不二年拜為首相封荆国公奉朝
以為皋陶復出伊周再生同声相慶惟李承之
見安石双眼多白謂是奸邪之相它日必乱天
下蘇老泉見安石衣服垢敝經月不洗面以為
不近人情作辨奸論以刺之此兩个人是独乃

之见誂人肯信不在話下安石既為𠀋相与神
宗天子柤知言听計從立起一套新法来那戏
件新法
農田法　水利法　青苗法　保甲法
均輸法　免役法　市易法　保馬法
方田法　免行法
専听一个小人姓呂名恵卿及伊子王雱朝夕
商议斥逐忠良拒絶直諫民间怨声載道天变
迭典荆公自以為是復倡為三不足之説
天变不足畏　人言不足恤　祖宗之法不
足守

因它性子执拗主意一定佛菩薩也劝它不轉人皆呼為拗相公文彦博韓琦許多名臣先誇佳説好的到此也自悔失言一个〻上表争論不听辞官而去自此持新法益坚祖制紛更万民失業一日爱子王雱病疽而死荆公痛思之甚招天下高僧設七〻四十九日斎醮荐度亡灵荆公亲自行香拜表其日第四十九日斎醮已完漏下四鼓荆公焚香送佛忽然昏倒於拜毯之上左右呼喚不醒到五更如夢初覺口中道詫异〻〻左右扶進中门吳国夫人命丫鬟接入内寝问其縁故荆公眼中垂淚道適纔昏

慣之时挠〻忽〻到一个去處如大官府之状
府门尚有兒吾兒王雱荷巨枷约重百斤力殊
不勝蓬首垢面流血满体立於门外对我哭訴
其善道阴司以兒父久居高位不思行善專一
任性执拗行青苗等新法蠹国害民怨氣騰天
兒不幸阳禄先尽受罪極重非斋醮可解父亲
宜及早回頭休仍貪恋冨貴說犹未畢府中開
门吆唱驚醒回来夫人道寧可信其有不可信
其无妄亦闻外面人言籍〻归怨相公相公何
不急流勇退早去一日也省了一日的咒詈荊
公從夫人之言一連十来道表章告病辭職天

子夙闻外边公論亦有厭倦之意遂從其請以
使相判江寧府我宋以来宰相解位都要帶个
外任的職銜到那地方資禄养老不必管事荆
公想江寧乃金陵古蹟之地六朝帝王之都江
山秀麗人物繁華足可安居甚是得意夫人临
行尽出房中釵釧衣飾之類及所藏宝玩約数
千金布施各菴院寺观打醮焚化以資亡兒王
雱冥福擇日辭朝起身百官設餞送行荆公託
病都不相見府中有一亲吏姓江名居甚會荅
应荆公只帶此一人与僮僕隨家眷同行東京
至金陵都有水路荆公不用官船微服而行駕

一小艇由黄河泝流而下将次開船荆公喚江
居及衆僮僕分付我虽宰相今已挂冠而归凡
一路馬頭歇船之処有问我何姓何名何官何
戢汝等但言过往遊客切莫对它説实話恐驚
動所在官府前来迎送或起夫防護騷擾居民
不便若或洩漏風声必是汝等需索地方常例
詐害民財吾若知之必皆重責衆人都道謹領
鈞旨江居禀道相公白龍魚服隐姓潜名倘或
途中小輩不識高低有毁謗相公者何以処之
荆公道常言宰相腹中撑得船过往来人言不
足恤言吾善者不足為喜言吾悪者不足為怒

只当𦔮边風過去便了切莫攪事江居領命并
晓谕水手知悉血此水路无話不尧二十余日
已到鍾离地方荆公原有痰火症住在小舟多
日情怀抑鬱火症復發思欲舍舟登陸观看市
井風景少舒愁緒分付管家道此去金陵不远
你可小心伏侍夫人家眷從水路由瓜步淮揚
过江我從陸路而来约到金陵江口相会安石
打發家眷開船血已只帶两个僮僕并亲吏江
居主僕共是四人登岸

只因水陸舟車擾　斷送南来北往人

江居禀道相公陸行必用脚力还是拿鈞帖到

県馹取討还是他家用不僱賃荊公道我分付
在前不許驚動官府只他家僱賃便了江居道
若他家僱賃酒須要投个主家当下僮僕携了包
褁江居引荊公到一个经纪人家来主人迎接
上坐问道客官要往那里去荊公道要往江寧
欲覓肩輿一乘或騾或馬三匹即刻便行主人
道如今不比当初忙不得哩荊公道為何主人
道一言难尽他從拗相公当权創立新法伤财
害民户口逃散虽留下幾户穷民只好奔走官
差那有空役等僱况且民穷财尽百姓饔飧不
飽没閒不去养馬騾就有幾頭也不勾差使客

安坐穩我替你抓尋去尋了下莫苦尋不來莫
怪只是比往常一倍不要兩倍哩江居問道你
說那拗相公是誰主人道叫做王安石聞說一
双白眼睛悪人面有悪相荆公垂下眼皮叫江
居莫管別人家閒事主人去了多時來回復道
轎夫只許你兩个要三个也不能勾沒有替換
却要把四个人的夫不管它馬是沒有止尋了
一頭騾一个叫驢明日五鼓到我店裏客官將
就去了时可付些銀子与它荆公听了前番許
多悪話不耐煩巴不了走路想道就是兩个夫
子緩〻而行也罷只是少一个頭口沒奈何把

一匹与江居坐那一匹教它两个輪流坐罷分付江居但凴主人定價不要与它計較江居把銀子称付主人日光尚早荊公在主人家悶不过喚童兒跟随走出街市閒行果然市井蕭條店房稀少荊公暗〻傷感步到一个茶坊到也潔淨荊公走進茶坊正欲喚茶只見壁間題一絶句云

祖宗制度至詳明　百載餘黎樂太平
白眼无端偏固执　紛〻变乱拂人情

后款云无名子慨世之作荊公默然无語連茶也没與吃了慌忙出门又走了数百步見一所

逌院荆公逌皿去随苔一回消遣则个走進大
门就是三间廊宇荆公正欲瞻礼尚未跨進戻
楹只見朱壁外面粘着一幅黄纸〈上有诗句
五葉明良致太平　相君何事苦纷更
既言尧舜宜為法　当效伊周輔聖明
排尽旧臣居散地　但為新法悮蒼生
番思安楽窩中老　先識天津杜宇声
先前英宗皇帝时有一高士姓邵名雍别号尧
夫精于数斈通天徹地自名其居為安楽窩常
与客遊洛阳天津桥上闻杜宇之声歎曰天下
從此乱矣客问其故尧夫荅逌天下将治地氣

自北而南天下将乱地氣自南而北洛阳旧无杜宇今忽有之乃地氣自南而北之徵不久天子必用南人為相变乱祖宗法度終宋世不乃太平這个兆正应在王安石身上荆公默誦此詩一遍问[illegible]火道人此詩何人所作没有落款道人道数日前有一道侣到此索纸題詩粘于壁上説是罵什麽拗相公的荆公将詩纸揭下藏于袖中默然而出回到主人家闷〻的过了一宿五鼓雞鳴两名夫和一个趕脚的牵着一頭騾一个叫驴邦到了荆公素性不十分梳洗上了肩輿江居乘了驴子遠那騾子与僮僕两

个更换骑坐䊹行四十余里日光将午到一村镇江居下了驴走上一步禀道相公该打中火了荆公因痰火病发随身扶手带得有清肺乾糕及丸药茶饼等物分付手下只取沸汤一瓯来你们自去吃饭荆公将沸汤调茶用了点心众人吃饭兀自未了荆公见屋傍有个坑厕讨一张毛纸走去登东只见坑厕土墙上白石灰画诗八句

初知鄞邑未登时　为负虚名众所推
苏老辨奸先有识　李丞劾奏已前知
斥除贤正专威柄　引进虚浮起祸基

最恨邪言三二不足　千年流毒臭声遺

荆公登了東觀个空就左脚脱下一隻方嗎将嗎底向土墻上抹仍字跡糊塗方纔離手衆人中火已畢荆公復上肩輿而行又三十里遇一馹舍江居禀道這安舍寬厰可以止宿荆公道昨日叮嚀汝輩是甚言語今宿于馹亭岂不惹人盤问还到前村擇僻静処民家投宿方為安穏又行五里許天色将晚到一村家竹籬茅舍柴扉半掩荆公叫江居上前借宿江居推扉而入内一老叟扶杖走出问其来由江居道某等遊客欲暫宿尊居一宵房不依例奉納老叟道

但随官人们尊便江居引荆公進门与主人相
見老叟延荆公上坐見江居等三人侍立知有
名分请到侧屋裏另坐老叟安排茶飯去了荆
公看新粉壁上有大书律诗一首诗云

文章謾说自天成　曲学偏邪识者軽
強辨鹎刑非正道　误餐魚餌岂真情
姦谋已遂生前志　执拗空遗死后名
親見亡兒阴受梏　始知天理报分明

荆公閲畢惨然不樂须臾老叟搬出飯来從人
都飽餐荆公也畧用了此问老叟道壁上诗何
人寫作老叟道往来遊客所书不知名姓公俛

前寻思我曾辨帛勤为鹑刑及误餐鱼餌二事人颇晓乃只亡児阴府受拷事我单对夫人説並没第二人乃知奶何此诗言及好怪〻〻荆公因此诗末句刺着它痛心之処狐疑不已因问老叟高寿几何老叟道年七十八了荆公又问有几位贤郎老叟撲簌〻淚下告道有四子都死了与老妻独居于此荆公道四子何为俱妖老叟道十年以来苦为新法所害諸子应门或殁于官或丧于途老漢幸年高乃以苟延殘喘倘若少壮也不在人世了荆公驚问新法有何不便乃至于此老叟道官人只看壁间诗可

知矣自朝廷用王安石為相變易祖宗制度專
以聚斂為急拒諫飾非驅忠立佞始設青苗法
以虐農民继立保甲助役保馬均輸等法紛紜
不一官府奉上而虐下日以箠掠為事吏卒在
呼于门百姓不乃安寝棄產業携妻子逃于深
山者日有数十此村百有余家今所存八九家
矣寒家男女共一十六口今只有四口僅存耳
説罷淚如雨下荊公亦覺悲酸又问道有人説
新法便民老丈今言不便願闻其詳老叟道王
安石执拗民间称為拗相公若言不便〻加怒
貶説便〻加陞擢凡説新法便民者都是谄佞

輩所為其实害民非浅皿奴保甲上番之法民
家每一丁教閲于場又以一丁朝夕供送虽説
五日一教那做保正的日聚于教場中受賄方
釋奴役賄賂只説武藝不熟拘之不放以致農
时供應往〻凍餒而死言畢问道奴今那拗相
公何在荊公哄它道见在朝中輔相天子老叟
唾地大罵道這等奸邪不行誅戮还要用它公
道何在朝廷為何不相了韓琦富弼司馬光吕
誨蘇軾諸君子而偏用此小人乎江居等听了
客坐中諠嚷之声走来看时见老叟説話太很
咤叱道老人家不可乱言倘王丞相闻知此语

獲罪非輕了老叟矍然怒起道吾年近八十何畏一死若見此奸賊必手刃其頭刳其心肝而食之虽赴鼎鑊刀鋸亦无恨矣衆人皆吐舌縮項荊公面如死灰不敢荅言起立庭中对江居説道月明如昼还亟趕路江居会意去还了老叟飯不安排轎馬荊公夆手与老叟分別老叟笑道老拙白罵奸賊王安石与官人何干乃拂然而去莫非官人与王安石有甚亲故麽荊公連声荅道没有〻〻荊公登輿分付快走從人跟隨踏月而行又走十余里到樹林之下只有茅屋三间並无鄰比荊公道此頗幽雅可以息

劳命江居叩门内有老媪启扉江居亦告以游
客贪路错过邸店特来借宿来早奉谢老媪指
中一间屋道此处空在但宿何妨只是草房窄
狭放不下轿馬江居道不妨我有道理荆公降
舆入室江居分付将轿子置于檐下骡驴放在
樹林之中荆公坐于室内看那老媪时衣衫蓝
缕鬓髮蓬鬆草舍泥墙颇为潔净老媪取灯火
安置荆公自去睡了荆公见牕间有字携灯看
时亦是律诗八句诗云

生已沽名衒氣豪　死犹虛僞惑兒曹
既无好語遺吴国　却有浮辭誑葉涛

四野逃亡空白屋　千年嘆恨說青苗
想因过此来亲覩　一夜愁添雪鬢毛
荆公阅〻之如万箭攢心好生不樂想道一路来茶坊道院以至村鎮人家处〻有詩譏誚這老嫗独居誹人到此亦有詩句是見怨詞詈語遍于人间美那第二聯說吳国乃吾之夫人也葉涛是吾故友此二句詩責犹不可觧欲喚老嫗问之闻隔壁打鼾〻　江居等馬上辛苦俱巳睡去荆公展轉尋[illegible]　〻膺頓足懊悔不迭想道吾只信福建子之言道民间甚便新法故吾遠衆而行之烏知天下怨恨至此〻皆福建子挨

我也呂惠卿是閩人故荆公呼為福建子是個
荆公長吁短欵和衣偃卧不能成寐吞声啼泣
兩袖皆沾濕了將次天明老嫗起身蓬着頭同
一赤脚蠢婢趕二猪出門外婢擕糠粃老嫗取
水用木杓攪于木盆之中口中呼囉〻〻拗相
公来二猪聞呼就盆吃食婢又呼雞喌〻喌〻、
王安石来羣雞俱至江居和衆人看見无不驚
訝荆公心愈不樂因問老嫗道老人家何為呼
雞豕之名如此老嫗道官人难道不知王安石
即當今之丞相拗相公是它的渾名呵王安石
做了相公立新法以擾民老妾二十年孀婦子

媳俱无止与一婢同处妇女二口也要出免役
助役等小〻既出了差役如故老妻以桑麻为
業蚕未成眠便预借丝小用了麻未上机又借
布小用了桑麻失〻只乃畜猪养鸡等候吏胥
里保来徵役小或将与它或再来欵待它自家
不曾尝一块肉故此民间怨恨新法入于骨髓
畜养鸡豕都呼为拗相公王安石把王安石当
做畜生今世没奈何它后世乃它变为異類再
而食之以快胸中之根耳荆公暗〻垂泪不敢
开言左右惊讶荆公容颜改变索镜自照只见
鬓发俱白两目皆肿心下凄惨自己忧恚所致

思想一夜愁添雪鬢毛之句岂非数乎命江居
取小谢了老娘收拾起身江居走到卧前禀道
相公施美政于天下愚民尤知反以为怨今宵
不可再宿村舍还是驿亭官舍省些闲气荆公
口虽不荅点头道是上路多时到一郵亭江居
先下驴扶荆公出轿升亭而坐安排早饭荆公
看亭子壁间亦有绝句二首第一首云

富韩司马揔孤忠　恳谏良言过耳风
只把惠卿心腹待　不知杀羿是逢蒙

第二首云

高谈道德口悬河　变法谁知有许多

它日命衰时败后　人非鬼责柰秋何

荆公看罢艴然大怒唤驲卒问道何物狂夫敢毁谤朝政如此有一老卒应道不但此驲有诗是処皆有留题也荆公问道此诗為何而作老卒道因王安石立新法以害民所以民根入骨近闻乃安石辞了相位判江宁府必從此路经过早晚常有村農数百在此左近伺候它来荆公道伺它来要拜谒它麽老卒尖道仇怨之人何拜谒之有衆百姓持白挺候它到时打杀了它分而啖之耳荆公大骇不等飯熟趋出郵亭上轎江居唤衆人随行一路只買乾粮充飢荆

公更不出轎分付兼程趲路直至金陵与吴国
夫人相見羞入江寧城市乃卜居于鍾山之半
名其堂曰半山荆公〻在半山堂中看経念佛
冀消罪愆它原是过目成诵極聰明的人一路
所見之詩无字不記私自寫出与吴国夫人看
之方信亡兒王雱陰府受罪非偶然也以此終
日憂懥痰火大發兼以氣隔不能飲食延及歩
余奄〻待尽骨瘦如柴支枕而坐吴国夫人在
傍堕淚問道相公有甚好言語分付荆公道夫
婦之情偶合耳我死更不湏挂念只是散尽家
財廣脩善事便了言未已忽报故人葉涛特来

问疾夫人廻避荆公請葉涛床頭相見执其手
嘱道君聰明过人亘多讀佛书莫作没要紧文
字徒劳无益王某一生枉費精力欲以文章勝
人今将死之时悔之无及葉涛安慰道相公福
寿正远何出此言荆公欸道生死无常老夫只
恐大限一至不能发言故今日為君叙及此也
葉涛辞去荆公忽然想起老媪草舍中詩句第
二聯道
　　烋无好語遺吴国　却有浮詞誑葉涛
今日正应其語不竟抚髀長欸道事皆前定豈
偶然哉作此詩者非鬼即神不然如何曉得我

未来之事吾被鬼神誚譲如此安能久于人世乎不幾日疾重譫語将手批頰血罵道王某上負天子下負百姓罪不容誅九泉之下何面目見君子方諸公乎一連罵了三日嘔血数升而死那君子方名介乃是宋朝一个直臣苦諫新法不便安石不听也是嘔血而死的一般樣死比王安石死乃有名声至今世间人家多有呼猪為拗相公者后人論我宋元氣都為熙寕変法所壞所以有靖康之禍有詩為證

熙寕新法諫書多　执拗行私奈尔何
不是此番元氣耗　虜軍豈乃渡黄河

又有詩惜荆公之才

好个聰明介甫翁　高才歷任有清風
可怜覆餗因高位　只合終身翰苑中

京本通俗小説第十四卷

京本通俗小說第十五卷

錯斬崔寧

聰明伶俐自天生　懵懂癡呆未必真
嫉妒每因眉睫淺　戈矛時起笑談深
九曲黃河心較險　十重鐵甲面堪憎
時因酒色亡家國　幾見詩書誤好人

這首詩單表為人難處，只因世路窄狹，人心叵測，大道既遠，人情萬端，熙熙攘攘，都為利來，蚩蚩蠢蠢，皆納禍去，持身保家，萬千反覆，所以古人云：顰有為顰，笑有為笑，顰笑之間，最宜謹慎。

這回書單說一个官人只因酒后一时戲笑之
言遂至杀身破家陷了幾条性命且先引下一
个故事来权做个得勝頭廻我朝元豐年间有
一个少年舉子姓魏名鵬舉字沖霄年方一十
八步娶得一个如花似玉的渾家未及一月只
因春榜動選場開魏生別了妻子收拾行囊上
京应取臨别时渾家分付丈夫得官不得官早
早回来休抛闪了恩爱夫妻魏生荅道功名二
字是俺本領前程不索賢卿憂慮別后登程到
京果然一舉成名榜上一甲第九名除授京戢
到差甚是華艷動人少不得修了一封家書差

人接取家眷入京书上先叙了寒溫及得官的
事后却寫下一行道是我在京中早晚无人照
管已討了一个小老婆專候夫人到京同享榮
華家人收拾书程一逕到家見了夫人稱說賀
喜因取家书呈上夫人拆開看了見是如此〻
〻這般〻〻便对家人道官人直恁負恩甫能
得官便娶了二夫人家人便道小人在京並没
見有此事想是官人戲謔之言夫人到京便知
端的休得憂慮夫人道恁地說我也罷了却因
人舟未便一面收拾起身一面尋覓便人先寄
封平安家信到京中去那寄书人到了京中尋

问新科魏進士寓所下了家书管待酒飯回
不題却説魏生接书拆開来看了並无一句閒
言閒語只説道你在京中娶了一个小老婆我
在家中也嫁了一个小老公早晚同赴京师也
魏生見了也只道是夫人取笑的説話全不在
意未及收好外面報説有个同年相訪京邸寓
中不比在家寛轉那人又是相厚的同年又曉
得魏生並无家眷在内直至裏面坐下叙了些
寒温魏生起身去解手那同年偶翻桌上书帖
看見了這封家书寫得好笑故意朗誦起来魏
生措手不及通紅了臉説道這是没理的事因

是小弟戲謔了它〈便取笑寫来的那同年呵
呵大笑道這节事却是取笑不的別了就去
那人也是一个少年昔談樂道把這封家书一
节頃刻間遍傳京邸也有一班妬忌魏生少年
登高科的將這椿事只当做風聞言事的一个
小〈新聞奏上一本說這魏生年少不檢不宜
居清要之職降処外任魏生懊恨无及后来畢
竟做官蹭蹬不起把錦片也似一段美前程尋
閒放过去了這便是一句戲言撒漫了一个美
官今日再說一个官人也只爲酒后一时戲言
断送了堂〈七尺之軀連累兩三个人枉屈害

了性命却是為着甚的有詩為證

世路崎嶇實可哀　傍人尖口等閒開
白雲本是无心物　又被狂風引出来

却說高宗时建都临安繁華富貴不減那汴京故国去那城中箭桥左侧有个官人姓刘名貴字君薦祖上原是有根基的人家到门君薦手中却是时乖運蹇先前讀书后来看看不济却去改業做生意便是半路上出家的一般買賣行中一些不是本等伎俩又把本钱消折去了漸漸大房改換小房賃门两三间房子与同渾家王氏年少齐眉后因没有子嗣娶下一个小

妳子姓陳是陳賣糕的女兒家中都呼爲二姐
這也是先前不十分穹薄的时做下的勾当至
亲三口並无閑雜人在家那刘君薦極是爲人
和氣鄉里見愛都称它刘官人你是一时運限
不好如此落莫再过几时定时有个亨通的日
子說便是這般說那乃有些々好処只是在家
納悶无可柰何却說一日間坐家中只見丈人
家裏的老王年近七旬走来对刘官人說道家
间老員外生日特令老漢接取官人妳子去走
一遭刘官人便道便是我日逐愁悶过日子連
那泰山的寿誕也都忘了便同渾家王氏收拾

随身衣服打叠个包兒交与老王背了分付二
姐看守家中今日晚了不能轉回明晚湏索来
家説了就去离城二十余里到了丈人王員外
家叙了寒温当日坐间客衆丈人女婿不好十
分叙述許多穹枷到乃客散留在客房裏歇宿
直到天明丈人却来与女婿攀話説道姐夫你
湏不是這等筭計坐吃山空立吃地陷咽喉深
似海日月抉如梭你湏計較一个常便我女兒
嫁了你一生也指望豐衣足食不成只是這等
就罷了刘官人歎了一口氣道是泰山在上道
不乃个上山擒虎易開口告人難如今的时势

再有誰似泰山這般怜念我的只索守困若去
求人便是劳而无功丈人便道這也難怪你説
老漢却是看你們不过今日賫助你些少本小
胡乱去開个柴米店撰得些利息来过日子却
不好麽刘官人道感蒙泰山恩顧可知是好当
下吃了午飯丈人取出十五貫錢来付与刘官
人道姐丈且將這些錢去收拾起店面開張有
日我便再应付你十貫你妻子且留在此过幾
日待有了開店日子老漢亲送女兒到你家就
来与你作賀意下如何刘官人謝了又謝駄了
錢一逕出門到得城中天色却早晚了却撞着

一个相識順路在它家门首经过那人也要做
经纪的人就与它商量一会可知是好便去敲
那人门时裏面有人应喏出来相揖便问老兄
下顾有何见教刘官人一一说知就裏那人便
道小弟闲在家中老兄用着时便来相帮刘
官人道如此甚好当下说了些生意的勾当那
人便留刘官人在家现成盃盘吃了三盃两盏
刘官人酒量不济便觉有些朦胧起来抽身作
别便道今日相扰明早就烦老兄过寒家計议
生理那人又送刘官人至路口作别回家不在
话下若是说话的同年生並肩長攔腰抱住把

臂拖回也不見乃受這般災悔却教刘官人死乃不如

五代史李存孝　漢书中彭越

却说刘官人䭾了不一步〻〻捱到家中敲门已是点灯时分小奶子二姐独自在家没一些事做守乃天黑闭了门在灯下打瞌睡刘官人打门它那裏便听见敲了半晌方纔知覔荅应一声来了起身開了门刘官人進去到了房中二姐替刘官人接了不放在桌上便问官人何处那移這項不来却是甚用那刘官人一来有了幾分酒二来怪它開乃门遲了且戲言嚇它

一嚇便道說出来又恐你见怪不說时又须通
你乃知只是我一时无柰没计可施只乃把你
典与一个客人又因捨不乃你只典乃十五贯
尒若是我有些〻好处加利赎你回来若是照前
這般不顺溜只索罢了那小奻子听了欲待不
信又见十五贯尒堆在面前欲待信来它平白
与我没半句言语大奻子又过乃好怎麽便下
乃這等狠心辣手疑狐不决只乃再问道虽然
奻此也须通知我爹奻一声刘官人道若是通
知你爹奻此事断然不成你明日且到了人家
我慢〻央人与你爹奻說通它也须怪我不乃

小娘子又问官人今日在何處吃酒来刘官人
道便是把你典与人寫了文书吃它的酒纔来
的小娘子又问大姐々如何不来刘官人道它
因不忍見你分離待得你明日出了门纔来這
也是我没計奈何一言爲定説罷暗地忍不住
笑不脱衣裳睡在床上不覺睡去了那小娘子
好生擺脱不下不知它賣我与甚色樣人家我
須先去爹娘家裏説知就是它明日有人来要
我尋道我家也須有个下落沉吟了一會却把
這十五貫錢一垜兒堆在刘官人脚后边趁它
酒醉輕々的收拾了隨身衣服款々的開了门

出去拽上了门却去左边一个相埶的隣舍叫
做朱三老兒家裏与朱三媽借宿了一夜說道
丈夫今日无端賣我我須先去与爹妳說知煩
你明日对它說一声恁有了主顾可同我丈夫
到爹妳家中来討个分曉也須有个下落那隣
舍道小妳子說得有理你只顾自去我便与刘
官人說知就理过了一宵小妳子作別去了不
題正是
　鳌鱼脱却金鈎去　擺尾摇頭再不回
放下一頭却說這裏刘官人一覺直至三更方
醒見桌上灯犹未滅小妳子不在身边只道它

还在厨下收拾家火便唤二姐讨茶吃叫了一
回没人答应却待挣扎起来酒尚未醒不觉又
睡了去不想却有一个做不是的日间賭輸了
没处出豁夜间出来掏摸些東西却好到刘
官人门首因是小娘子出去了门兒拽上不閂
那賊畧推一推豁地開了捏手捏脚直到房中
並无一人知觉到得床前灯火尚明周圍看时
並无一物可取摸到床上見一人朝着裡床睡
去脚后却有一堆青錢便去取了幾貫不想驚
觉了刘官人起来喝道你須不尽道理我從丈
人家借办得幾貫錢来養身活命不争你偷了

我的去却是怎的计结那人也不回話照面一
拳刘官人側身躱过便起身与這人扭持那人
見刘官人手脚活動便拔步出房刘官人不捨
搶出门来一徑趕到厨房裏恰待声張隣舍起
来捉賊那人急了正好没出豁却見明晃〻一
把劈柴斧頭正在手边也是人極計生被它綽
起一斧正中刘官人面门撲地倒了又復一斧
斫倒一边眼見得刘官人不活了嗚呼哀哉伏
惟尚享那人便道一不做二不休却是你来趕
我不是我来尋你索命番身入房取了十五貫
小扯条单被包裹得停当拽扎得爽俐出门拽

上了门就走不题次早隣舍起来见刘官人家
门也不開並无人声息叫道刘官人失晓了裏
面没人答应捱将進去只见门也不関直到裏
面见刘官人劈死在地他家大娘子两日前已
自往娘家去了小娘子如何不见免不得声张
起来却有昨夜小娘子借宿的隣家朱三老兒
說道小娘子昨夜黄昏时到我家宿歇說道刘
官人无端賣了它〻一径先到爹娘家裏去了
教我对刘官人說既有了主顾可同到它爹娘
家中也討得个分晓今一面着人去追它轉来
便有下落一面着人去报它大娘子到来再作

扂処衆人都道說乃是先着人去到王老貟外
家报了凶信老貟外与女兒大哭起来对那人
道昨日好端〻出门老漢賫它十五貫个教它
将来作本如何便恁的被人杀了那去的人道
好教老貟外大姊子乃知昨日刘官人归时已
自昏黑吃得半酣我们都不曉乃它有个没个
归遲归早只是今早刘官人家门兒半開衆人
推将進去只見刘官人杀死在地十五貫个一
文也不見小姊子也不見踪跡声張起来却有
左隣朱三老兒出来說道它家小姊子昨夜黄
昏时分借宿它家小姊子說道刘官人无端把

它典与人了小妳子要对爹妳説一声住了一
宵今日径便去了妳今衆人計議一面来報大
妳子与老員外一面着人去追小妳子若是半
路裏追不着的时节直到它爹妳家中好歹追
它轉来问个明白老員外与大妳子須索去走
一遭与刘官人执命老員外与大妳子急〻收
拾起身侵待来人酒飯三步做一步趕入城中
不題却説那小妳子清早出了隣舍人家挨上
路去行不上一二里早是脚疼走不動坐在路
傍却見一个后生頭帶万字頭巾身穿直縫寛
衫背上馱了一个搭膊裏面却是銅钱脚下丝

鞋淨襪一直走上前来到了小娘子面前看了
一看虽然没有十二分颜色却也明眉皓齒蓮
臉生春秋波送媚好生動人正是
野花偏艷目　村酒醉人多
那后生放下搭膊向前深〃作揖小娘子独行
无伴却是往那裏去的小娘子还了万福道是
奴家要往爹娘家去因走不上权歇在此因问
哥〃是何処来今要往何方去那后生叉手不
离方寸小人是村裏人因往城中賣了丝帳討
得些小要往褚家堂那边去的小娘子道告哥
哥則个奴家爹娘也在褚家堂左側若得哥〃

帶挈奴家同走一程可知是好那后生適有何
不可恁如此説小人情愿伏侍小娘子前去两
个廝趕着一路正行〻不到三二里田地只见
后面两个人脚不点地趕上前来趕得汗流氣
喘衣服拽開連叫前面小娘子慢走我却有話
説知小娘子与那后生看见趕得蹺蹊都立住
了脚后边两个趕到跟前见了小娘子与那后
生不容分説一家扯了一个説道你們幹得好
事却走往那裏去小娘子吃了一驚舉眼看时
却是两家隣舍一个就是小娘子昨夜借宿的
主人小娘子便道昨夜也須告过公〻得知丈

夫无端賣我〱自去对爹娘说知今日趕来却
有何说朱三老道我不曾闲帳只是你家裏有
杀人公事你須回去对理小娘子道丈夫賣我
昨日不巳䭾在家中有甚杀人公事我只是不
去朱三老道好自在性兒你若真个不去叫起
地方有杀人贼在此烦為一提不然須要連累
我们你這裏地方也不得清淨那个后生見不
是話頭便对小娘子道既如此说小娘子只索
回去小人自家去休那两个趕来的隣舍齐叫
起来说道若是没有你在此便罷既然你与小
娘子同行同止你須也去不得那后生道却又

古怪我也半路遇見小娘子偶然伴它行一程
路途上有甚皂丝麻線要勒揹我回去朱三老
道它家有了杀人公事不争放你去了却打没
对頭官司当下怎容小娘子和那后生做主看
的人漸〻立滿都道后生你去不得你日间不
作虧心事半夜敲门不吃驚便去何妨那趕来
的隣舍道你若不去便是心虚我们却和你罢
休不得四个人只得厮挽着一路轉来到得刘
官人门首好一場热閙小娘子入去看时只見
刘官人斧劈倒在地死了床上十五貫不分文
也不見開了口合不得伸了舌缩不上去那后

生也慌了便道我恁的晦氣没来由和那小娘
子同走一程却做了干連人衆人都和鬧着正
在那裏分豁不開只見王老員外和女兒一步
一攧走回家来見了女婿屍身哭了一場便对
小娘子道你却如何杀了丈夫劫了十五貫錢
逃走出去今日天理昭然有何理說小娘子道
十五貫錢委是有的只是丈夫昨晚回来說是
无計奈何将奴家典与它人典得十五貫身價
在此說过今日便要奴家到它家去奴家因不
知它典与甚色樣人家先去与爹娘說知故此
趂夜深了将這十五貫錢一垜兒堆在它脚后

边拽上门到朱三老家住了一宵今早自去爹
奶家裏说知我去之时也曾央朱三老对我丈
夫说恁然有了主兒便同到我爹奶家裏来交
割却不知因甚杀死在此那大奶子道可又来
我的父亲昨日明〻把十五贯与它䭾来作
本养赡妻小它岂有哄你说是典来身價之理
這是你两日因独自在家勾搭上了人又見家
中好生不济无心守耐又見了十五贯不一时
見財起意杀死丈夫劫了不又使見識往隣舍
家借宿一宿却与漢子通同計較一処逃走現
今你跟着一个男子同走却有何理说抵赖得

过衆人齐声道大姊子之言甚是有理又对那
后生道后生你却如何与小姊子谋杀亲夫却
暗〻约定在僻静处等候一同去逃奔它方却
是如何计结那人道小人自姓崔名宁与那小
姊子无半面之識小人昨晚入城賣得幾貫丝
錢在這裏因路上遇见小姊子小人偶然问起
往那裏去的却独自一个行走小姊子说起是
与小人同路以此作伴同行却不知前后因依
衆人那裏肯听它分说搜索它搭膊中恰好是
十五貫錢一文也不多一文也不少衆人齐發
起喊来道是天網恢〻疎而不漏你却与小姊

子杀了人拐了小财盗了妇女同往它鄉却連
累我地方隣里打役頭官司当下大外子结扭
了小外子王老貟外結扭了荏寧四隣舍都是
證見一鬨都入臨安府中来那府尹听乃有杀
人公事即便陞堂便叫一干人犯逐一從頭説
来先是王老貟外上去告説相公在上小人是
本府村庄人氏年近六旬只生一女先年嫁与
本府城中刘貴爲妻后因无子娶了陳氏爲妾
呼爲二姐一向三口在家过活並无片言只因
前日是老漢生日差人接取女兒女婿到家住
了一宿次日因見女婿家中全无活计养贍不

契把十五貫不与女婿作本開店養身却有二
姐在家看守到乃昨夜女婿到家时分不知因
甚缘故将女婿斧劈死了二姐却与一个后生
名唤崔寧一同逃走被人追捉到来望相公可
怜見老漢的女婿身死不明奸夫淫婦贓證見
在伏乞相公明断府尹听乃如此〻〻便叫陳
氏上来你却如何通同奸夫杀死了亲夫劫了
不与人一同逃走是何理説二姐告道小婦人
嫁与刘貴虽是个小老婆却也乃它看承乃好
大娘子又賢慧却如何肯起這片歹心只是昨
晩丈夫回来吃乃半酣馱了十五貫不進门小

婦人问它来歷丈夫說道爲因養贍不周将小婦人典与它人典了十五貫身價在此又不通我爹妳了知明日就要小婦人到它家去小婦人慌了連夜出门走到隣舍家裏借宿一宵今早一逕先往爹妳家去教它对丈夫說既然賣我有了主顧可到我爹媽家裏来交割幾走了到半路却見昨夜借宿的隣家趕来捉住小婦人回来却不知丈夫杀死的根由那府尹唱道胡說這十五貫不分明是它丈人与女婿的你却說是典與你的身價眼見的没巴臂的說話了况且婦人家如何黑夜行走定是脱身之計這

椿事須不是你一个婦人家做的一定有奸夫幇你謀財害命你却從实説来那小娘子正待分説只見幾家隣舍一齊跪上去告道相公的言語委是青天它家小娘子昨夜果然借宿在左隣第二家的今早它自去了小的們見它丈夫杀死一面着人去趕〻到半路却見小娘子和那一个后生同走苦死不肯回来小的們勉強捉它轉来却又一面着人去接它大娘子与它丈人到时説昨日有十五貫不付与女婿做生理的今者女婿已死這不不知從何而去再三问那小娘子时説道它出门时將這不一堆

兒垪在床上却去搜那后生身边十五貫朩分
文不少却不是小奶子与那后生通同謀杀賍
證分明却奶何賴乃过府尹听它們言々有理
就喚那后生上来道帝輦之下怎容你這等胡
行你却奶何謀了它小老婆劫了十五貫朩杀
死它親夫今日同往何処從实招来那后生道
小人姓崔名寕是鄉村人氏昨日往城中賣了
丝賣乃這十五貫朩今早偶然路上撞着這小
奶子並不知它姓甚名誰那裏曉乃它家杀人
公事府尹大怒喝道胡説世间不信有這等巧
事它家失去了十五貫朩你却賣的丝恰好也

是十五貫不這分明是支吾的説話了況且它
妻莫愛它馬莫騎你既与那婦人没甚首尾却
如何与它同行同宿你這等頑皮賴骨不打如
何肯招当下衆人将那崔寧与小娘子死去活
来拷打一頓那边王老員外与女兒併一干隣
佑人等口〻声〻咬它二人府尹也巴不得了
結這段公案拷訊一回可怜崔寧和小娘子受
刑不过只得屈招了説是一时見財起意杀死
亲夫劫了十五貫不同奸夫逃走是实左隣右
舍都指畫了十字将兩人大枷〻了送入死囚
牢裏将這十五貫不給还原主也只好奉与衙

门中人做使用也还不勾哩府尹叠成文案奏过朝廷部覆申详倒下聖旨説崔寧不合奸騙人妻謀財害命依律処斬陳氏不合通同奸夫杀死亲夫大逆不道凌遅示衆当下讀了招状大牢内取出二人来当厅判一个斬字一个剮字押赴市曹行刑示衆两人渾身是口也難分説正是

啞子謾嘗黄蘗味　難将苦口对人言

看官听説這段公事果然是小娘子与那崔寧謀財害命的时节它两人須連夜逃走它方怎的又去隣舍人家借宿一宵明早又走到爹娘

家去却被人捉住了這段冤枉仔細可以推詳
出来誰想問官糊塗只圖了事不想捶楚之下
何求不得冥〻之中積了阴隲远在兒孫近在
身它两个冤䰟也湏放你不过所以做官的切
不可率意斷獄任情用刑也要求个公平明允
道不得个死者不可復生斷者不可復續可勝
歎哉閒話休題却說那刘大奶子到得家中設
个灵位守孝过日父亲王老員外劝它轉身大
奶子說道不要說起三年之久也湏到小祥之
后父亲應允自去光阴迅速大奶子在家巴〻
結〻將近一年父亲見它守不过便叫家裏老

王去接它来説叫大姊子收拾回家与刘官人做了週年轉了身去罷大姊子没計柰何細思父言亦是有理收拾了包裹与老王背了与隣舍家作別暫去再来一路出城正值秋天一陣烏風猛雨只得落路往一所林子去躲不想走錯了路正是

猪羊走屠宰之家　一脚〱来尋死路

走入林子裏去只听它林子背后大喝一声我乃靜山大王在此行人住脚須把買路不与我大姊子和那老王吃那一驚不小只見跳出一个人来

頭帶乾紅四面巾身穿一領旧戰袍腰间紅
綃搭膊褁肚脚下蹬一双烏皮皂靴手执一
把朴刀
㚘刀前来那老王該死便道你這剪逕的毛団
我須是認得你做這老性命着与你兊了罷一
頭撞去被它闪过空老人家用力猛了撲地便
倒那人大怒道這牛子好生无礼連㧡一兩刀
血流在地眼見得老王養不大了那刘大㚏子
見它兇猛料道脱身不得心生一計叫做脱空
計拍手叫道殺得好那人便住了手睁貟怪眼
喝道這是你甚麼人那大㚏子虚心假氣的荅

道奴家不幸喪了丈夫却被媒人哄誘嫁了這
个老兒只會吃飯今日却𠰻大王殺了也替奴
家除了一害那人見大奶子如此小心又生𠰻
有幾分顏色便问道你肯跟我做个壓寨夫人
麽大奶子尋思无計可施便道情原伏侍大王
那人回嗔作喜收拾了刀杖將老王尸首攛入
澗中領了刘大奶子到一所莊院前來甚是委
曲只見大王向那地上拾些土塊拋向屋上去
裏面便有人出來開门到𠰻草堂之上分付殺
羊備酒与刘大奶子成親兩口兒正是說𠰻着
正是

明知不是伴　事急且相随

不想那大王也乃了刘大奶子之后不上半年

連起了幾主大财家间也豐富了大奶了甚是

有識見早晚用好言語劝它也古道瓦罐不离

井上破将軍難免陣中亡你我两人下半世也

勾吃用了只管做這没天理的勾当終湏不是

个好结果却不道是梁園虽好不是久恋之家

不若改行從善做个小〻经纪也乃过养身活

命那大王早晚被它劝轉果然回心轉意把這

们道路撇了却去城市间賃下一処房屋開了

一个雜貨店遇閑暇的日子也时常去寺院中

念佛赴斋忽一日在家闲坐对那大姑子道我
虽是个剪迳的出身却也晓得冤各有头债各
有主每日间只是嚇騙人東西将来过日子后
来得有了你一向不大顺溜今已改行從善闲
来追思既往正会枉杀了一个人又冤陷了两
个人时常挂念思欲做此〻功德超度它们一向
不曾对你说知大姑子便道如何是枉杀了两
个人那大王道一个是你的丈夫前日在林子
裏的时节它来撞我〻却杀了它〻须是个老
人家与我往日无仇如今又谋了它老婆它死
也是不肯甘心的大姑子道不恁的时我却那

我一时見它不是活頭却好一把劈柴斧頭在
口都是餓死起身搶出房門正待声張起來是
丈人家与我做本的不争你偷去了一家人
貴正待要去却驚醒了那人起來說道這是我
人醉倒在床脚后却有一拱銅斗便去摸它我
門挨進去时裏面並無一人摸到門裏只見一
去摘摸些東西不想到一家門首見它門也不
是一年前也是賭輸了身邊並無一文夜間便
理上放不过去且又帶累了两个人無辜償命
个又是甚人那大王道說起來這个人一发天
叫与你厮守這也是徃事休題了又問殺那一

我脚边這叫做人急計生綽𧼈斧来唱一声道
不是我便是你两斧劈倒却去房中将十五贯
小尽数取了后来打听乃它却連累了它家小
老婆与那一个后生唤做崔寧冤枉了它謀財
害命双〻受了国家刑法我虽是做了一世強
人只有這两樁人命是天理人心打不过去的
早晚还要超度它也是該的那大𡥅子听説暗
暗地叫苦原来我的丈夫也吃這厮杀了又連
累我家二姐与那个后生无辜受戮思量𧼈来
是我不合当初做弄它两人償命料它两人阴
司中也湏放我不过当下权且欢天喜地並无

它說明日捉个空便一迳到臨安府前叫起屈
来那时换了一个新任府尹緣门半月正值陞
厅左右捉将那叫屈的婦人進来刘大娘子到
于階下放声大哭〻罷将那大王前后所為怎
的杀了我丈夫刘貴問它不肯推詳含糊了事
却将二姐与那崔寧朦朧償命后来又怎的杀
了老王奸騙了奴家今日天理昭然一一是它
亲口招承伏乞相公高抬明鏡昭雪前冤說罷
又哭府尹見它情詞可憫即着人去捉那静山
大王到来用刑拷讯与大娘子口詞一些不差
即时問成死罪奏过官裏待六十日限滿倒下

聖旨来勘問静山大王謀財害命連累无辜将
律杀一家非死罪三人者斬加等决不待时原
问官断獄失情削职為民崔寧与陳氏枉死可
怜有司訪其家諒行優恤王氏既係強徒威逼
成亲又能伸雪夫冤着将賊人家產一半没入
官一半給与王氏養贍終身刘大娘子当日往
法場上看决了静山大王又取其頭去祭献亡
夫并小娘了及崔寧大哭一場将這一半家私
捨入尼姑菴中自己朝夕看经念佛追薦亡魂
尽老百年而終有詩為證

善悪无分揔喪軀　只因戲語醸災危

劝君出语湏诚实　口舌從来是禍基

京本通俗小説第十五卷

京本通俗小說第十六卷

馮玉梅團圓

簾捲水西樓一曲新腔唱打油宿兩眠雲年少夢休謳皿尽生前酒一甌○明日又登舟却指今宵是旧遊同是它鄉淪落客休愁月子彎〻照幾州

這首詞末句乃是借用吴歌成語吴歌云

月子彎〻照幾州　幾家欢樂幾家愁

幾家夫婦同罗帳　幾家飄散在它州

此歌出 自我宋建炎年间述民间离乱之苦只

爲宣和失政奸佞専权延至靖康金虜凌城擄了徽欽二帝北去康王泥馬渡江棄了汴京偏安一隅改元建炎其时東京一路百姓惧怕韃虜都跟随車駕南渡又被虜騎追赶兵火之際東逃西躲不知拆散了幾多骨肉往〻父子夫妻終身不復相見其中又有幾个散而復合的民间把作新闻傳説正是

劍氣分还合　　荷珠碎復园
万般皆是命　　半点尽由天

話説陳州有一人姓徐名信自小学得一身好武藝娶妻崔氏頗有容色家道豊裕夫妻二人

正好过活却被金兵入寇二帝北迁徐信共崔
氏商议此地安身不牢收拾細軟家財打做兩
个包裹夫妻各背了一个随着衆百姓曉夜奔
走行至虞城只听得背后喊声振天只道韃虜
追来却原来是南朝杀敗的潰兵只因武備久
弛軍无紀律教它杀賊一个々胆寒心駭不戰
而走及至遇着平民搶擄財帛子女一般會揚
威耀武徐信虽然有三分本事那潰兵如山而
至寡不敵衆捨命奔走但闻四野號哭之声回
頭不見了崔氏乱軍中无処尋覔只得前行々
了数日歎了口氣没柰何只索罷了行到睢阳

肚中飢渴上一个村店買些酒飯原来离乱之
时店中也不比往昔没有酒賣了就是飯也不
过是粗粝之物又怕衆人搶奪交了是小方纔
取出来与你充飢徐信正在數不猛听𠇍有婦
女悲泣之声事不関心〱〱者乱徐信且不数
小急走出店来看果见一婦人单衣蓬首露坐
于地上虽不是自己的老婆年貌也相彷彿徐
信動了个惻隐之心以己度人道這婦人想也
是遭難的不免上前问其来歷婦人訴道奴家
乃鄭州王氏小字進奴随夫避兵不意中途奔
散奴孤身被乱軍所掠行了两日一夜到于此

地两脚俱腫寸步難移賊徒剥取衣服弃奴于
此衣单食缺奔叫无亲欲尋死路故此悲泣耳
徐信道我也在乱軍中不見了妻子正是同病
相怜了身边幸有盤纏奴子不若权时在這店
裏住幾日將息貴体等在下探問荆妻消息就
便訪取尊夫不知奴子意下如何婦人收泪而
謝道如此甚好徐信解開包裹將幾件衣服与
婦人穿了同它在店中吃了此〻飲食借半间房
子做一塊兒安頓徐信慇〻勤〻每日送茶送
飯婦人感其美意料道尋夫訪妻也是难事今
日一鰥一寡亦是天缘热肉相凑不容人不成

就了又过数日婦人脚不痛了徐信和它做了一对夫妻上路直到建康正值高宗天子南渡即位改元建炎出榜招軍徐信去充了个軍校就于建康城中居住日月如流不覔是建炎二年一日徐信同妻城外訪亲回来天色已晚婦人口渴徐信引到一个荼肆中吃荼那肆中先有一个漢子坐下見婦人入来便立在一边偷看那婦人目不轉睛婦人低眉下眼那个在意徐信甚以為怪少頃吃了荼还了荼朩出门那漢又远々相随比及到家那漢还站在门首依依不去徐信心頭火起问道什麼人如何窺覷

人家的婦女那厮拱手謝罪道尊兄休怒某有
一言奉詢徐信忍氣尚未息荅应道有什麼話
就講罷那厮道尊兄倘不見責权借一步某有
实情告訴若还嗔怪某不敢言徐信果然相随
到一个僻静巷裏那厮懍欲開口又似有難言
之状徐信道我徐信也是个慷慨丈夫有話不
妨尽言那厮方纔敢问道適纔婦人是誰徐信
道是荆妻那厮道娶过幾年了徐信道三年矣
那厮道可是鄭州人姓王小字進奴麼徐信大
驚道足下何以知之那厮道此婦乃吾之妻也
因兵火失散不意落于君手徐信聞言甚踧踖

不安将自己虞城失妻到睢阳村店遇见此婦
始末細〻述了当时实是伶它孤身无倚初不
曉乃是尊閫奴之柰何那淸道是下休疑我已
別娶渾家旧日伉儷之盟不必再题但倉忙拆
開未及一言分别倘乃暫會一面叙述悲苦死
亦无根徐信亦羌心中凄㥪説道大丈夫腹心
相照何处不可通情明日在舍下相候是下先
然別娶可携新閫同来做个親戚庶于隣里耳
目不碍那淸欢苦拜謝告别徐信问其姓名那
淸道吾乃鄂州刘俊卿是也是夜徐信先对王
進奴述其缘由進奴思想前夫恩义暗〻偷泪

一夜不曾合眼到天明盥漱方畢刘俊卿夫婦
二人到了徐信出门相迎見了俊卿之妻彼此
驚駭各〻慟哭原来俊卿之妻却是徐信的渾
家崔氏自虞城失散尋丈夫不着却随个老嫗
同至建康觧下随身簪珥賃房居住三个月后
丈夫並无消息老嫗説它終身不了与它為媒
嫁与刘俊卿誰知今日一双两对恰〻相逢真
个天缘湊巧彼此各認旧日夫妻相抱而哭当
下徐信遂与刘俊卿八拜為交置酒相待至晚
将妻子兑轉各还其旧從此通家往来不絶有
詩為證

夫换妻兮妻换夫　這場交易好糊塗
柤逢揔是天公巧　一尖灯前認故吾
此段話題做交互姻缘乃建炎三年建康城中
故事同时又有一事叫做双鏡重园說来虽没
有十分奇巧論起夫义婦节有関凮化到还勝
似幾倍正是
話湏通俗方傳远　语必関凮始動人
話說高宗建炎四年関西一位官長姓馮名忠
翊戢授福州监税此时七閩之地尚然全盛忠
翊帶領家眷赴任一来福州凭山负海東南都
會富庶之邦二来中原多事可以避難于本年

趕程到次年春间打從建州経过輿地志説建
州碧水丹山爲東閩之勝地今日合着了古語
两句
洛阳三月花如錦　偏我来时不遇春
佡古兵荒二字相連金虜渡河两浙都被它残
破閩地不遭兵火也就見个荒年此乃天数話
中单説建州飢荒斗米千个民不聊生却爲国
家正値用兵之際粮餉要緊官府只顧催征上
供顧不得民窮財尽常言巧媳婦煮不得没米
粥百姓既没有个粮交納又被官府鞭笞逼勒
禁受不过三〻两〻逃入山间相聚爲盗蛇无

马　　八

頭而不行就有个艸頭天子出来此人姓范名
汝為仗义执言救民水火羣盗從之如流嘯聚
至十余万无非是

風高放火　月黑杀人
无粮同餓　乃肉均分

官兵抵当不住連敗數陣范汝為遂據了建州城自称元帥分兵四出抄掠范氏门中子弟都受偽号做領兵官将汝為族中有个姪兒名唤范希周年二十三歩自小習乃一件本事能識水性伏乃在水底三四昼夜因此起个異名唤做范鰍兒原是讀书君子功名未就被范汝為

所逼凡族人不肯從它爲乱者先将斬首示衆希周舍了性命不得已而從之虽在賊中専以方便救人爲務不做劫掠勾当賊党見它凡事畏縮就它鰍兒的外号改做范盲鰍是笑它无用的意思再說馮忠翊有个女兒小名玉梅年方二八生得容顏清麗情性温柔随着父母福州之任來到這建州相近正遇着范賊一枝遊兵劫奪行李財帛将人口追得三零四散馮忠翊失散了女兒无処尋覓嗟欵了一回只索赴任去了单說玉梅脚小伶俜行走不動被賊兵掠進建州城來玉梅啼〻哭〻范希周中途見

而拎之问其家门玉梅血叙乃是官家之女希
周遂叱開軍士亲解其縛留至家中将好言抚
慰訴以衷情我本非反賊被族人逼迫在此它
日受了朝廷招安仍做良民小姉子若不弃卑
末結為眷屬三生有幸玉梅本不願扭從落在
其中出于无柰只乃允許次日希周禀知賊首
范汝為〻〻亦甚苦希周送玉梅于公舘擇吉
納聘希周有祖傳宝鏡乃是两鏡合扇的清光
照徹可開可合内鑄成死央二字名爲死央宝
鏡用爲聘礼遍請范氏宗族花烛成婚
一个是衣冠旧裔一个是閥閲名姝一个儒

雅丰仪一个温柔性格一个縱居贼党風雲之氣未衰一个虽作囚俘金玉之姿不改绿林此日称佳客红粉今宵配吉人

佡此夫妻和顺相敬如賔佡古道瓦罐不离井上破苊汝為造下迷天大罪不过乘朝廷有事兵力不及岂期名将張所岳飛張俊張浚吴玠吴璘等屡败金人国家粗定高宗卜鼎臨安改元紹兴是年冬高宗命韓蘄王諱世忠的统领大軍十万前来讨捕苊汝為岂是韓公敵手只𠂔闭城佡守韓公紥長圍以困之原来韓公与馮忠翊先在東京有旧今番韓公统兵征剿反

賊知馮公在福州爲盐税官必知閩中人情土
俗其时将帥專征的都帶有空頭勅遇有地方
人才听凴填勅委用韓公遂用馮忠翊爲軍中
都提轄同駐建州城下指麾攻圍之事城中日
夜号哭范汝爲幾遍要奪门而出都被官軍杀
回势甚危急玉梅向丈夫説道妾聞忠臣不事
二君烈女不更二夫妾被賊軍所掠血誓必死
蒙君救拔遂爲君家之婦此身乃君之身也大
軍臨城其势必破城既破則君乃賊人之亲党
必不能免妾願先君而死不忍見君之就戮也
引床頭利劍便欲自刎希周慌忙抱住奪去其

刀安慰道我陷在贼中原非本意今无计回明
王石俱焚已付之于命了你是官家儿女擄劫
在此与你何干韩元帅部下将士都是北人你
也是北人言语相合岂无乡曲之情或有亲旧
相逢宛转闻知于令尊骨肉团圆尚不绝望人
命至重岂可无益而就死地乎玉梅道妾倘有
再生之日妾誓不再嫁便恐被军校所擄妾宁
死于刀下决无失节之理希周道承小子志节
如许吾死亦瞑目万一为漏网之鱼苟延残喘
亦誓硕终身不娶以荅小子今日之心玉梅道
死央宝镜乃是君家行聘之物妾与君共分一

面年藏在身它日此鏡重圓夫妻再合説罷相
对而泣這是紹興元年冬十二月内説的話到
紹興二年春正月韓公将建州城攻破范汝爲
情急放火自焚而死韓公監押旗招安余党只
有范氏一门不赦范氏宗族一半死于乱軍之
中一半被大軍擒獲献俘臨安玉梅見勢頭不
好料道希周必死慌忙奔入一间荒屋中觧下
罗帕自縊正是

寧爲短命全貞鬼　不作偷生失节人

也是陽寿未終恰好郝提轄馮忠翊領兵过去
見破屋中有人自縊急喚軍校觧下近前观之

正是女兒玉梅那王梅死去重甦半晌方能言語父子重逢皿悲皿苦玉梅將賊兵打劫及范希周救取成亲之事述了一遍馮提轄嘿然无語却說韓元帥平了建州安民已定同馮提轄向臨安面君奏凱天子論功升賞自不必說一日馮公与夫人商議女兒青年无偶終是不了之事兩口双〻的来劝女兒改嫁玉梅述与丈夫交誓之言堅意不肯馮公又道好人家兒女嫁了反賊一时无柰天幸死了出脫了你〻还想它怎麽玉梅含泪而告道范家郎君本是讀書君子爲族人所逼实非得已它虽在賊中每

行方便不做伤天理的事倘若天公有眼此人必脱虎口大海浮萍或有相逢之日孩兒如今情原奉道在家侍养二亲便终身守寡死而不怨若必欲孩兒改嫁不如容孩兒自尽不失為完节之婦馮公見它說出一班道理也不去逼它了光阴似箭不觉已是绍興十二年馮公累官至都統制领兵在封州鎮守一日廣州守将差指使賀承信捧了公牒到封州将领司投递馮公延于所上问其地方之事叙話良久方去玉梅在后堂簾中窃窥等馮公入衙问道適幾賫公牒来的何人馮公道廣州指使賀承信也

王梅道奇怪看它言語行步好似建州范家郎
君馮公大尖道建州城破凡姓范的都不赦只
有枉死那有枉活廣州差官血姓賀又是朝廷
命官並无分毫干着這也是你妄想了侍妾聞
知豈不可尖王梅被父亲搶白了一場滿面羞
慚不敢再説正是
只為夫妻情愛重　致令父子語參差
过了半年賀承信又有軍牒奉差到馮公衙門
王梅又從簾下窺視心中坯疑不已对父亲説
道孩兒今已离塵奉道豈復有兒女之情但再
三詳審廣州姓賀的酷似范郎父亲何不召至

后堂赐以酒食從容叩之范郎小名鰍兒昔年
在圍城中情知必敗有死央鏡各分一面以爲
表記父亲呼其小名以此鏡試之必得其真情
馮公应承了次日賀承信又進猶領回文馮公
延至后堂置酒相欵飲酒中间馮公问其鄉貫
出身承信言語支吾似有羞愧之色馮公道鰍
兒非是下别号乎老夫已尽知矣但説无妨也
承信求馮公屏去左右即扗下跪口称死罪馮
公用手挽扶道不須如此承信方敢吐胆傾心
告訴道小将建州人实姓范建炎四年宗人范
汝爲煽誘飢民據城爲叛小将陷于賊中实非

乃已后因大軍来討攻破城池贼之宗族尽皆
誅戮小将因平昔好行方便有人救護遂改姓
名為賀承信出就招安紹興五年撥在岳少保
部下随征洞庭湖贼楊么岳家軍都是西北人
不習水戦小将南人幼通水性能伏水三昼夜
所以有范鰍兒之号岳少保亲選小将為前鋒
每戦当先遂平么贼岳少保薦小将之功乃受
軍職累任至廣州指使十年来未曾傀之它人
今恍承鈞问不敢隐諱馮公又问道今孺人何
姓是結髮还是再娶承信道在贼中时曾獲一
官家女納之為妻踰年城破夫妻各分散逃走

曾相约苟存性命夫不再娶妇不再嫁小将后
来到信州又寻得老母至今母子相依止留一
粗婢炊爨未曾娶妻冯公又问道足下与先孺
人相约时有何为记承信道有死央宝镜合之
为一分之为二夫妇各留一面冯公道此镜尚
在否承信道此镜朝夕随身不忍少离冯公道
可借一观承信揭开衣袂在锦裹肚系带上解
下一个绣囊〻中藏着宝镜冯公取观遂于袖
中亦取一镜合之俨如生成承信见二镜符合
不觉悲泣失声冯公感其情义亦不觉洒下道
足下所娶即吾女也吾女见在衙中遂引承信

至中堂与女兒杻見各〻大哭馮公觧劝了亙
作慶賀筵席是夜即留承信于衙门歇宿过了
数日馮公将回文打發女婿起身即令女兒杻
隨到廣州任所同居后一年承信任滿将赴臨
安又领妻玉梅同过封州拜别馮公〻〻備下
千金粧奩差官護送承信到臨安面諒前事年
远无人推剥不可使范氏无后乃打通狀到礼
部復姓不復名改名不改姓叫做范承信后累
官至两淅留守夫妻偕老其死央二鏡子孫世
傳爲至宝云后人評論范鰍兒在逆党中涅而
不淄好行方便救了許多人性命今日死裏逃

生夫妻再合乃陰德積善之報也有詩爲證

十年分散天边鳥　一旦團圓鏡裏允

莫道浮萍偶然事　揔由陰德感皇天

京本通俗小説第十六卷

跋

宋人平話即章回小說夢粱録云說話有四家以小說家爲最此事盛行於南北宋特藏書家不甚重之坊賈又改頭換面輕易名目遂致傳本寥寥天壤前只士禮居重刻宣和遺事近則曹君直重刻五代史平話爲天壤不易見之書余避難滬上索居無俚閒親串粧奩中有舊鈔本書類乎平話假而得之雜庋於天雨花鳳雙飛之中搜得四冊破爛磨滅的是影元人寫本首行京本通俗小說第幾卷通體皆減筆小寫閲之令人失笑三冊尚有錢遵王圖書蓋即也是園中物錯斬崔

寗馮玉梅團圓二回見於書目而宋人詞話
標題詞字乃評字之訛耳所引詩詞皆出宋
人雅韻欲流并有可考者如碾玉觀音一段
三鎮節度延安郡王指韓蘄王秦州雄武軍
劉兩府是劉錡楊和王是楊沂中官銜均不
錯尚有定州三怪一回破碎太甚金主亮荒
淫兩卷過于穢褻未敢傳摹與也是園有合
有不合亦不知其故歲在旃蒙單閼江東老
蟫跋